让 我 们  一 起 追 寻

拜占庭的

BYZANTIUM

从光复时代到曼齐刻尔特

The Apogee

巅峰

John Julius Norwich

［英］约翰·朱利叶斯·诺里奇　著

李达　译

社会科学文献出版社

SOCIAL SCIENCES ACADEMIC PRESS (CHINA)

目 录

示意图

君士坦丁堡
（拜占庭）

0　　　　　0.5　　　　　1英里
0　　　　　　1千米

博斯普鲁斯海峡

克里索波利斯

北

普斯弗里昂港
圣芭芭拉门
欧根尼乌斯门
凯内吉昂剧院
古希腊卫城
曼加纳修道院
圣伊琳妮
教堂
圣索菲亚　铜器厂的圣母教堂
大教堂
里程碑　奥古斯都殿堂　引路圣母修道院
青铜门
新以利　古拜占庭城墙
亚教堂　祖西比乌斯浴池
理昂宫　查士丁尼宫
塞普提米乌斯·塞维鲁斯城墙
霍尔米斯达斯港

海
海）

卡尔西顿

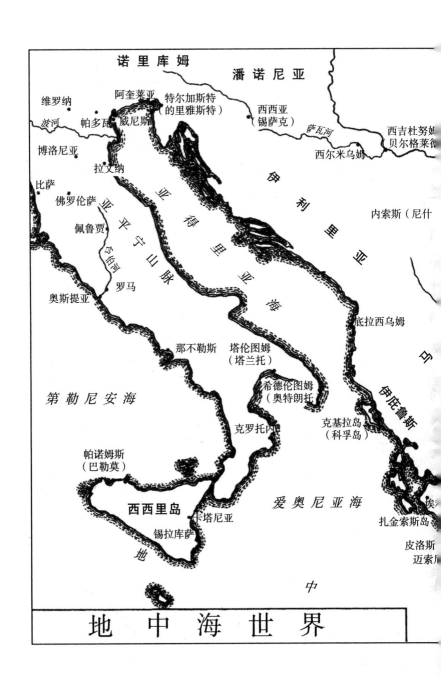

诺里库姆

潘诺尼亚

维罗纳　　　阿奎莱亚　　特尔加斯特
　　　　　　　　　　　　（的里雅斯特）　　西西亚
波河　帕多瓦　威尼斯　　　　　　　　　　（锡萨克）　　萨瓦河　　　　西吉杜努姆
　　　　　　　　　　　　　　　　　　　　　　　　　　　　　　　　　（贝尔格莱德）
博洛尼亚　　　　　　　　　　　　　　　西尔米乌姆
　　　拉文纳

比萨　　　　　　　　　　　亚　　　得　　　　　　　　　　　　伊　　　　内索斯（尼什
　佛罗伦萨　亚　　　　里　　　　　　　　利　利
　　　　　平　　亚　　　　　里
　佩鲁贾　宁　　　海　　　　亚　　　　里
　　　台伯河　山　　　　　　　　　　　亚
　　　罗马　脉
奥斯提亚　　　　　　　　　　　　　　　　　　　　　底拉西乌姆

　　　　　　　那不勒斯　塔伦图姆
　　　　　　　　　　　　（塔兰托）　　　　　　　　　伊
　　　　　　　　　　　　　　　希德伦图姆　　　　　　庇
第勒尼安海　　　　　　　　　　　（奥特朗托）　　　　　鲁
　　　　　　　　　　　　克罗托内　　　　　克基拉岛　　斯
　　　　　　　　　　　　　　　　　　　　　（科孚岛）
　　帕诺姆斯
　　（巴勒莫）　　　　　　　　　　　　爱奥尼亚海
　　　　　　　　　西西里岛　卡塔尼亚　　　　　　　　扎金索斯岛
　　　　　　　锡拉库萨
　　　　　　地　　　　　　　　　　　　　　　　　　皮洛斯
　　　　　　　　　　　　　　　　　　中　　　　　　　迈索尼

地　中　海　世　界

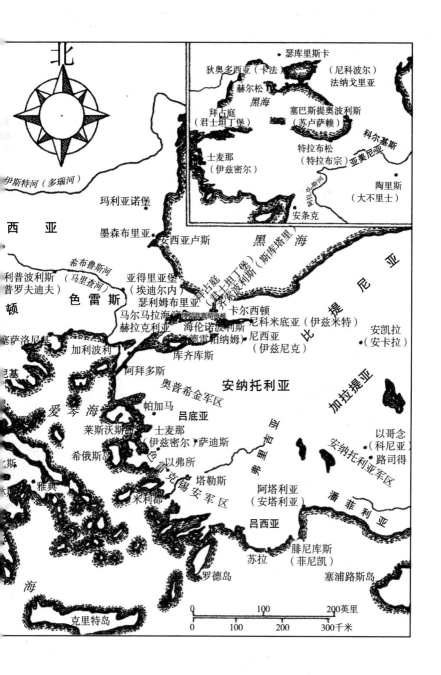

北

瑟库里斯卡
狄奥多西亚（卡法）　　　　　（尼科波尔）
　　　　　　　　　　　　法纳戈里亚
赫尔松
黑海
拜占庭
（君士坦丁堡）　塞巴斯提奥波利斯
　　　　　　　（苏卢萨顿）
　　　　　　　　　　　　　　科尔基斯
士麦那
（伊兹密尔）　特拉布松
　　　　　（特拉布宗）　亚美尼亚

伊斯特河（多瑙河）　　　　　　　　　陶里斯
　　　　　　　　　　　　　　（大不里士）
西　亚
玛利亚诺堡　　　　　　　　　安条克
墨森布里亚　安西亚卢斯　黑库塔海

希布鲁斯河　　　　　　　　　（斯库塔里）
利普波利斯（马里查河）亚得里亚堡
普罗夫迪夫）　　　　（埃迪尔内）瑟瑟波利斯
顿　色雷斯　　瑟利姆布里亚　　卡尔西顿
　　　　马尔马拉海　君士坦丁堡　尼科米底亚（伊兹米特）安凯拉
塞萨洛尼基　　赫拉克利亚　海伦诺波利斯　　　　（安卡拉）
　　　加利波利　　（德雷帕纳姆）尼西亚
基　　　　　　　库齐库斯　　（伊兹尼克）
　　　阿拜多斯　　　　　　加拉提亚
　　　　　　　奥普希金军区
爱　琴　海　　帕加马　安纳托利亚
　　　莱斯沃斯岛　吕底亚
斯　希俄斯岛　士麦那
　　　　　（伊兹密尔）萨迪斯　　以哥念
　　　　　　　　　　　　　　（科尼亚）路司得
雅典　以弗所　　　　　安纳托利亚军区
　　　　米利都　塔勒斯　阿塔利亚
　　　　　吕西亚　（安塔利亚）潘
　　　　　　　　　　　　菲
　　　　　　　腓尼库斯　利
海　　苏拉　（菲尼凯）亚
　　　　　　塞浦路斯岛
克里特岛

0　　　　　100　　　　200英里
0　100　　200　　300千米

潘诺尼亚

西尔米乌姆

贝尔格莱德 布拉尼西维察

德里纳河

萨拉瓦河

维丁

塞 尔 维 亚

默

内索斯（尼什）

塞尔迪卡
（索菲亚）

佩尔尼克

波雅

利普莱安

杜克里亚

斯库台

斯科普里

莫罗维奇

多拉夫察河

里拉

乌尔齐尼

布雷加尔尼察

希普

梅
佩特
斯科图萨

亚 得 里

普里拉蓬
（普里莱普）

斯特鲁米察

底拉西乌姆
（都拉斯）

奥赫里德
维托里亚（莫纳斯提尔）

普罗塞克

亚 海

德沃尔

普雷斯帕

塞提纳

塞雷
基

奥斯特罗沃

沃德纳

索塞克

尼

培拉特

贝罗亚（韦里亚）

塞萨洛卡

卡斯托里亚

阿弗罗那

希德伦图姆
（奥特朗托）

塞尔维亚

德利诺波利斯

伊庇鲁斯

爱 奥 尼

斯塔基

拉里萨

亚 海

克基拉岛
（科孚岛）

塞 萨 利

皮利翁

| 0 | 100 | 200英里 |
| 0 | 100 | 200 | 300千米 |

北

德里斯特拉
（锡利斯特拉）

普雷斯拉夫

多布罗加

康斯坦察

伊斯特河（多瑙河）

尼科波利斯

图特拉坎

普利斯卡

玛利亚诺堡

瓦尔纳

扬特拉河

亚

大普雷斯拉夫

沃尔比扎

黑 海

卡尔诺巴特
（马尔凯莱）

墨森布里亚（内塞伯尔）

贝罗（旧扎戈拉）

迪亚姆波利斯
（扬博尔）

鲁索卡斯特罗

安西亚卢斯

索佐波利斯

德维尔托斯

阿加索波利斯

君士坦提亚

梅勒奥纳

波利斯
（卡迪夫）

马克罗里瓦达

维尔西尼西亚

普罗巴图姆

斯库塔里昂

亚得里亚堡（埃迪尔内）

色

雷

斯

阿卡狄奥波利斯
（吕莱布尔加兹）

季季莫蒂雷

斯特努姆

利皮

莫塞诺波利斯

瑟利姆布里亚（伊斯廷耶）

墨索波利斯

雷德斯图姆
（泰基尔达）

君士坦丁堡（于斯屈达尔/
斯库塔里）

马里查河

赫拉克利亚（埃雷利）

沃勒罗斯

马尔马拉海

萨索斯岛

加利波利

兰萨库斯

萨莫色雷斯岛

阿拜多斯

阿索斯圣山

伊姆布罗斯岛

利姆诺斯岛

爱
琴
海

保加利亚

第一帝国时期
边界为保加利亚在约900年时的
多瑙河以南的国境线

萨瓦河

西尔米乌姆　贝尔格莱德
　　　　　　　布拉尼西维察

塞尔维亚

摩拉瓦河

维丁　伊斯特河（多瑙河）

斯帕拉托（斯普利特）　　拉斯　　内索斯（尼什）　特尔诺沃　　瓦尔纳
　　　　　　　　　　　　　　　塞尔迪卡　　　　　**帕伊斯特里昂**
　　　　　　　　　　　　　　（索菲亚）　　　　　安西亚斯卢斯 M 墨森布

保加利亚

亚得里亚海

斯库台　斯科普里　菲利普波利斯　　马里查河　索佐波利斯
　　　底拉西乌姆　　　　（普罗夫迪夫）　　亚得里亚堡
　　　奥赫里德　　　　　　莫塞诺普里斯　（埃迪尔内）

其

瓦尔达尔河

普里拉蓬　塞雷　　马　　色雷斯

塔伦图姆　巴里　　沃德纳　塞萨洛尼基
（塔兰托）　　阿弗罗那　贝罗韦里亚　　加利波利
　　　　卡斯托里亚　　　　阿索斯圣山　库齐库斯
希德伦图姆　　　　　　　　　利姆诺斯岛　阿拜多斯
（奥特朗托）　　　　　　　　　　　　阿达拉姆特鸟姆

克基拉岛　　拉里萨　　莱斯沃斯岛　　帕加马
（科孚岛）尼科波利斯　　　　希俄斯岛　　萨迪斯
　　　　　　　　　爱琴海　　　　士麦那 菲拉德
爱奥尼　希腊　　　　　　　　　　　以弗所　安条
亚海　凯法利尼亚　　底比斯　　萨摩斯岛
　　　伯罗奔尼撒半岛　科林斯　雅典　　帕特莫斯岛

罗德岛

地

尚达克斯
（坎迪亚）

克里特岛

中

安纳托利亚与亚美尼亚

0　　　100　　　200英里
0　100　200　300千米

狄奥多西亚
（卡法）

赫尔松

高加索

黑　海

锡诺普

帕夫拉戈尼亚

特拉比松
（特拉布宗）　埃尔祖鲁姆

米底亚（伊兹米特）

哈里斯河

尼科波利斯

塞巴斯蒂
（苏厄斯）

亚美尼亚

曼齐刻尔特

凡湖

比提尼亚（伊兹

多利莱昂
多利留姆

罗姆苏丹国

阿莫利阿姆

卡帕多西亚

赛法隆

菲罗梅隆

以哥念

凯撒利亚
（开塞利）

泰安那

梅利泰内
（马拉蒂亚）

日耳曼尼西亚
（马拉什）

阿米达
（迪亚巴克尔）

萨摩萨塔

伊苏里亚

赫拉克利亚

帕乞乞亚

丹多斯

阿达纳　安纳扎布斯

埃德萨(乌尔法)

卡莱
（哈兰）

潘菲利亚

奇里乞亚

塞琉西亚

塔苏斯

安条克
贝罗亚
（阿勒颇）

老底嘉

君士坦提亚
（萨拉米斯）

塞浦路斯

的黎波里

埃莫萨（霍姆斯）

奥伦特河

幼发拉底河

大马士革

北

提比里亚

拿撒勒

凯撒利亚

约旦河

耶路撒冷

死海

海

亚历山大

家族谱系图

阿莫利亚王朝

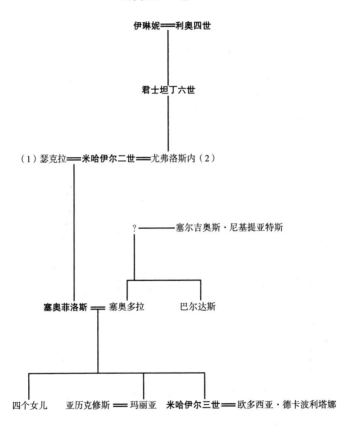

伊琳妮＝利奥四世

君士坦丁六世

（1）瑟克拉＝米哈伊尔二世＝尤弗洛斯内（2）

？＝塞尔吉奥斯·尼基提亚特斯

塞奥菲洛斯＝塞奥多拉　　巴尔达斯

四个女儿　　亚历克修斯＝玛丽亚　　米哈伊尔三世＝欧多西亚·德卡波利塔娜

马其顿王朝

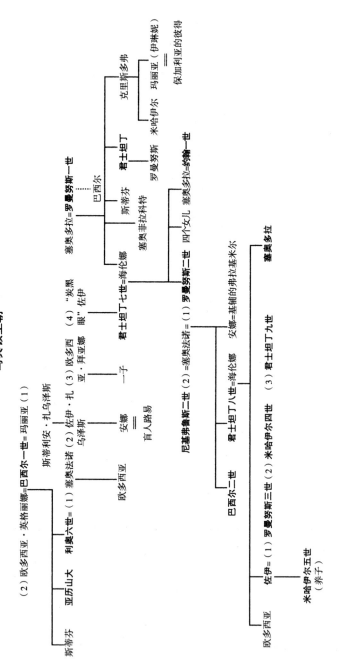

保加利亚可汗（沙皇）

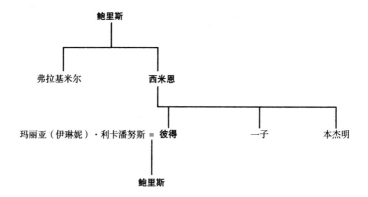

鲍里斯

弗拉基米尔　　西米恩

玛丽亚（伊琳妮）·利卡潘努斯 = 彼得　　　一子　　　本杰明

鲍里斯

基辅大公

基辅大公留里克

伊戈尔=奥列加

斯维亚托斯拉夫

弗拉基米尔=安娜

译者说明

　　拜占庭三部曲系列涵盖的时期超过千年，涉及的专有名词极多，而且大多没有通译名，这对汉译者而言是不小的挑战。对于没有通译名的名词，本人在选择汉译名时，尽可能按照这个名词所属的时代，选择同时代人使用的语言（拉丁语／古希腊语／中古希腊语）读音进行翻译。特殊情况大致分为以下几类。

1. 通译名及其衍生词

　　如果一个专有名词已有使用较多的通译名，那么汉译文中便采用这个通译名，并基于这一通译名翻译其衍生词。比如"君士坦丁"，衍生词如"君士坦斯""君士坦提乌斯"等，又如"查士丁尼"，衍生词如"查士丁"等。

2. 同人同地不同译名

　　这种情况大致分两种情况，其一源自不同时代语言的差异，比如拉丁语中的"狄奥多西"用中古希腊语转写之后应译作"塞奥多西奥斯"，类似的情况如"狄奥多拉"与

"塞奥多拉"，"帖萨罗尼迦"与"塞萨洛尼基"，等等。其二是有通译名的著名人物和同名但没有如此知名度的人，比如"普罗柯比"，仅用于指六世纪著名史学著作《战史》的作者，其他同名者译为"普罗柯比乌斯"。

3. 同名号官职不同译名

本作品中涉及了大量的官职与名号，汉译者尽可能查找词汇的原意来进行翻译，其中一些部分采用意译，以便于读者理解。比如"奥古斯塔"，基本都是根据实际情况，具体翻译为"皇后""皇太后""女皇"等。

本人学识有限，在历史问题和译名问题上难免出错，在此先向读者致歉，恳请方家斧正。

引　言

本书并不需要太长的引言，写这本书就是为了继续我三
年前完成的第一卷《拜占庭的新生：从拉丁世界到东方帝
国》。第一卷之中我自君士坦丁大帝决定在博斯普鲁斯海峡
旁建立罗马帝国的新都城开始，从君士坦丁及其继承者的命
运起伏写到 800 年那个难忘的圣诞节，教皇利奥三世将皇冠
和罗马皇帝的封号赐予查理曼，就此对基督教世界的统一性
提出了异议——即使理论上或许并未如此宣称——也让欧洲
出现了两个皇帝。

这一卷涵盖的时间段比第一卷要短，不到三百年，而非
第一卷的五个多世纪。一部分原因是，事件的变化在这一时
期加速了——这在历史上时常出现，大量的重要角色登上历
史舞台，就此让东地中海的画布显得愈发拥挤。然而，主要
的原因是这一时期同时代的资料更为丰富。在拜占庭时代的
早期，存留的资料——如我此前所说——少得可怜，更重要
的是，不同资料的记述还往往互相矛盾。就娱乐性而言，仅
有普罗柯比的作品值得阅读——尽管不得不说，他的作品之
中有大量的虚构。此时，当历史的步伐加速之后，可写的故

事也越来越多，编年史家们越来越频繁地用描绘、阐述和逸事来为作品增色。其中还有一些缺乏记载的时代，比如十一世纪初，资料稀少得令人恼怒，但这样的情况终究是少数。余下的时期，靠着克雷莫纳的柳特普兰德（Liudprand of Cremona）、圣塞奥法内斯及其续写者、乔治·凯德莱努斯、约翰·斯基里泽斯（John Scylitzes），以及令人厌恶却拥有最好文笔的米哈伊尔·普塞洛斯，我们对拜占庭帝国皇室生活的了解得以远超中世纪前期的任何一个欧洲朝廷。我心怀感恩阅读这些记述者的作品，并直接或间接地引述他们的作品，时而为文学性删繁就简——或许一些读者会觉得太简略了；如果这样的丰富性迫使这一卷涵盖的时间段变短，我只能说这也是值得的。

这让我得以和撰写第一卷时一样，用拜占庭历史之中另一个重要事件作为第二卷的结尾。查理曼的加冕虽然让帝国受创，但它对东罗马帝国的实际损害远不能与这个事件相比——曼齐刻尔特（Manzikert）之战是一个无法估量的灾难，帝国渐渐意识到这场灾难的后果，在梦魇般的几个小时之后，帝国将就此失去小亚细亚四分之三的领土，而这是帝国最倚重的地区，也是最有价值的地区。事实证明，这样的损失仅仅是个开始：突厥人在占据安纳托利亚腹地之后，占据整个半岛就只是时间问题了；巴尔干半岛也将步其后尘，之后君士坦丁堡将最终陷落。东方的征服者不紧不慢，这个过程花费了近四个世纪。但确定无疑的是，1453 年 5 月 29 日，星期二，当苏丹穆罕默德二世在感恩礼拜时，头巾触碰圣索菲亚大教堂的地面，这一切都是始于三百八十二年前曼齐刻尔特战场的胜利。

在这场破坏最大也最耻辱的战败之后的十年之中，当小亚细亚越来越多的土地落入塞尔柱人（Seljuk）的控制之中，米哈伊尔七世（Michael Ⅶ）和尼基弗鲁斯三世（Nicephorus Ⅲ）的政府却在瘫痪之中无助观望，任帝国陷入越来越严重的无政府状态之时，帝国之中的明眼人几乎都认为他们时日无多了。然而就在那时，和拜占庭帝国之前几次陷入危急时一样，救星在最后时刻到来——难道君士坦丁堡不是得到了神的庇佑吗？在半个多世纪之中，经历了近乎丑角的十几个统治者之后，亚历克修斯·科穆宁（Alexius Comnenus）终于以英雄的形象登上舞台。本书的终结是他在1081年复活节的加冕礼，因此为我们留下了希望。他如何挽救帝国则要在第三卷《拜占庭的衰亡：从希腊君主到苏丹附庸》中详细叙述，我们的故事也将在那本书之中结束。　xxiii

现在我要做的是再度提醒读者，尽管我尽可能查阅现存资料，保证本书的叙述尽可能准确，但本书和前一本书一样，绝非严谨的学术著作。我在开始撰写本书之前对拜占庭帝国知之甚少，而我在完成本书之时难免会忘却许多内容。如果说，我在书中对经济方面的讨论过少，那是因为我并非经济学家，而且三卷的篇幅已经够长。同样，如果我专注于皇帝皇后的性格而非社会发展，那我只能以自己更喜欢研究人物而非社会趋势为借口。同样，我并没有在人名拼写的统一性方面太较真。我通常使用人名的拉丁语版本，以便使用英语的读者阅读。另一方面，若是希腊语的词汇更适宜，我也会毫不犹豫地使用。

那些希望阅读更有挑战性的作品的读者敬请查阅参考文献部分，其中有许多学界的佳作，本书并非其同类作品。我的目的自始至终都是让感兴趣的非专业研究者得以一窥拜占庭帝国的历史，就像刚刚迷恋上东地中海的我那样。对此我是否能成功尚待时间验证——即使这个相对容易的任务依然还要写完近四个世纪的内容。但我早已不打算退缩，至少就我而言，我是乐在其中。如果能让志同道合者分享我的快乐，我也会更加快乐。

约翰·朱利叶斯·诺里奇

1990 年圣诞节于伦敦

第一章　克鲁姆（800～814）

即便化作飞鸟，我们也无望逃生。

——尼基弗鲁斯一世临终所言

当教皇利奥三世在 800 年的圣诞节上为法兰克人丕平的儿子查理加冕，向他致敬并称他为罗马的皇帝时，拜占庭帝国已经存在四百七十年。这个帝国于 330 年时为君士坦丁大帝所创建，定都于一座正式名称为新罗马，却被我们称为君士坦丁堡的城市，一直以来都在为生存而竭力战斗。在西方与蛮族诸部——哥特人、匈人、汪达尔人和阿瓦尔人——作战，在东部与波斯人作战，而在萨珊帝国毁灭之后很快又要面对更难缠的穆斯林。在这几个世纪之中帝国损失很大。萨拉森人已经夺走巴勒斯坦、叙利亚、北非和埃及，查士丁尼时代收复的意大利大部分土地已经被伦巴第人夺走并献给教皇掌控。在此前的损失之外，又有当前的忧虑：哈里发哈伦·拉希德在安纳托利亚方向不断施压；距离都城更近的巴尔干半岛上的保加尔人也一直是个威胁；帝国内部又因激烈的争论而分裂，这一争论在大半个世纪之后依然没有解决的迹象——尊敬耶稣基督、圣母和圣人们的偶像与圣像画是不是罪恶？

这一问题早在 726 年就已显现出来，当时的皇帝"伊苏里亚人"利奥三世①下令毁掉青铜门——君士坦丁堡皇宫的主要入口——之上的巨型基督金像。四年后他颁布了将这一举措推而广之的敕令，要求在帝国全境禁止所有的圣像崇拜，而由他开始的破坏圣像运动在他儿子君士坦丁五世的时代变得更为狂热。直到君士坦丁五世于 775 年死后，事态才向有利于崇拜圣像派——包括崇拜圣像，或者说至少是尊敬圣像的人——的方向发展，这要归功于君士坦丁五世的儿媳，即对这一运动大为不满的皇后伊琳妮。

尽管伊琳妮的丈夫，即虚弱而不负责任的利奥四世与他父亲信仰相同，是个情绪化的破坏圣像派，但他完全被自己的妻子掌控。他死于三十一岁时，伊琳妮成了他们十岁大的儿子君士坦丁六世的摄政者。她的儿子长大成人之后试图夺回本属于他的权力，他的母亲则毫不犹豫地将他刺瞎，这一格外野蛮的手段使他于不久之后死去——而她此前完全清楚这一点。她就此成为拜占庭帝国的第一个女性统治者，不只是摄政，还是以自己的名义统治。身为狂热的圣像崇拜者，她恢复了圣像崇拜，并在 787 年的第二次尼西亚大公会议中正式将其定为正统，但她对其他所有问题的处理如灾难一般。在八世纪末，帝国因她而陷入财政困境，随时可能爆发

---

① 当然不是指同名的教皇，教皇利奥三世大约在七十年后才继任。——译者注

动乱。

　　正是在这个举国一致不满、士气极度低落的时刻，又出现了新的威胁，这一威胁并非源自财政，甚至不是军事威胁，和拜占庭帝国此前遭遇的所有危机都不同，是直接威胁帝国存在的基石——罗马帝国与基督教信仰的联合。在拜占庭帝国看来，两者联合的具体象征正是皇帝本人——奥古斯都的继承者，上帝的辅助统治者，基督选择的人，与使徒相当。而且，正如天堂只有一个统治者，地上也只应有一个皇帝——尽管皇帝可以为纯粹的管理需要而与他人共治，任何试图挑战这一神授权威的人不仅是叛国者，也是渎神者。事实上几个世纪以来挑战这一权威的人有很多，罪恶感也很少能阻止这一行为，但这无关紧要。关键的是这一理念——皇帝在宗教意义上高于他的臣民，并处在人世与天堂之间——绝非深奥的教条，反而是确定的信念。无论是皇帝本人还是最低微的农民都坚信这一点。这一信念之广泛，可以说，至少不次于维多利亚时代的英格兰的基督教信仰。也难怪，当查理曼加冕的消息于801年年初传到君士坦丁堡时，城中人的反应是一致的难以置信与恐惧。

婚约（801）

　　在那个圣诞节的清晨，跪在圣彼得的圣坛前的查理曼起身之时，关于拜占庭所理解的帝国理念，查理曼究竟了解多少，我们不得而知。然而对他而言这主要是个学术问题，因为在他看来，拜占庭的皇位并非岌岌可危，而是空无一人。按他成长时接受的萨利克的传统观念，女人只有作为丈夫的配偶才能戴上王冠，教皇利奥同样这么认为——我们只能如此推测。因此，尽管刚刚进行了这一决定性的典礼，至少在他们两人看来，罗马帝国依然存在，唯一且不可分裂，查理曼则是帝国的皇帝。教皇僭用了任命和拥立罗马皇帝的权利，而这一权利近五个世纪以来都是由拜占庭行使的。

与此同时，伊琳妮依然坚称自己拥有帝国所有领土的主权，而这次加冕因其隐含的意义必然会在君士坦丁堡引起强烈抗议。查理曼在 802 年派出使节向皇太后求婚，也正是为了解决这一问题。对他而言，这场婚姻的益处显而易见，将帝国东部与西部联合为一个整体并由一个皇帝来统治，这也正是君士坦丁大帝的构想。而伊琳妮在死后没有可以争夺继承权的家人，她自己也清楚这一点。

皇太后本人的想法却和她的所有臣民都有所不同，她倾向于接受这一想法。与查理曼成婚将给她弥补财政亏空的机会，更重要的是，她甚至可以借此避免此时蓄势待发的暴乱。这场婚姻也能让她有机会逃离密谋遍地、令人窒息的君士坦丁堡。而她的幕僚们在从惊讶之中恢复过来之后表示完全无法接受——正如一个颇富想象力的德国历史学家所指出的那样，对他们而言这仿佛是安排玛丽娅·特蕾莎（Maria Theresa）女皇和阿比西尼亚的皇帝（Negus）成婚一样不可思议。他们指出，他们怎么可能同意将罗马帝国交给一个蠢笨粗鄙的蛮族呢？同年，一群高级官员在对伊琳妮忍无可忍的财政部部长（财政方面的最高官员）带领下将她废黜，并把她流放到莱斯沃斯岛——她并未掩饰遭遇这一结局时的宽慰——她于不久之后在那里辞世。

第一章 克鲁姆（800～814）

查理曼加冕一事以及未能成功的婚姻在前一本书中有更详细也更彻底的讨论，而此处仍有必要进行一次总结，以提醒读者前一本书结束时的内容，并为叙述随后发生的事情做铺垫。其中第一件事就是拜占庭帝国的宫廷阴谋废黜了伊琳妮之后，阴谋的领导者、原本的财政部部长夺取了皇位，称尼基弗鲁斯一世（Nicephorus Ⅰ）。

尼基弗鲁斯的改革（803）

新皇帝据称是阿拉伯裔，他是加桑（Ghassan）①的贾巴拉（Jaballah）国王的后代。这个精力旺盛且坚决的人决定整顿帝国，解决他的前任留下的诸多问题，并且，或许并不算过分在乎完成这一任务所需的手段。当然，没有人比他更清楚皇室目前的艰难处境。伊琳妮决心彻底清洗军中的破坏圣像派，这灾难般地削弱了帝国的军力，敌国则得以迅速利用这一机遇发展。无法靠武力压制他们的伊琳妮被迫向保加尔可汗和哈里发哈伦·拉希德支付大笔岁贡。哈里发的军队对小亚细亚的持续袭扰极大地损害了担负军役的大批小农的利益，小农自七世纪晚期查士丁尼二世的时代起就是帝国的国防支柱，这进一步深化了危机。许多流离失所的人来到都城，结果本应向财政部纳税的他们此时却要持续索取食物和其他供给，反而加大了财政开支。与此同时，他们的农田落入了贪婪的大地产者，特别是修道院的手中——而伊琳妮极不负责任地免除了修道院的所有税收。伊琳妮还独断地免

---

① 叙利亚信仰基督教的阿拉伯帝国飞地。

5　除了君士坦丁堡所有自由公民应付的居住税以及所得税，① 并将阿拜多斯和两海峡的进口货物关税减半，她在仅仅几年内就几乎完成了帝国在财政方面的自我毁灭。废黜她的政变可谓来得太及时了。

对尼基弗鲁斯而言不幸的是，身为僧侣的编年史家塞奥法内斯对他极为憎恨与厌恶，而塞奥法内斯的记载是同时代的史料之中唯一完善且基本可信的记载，他在其中几乎把这位皇帝评价为“反基督者”一般。结果导致许多个世纪之后，他都遭受了极度恶劣的评价。事实上却也没有谁比他更有经验抑或更有资格将帝国的财政拉回正轨。伊琳妮的免税令被全部撤销，其他税赋也大为增加。贫困的士兵被征召进常备军中，他们武器装备的购置费用——价格为十八个半金币——被强行摊给了他们更富裕的邻居。商人的私人贷款遭到禁止，船主们只能向国家借款，被收取近17%的高昂利息。皇帝也毫不迟疑地向教会开刀——即使他的许多先辈都不敢这么做——他对下属的地方官们下令，把主教和教士们“当作奴隶对待”，皇帝全权授予他们在必要时扣押金银块的职权。他对修道院的态度更为轻蔑（事实上这也正是塞奥法内斯愤怒的原因），他在修道院中驻扎部队，允许帝国管理土地的官员在不进行任何财税豁免的情况下没收他们的

---

① 必须为伊琳妮说句公道话，所得税本来就是很容易被滥用的。斯托迪奥斯修道院的塞奥多尔（*Epistolae*, i, 6），皇太后有限的几个鼓吹者之一，宣称商人们遭受了各种各样的苦难，税官在每一条道路与每一段海滨横行霸道。“当旅行者走过一条小路时，他会惊异地发现税官突然出现，怪异地高高在上。”（*A History of the Later Roman Empire*，Bury, p. 3.）

财产，并对他们的佃农家庭与雇工家庭开征人头税。这一切无疑都惹人厌恶，但在他的管理之下，帝国的经济形势很快稳定下来，而这已多年不曾出现。

也确实需要如此，毕竟尼基弗鲁斯即位后的首要举措之一就是给哈里发写信，通知他自己不打算再支付贡金，甚至要求他退回自己前任皇帝支付的大笔岁贡。哈伦唯一的回复是立即发起进攻，而这带来了更大的损害，因为 803 年一个名叫巴尔达内斯·托尔克斯（Bardanes Turcus）的亚美尼亚人突然之间发起叛乱并自立为帝。① 这场叛乱几乎被立即平息，但那时萨拉森人已经夺取一片可观的土地，又于次年再度扩大了占领区的范围。806 年，哈里发亲率十三万五千人的穆斯林大军侵入卡帕多西亚，夺取了泰安那——如今仅是一个名叫凯梅尔希萨尔（Kalesihisar）的小村，但当时是重要的主教城市——之后又榨取了一万金币的赎金才撤走。

对帝国而言幸运的是，哈伦于三年后逝世了，但那时的尼基弗鲁斯又要忙于在另外两条战线作战。第一条战线位于今希腊，特别是当时的希腊军区——大体包括阿提卡、维奥蒂亚和福基斯（Phocis）——以及伯罗奔尼撒。六世纪，斯拉夫定居者已经占领这个地区，进而严重动摇了拜占庭帝国在这一地区的影响力。伯罗奔尼撒半岛自 747 年起就不曾有

6

---

① 据说在发起反叛之后不久，巴尔达内斯在三个最亲近的随从陪同下前往安条克附近的菲罗梅隆（Philomelion），拜访当地一位擅长预言的隐士。这位目光如炬的隐士打量巴尔达内斯一番之后摇了摇头，称他没有希望成功。之后他看了看其他三人，预言称他们之中有两人会戴上皇冠，另外一人则会与皇冠失之交臂。前两个人正是指此后的利奥五世和米哈伊尔二世，而第三个人是斯拉夫人托马斯。

任何的帝国驻军，当地也长期无视皇帝的命令。幸运的是这些移民态度温和且热爱和平，他们只想在无人耕种的土地上劳作。但随着保加尔人的崛起并大规模入侵马其顿地区，情况变得极度危险，态势很可能急转直下。拜占庭帝国决不能够坐视一个从多瑙河延伸到马塔潘角（Cape Matapan）、统一而好斗的斯拉夫人联合体出现。

皇帝的担忧在 805 年得到了证实，一支规模可观的斯拉夫人部队攻击了科林斯海湾的帕特雷（Patras）。他们被击退了，但其间也遭遇了相当的困难，而这一事件让尼基弗鲁斯决心整体调整伯罗奔尼撒半岛的定居人口，为此他从帝国各地，甚至是卡拉布里亚和西西里的居民区迁来了大批说希腊语的臣民。他们自然带来了基督教，而那时的斯拉夫人因为长期被忽视而7 尚未皈依。在大多数迁移计划之中，大多数人都是畏惧因拒绝而遭报复，才放弃家园，来到据他们所知居住着怀有敌意的蛮族的陌生土地上。但如果没有尼基弗鲁斯这一睿智且颇具远见的政策，巴尔干半岛此后的历史发展很可能大为不同。

屠杀与报复（809）

一个事实更有力地支持了这一政策：在九世纪的头十年中，保加尔人出现了一位前所未有的强悍领袖。他的名字是克鲁姆（Krum）。我们完全不知道他的出身，唯一可以确定的是在世纪之初他彻底歼灭了阿瓦尔人，使他们自此彻底消失于历史记载之中；807 年，他掌控了大权，将多瑙河盆地的保加尔人以及喀尔巴阡山另一侧、居住在潘诺尼亚和特兰西瓦尼亚的保加尔人团结起来，并将他们打造成一支保加尔人历史之中前所未有的军事力量。同年，皇帝趁着他在东部花费大量钱财获取和约的时机，准备对他们发起远征；但他还没离开亚得里亚堡就得知他的军官在阴谋推翻他，并就此仓促地放弃了这次远征。此时克鲁姆则掌握了主动权。808 年秋末，他突袭了斯特李蒙河河口处附近一支大规模的拜占庭驻军，并将其彻底歼灭；809 年春，他用计骗开了塞尔迪卡，即今索菲亚的城门，夺取了堡垒并屠杀了城中全部六千守军。

尽管尼基弗鲁斯一向不受欢迎，但当这次屠杀的消息在复活节前的星期四传到君士坦丁堡时，他还是第一次被自己的臣民在街市上公开辱骂。他们抱怨称皇帝不但贪得无厌，战场上更是可悲地无能。他与克鲁姆的两次交锋，第一次在射出第一支箭之前就逃跑了，第二次则以部队遭全歼而告终。这一次皇帝却没有放任臣民们抱怨，他本人也怒火中烧了。他立即率军离开都城，靠着强行军在复活节的周日抵达保加尔人的都城普利斯卡（Pliska），并欣喜地发现那里毫无防卫。他的部下如同蝗虫一般扑了上去，大肆烧杀抢掠，将可汗的木制宫殿焚毁。继续前进抵达塞尔迪卡时，他短暂停留以重建堡垒。尔后，得意扬扬的他起程返回君士坦丁堡。

但克鲁姆并未战败，而尼基弗鲁斯清楚这一点。这一年来他都在准备对保加尔可汗的最后一击——把他和他可憎的 8 部族像不到十年前克鲁姆歼灭阿瓦尔人一样彻底歼灭。哈伦死后，东部边境一直保持着安稳，哈里发的儿子们忙于互相争斗而无暇进攻拜占庭。亚洲军区的军队因此被征召前来与欧洲的部队会合，811 年 5 月，一支大军在皇帝本人和他的儿子斯塔乌拉基奥斯（Stauracius）的率领下穿越金门出征。

起初一切顺利。在这样一支大军面前保加尔人只能撤退。普利斯卡被再度摧毁，塞奥法内斯记载称尼基弗鲁斯像发疯一般将妇女和孩童一并屠杀，他甚至记载了将婴儿扔进脱粒机的骇人故事。可汗刚刚重建的宫殿被再度夷平。绝望的克鲁姆请求和谈，但皇帝决定要完成他的大业，继续前进以搜索逃入山中的保加尔人。

他很快要为自己的固执而后悔了。7 月 24 日星期四，依然在追击敌军的他在没有进行充足侦察的情况下率部穿越一条岩石小路——可能是沃尔比扎（Verbitza）山口，那里位于今保加利亚特尔戈维什特（Turgovishte）以南约三十英里处。① 保加尔人悄然监视着敌军的一举一动，他们立即抓住了这个机会。在夜幕的掩护下，他们用沉重的木栅封锁了峡谷两端。日出之后，尼基弗鲁斯意识到自己已经落入陷阱。逃跑已无可能，他和他的部下在劫难逃。他们一整天都在等待敌军进攻，但保加尔人依然不慌不忙地加固工事。直到 26 日星期六清晨，他们才发起最后一击。

随之而来的屠杀持续了整夜及第二天的大部分时间。部队之中大多数人惨遭屠戮，还有一些人在保加尔人焚烧木栅时被烧死，或者被对方砸下的岩石杀死。只有少数人得以逃生，主要是骑兵，然而保加尔人的骑兵在他们身后穷追不舍，慌不择路的他们冲进附近的一条河中，许多人淹死在那

9

---

① 这一战确切的战场位置尚存争议，但沃尔比扎山口直到现在依然被当地人称为"希腊人之谷"，那里应当是最可能的地点。斯蒂芬·朗西曼爵士（Sir Steven Runciman）对此有更详细的讨论，见 *A History of the First Bulgarian Empire*, p. 57n。

里。皇帝的女婿米哈伊尔·兰加别（Michael Rhangabe）是少数几个得以幸存的人之一，皇帝的儿子斯塔乌拉基奥斯则远没有这么幸运，他因颈部创口伤及颈椎而瘫痪，被救回君士坦丁堡六个月之后便苦不堪言地死去了。

尼基弗鲁斯本人的遗体则在阵亡后被保加尔人发现，如同战利品一般被运进营帐之中。他的头颅被砍下，钉在木桩上示众数天，任人嘲弄。而侮辱仍未就此结束，克鲁姆将他的头盖骨漆上一层银，并一生留存用作酒具。

尼基弗鲁斯身亡（811）

皇帝的死讯传到博斯普鲁斯海峡时引发了相当的恐慌，人们必须回溯到四个世纪以前的历史才能想到一个与之相当的灾难：上一个阵亡的皇帝还是在378年亚得里亚堡之战中阵亡的瓦伦斯。尽管他们从来都不喜欢尼基弗鲁斯，他们却清楚，他以及整个国家遭到了保加尔可汗何等的羞辱。他们也知道尽管他给帝国留下了稳定的财政体系，但从军事意义上看帝国的形势无疑极度险恶。此时他们需要的是另一位强势领袖，一个能重建军队并与查理曼谈判的人——如今查理曼愈发咄咄逼人地要求拜占庭承认自己的皇帝身份。可怜的斯塔乌拉基奥斯无疑做不到这一点，尽管他父亲在803年就立他为共治皇帝，但此时的他已经瘫痪在床且痛苦不已，对他来说安乐死来得越快越好。由于他没有子嗣，对他而言唯一的出路是让位给尼基弗鲁斯家族之中唯一的男性继承人，即尼基弗鲁斯一世的女儿普罗科皮亚（Procopia）的丈夫，米哈伊尔·兰加别。此人奇迹般地从那场惨败之中逃离，许多人认为他必然是得到了某种神圣的庇护。出于某种不明的原因，斯塔乌拉基奥斯厌恶他，徒劳地试图将自己的妻子塞奥法诺（Theophano）立为继承人，① 但他根本无力实现这一计划，毕竟考虑到当时的形势，这很可能引发一场灾难。随后，811 年 10 月 2 日，在没有得到濒死的皇帝授权，甚至没有告知他的情况下，米哈伊尔即位称"瓦西琉斯"（Basileus），这是拜占庭历史上第一个使用既非希腊语也非拉丁语封号，而使用希伯来语封号的人。与此同时，斯塔乌拉基奥斯被匆忙剃度并送进修道院，三个月后他终于得以免除痛苦撒手人寰。

　　新皇帝米哈伊尔一世（Michael I）此时正值壮年，据称他有浓密的黑色卷发，圆脸上蓄满了髭须。然而很快人们就发现，上天赐予他的天赋之中并不包括智慧与坚定。他是个意志薄弱且易于操纵的人，任人摆布的他堪称天生的活傀儡，而笃信宗教的他难免被同时代地位最高的两位教士，即君士坦丁堡大牧首尼基弗鲁斯（Nicephorus）和斯托迪奥斯修道院院长塞奥多尔（Theodore）操纵。尼基弗鲁斯在同名的皇帝在位时于 806 年接替过世的牧首塔拉西奥斯（Tarasius）。和塔拉西奥斯一样，此前的他是一名俗世官员，他在剃度仅一个星期后就继承了牧首职位。② 这个颇有能力且极为正直的人，也是同时代少数几篇涵盖从希拉克略至君

---

① 塞奥法诺是雅典人，她与伊琳妮有亲属关系（尽管很可能只是远亲），但这依然没有妨碍尼基弗鲁斯将她列为自己儿子未来新娘的人选之一。在待选择的几名美貌少女之中，据称皇帝父子都不喜欢塞奥法诺，但她最终成为新娘只是因为尼基弗鲁斯把另两位少女留在了自己身边。

② 东正教教会的牧首通常是在修道院中选择人选，而不是任命教区牧师，至今亦然。

士坦丁五世时代的可信历史资料的作者之一，可惜的是他没能继续写到他所处的时代。尽管他是个虔诚的教士与坚定的圣像支持者，但自他接受任命之时，以斯托迪奥斯修道院院长塞奥多尔为首的宗教极端派就对他既厌恶又不信任。

他们持这一态度的原因不难得知：塞奥多尔和他的追随者们理所当然地认为尼基弗鲁斯是个冒名顶替者，是以教士的名义充当皇帝的工具，而他任圣职本身就是对这个教会最庄严的圣礼之一的嘲弄。他们对他的前任塔拉西奥斯也持完全一致的观点，而一件事让他们对此深信不疑——795年塔拉西奥斯允许年轻的君士坦丁六世把自己的妻子，即阿米尼亚的玛丽送进修道院，进而和他自己的情人塞奥多特成婚。 11 必须提及一个稍显尴尬的事实，此处提到的这位女士其实是院长塞奥多尔的堂表亲，而他们对这一事件的愤怒，随着不幸主持了这次婚礼的教士约瑟夫（Joseph）被革除教籍，在某种意义上有所缓和，但806年，皇帝召开的宗教会议又恢复了他的教籍。这一决定得到了新牧首的赞同，整个事件随即再度爆发，而塞奥多尔第二次遭到流放。

通奸争议（811）

只要尼基弗鲁斯一世在位，温和派与极端派就不存在和解的希望。君士坦丁六世入土已久，但他婚姻的问题此时还不完全是单纯的学术问题，可以说这位"瓦西琉斯"和塞奥多尔一样不支持这一婚姻，但重点不在于此。在皇帝看来，关键在于这设立了一条原则：他想怎么做，召开的宗教会议就要怎么执行，他可以批准豁免，甚至可以变更教会法规。

为达这一目的，所谓的"通奸争议"提供了一个可行的判例。

但尼基弗鲁斯此时也已死去，而他怯懦的女婿既没有能力，也没有意愿延长这一争议。牧首本人也这么认为，而且他意识到在目前的形势下教会的两个派系必须和解。在米哈伊尔加冕之前，他要求米哈伊尔签署协议，保证支持教会正统，并豁免教士与僧侣的死刑与肉刑。他还力劝皇帝召回修道院院长塞奥多尔和与他一同被流放的人，甚至重新将可怜的教士约瑟夫开除教籍。他此举获得的比他所希望的更多。塞奥多尔尽管固执己见，却是个精力旺盛且颇有个人魅力的人，他对皇帝产生了极大的影响，皇帝也很快在各种问题上都咨询他的意见，并遵照他的建议执行——无论这些问题是否属于教会事务。

近年的史学界大多认为米哈伊尔一世以及斯托迪奥斯修道院院长塞奥多尔导致了拜占庭帝国对西帝国①态度的转变。尼基弗鲁斯一世在位时完全无视了自称皇帝的查理曼，而这一政策没有什么实质成效，帝国与法兰克人之间偶尔爆发一些海上冲突，并间接导致新生的威尼斯共和国脱离帝国控制。②

---

① 严格意义上，汉语中的"西罗马帝国"特指从 395 年罗马帝国分治开始，到 476 年罗慕路斯被废黜为止的西罗马帝国政权。然而在欧美语境中，时常将查理曼加冕之后的法兰克帝国，以及之后奥托大帝开始的神圣罗马帝国，视作西罗马帝国法统的延续，泛称之为"西罗马帝国"或"西帝国"。西罗马帝国法统延续问题与本书关联不大，并无必要在译文中进行详细区分，因此汉译者采用"西帝国"这一模糊表述，以翻译原书中"western empire"这一模糊表述。——译者注

② 威尼斯尽管在 727 年时事实上已经处于自治状态，但在政治与文化上依然属于拜占庭帝国的影响范围。而在 805 年圣诞节，当威尼斯总督安特诺里的奥贝勒里奥（Obelerio degli Antenori）向查理曼宣誓效忠，承认他为西罗马帝国皇帝时，希腊人必然会为此而交战。这次婚姻使这位总督得以与一名法兰克人新娘成婚，她也成了见于记载的第一位总督夫人。

君士坦丁堡的态度之所以突然转变，最可能的解释是，在811年的灾难之后，帝国已经无力再作战，而固执的尼基弗鲁斯的死使他随和的继承者得以开始和谈。

但事实上帝国的大使确实途经威尼斯，在810年秋末抵达查理曼在亚琛（Aachen）的宫廷。811年春，基本可以肯定双方在所有主要问题上达成了一致——至少也是在拜占庭大军覆灭几星期之前。新的使团在一年之后，代表米哈伊尔一世前来承认查理曼为皇帝，而条约直到此后的另外三个使团先后抵达之后才最终确立，但最早的橄榄枝确实是尼基弗鲁斯伸出的，达成和平的功劳也更应该归功于他，而非他的继承者或塞奥多尔。"尼基弗鲁斯的和平"（Pax Nicephori）绝非无稽之谈。

尼基弗鲁斯的和平（812）

也许回想这一切时他也会怀疑，设立西帝国的皇帝是不是个极为错误的决定。君士坦丁堡是新罗马，是罗马的文明、法律与习俗的继承者，但君士坦丁堡已经彻底属于希腊人。那里与正在亚得里亚海以西发展的新欧洲没有任何共同之处，甚至连语言与宗教都不相同，他们也不再对这些地方有任何实际的控制力。在西帝国故地恢复"罗马和平"的是亚琛的朝廷，而非拜占庭。罗马帝国必须保持统一，这个问题不容置疑，但两个皇帝就一定会让帝国分裂吗？只要他们能遵守协议，难道他们不能完成截然相反的结果，让帝国焕发新的力量吗？

查理曼打算给出优厚的条件。他愿意放弃对威尼斯和整个行省的所有权，也放弃伊斯特里亚（Istria）和达尔马提亚海岸的所有城市。他所要的回报仅仅是承认他的皇帝地位，特别是允许在官方文件之中自称"瓦西琉斯"。理论上这意味着他的地位与拜占庭帝国皇帝相当，他和他的继承者也有权继承君士坦丁堡的皇位。尽管我们无法确定，拜占庭人是否能在理智上完全接受这一解释——而他们在情感上自然从来都不接受。①

从结果上看，这件事影响不大。查理曼的帝国在他逝世几年之后就分裂了，而在一个多世纪之后，直到奥托大帝（Otto the Great）出现，帝国才得以恢复原来的规模，但那时以及此后任何一个时刻，西帝国的皇帝继承拜占庭的皇位一事，再也没有作为严肃议题被提及了。然而"尼基弗鲁斯的和平"的重要性并不会因此而减少。这标志着首次接受两个罗马帝国皇帝同时存在，而且两位皇帝并不是出于管理需要而共治——甚至理论上不是如此——这是戴克里先和他的继承者们所希望实现的管理体系（几乎无一例外以灾难结束）。两位皇帝事实上互相独立，各自推行政策，与此同时又完全承认并尊重另一位皇帝的头衔与权力。此后的中世纪欧洲也以此为基础成形。

濒死的斯塔乌拉基奥斯反对米哈伊尔·兰加别即位是正确的。如果他没有幸运地得以延续与查理曼的和平，这个不幸的君主的整个统治时期便几乎可谓十足的灾难。和他的前

---

① 需要提及的是，他们也从来都不称查理曼为罗马人的皇帝，他们自己的统治者在此后使用这一称号则愈发频繁。

任皇帝再度形成鲜明对比的是，他和他的妻子——在他加冕十天后加冕为奥古斯塔的普罗科皮亚——挥霍钱财时近乎疯狂，将大把钱财捐赠给教堂与修道院，而且似乎只要有人索要就能获取一大笔赏赐。米哈伊尔仅对一个部门不肯掏钱，甚至完全不在意，而这个部门负责帝国防务。

　　然而帝国当下又罕见地迫切需要军事保护。812 年春，克鲁姆受前一年胜利的鼓舞，夺取了位于黑海沿岸、控制着向南的滨海道路的拜占庭堡垒城镇德维尔托斯（Develtus），并迫使城中包括主教在内的所有居民迁入他的领土。6 月，米哈伊尔出兵与他对抗，但他新招募的部队没有作战经验，更完全没有接受训练，几乎立即哗变，米哈伊尔被迫撤兵。他撤退的消息传到色雷斯和马其顿时，在当地居民之中引起了在所难免的恐慌，得知自己将任由克鲁姆处置的居民们纷纷逃亡。一些较小的边境堡垒被彻底放弃，而重要的据点安西亚卢斯和贝罗（Beroe）——今保加利亚波摩莱（Pomorie）和旧扎戈拉（Stara Zagora）——也在很大程度上被抛弃了，即使那里的防卫工事近期才在伊琳妮执政时被重修过。恐慌情绪一路传播到菲利普波利斯（今普罗夫迪夫），而那是色雷斯西部的主要城市。

　　如此的恐慌情绪，至少暂时来看是没有根据的。克鲁姆认为如果不进行战争就能够榨取利益，就没有必要开战，于是提出和谈。那时的米哈伊尔本应当乐于和谈，但当时可汗提出了一个完全合理的要求，即将所有保加尔人俘虏和在拜占庭境内的逃亡者交还，这却令修道院院长塞奥多尔无法忍受。他颇不合宜地引述了圣约翰记载的一句基督的话——

"到我这里来的，我必不把他抛弃于外"①，就此轻易说服皇帝拒绝和谈，战争就此继续。

克鲁姆的下一个目标是墨森布里亚［今内塞伯尔（Nesebur）］，那里是整个巴尔干半岛上最富裕的港口之一。该城几乎与岛屿无异，与内陆仅有一道约四百米长、狭窄而防护严密的地峡相连。由于保加尔人没有舰船，他们只能从这道地峡进攻，在往年，帝国海军只需要派遣几艘船就能无限期供给城中所需的食物与武器。然而在多年的忽视之后，海军舰船已经严重失修，米哈伊尔完全没有尝试对该城进行补给。

围城开始之后，牧首尼基弗鲁斯在君士坦丁堡的圣使徒教堂进行祈祷仪式。仪式进行之中突然发生一阵喧闹：包括一批近期刚刚遣散的老兵在内的一大群人，聚集在君士坦丁五世的大理石墓前，恳求死去的皇帝脱下裹尸布，再度率领他们走上战场，和当年一样带来胜利拯救帝国。他们的祈祷自然落空了，但他们也明确表达了意见，结论也不难得出。带来胜利的君士坦丁是破坏圣像派，在他之后的三个崇拜圣像的继承人治下，帝国却多次蒙羞。天平再度开始倾斜，只需要再战败一次，就将彻底倒向另一方。

维尔西尼西亚之战（813）

这场战败很快到来。812 年 11 月 5 日，墨森布里亚陷落，那里储藏的大批金银落入克鲁姆的手中，更宝贵的是，

---

① 《约翰福音》，6：37。

第一章 克鲁姆（800～814）

一批装有希腊火——帝国最有效也最机密的武器——的储罐以及用于喷射希腊火的三十六个青铜虹吸管也一并被缴获。对君士坦丁堡的皇帝而言，事态已经足够明朗，如果他想保住皇位，他就必须再度出征，与他的对手决战，而且必须取得胜利。在整个冬季，他忙于从帝国的每一个角落集结部队；813 年 5 月，他从都城出发开始进军，普罗科皮亚陪同他来到马尔马拉海海滨的赫拉克利亚，之后在高架渠上与他挥手告别。

众所周知，保加尔人的难缠之处在于，对手往往难以迫使他们仓促迎战，而米哈伊尔无疑不会忘记自己在 811 年的那次侥幸逃生，因而不愿进入敌方的领土。在一个多月的时间里，他在色雷斯畏葸不前，来自亚洲的部队——他们占绝大多数——则愈发不满。直到 6 月初，克鲁姆才亲率部队越过边境，在亚得里亚堡东北方向约二十英里处的维尔西尼西亚（Versinicia），两军终于展开决战。帝国军队数量明显多于保加尔人，但米哈伊尔依然不愿主动进攻，在暑热之中与克鲁姆对峙了两个星期。直到 6 月 21 日，左翼的马其顿部队指挥官约翰·阿普拉克斯（John Aplakes）向皇帝请求出战。皇帝于次日率兵出征。保加尔人在他的猛攻之下陷入混乱，开始后退，这一战似乎要在开始之后就立即结束。但就在此时，震惊所有人的事发生了：在亚美尼亚人利奥（Leo）的指挥之下，右翼的安纳托利亚部队突然调转方向，逃离战场。

据记载称，目睹这一切的克鲁姆起初呆若木鸡，不肯相信自己的眼睛，之后才意识到这是天赐良机，他和他的部下随即对不幸的马其顿部队发起攻击，这些被同伴抛弃的人此时反而在人数上陷入劣势，被全部屠杀。他们前进的道路就此打开，再没有人能阻挡他们向君士坦丁堡进军了。7 月 17 日，保加尔人的大军在君士坦丁堡城城墙下扎营。

但此时的米哈伊尔·兰加别不再是皇帝了。再度安然逃离战场的他全速赶回都城，之后立即向牧首请求逊位。他坚称上帝已经展露对尼基弗鲁斯家族的不满，自己也无法再违抗神意。牧首未必同意他对神意的解释，但无疑同意他的决定，在他看来，这也许是皇帝和他的家人活下去的唯一希望。皇后普罗科皮亚的观点则截然不同。她不愿放弃自己深爱着的皇位，她也自认为能够成为新的狄奥多拉，因此鼓励自己的丈夫坚守。但她的意见被无视了。她和逊位的皇帝生下了五个孩子，他们如今全部进入修道院，来到灯塔圣母教堂（Church of the Virgin of Pharos）避难，直到收到保证安全的许诺之后才离开。他们不会被杀，但他们的三个儿子被阉割，以免未来争夺皇位。①普罗科皮亚和女儿们则被送去修女院。米哈伊尔本人则改名阿塔纳修斯（Athanasius），来到马尔马拉海中王子群岛的一座修道院之中，度过了三十二年时光，在他的前任皇帝斯塔乌拉基奥斯的忌日，即 845 年 1 月 11 日逝世。而亚美尼亚人利奥——背信弃义的安纳托利亚部队的指挥官，在背弃了皇帝、抛弃了近在咫尺的决定性胜利之后，穿越金门进入君士坦丁堡，在施洗

---

① 其中一人尼基塔斯（Nicetas），改名为伊格纳提奥斯（Ignatius），即下文提及的米哈伊尔三世（Michael Ⅲ）和巴西尔一世（Basil Ⅰ）在位时的牧首。

者圣约翰教堂之中称帝，而后骑马凯旋穿越街道，来到皇宫之中。

利奥的背叛（813）

那么，我们难免要问，到底发生了什么事？利奥的安纳托利亚部队是勇敢且老练的战士，绝非在战场上不知所措的无能之辈，在开阔地对处于劣势的敌军时则更不应当如此了。对他们举动的唯一可信解释就是图谋叛乱。他们蓄意伪装成胆怯逃跑，以使其他部队产生恐慌情绪。至于他们的指挥官，利奥则是以他一如既往的狡猾掌控着局势。他本人坚定地留在战场上，直到部下全部逃走才离开，而后他借此宣称他的举动无可指摘。怀疑者自然甚多，却也找不出任何决定性的证据。无论如何，那时的他已经得到他想要的拜占庭的皇位。值得一提的是，这次战败虽然看上去可谓罗马帝国历史上最可耻的战败之一，临阵脱逃者中却没有任何一人被处罚。

利奥也不是第一次背叛皇帝了，几年前，巴尔达内斯·托尔克斯的叛乱，他就是同谋者之一。他的部队也在挑唆他反叛。那么，密谋者只有他们吗？也许如此，但有可能有另一个人参与了密谋，他为这一行动的成功出了不少的力，那就是克鲁姆。在保加尔人成为帝国的威胁之后，他们从来都避免在开阔地决战，更愿意发挥自己的长处，在山口关隘与小路上伏击。那么他们狡黠且老练的可汗为何突然放弃使用了一生的战术，却把部队集结起来，面对远强于己方的军队呢？而他和他的部队在安纳托利亚的部队逃离时停滞不前，

17

21

等他们全数撤离之后再屠戮英勇的马其顿部队，原因真的只是惊讶吗？利奥为了保证阴谋成功，很可能和保加尔人的领袖达成了协议，而他无法抗拒如此大的诱惑——毕竟只要他的同谋者撤离战场，他就可以为所欲为了。[①]

当克鲁姆静观士兵在金门两侧的城墙下挖掘时，他回溯这六年的经历，他的成功从未中断过。他杀死了两位罗马皇帝，还促使一人下台；两次大败帝国军队，第一次是彻底歼灭，第二次——无论原因如何——则迫使他们可耻地逃出战场。然而此时的他暂时停止行动，那高耸的巨大堡垒不是发动突袭就能夺取的，他清楚这一点。一份古怪而来源不明的记载——其作者为"抄写员英克尔托斯"（Scriptor Incertus）——声称他用一系列奇怪的庆典，以及展现军事力量来掩饰自己的迟疑不定。城上的守军惊异地看着他们在异教祭司的主持之下，进行各种各样的祭祀，宰杀动物，乃至使用人祭奉献神明。目不转睛的守军甚至看到克鲁姆本人——塞奥法内斯称他为新的辛那赫瑞布（Sennacherib）——也亲自进行仪式，他缓慢步入海中，用海水洒向士兵作为祝福。其他的场合下他带着自己大批啼哭着的侍妾游行，他的战士们则高呼助威。

可汗想要借这些活动获取什么，尚不明确。然而几天之后，见城中人没有任何反应，他向皇帝送去信件，要

---

① 从军史的角度上，必须提及的是，因为与拜占庭帝国的交流与战争，保加尔人的山地装甲骑兵使用不断发展，并在这一时期趋于成熟，他们得以摆脱轻装游牧骑兵驱使斯拉夫附庸步兵的旧战争模式，并在西米恩的率领下成为愈发可畏的军事力量。——译者注

求在金门插上自己的长枪，以示胜利。在这一要求被断然拒绝——他应当也预料到了——之后，他在周边乡村大肆掠夺了几天，显示他的不满，而后又提出和谈，要求皇帝提供大量黄金、装满华丽衣物的箱子，以及帝国能够奉上的最美貌的一批少女，作为撤军的条件。和城门插枪的事一样，利奥自然不愿意献出少女。但提出和约，无论这和约多么难以接受，至少表明他实际上是想要找机会退兵以结束僵局的。利奥随即提出要亲自与克鲁姆会谈，会谈地点设在城墙最北端靠近金角湾的地方。他将走水路抵达，克鲁姆则走陆路，两人不带武器，身边只带几名不带武器的随从。

可汗接受了他的建议，次日带着他的财务官，即他的希腊妻舅君士坦丁·帕兹科斯（Constantine Patzikos）及其年轻的儿子，来到约定的地点。他在这里与皇帝和拜占庭的宫廷官员赫哈沃里奥斯（Hexabulios）会谈。在惯常的礼仪之后会谈开始，君士坦丁负责口译。谈判起初进行顺利，然而赫哈沃里奥斯突然以手掩面，克鲁姆可能认定这一动作是冒犯——更可能的情况是他认定这是（很可能确实是）预定的信号——于是跳上了自己内侄牵着的马，给马套上笼头，观察形势准备离开。正在此时，三名武装人员从附近的隐蔽处冲出，他的财务官被当场杀死，帕兹科斯和他的儿子被俘虏，但克鲁姆在千钧一发之际逃脱了。当克鲁姆催马来到安全处时，他仅仅被攻击者的梭镖击中，受了轻伤，然而这无耻的背信让他怒火中烧，决心报复。

19

克鲁姆的报复（813）

报复于次日开始，残忍得不堪入目。保加尔人无法攻破城墙，但金角湾之外的教区，那里所有的教堂、宫殿和富裕的修道院与修女院被付之一炬。被摧毁的建筑物包括圣玛玛斯宫①，那里是皇帝在都城的住所之中最奢华的宫殿之一，雕刻繁复的大理石柱以及大批动物雕像则被装车运往克鲁姆在普利斯卡的宫殿。免于火灾的所有活口被杀。在都城以西，乡村遭到了类似的厄运。七里海湾的宫殿与圣玛玛斯宫一样沦为废墟，愤怒的可汗则继续前进，一路留下梦魇般的屠杀与毁灭。瑟利姆布里亚化为灰烬，不计其数的城镇与村庄也一同被毁。赫拉克利亚在坚固城防——其坚固程度仅略逊于君士坦丁堡——的庇护之下得以幸免，但报复者还是夷平了雷德斯图姆［Rhaedestum，即今泰基尔达（Tekirdağ）］的堡垒，而后进入附近的山地，围捕逃入山中的附近居民。不计其数的家庭蒙受劫难，男人被屠杀，妇女和儿童被掳走。尔后，在迅速对赫勒斯滂海峡方向进行惩戒打击之后，克鲁姆北上亚得里亚堡。那里已经被他的兄弟围攻数周，守城者进行了英勇的抵抗，但食物逐渐短缺，在残暴的可汗率主力军抵达之后，部队的士气最终瓦解了。城中一万居民被强行掳走，带到多瑙河以北，而许多人，包括城中的大主教，都成了殉道者。

如今拜占庭帝国被迫求和，但克鲁姆无法忘记利奥的背

---

① 这座宫殿濒临马尔马拉海，位于今贝西克塔斯区（Beşiktaş），距离多尔玛巴赫切宫（Dolmabahçe）不远。

叛，而一支保加尔人部队秋季在墨森布里亚附近遭到袭击的消息，更是让他愈发恼怒。这一袭击是皇帝亲自策划并实施的，因狡诈而闻名的他趁敌军熟睡之时突袭并杀死了大批敌军。战胜之后他随即率军深入敌方腹地，没有杀死成年人，但把所有的孩童抓起来，把他们的头撞向石头。可汗就此下定决心：无论君士坦丁堡的城墙有多么坚固，他也要将其毁灭，并将整个帝国一同毁灭。

814 年初春，都城之中满是克鲁姆准备攻城的流言：克鲁姆建造攻城塔，建造能把巨石和火球扔过城墙的巨型投石机，建造云梯和攻城锤，还准备了一千头牛和五千辆包铁的牛车以运输这些巨型器械。皇帝则迅速加强城防，其重点是布拉赫内宫，克鲁姆曾经不光彩地抵达那里，他很可能把进攻重点放在那里。与此同时，他也派出使节前往虔诚者路易（Lewis the Pious）的宫廷。路易在几个月之前，在其父查理曼逝世后继位。使节未能成功获取援军，路易指出，他自己的敌人就够多的了。但当使节无功而返时，危机已经结束。814 年 4 月 13 日，圣星期四，在大军准备出发之前，克鲁姆突然发病，七窍流血，几分钟后便撒手人寰了。

拜占庭历史上堪称稀有的事就此发生了：和平降临。克鲁姆的儿子奥穆尔塔格（Omortag）年轻且缺乏经验，他统治的第一年因为保加尔人贵族的叛乱而麻烦不断，他被迫留在境内。类似的暴乱也让哈伦·拉希德的继承者，即哈里发马蒙（Mamun）无暇发动任何进攻。在西部，"尼基弗鲁斯的和平"依然有效。利奥就此得以把注意力转向内部事务，他那决定性的举措也将成为他一生中最著名的事迹。

第二章　圣像再毁（814~829）

21　　　　把教会交给牧师和主教们，管好你的省份、国家和
军队吧。如果你拒绝如此，一定要摧毁我们的信仰，记
住，就算是天堂之中的天使如此做，我们也不会听从，
更别说听从你了。

　　　　　　　　　　　　——斯托迪奥斯修道院院长塞奥多尔

　　　　　　　　　　　　　　对利奥五世如是说，815年

　　有关利奥五世的相貌我们所知甚少，存留下来的资料仅
仅提及他矮小、多须、有浓密的卷发与格外大的嗓音。对他
的性格则有远多于此的记述。首先是强烈的野心。他和他的
前任，即出身高贵且是皇帝驸马的米哈伊尔不同，利奥出身
低微，靠自己的努力以及近乎无穷无尽的体能一步步登上帝
国权力的巅峰。如果前一章对他在维尔西尼西亚的所作所为
的解释可信，他无疑拥有相当的领导能力，更拥有出众的勇
气。然而对他于813年秋向保加尔人发动报复进攻的记载则
几乎一致指出，他愤怒时会爆发出野兽般的暴戾。另外必须
提及的是他是亚美尼亚人，他拥有他出身民族标志性的性格

26

特质，也可能是他格外复杂的性格之中最突出的特点：机智敏锐，诡计多端。

可能也是因为他机智敏锐，他发动反叛的同胞巴尔达内斯·托尔克斯才会重用他。几年后在维尔西尼西亚他展现了自己的狡诈，813 年对保加尔人发动的夜袭也同样展现了他的机敏，而在一年后他更是重新立破坏圣像派为帝国正统。22他做出如此惊人之举的原因却和他的同名者在八十八年前开始破坏圣像运动的原因大相径庭。利奥三世是个虔诚的神学家，长期并真诚地思考这一切，坚信自己是在遵循上帝的意志。利奥五世对这个问题却并不怎么在意，他涉足这一问题纯粹出于现实需求。在伊琳妮的时代，帝国政府就必须处理因萨拉森人侵入东部省份而失去土地、陷入贫困的大批小农的问题。尼基弗鲁斯将他们征募为士兵，在与保加尔人的战斗之中他们确实是合格的民兵，守住了危机之下的都城。然而在和平年代，他们被解散，再度沦为贫民，在街头巷尾乞讨求生。来自东部的他们几乎全是破坏圣像派，接受身为破坏圣像派的父母乡亲的养育，更重要的是，他们是在伊琳妮在位时遭遇如此劫难，自然而然地将这一切归罪于她，并进而反对她恢复的圣像崇拜。

814 年夏，君士坦丁堡笼罩着破坏圣像派的阴云，尽管现在对国家的安全还构不成威胁，但如果继续忽视下去很可能发展为危机。这一情绪不只见于不满的复员士兵之中，也一如既往地广泛存在于帝国的上流阶层，以及军队的高级军官之中。两年前在君士坦丁五世墓前的示威使人回想起破坏圣像派皇帝们带来的军事胜利，这与他们崇拜圣像的继承者们形成了鲜明对比。帝国无疑有许多人自然而然地在宗教思考之中认定，全能的主已经明确地表达自己的观点，变革的时机也已经到来。

因此，利奥如此决定更多是为了保证国内的和平，而非基于自己的宗教观点。他的第一步是在 814 年 6 月任命一个特别小组，寻找早期教会的神父们发表的有利于破坏圣像派的言论。他任命自己的另一个同乡作为小组的领导者，即圣塞尔吉乌斯与圣巴库斯修道院院长，三十出头的天赋出众的约翰·莫洛哈尔扎米奥斯（John Morocharzamius），后世往往称他为语法学家约翰。他副手的人选则有些出人意料，皇帝选择了潘菲利亚的塞雷乌姆（Syllaeum）的主教安东尼（Antony），一个年事已高而道德沦丧的煽动者。按强烈反对破坏圣像派的"抄写员英克尔托斯"的说法，此人大部分时间都在用含糊的话哄骗这个小组的另外四人，即两名僧侣与两名俗世人。在六个月的工作之中他们严守秘密，其间养尊处优，被要求尽可能地待在圣宫之中。

"让士兵满意"（814）

他们的工作在 12 月初收到了成效，他们随即把成果交给皇帝，皇帝也立即将牧首尼基弗鲁斯召进宫中。起初他谨慎试探，提出为"让士兵满意"而妥协，只将墙壁上低处的圣像画撤下，然而清楚得陇望蜀这个道理的牧首一眼看出他的用意，就拒绝了。利奥则继续追问道："既然没有书面材料支持，你们为什么还要崇拜偶像呢？"尼基弗鲁斯回复称教会采纳了许多并未见于书面记载的信仰和惯例，而这不是他能够拒绝的。在这种情况之下，皇帝别无选择，只好以身作则，他的举措却带着典型的虚伪。他关注的圣像是位于皇宫的主门青铜门之上的巨型基督像，正是这座基督像在726年被利奥三世拆下，此后又被伊琳妮修复。但他并没有和伊苏里亚人利奥一样派士兵拆毁它，这个亚美尼亚人有自己的谨慎计划。他也派出了一队士兵，但他下达的命令有所不同。他们奉命制造一场"突发混乱"，诅咒辱骂那座圣像并向它扔泥巴和石头。尔后抵达这里的皇帝以此为借口，以保护圣像免遭更多的侮辱为理由将其撤下。

行动依照计划进行，牧首则自发将本地的所有主教和修道院院长召集起来，向他们发出一场风暴即将来临的警告，并号召他们坚持787年的第七次大公会议的决议。① 而后，在圣诞节的清晨，他再度觐见利奥。他恳求皇帝，如果对他本人有意见的话大可以将自己罢免，但不要对教会的教义做重大改变。利奥圆滑地向他保证自己没有这么做的打算，并在圣索菲亚大教堂的圣诞节弥撒之中，他向基督诞生的画像浮夸地鞠躬。然而在不到两周之后，在815年1月6日的主显节典礼上，出席的人都注意到他没有行礼。尼基弗鲁斯只能静观其变。

变数很快到来了。皇帝此时将一批破坏圣像派的教士召入宫中，并谨慎地没有给他们依照习俗抵达后要向牧首致意的机会，而后把那个特别小组收集的对《圣经》和教父著作的引述交给了他们。之后他再度把尼基弗鲁斯召入宫中。

24

---

① 即伊琳妮为了谴责破坏圣像派召开的大公会议。见第一卷。

牧首遵命前来，但他并非孤身一人。随他一同前来的还有一大批的虔诚者，包括斯托迪奥斯修道院院长塞奥多尔。塞奥多尔尽管此前与他为敌，此时却坚定地站在他这一边。随后的会议之中双方爆发了争吵，塞奥多尔公开抨击皇帝，说出了本章开头的那段话。聚集起来的教士们不久之后就被驱散了。几天后颁布的一份敕令禁止牧首和所有崇拜圣像派的人在公共场所，乃至私人住宅之中集会。尼基弗鲁斯本人遭到了近乎自宅软禁的对待，这使他无法履行自己的牧首职责。

宗教会议敕令（815）

同年复活节，所谓的"全体宗教会议"于圣索菲亚大教堂召开，然而许多崇拜圣像派的主教根本没有收到邀请。此时牧首已经病重，尽管收到邀请，他的身体状况却让他根本无法与会，因此在缺席的情况下他被罢免。他稍微恢复之后被流放到博斯普鲁斯海峡亚洲一侧的殉道者圣狄奥多尔修道院。他在那里居住了一段时间，但再未返回君士坦丁堡。皇帝意味深长地任命君士坦丁五世的亲属塞奥多托斯·卡希特拉斯（Theodotus Cassiteras）接替他。新牧首无疑和君士坦丁五世一样是破坏圣像派，然而他在其他问题上远非苦修主义者。他即位之后就立即在牧首的宫中大摆宴席，许多多年不曾沾染荤腥的显赫教士和苦修士在主人的坚持下被迫饱食豪饮，将面前的餐食与酒水席卷一空，用伯里教授的话说，"大牧首往日沉闷而庄重的宴席此时却充满活力，满是闲谈、趣闻和粗俗笑话"。

但牧首的生活不全是娱乐。他也有出席宗教会议的责任，这是个艰难的任务，很快人们就发现他根本没有足够的能力。尼基弗鲁斯以及他之前的塔拉西奥斯在某种程度上还能行使权力，但当正统派的主教被调查，不满情绪升温之后，塞奥多托斯无法控制事态了。这个不幸的牧首被摔倒在地，痛打乱踢和啐口水。那次宗教会议的权威性原本已经因只有一方代表出席而大打折扣，这一不光彩的事件更是雪上加霜。然而这些代表最终还是平静下来，回到了他们的位置并遵命行事。他们得出的结论就此注定，而最终发布的敕令大略如下。

皇帝君士坦丁（五世）和利奥（三世），考虑到帝国保持正道才能长治久安，此前聚集神父和主教召开了一系列的宗教会议，谴责与传统相悖的、崇拜偶像的无益举措，坚持崇拜圣灵，崇拜真神。

因此，上帝的教堂得以安稳了许多年，人们也得以享受和平，直到政府从男人手中落到了女人手里，教会也因妇女的单纯无知而受害。这个女人听从无知的主教的意见，召开了一次浅薄的会议，定下了以物质媒介描绘圣子圣父的教条，并用死的画像来代表圣母与圣人们。她还宣称这些画像应当受崇拜，就此草率地无视了教会的合宜教条。她就此玷污了我们本应只献给上帝的尊崇，声称我们能献给上帝的尊崇也能给没有生命的偶像。她更是愚蠢地坚称它们充满了主的仁慈，鼓励在它们面前点燃蜡烛，焚烧熏香。她就此使单纯者误入歧途。

　　因此，我们自此在正统的教会之中，禁止在未授权的情况下制造虚假的偶像，拒绝塔拉西奥斯①推行的崇拜活动，废除他主持的宗教会议的决议，因为这一决议给予偶像过分的荣誉，也谴责点蜡烛与使用熏香。

26　　然而我们也欣然意识到，在君士坦丁与利奥执政时，在布拉赫内宫的贞女教堂之中进行的神圣宗教会议决议，是完全基于神父们留下的信条得出的，因此我们宣布制造圣像——我们并不称之为偶像，不使其落入邪恶——既不应受支持也不应当进行。

随着破坏圣像派再度于帝国成为正统，国内动乱的威胁也就消除了——至少暂时如此。此时的边境地带也全部处于和平之中，利奥五世可以为自己执政的出色开始而庆贺了。他在宗教问题上并没有什么坚定的信条，因而没有对不肯接受这一法令的大多数圣像崇拜者采取强制手段。不过，几个最为张扬的反对者，那些依然宣称反对或公开藐视圣像禁令的人，终究还是遭到了处罚。例如院长塞奥多尔，此时众所周知的崇拜圣像派的领袖，就先后被囚禁在三座监狱之中。他的传记作家记载称他不断遭到鞭笞，要忍受酷热与严寒，更不用说烦扰不断的老鼠、跳蚤和虱子了。但皇帝的理由同样明确，塞奥多尔是自作自受。他在皇帝面前从来没有表述观点，而在宗教会议前的棕枝主日，他和斯托迪奥斯修道院的僧侣进行了一次游行，公然绕修道院行进，还捧着他们修

---

① 787 年的第七次大公会议时的君士坦丁堡牧首。

道院中最珍贵的圣像。817 年，更严重的事件发生了，他被揭发与新任教皇帕斯夏一世（Paschal Ⅰ）频繁通信，不但向他通告正统派的艰难处境，还曾经事实上向西帝国皇帝提出求援。这样的提议明显可谓叛国，在当时的情境之下利奥对他采取严苛手段也是在所难免。大多数与他观点相同的教士们发现，只要他们保持足够低调的态度，他们就可以继续坚持他们的信仰，不会遭到骚扰与干涉。利奥首要考虑的是国家安全与社会秩序，对塞奥多尔和他的追随者而言最为关键的教义，在皇帝看来只是个次要因素。

　　然而 815 年的法令在所难免地引发了一系列的破坏运动。任何人在任何时候都可以摧毁或亵渎任何圣像，而不会受到处罚。任何描绘耶稣基督、圣母或圣人的服饰或刺绣都要被撕成碎片，任人践踏；绘制了圣像的木板要公开抹上污秽，用斧头劈开或者在公共广场焚烧。自此后二十八年间的艺术品损失，应当没有上个世纪长达六十一年的破坏圣像运动严重。第二次破坏圣像运动的时间跨度尚不及第一次破坏圣像运动的一半，利奥和他的继承者也不像利奥三世和"便溺者"君士坦丁那样有狂热信仰。事实上的损失必然是巨大的，当我们看到九世纪中期之前的拜占庭艺术品时，其绝美惊人的质量与稀少得可怜的数量，足以让现代人为之惋惜。

阿莫利亚人米哈伊尔（820）

　　在他军事生涯之初，甚至可能在参与 803 年巴尔达内斯·托尔克斯那次失败的叛乱之前，利奥就和同级的军官米哈伊尔（Michael）关系密切。米哈伊尔来自弗里吉亚的阿

27

莫利阿姆。[①] 两人之间的亲密关系乍一看不好理解。米哈伊尔是个直率而粗俗的文盲，出身低微，说话也不太流利[②]，但利奥还是成了他儿子的教父，也有证据显示米哈伊尔在维尔西尼西亚之战前，以及此后向都城进军时，给了他的这位朋友不可估量的支持与鼓励。当利奥胜利进宫时，身后跟随的正是这个阿莫利亚人。尽管两人下马进入宫殿，米哈伊尔不小心踩在了皇帝的披风上，几乎将它踩掉，利奥还是任命他为巡夜军团———一支精锐的宫廷卫队[③]———的指挥官，这个事件也很快被遗忘了。

然而在 820 年夏季或秋初，皇帝得知米哈伊尔出言不逊、煽动叛乱。他不愿仓促对待他的老朋友，就派自己的朝中官员邮驿部部长约翰·赫哈沃里奥斯———他正是在七年前参与了那次企图谋害克鲁姆的会谈的人———与他私下谈谈，指出他举动轻率可能带来的后果。然而米哈伊尔没有吸取教训，却愈发公开地指责他的君主，直到平安夜时，赫哈沃里奥斯揭露了一场阴谋，其中涉及数名高阶军官，而米哈伊尔无疑正是这次阴谋的领导者。他把此事告诉利奥，利奥立即下令把那个阿莫利亚人带到自己面前。铁证如山，米哈伊尔只得认罪。皇帝因信任的好友与同僚背叛自己而暴怒，下令

---

① 阿莫利阿姆曾经是安纳托利亚首府和重要的主教区，如今仅剩悲凉的废墟，位于锡夫里希萨尔西南方向约三十五英里处的阿萨尔科伊村。

② 大多数当代史学家称他口齿不清，但更可能是口吃，他也因此被称为"口吃者"（Psellus）。（需注意的是，不要将米哈伊尔和史学家米哈伊尔·普塞洛斯混淆。）

③ 巡夜军团的前身巡夜卫队可追溯至罗马帝国晚期，但此时的巡夜军团事实上是驻扎在近畿的中央军队。——译者注

把他扔进皇宫浴池下的火炉烧死。

虽然入夜已久，这个恐怖的死刑却在利奥的妻子，即皇后塞奥多西亚（Theodosia）的干预之下没有立即执行。她从宫女那里听到了这个消息，她跳下床，光着脚跑到自己丈夫身边。她恳求道，此时距离圣诞节只有一两个小时了，他怎么可以在如此残忍地处决他人之后，在耶稣诞生的日子接受圣餐呢？被她的话语打动，也有可能是意识到可以从米哈伊尔那里得知更多的同谋者，利奥同意推迟行刑。他将这个罪人上了镣铐，关进宫中一个偏僻角落的小屋里，派警卫轮流值班。他本人亲自掌握那间屋子和镣铐的钥匙。然后，内心之中颇为不安的他准备就寝。

但他无法入睡。他一次次回想起813年的那天，米哈伊尔踩在他的披风上，几乎把皇帝的标志从他的肩上扯下。莫非这是凶兆？而且他最近在阅读的一本占卜书上，发现了一幅画：一头雄狮被剑贯穿了喉咙，两边有希腊字母 X 和 Φ。如果说 X 代表着圣诞节，Φ 代表着主显节，莫非这就预示了利奥将会在这两个节日之间死亡？[①] 若是他没有听从自己妻子的恳求，立即处刑的话又会怎样？而他的囚犯，现在已经转危为安了吗？冲动之下他起身拿起蜡烛，沿着皇宫错综 29

---

① 希腊语中，"X"是"圣诞节"的首字母，"Φ"是"主显节"的首字母，而"利奥"意为"狮"。这个传说载于《斯基里泽斯编年史》的马德里抄本，也仅见于马德里抄本，其他版本无载。皇宫之中或许确实有一本用晦涩图画预知未来的占卜书，但除这一时代很晚的抄本之外几乎再无侧面证据。在那份成书时间在二百多年后的编年史中，斯基里泽斯花了整整一段话来记述利奥五世遇刺之前的种种凶兆和神迹，作者很明智地只引述了最有趣的一个故事。——译者注

复杂的走廊来到米哈伊尔被囚禁的房间，一路上所有上锁的门都被他踢倒冲开——他尽管身材矮小却力大无比。之后他悄然进入那间房，其中的景象令他暴怒：看守在地板上熟睡，囚犯则在看守的小床上安眠。他不相信身处如此险境的人仍能安睡，就把手放在米哈伊尔的胸口，感受他的心跳，发现他确实是在熟睡。意识到这一点之后，他对这两个熟睡的人挥了挥拳头，悄然离开了。

谋害利奥（820）

皇帝没想到的是，屋中其实还有另一个依然清醒着的人。米哈伊尔把自己的一个仆人带到了屋中，这个年轻的阉人在听到脚步声之后就立即躲到床下。他看不到闯入者的脸，但看到了只有皇帝才能穿的紫色靴子。利奥离开之后，他立即摇醒了他的主人和监狱看守，告知他们发生的一切。看守清楚自己也有性命之忧，决定和自己看守的囚徒一同行动。以米哈伊尔决定在处刑之前告解自己的罪为借口，他派米哈伊尔另一个信任的仆人到都城，假装寻找神父，其实却是在聚集他的同谋者，以便在最后时刻解救他。

仆人行动迅速，计划也立即确定。在教会的盛宴之前，僧侣组成的唱诗班通常要在宫中的象牙门前唱诵晨祷，而后进入圣斯蒂芬礼拜室。而在那个寒冷的圣诞节当天日出之前，同谋者就披上了僧袍——短剑匕首则藏在僧袍之下——混在唱诗者之中，用斗篷掩住面孔，进入皇宫。进入礼拜室之后，他们就躲在角落里等待皇帝。

第一首赞美诗宣示着皇帝的到来，皇帝一如既往落座并共同唱诵。有关皇帝的歌唱水平如何，不同的记载观点各异——他自己的记述当然赞许最多——不过所有资料一致认定他声音洪亮。刺杀者静候机会，准备在赞美诗的高潮部分动手。奇怪的是，利奥和主持仪式的教士都带着毛皮高帽御寒，刺杀者往那个教士身上扑去，教士见势不妙立即摘下帽子露出光头，向刺客表明自己的身份。这短暂的混乱使皇帝得以抓起圣坛上沉重的铁十字架用于自卫，然而不久之后，一剑直接劈在他的右肩上，劈断了他依然抓着十字架的右臂。他伤重倒地，另一剑随即砍下了他的首级。820 年圣诞节凌晨四点刚过，利奥五世的统治就此结束。

　　谋杀者接下来的行动依然迅速。他们立即赶往米哈伊尔被囚禁的房屋，却发现他们无法打开镣铐。拜占庭的新皇帝就此被抬到皇位之上，脚上依然拴着沉重的铁镣，仓促聚集起来的官员们则向他拜倒致敬。直到中午，一个铁匠才带着锤子和凿子赶来让他重获自由，[①] 让依然腿脚无力的他来得及步入圣索菲亚大教堂，接受牧首的加冕。塞奥多托斯把皇冠戴在头发蓬乱的篡位者头上时，心中是何种想法，我们不得而知，但一向随波逐流的他确实不是那种会公开反对的人。

　　不久之后，被扔进公共厕所的利奥遗骸被取出，他的裸体被拖到大竞技场之中示众。尔后尸骸被驮在骡背上运到港口，皇后塞奥多西亚和她的四个儿子在那里等待，他们坐船

---

　　① 　至少这一时期的主要资料《续塞奥法内斯编年史》如此声称。其他编年史家则提及约翰·赫哈沃里奥斯想起利奥把钥匙放在了口袋里，就从尸体上取来钥匙打开了镣铐。

被流放到马尔马拉海的王子群岛。到了岛上，他们还有新的厄运：为了保证他们无法报复，新皇帝下令把四个皇子全部立即阉割。① 三人在受刑后幸存下来，其中的格里高利（Gregory）此后还成为西西里的锡拉库萨大主教，但幼子塞奥多西奥斯（Theodosius）未能存活，与他的父亲合葬。

米哈伊尔二世（820）

31　　阅读本书这一部分的读者也许会有些惊讶，这段记述过于戏剧化，乃至哗众取宠，与本书至此行文之中的简洁克制的风格全然不符。这并不是作者本身在求变，而是僧侣塞奥法内斯于 814 年在萨莫色雷斯岛（Samothrace）——他因宗教信仰问题而被流放至此——去世之后，一部新编年史出现了。这部著作通常称为《续塞奥法内斯编年史》——尽管作品后几章的执笔者明显并非同一人，作者的叙事格外热衷戏剧性，乐于记述细节，这使他在拜占庭编年史家之中显得颇为另类。也许他的记述时而掺杂了艺术加工，而他这么做也许无可厚非——毕竟本书记载的内容已经延伸到十世纪中期，那时这件事已经过去一百多年。但作者确实擅长叙述，而在中世纪历史的记录者之中，擅长叙述的记录者实在是屈指可数。无论如何，这一记载的整体可信性还是不必质疑的，虽然偶有添枝加叶，也算是锦上添花吧。

　　即使保守地说，米哈伊尔二世（Michael Ⅱ）也是靠杀

---

① 借此保证他们无法篡位。在拜占庭帝国的人看来，皇帝是不能有生理缺陷的。

戮才登上拜占庭皇位的。必须提及，许多皇帝都这么做过，但是，也许除了602年的福卡斯①之外，他对自己的前任皇帝的处置最为冷血，至少是没有这么做的借口。利奥当然有过错，特别是残忍与狡诈，但他仍是睿智且实干的统治者，在很大程度上恢复了帝国的国力，也本可以坚定自信地继续引导帝国。米哈伊尔无法以他无能为借口杀死他，在宗教意见上更没有借口，因为他和利奥一样支持破坏圣像派。简而言之，他的动机仅有嫉妒与赤裸裸的野心——也许还要加上一点迷信，毕竟他永远都不曾忘记那位菲罗梅隆的隐士在十七年前留下的预言。

　　君士坦丁堡之中的居民非常清楚这一切，他们嘲笑米哈伊尔的粗野与没教养，从他即位就写下了大量讥讽他的政治讽刺诗。他们甚至声称，让他学会写自己名字的六个希腊字母的时间，足以让他人读完一整本书了。然而他们同样畏惧他，毕竟他早已不择手段地达成了目的。然而令人们惊讶的是，他的执政能力超过了所有人的想象，他的执政时期尽管颇为艰难，却并不满是愚蠢与暴戾，更多由温和与理智主导。 32

　　821年的圣灵降临节，他也展现了自己的理智，将他十七岁的儿子塞奥菲洛斯（Theophilus）立为共治皇帝。他清楚自己是这二十多年之中第七个登上拜占庭皇位的人，之前的皇帝中有两人逊位，有两人战死，还有两人被刺杀，而且他之前的三个皇帝互相之间，以及和他自己之间也都没有直

————————

① 　见第一卷。

接血缘关系。帝国最需要的似乎就是稳定。塞奥菲洛斯的加冕将是迈向稳定的第一步。但塞奥菲洛斯也要留下儿子，留下继承人，而下一步——也许就在他加冕的当天——就是让塞奥菲洛斯迎娶来自帕夫拉戈尼亚的少女，即出身显赫且美艳过人的塞奥多拉（Theodora）[①]，她的故事我们将在下文做更多介绍。

斯拉夫人托马斯（821）

但此时的米哈伊尔有比皇位继承问题更紧迫的危机要处理：帝国再度面临新的威胁，但并不是来自萨拉森人或保加尔人，而是来自一个军事冒险者加兹乌拉的托马斯（Thomas of Gaziura），即通常所说的斯拉夫人托马斯（Thomas the Slav）。他正是 803 年陪伴巴尔达内斯·托尔克斯前往拜访菲罗梅隆的隐士的三人之一。他的两个同伴利奥与米哈伊尔都已经登上皇位，按照预言的说法，他夺取皇位的尝试必然会以失败告终。但他似乎决心证明预言者是错的。在尼基弗鲁斯一世和米哈伊尔一世在位时，他在穆斯林控制的土地上流亡，但利奥即位之后他返回帝国，利奥颇奇怪地——据说亚美尼亚人比希腊人还厌恶斯拉夫人——把重要的武官职务交给了他。直到利奥被谋杀之前他都安分守己，但皇位落入米哈伊尔——两人长期对立——手中之后，他便开始挑唆叛乱。

---

① 基本可以肯定，她和斯塔乌拉基奥斯的妻子塞奥法诺一样，是在"选妃仪式"上成为新娘的。这一仪式类似选美，未来的新郎从符合条件的少女之中选出心仪的对象。

他的行动相当成功，原因有以下几个。他在东部省份之中自称君士坦丁六世（Constantine Ⅵ），声称他在二十三年前奇迹般地逃离了他母亲伊琳妮的控制，免于被刺瞎，而后在穆斯林控制的安条克接受加冕。在西部他则坚定表示反对破坏圣像派，他清楚这能让他获取可观的支持。他在各地都宣称要为穷苦人而战，为那些在高税率，以及各行省腐败官员的压榨之下艰难求生的人而战。尽管他已不复年轻——那时的他应当已经五十多岁，甚至可能更老——还明显跛脚，他身上却似乎有种不可抗拒的吸引力，那些见过他的人都觉得他的风度和魅力与皇帝的粗野截然不同。他还有另外一个优势：那个阿莫利亚人夺取皇位时的冷血残忍无疑让许多人厌恶。即使如此，我们也必须怀疑，斯拉夫人托马斯的大量支持者如果得知他接受了哈里发马蒙给予的大笔财政补助——他也许曾向马蒙许诺，在夺取皇位之后便臣服于哈里发——之后，他们还会不会支持他。

这个扭曲而怀恨在心，却又颇有魅力的人于821年夏集结大军发动叛乱，其规模颇为巨大，约有八万人，还包含了阿拉伯人、波斯人、格鲁吉亚人、亚美尼亚人、阿兰人、哥特人、匈人和斯拉夫人。读者也许会认为，如此混杂的联军不大可能在说希腊语的安纳托利亚半岛腹地获取太多支持，但在数月之间，小亚细亚仅有两个军区——奥普希金军区和亚美尼亚坎军区——依然忠于米哈伊尔了。就此，在控制了亚拉拉特山到爱琴海的整个帝国领土之后，托马斯在821年12月率军渡海进入色雷斯，对君士坦丁堡发动围攻。

都城已经不是第一次面对围城大军。最近的一次围城战，即八年前克鲁姆的进攻中，他就不曾试图突破那道狄奥多西二世于四百年前建造的城墙，而是在周边的郊区以及金角湾另一侧的加拉塔进行破坏。但这座城同样经历过血腥的围城战，波斯人在 626 年进攻过，萨拉森人在 674 年，以及 717～718 年进攻过两次，城中人被迫同时抵御来自陆上与海上的进攻，君士坦丁堡的男女老幼都觉得自己上了前线——事实也基本如此。靠着他们的勇气与决心，更是靠着这座城无与伦比的城防，他们每一次都取得了胜利。面对斯拉夫人托马斯的攻城部队时，他们也将以同样的勇气与决心应对。托马斯率领他的部下向布拉赫内宫发起攻击，那里位于城墙的最北端，靠近金角湾处，一般认为那里的城防相对脆弱。他似乎完全没有意识到，克鲁姆此前准备攻城时，利奥五世已经对这一段城墙特意进行加固。事实上，他的攻城机械效果很差，甚至无法与米哈伊尔在城垛上安装的巨型投石机相对抗。在海上，尽管托马斯占据安纳托利亚海滨之时，轻易控制了海军基地之中的地方军舰队，以及其上的所有装备乃至希腊火，但冬季的狂风让他的船只难以贴近海岸发动攻击。

822 年春他再度发起进攻，但效果依然不佳。这次皇帝则来到一座塔楼顶上向攻城大军发表演讲，表面上呼吁攻城者忠于帝国，实际上却是在制造守军无力再战的假象。听到他说的话，攻城者自以为他们将不再会遇到强硬的抵抗，进攻时松懈大意，结果城门突然打开，忠于皇帝的部队如雪崩般倾泻而出，击溃并屠戮了来不及整队的他们。此后，对布拉赫内宫方向的突击就此结束。另一场应当是于同一天进行的海战之中，叛军也同样落败，他们另一支于初春从希腊与伯罗奔尼撒调来的舰队，几乎还没与皇帝的海军接战，即已被希腊火全部焚毁。

在叛乱的第二个冬季——考虑到其规模，称之为内战应该更合适——托马斯依然没有取得任何重大胜利，他和身边的随从都清楚争夺皇冠的尝试已经失败。然而他没有放弃，这种僵局也本可能持续更久，但保加尔可汗奥穆尔塔格出手干预了。奥穆尔塔格即克鲁姆的儿子，他在即位之后与帝国定下了三十年的和约，此时他提出要给米哈伊尔提供军事支援。据说皇帝礼貌地拒绝了他的美意，因为他不愿基督徒因此被异教徒残杀——即使被杀的是叛军。但他无法阻止可汗自行在周边地区掠夺，从现存的记载上看，他也可能在挑唆可汗如此。无论情况如何，823 年 3 月，保加尔大军冲下色雷斯的巴尔干山，几周之后就在赫拉克利亚附近的克杜克托斯（Keduktos）平原①上击溃了叛军。掠夺者达成了预定目标，对成果颇为满意的奥穆尔塔格也就此率军返回。

围攻阿卡狄奥波利斯（823）

此时的托马斯已经近乎绝望，他将残部集结起来，来到君士坦丁堡以西约二十英里的另一处平坦开阔的地域，那里被称作迪亚巴西斯（Diabasis）平原。不久之后——应当是在 5 月初——皇帝亲率大军出城与他决战，那里有两条从库

---

① 源自"引水渠"（Aquaeductus）。赫拉克利亚［今埃雷利（Ereğli）］因城外的巨大罗马引水渠而知名。

什卡亚山（Kushkaya）上流下的小河，即梅拉斯河〔Melas，今称卡拉苏河（Karasu）〕和阿塞拉斯河（Athyras），距离阿纳斯塔修斯城墙①不远。这一战最终决定了胜负。托马斯使用了由来已久的伪退战术，但当部队准备调转方向冲击敌人时，他胆怯且士气低落的部队直接放下武器投降了。他们的指挥者只得带着少数追随者一同逃进阿卡狄奥波利斯，即吕莱布尔加兹，并关闭城门据守。

双方的角色就此转变了：米哈伊尔成了围城者，托马斯则被包围。托马斯完全清楚自己缺少粮草，就把所有妇女儿童，以及成年男子之中无法拿起武器的老弱病残全部赶出城，借此得以坚守到夏季。但 10 月时，他和他的部下只能食用腐烂的马匹，明显无法继续坚守了。许多人攀绳子爬下城墙，来到皇帝的营帐之中投降。皇帝也给城中的守军送信，宣称只要他们交出他们的领袖，就宽恕所有人。他们也清楚，这意味着若不如此，破城之后便难免屠戮，就同意了。

托马斯和米哈伊尔多年以来都是敌人，这两年两人更是以战争挑明了双方的憎恨。但这两年的战争对帝国的破坏，无论是士气上还是物质上，都是不可估量的。大批富庶的农田就此抛荒，而那里居住的小农要负担大增的税收，他们又没有可以依靠的财产，只能破产。他们再度涌入君士坦丁堡寻求救济。那个老问题又重新出现了，这个困扰了尼基弗鲁

① 君士坦丁堡最外层的防御工事，于六世纪初由阿纳斯塔修斯一世主持建造，从马尔马拉海海岸的瑟利姆布里亚（今锡利夫里）延伸到黑海，长约三十英里。

斯一世和利奥五世的问题，如今愈发严峻。作为这一系列的苦难与破坏的唯一源头，斯拉夫人托马斯清楚自己不会被宽恕。他披枷戴镣被押到皇帝的面前，一把被推倒在他面前的地上，而米哈伊尔也不想掩饰自己的满足。他把一只穿着紫色靴子的脚踩在对手的脖子上，宣告了他的结局：砍掉他的手脚，而后桩刑处决。判决随即在阿卡狄奥波利斯城外执行。

随后的肃清行动持续了几个月。托马斯的养子，即能力不佳又曾是僧侣的阿纳斯塔修斯（Anastasius）和他的养父落得同样的结局，来自亚洲的其他叛军首领则被缢死。绝大多数的追随者投降了皇帝，因而得到宽恕并被允许返回家乡。824 年之初，这场可能是拜占庭历史之中规模最大、波及范围最广的叛乱就此结束。

阿拉伯人夺取克里特岛（829）

然而米哈伊尔二世的麻烦还没有结束。他的帝国刚开始从斯拉夫人托马斯造成的浩劫之中恢复，两场新的灾难又接踵而至。两场灾难的起因与结果出奇地一致，而他也就此失去了在地中海的两个最重要的战略基地。同时代的史学家往往认定托马斯是这两次失败的主要原因，认定他的叛乱削弱了帝国，令帝国无力抵抗。事实上这在很大程度上源自帝国自身的失策。之前的皇帝往往维持着一支强有力的海军，以抵御大马士革的倭马亚王朝哈里发拥有的大规模海军。然而750 年之后，当权力转移到巴格达的阿拔斯王朝哈里发手中之后，阿拉伯帝国的海军力量迅速衰微，拜占庭帝国的舰队 37

也随即被无视了。因而 825 年，当约一万来自西班牙的阿拉伯人带着约四十艘舰船驶入帝国的水域时，米哈伊尔几乎没有办法抵御。

这些阿拉伯人发动针对当地埃米尔的暴动失败之后，在 816 年被赶出了安达卢西亚（Andalusia），而后向东进入地中海，决心整顿残部。他们首先前往埃及，在 818 年夺取亚历山大。七年后他们被哈里发马蒙以武力赶走，于是前往克里特岛。按照一个古老的习俗——拜占庭史料和阿拉伯史料都如此记载——他们的首领阿布·哈夫斯（Abu Hafs）给他们十二天的时间在岛上掠夺，而他们返回港口时，却惊恐地发现他们的舰船已被全部焚毁。他们想念留在埃及的妻儿，徒劳地向首领请求，他则直接回答称，他们要与克里特岛的妇女结成家庭。虽然他们未必情愿，但还是这么做了，并就此建造了坎迪亚［Candia，今伊拉克利翁（Heraklion）］，那里也随即成了该岛的首府。他们从那里继续前进，夺取了二十九个城镇，强行推行伊斯兰教并把居民掳为奴隶。仅有一个城镇幸免——可惜记载并未提及那里的名称——基督教信仰在那里得以保留。

克里特岛就此成了海盗的巢穴，而整个东地中海与爱琴海的海岛，所有希腊与小亚细亚的港口，就此不复安全。在接下来的一个世纪之中，埃伊纳岛（Aegina）、帕罗斯岛（Paros）和基克拉泽斯群岛（Cyclades）被反复劫掠，阿索斯圣山的僧侣被赶出修道院。如果有更多的记载存留的话，必然还会提及不计其数的其他岛屿、城镇和修道院遭到阿拉伯海盗的掠夺。坎迪亚很快成了同时代最繁盛的奴隶市场。

第二章 圣像再毁 (814～829)

帝国屡次尝试收复该岛，米哈伊尔二世就在 827～829 年发动了三次远征，他的继承者也发动了一系列的远征，直到拜占庭将军，即此后成为皇帝的尼基弗鲁斯·福卡斯（Nicephorus Phocas）在 961 年最终收复该岛。

在夺取克里特岛仅仅两年之后，另一批不相关的阿拉伯人入侵了西西里岛。然而这次他们前来时是收到了邀请，前来支援曾经担任拜占庭海军军官的尤菲米奥斯（Euphemius），他此前擅离职守，不光彩地与当地的一名修女私奔。意识到投降也难免一死——至少要经历一番酷刑——的他发动叛乱，杀死了帝国在该岛的行政长官，自立为皇帝。然而那时的他明显无法在没有支援的情况下维持自己的地位。于是他渡海来到北非，寻求埃米尔凯鲁万（Kairouan）的军事援助，许诺在掌权之后向他支付岁贡。

对埃米尔而言，这样的邀请实在是无法拒绝。827 年 6 月 14 日，七十至一百艘战舰组成的舰队向北行驶抵达西西里，将七百名骑兵和一万步兵运到岛上，其指挥官——颇为奇怪——是凯鲁万宫廷之中的一名主要法官阿萨德·伊本·福拉特（Asad Ibn al-Furat）。尽管乍看上去他的部队规模不小，但阿萨德很快发现他无法完全控制事态。他本人在次年于军中暴发的瘟疫中丧生，尤菲米奥斯则于不久之后被恩纳（Enna）的帝国驻军杀掉。但基督徒与萨拉森人的战争就此在岛上继续——如今传统的巴勒莫木偶剧上，带着饼干筒制成的胸甲，手持玩具剑的木偶依然在和戴头巾的木偶对打——直到 878 年，锡拉库萨城的陷落标志着穆斯林在西西里争夺战中的胜利。^① 然而即使在胜负未分之时，对那些热衷出海劫掠与征服的人而言，西西里这块跳板要比克里特岛更为优越。先知的大军就此穿过墨西拿海峡，夺取了整个卡拉布里亚以及阿普利亚大部，甚至穿越了亚得里亚海进入达尔马提亚海岸南部。米哈伊尔和他的继承者们竭力阻止他们的进军，但九世纪中期的拜占庭海军实在无法同时解决克里特岛和西西里岛的问题。拜占庭帝国将力量集中到克里特岛，那里距离更近，威胁也更大，西西里岛的萨拉森人则得以肆意妄为。几个世纪之后，这个岛屿又先后被诺曼人、德意志人、安茹家族和阿拉贡王国入侵，岛上的阿拉伯元素也逐渐弱化，岛屿重新归属基督徒。但阿拉伯人留下的印记不曾被抹去，伊斯兰教入侵者的后裔也得以在岛上生活至今。

米哈伊尔的温和态度（829）

39　　就现存记载来看，阿莫利亚人米哈伊尔并没有什么过度的神学思辨。他仅仅持破坏圣像派的观点，也公开表示一生从不膜拜圣像，也不进入陈列圣像的教堂。但他并不像此前那些破坏圣像派的皇帝那样狂热，甚至比他儿子塞奥菲洛斯还要温和。他即位后就把他的前任囚禁或流放的人全部赦免——斯托迪奥斯修道院院长塞奥多尔也在被赦免之列，他立即重新开始进行他整体恢复圣像的活动。尽管米哈伊尔在基本原则上态度坚定，但他完全允许——允许程度甚至超出

---

　　① 即使那时，一些英勇的城镇依然在坚守。易守难攻的陶尔米纳（Taormina）成功坚持到了902年。

利奥五世——他的臣民按照自己信仰的任何方式崇拜，只要是在私下进行，不进行布道或者采取其他劝说他人的手段就可以。他也没有坚持将破坏圣像派的信条在都城之外强行推广。即使在利奥在位时，职业的圣像画师或者狂热的崇拜圣像者也可以隐退到希腊，或者小亚细亚的海岸与岛屿，他们在那里很可能得以安然继续自己的工作，不受打扰，米哈伊尔在位时他们的境况还要更好。他对崇拜圣像派的怀疑，重点并不在于他们的宗教信仰，而在于他们坚持教皇在教条问题上拥有绝对权威。当他的一个臣民——正统派僧侣梅索迪奥斯（Methodius）从罗马带着教皇帕斯夏一世的信件返回，要求他恢复正信时，他大发雷霆，鞭笞了梅索迪奥斯，而后将他流放到尼科米底亚海湾中狭小的圣安德烈亚斯岛（St Andreas）上，他在一座陵墓之中被软禁了九年。

尽管做出如此反应，米哈伊尔还是决定给帕斯夏送出一封回信，描述那些过度偶像崇拜者的种种行为，请求教皇撤销对他们的积极支持。但在此之前他准备征求西帝国皇帝虔诚者路易的意见，他在信中重申了主要观点。

> 人们在图像前面点起蜡烛，焚烧熏香，像尊崇赐予他人生命的真十字架一样尊崇图像。人们向它们祷告，向它们恳求。甚至有人给它们穿上衣服，在洗礼之中把它们当作自己孩子的教父教母。一些神父还从图画上刮下颜料，混入他们圣餐中分得的面包和葡萄酒。还有人把圣体放到偶像的手中，让领圣餐者拿取。 40

他的信件由神父与俗世人组成的联合使团送交路易，后者也颇为殷勤地在鲁昂（Rouen）的皇宫之中接待了使团。尔后他们前往罗马，却发现帕斯夏已经逝世，尤金二世（Eugenius Ⅱ）继任了教皇之位。他们与新教皇的谈判未见记载，记载仅仅提及尤金允许路易召集法兰克主教，于825年在巴黎举行了宗教会议。宗教会议按照常理，认定圣像可以在教堂之中作为装饰与纪念物，但不能被崇拜。然而这次会议并没有普世地位，拜占庭帝国就此忽视了会议的结果。

如果不考虑少数极端主义者的敌对态度的话，米哈伊尔在教义上的温和态度，整体上还是在教士之中获得了支持。他与教会的唯一重大分歧并非在于圣像问题，而是大约在824年时，挚爱的结发妻子瑟克拉（Thecla）过世之后的他的第二次婚姻。在最为正统的神学家看来，二婚，特别是皇帝二婚，应受强烈谴责。更大的问题在于，他要迎娶的新娘尤弗洛斯内（Euphrosyne）——君士坦丁六世的女儿、可怕的伊琳妮的孙女——此时在马尔马拉海中的岛屿上成为修女多年。米哈伊尔如何让她放弃誓言我们不得而知，但他还是做到了。这次婚姻，至少从记载上来看，和第一次婚姻一样幸福，米哈伊尔一病不起时（他罹患了某种肾脏疾病），尤弗洛斯内一直守在丈夫的病床边，直到829年10月他溘然长逝。这半个世纪里，他是第一个以执政君主身份死在病床之上的皇帝，也只有他留下了健康强壮且正当年的儿子来继承自己的皇位。

第三章 塞奥菲洛斯 (829~842)

41

奇观，是鸟还是金器，

比鸟和金器都要精巧，

放在星光照亮的金枝，

能像冥王的公鸡啼叫。

或者，在月光之下灿烂时，

放出永不锈蚀的光耀，

让平凡的花瓣飞鸟，

和所有泥塑与血肉的凡胎，

听到大声的嘲笑。

——W. B. 叶芝《拜占庭》

在他父亲逝世时，塞奥菲洛斯已经当了八年的共治皇帝，编年史家们对这一时期的他鲜有记载。821 年，共治刚开始时一个简短而引人注目的事件让我们得以瞥见这位时年十七岁的皇子。当时的他手持帝国最珍贵的圣物——真十字

架的碎片与圣母玛丽亚的长袍①——在庄严的队列之中沿君
士坦丁堡的陆地侧城墙行进，斯拉夫人托马斯的大军则在城
外驻扎。但整体上他似乎被迫生活在自己父亲的阴影之中，
在必要时担负礼仪任务，除此之外都尽可能不引人注目。现
在，当二十五岁的他获取了帝国的实际权力之后，他开始独
自执政，世人也终于发现他承担帝国重担是绰绰有余。

与几乎是文盲的米哈伊尔不同，塞奥菲洛斯受过良好教
育，对神学问题有拜占庭文化中典型的热忱；他也受过完备
42　的军事训练，因此即使他也许称不上出色的战场指挥官，他
起码有相当的军事能力。此外，他也热衷艺术鉴赏并为此提
供资助，对伊斯兰世界的文化格外热衷并有相当的了解——
即使他执政时期几乎从未中断与哈里发的战争。与所有基督
徒皇帝不同，他把阿拔斯哈里发哈伦·拉希德视作自己的榜
样。当哈伦于 809 年逝世时，塞奥菲洛斯年仅五岁。和哈伦
一样，他会假扮成穷人到君士坦丁堡的街巷市集之中查访，
听平民们的哀叹与抱怨，并长期调查物价，特别是食物的价
格。他每周还要骑马从圣宫前往布拉赫内宫的圣母教堂，从
城市的一端走到另一端，一路上他鼓励每一个臣民向他亲口
陈述自己遭遇的不公。记载提及曾经有一个年长的寡妇声称
皇帝的妻舅佩特伦纳斯（Petronas）在扩展自己的宅邸时挡
住了她自己在附近的房子的采光。塞奥菲洛斯立即要求进行
调查，当他发现这个老妇所言属实之后，他下令拆毁那栋建

---

① 仅碎片，真十字架的大部分在君士坦丁堡存留了两个时期，又被波斯人
　　掳走十四年之后，皇帝希拉克略于 629 年亲自将其归还给耶路撒冷（见
　　第一卷）。圣母的长袍于 629 年在布拉赫内宫的一处棺木之中发现。

筑，并公开鞭笞了他的妻舅。

必须承认这个故事未必属实，然而对于统治者而言，没有什么品质比追求公正更能获取臣民的爱戴与敬仰。这个故事以及许多类似故事传播得相当广，足以说明塞奥菲洛斯确实做出了一些堪称传奇的事——某种意义上，自两个世纪前的希拉克略之后的所有皇帝可能都不曾做到。这也说明他真诚地致力于与他的臣民直接交流，这种现象在这个帝国之中着实罕见，毕竟这个帝国的君主与使徒地位相当，位于人世与天堂之间，一直以来都高高在上，包裹在层层的典礼仪式与繁文缛节之中，通常只有家人和几个受宠信的幕僚才能接近。

财富及其来源（830）

尽管热爱主持正义并接近大众，塞奥菲洛斯在治理帝国的一些问题上依然坚持己见。虽然他时常走下皇位接近臣民，但他依然坚信自己的宝座应由纯金打造。在这一问题上他依然以哈伦为模范，热衷富丽堂皇，他之前的皇帝之中在这方面可与他相比的，怕是至少要追溯到查士丁尼了。830年，执政仅仅几个月之后，他就派语法学家约翰率领外交使团前往巴格达。他们名义上的任务是告知哈里发马蒙新皇帝继位的消息，但皇帝似乎决心要用自己的财富与慷慨震慑他的阿拉伯邻居们。约翰携带大量礼物献给马蒙，每一件都是君士坦丁堡的珠宝师和工匠制造的最为华美的奢侈品。他自己的行李中还有两个镶满宝石的大金托盘，并在一次宴会之中故意让其中一个盘子被"偷走"。前来的阿拉伯客人因这

拜占庭的巅峰：从光复时代到曼齐刻尔特

一失礼行为而恐惧不已，约翰却表示毫不在乎，并立刻要求拿来一个同样的替代品，当另一个托盘拿来时他们愈发惊讶。在这些珍宝之外，他还有三万六千枚金币可以自由支配，据说他像挥洒"海中的沙粒一般"肆意使用这些钱财。

这些钱财从何而来却是个迷。米哈伊尔二世在位时帝国国库耗损严重，托马斯的叛乱以及对克里特岛和西西里岛的萨拉森人频繁——也大多徒劳无功——的远征花费了大量钱财。米哈伊尔确实厌恶浪费钱财，一直严格地推行节约政策，然而他省下的钱即使再多，也不可能与自己儿子如此靡费的开销相当，甚至连一小半都达不到。事实上塞奥菲洛斯并未超支，也远没有陷入债务困境，相反，他还使国库之中的钱财比他继位时更为充足，这一事实无疑使这个谜团更难解释。因此在米哈伊尔执政的晚期，帝国必然是在突然之间获取了一个新的，而且仿佛无穷无尽的财源。近期一位历史学家[1]将其归因于某些金矿——可能位于亚美尼亚——的开发或重新开采，并举出了一些这一时期通货膨胀情况严重的证据，以支持这一理论。由于同时代的编年史中没有做出任何解释，也没有任何更合理的假说出现，我们可以暂时认同这一观点，真实情况如何则无从得知了。

无论如何，这位新君主是幸运的，他既热衷奢华享受，也有满足自己享受欲的办法。他立即在都城开始修建一系列的建筑，主要集中在圣宫区域。其中并没有任何大型建筑的修建计划，而是在大竞技场的东南延伸到马尔马拉海海岸的

---

① Romilly Jenkins, *Byzantium: The Imperial Centuries*, p. 147.

第三章　塞奥菲洛斯（829～842）

广阔区域内，建造了一系列的小建筑——这与奥斯曼帝国的 44
托普卡帕宫颇为类似。圣宫原本是君士坦丁大帝在建城时建
造的，查士丁尼对其进行了大规模的整修，但那也是三百年
前的事了，塞奥菲洛斯认为必要的翻新与改建拖延已久，而
情况很可能确实如此。然而其他的皇帝几乎都不会因这样的
建造工程而大肆炫耀。

　　他建造的主要建筑是一座三叶型的宫殿，其名称
"Triconchos" 直译即"三圆壳"，这一宫殿的三座后殿由斑
岩柱支撑，装饰了大量多彩的大理石板，给这座建筑带上显
而易见的东方风格。在西面，银质的大门之后是一座半圆形
的大堂，即所谓的西格玛宫（Sigma），上面也有大理石装
饰。北面则建造了一座珍珠大堂，其中的白色大理石地板上
有大量镶嵌画装饰，屋顶则由八根玫瑰粉色的大理石圆柱支
撑。其间有一个小型寝宫，皇帝在炎热的夏季在其中消暑过
夜。对面是给他的女儿们建造的卡里亚诺斯宫（Karianos），
因其宽阔的阶梯使用的乳白色大理石来自卡里亚（Caria）
而得名。再稍往南是卡米勒斯宫（Kamiles），六根绿色的塞
萨利大理石柱支撑起镶金的屋顶，墙壁上则是描绘水果丰收
的镶嵌画。

　　在圣宫东北方向，圣索菲亚大教堂旁边是玛格纳乌拉
宫，这也是由君士坦丁大帝始建，塞奥菲洛斯在这里安装了
他最著名的机械玩物。当外国使节来到这里觐见皇帝时，他
会惊异地发现皇帝的宝座处于一棵金棕榈树的荫蔽之下，树
上还有珠宝制成的鸟——还有几只仿佛跃下树，来到了皇位
之上。树干旁边则是俯卧的狮子与狮鹫金像。更令外来者惊

55

讶的是，在收到信号之后，这些动物会动起来，狮子会怒吼，禽鸟则共同鸣叫。这些和声随后会被一座金质风琴轰鸣的乐声打断，而后一切再归于寂静，使皇帝和他的宾客得以会谈。当使节起身准备离开时，和声将再度响起，一直持续到使节走出这座宫殿。

45   这个不怎么值得夸耀的发明似乎是源自哈里发拥有的一套类似奇巧机械，塞奥菲洛斯在马尔马拉海对岸，比提尼亚海滨的布莱亚斯（Bryas）建造的东方风格的大规模宫殿也是同源。然而为保证公正，必须指出他也花了大量的精力与财力加强君士坦丁堡的防卫。面对陆地的城墙并不需要大修，但在托马斯围攻时，人们发现对决心从金角湾一侧的海墙攻城的敌军而言，这段城墙并不够高，紧张情绪随之产生。将整段城墙加高这一雄心勃勃的计划，尽管是在米哈伊尔二世执政时提出的，却几乎都是在塞奥菲洛斯执政时完成的，而他的名字在城墙上的铭文中出现得远比其他任何一位皇帝多。尽管生活奢华且乐于享受，他也清楚自己的职责所在，从未逃避。

与萨拉森人的战争（830）

讽刺的是，这位所有拜占庭皇帝之中最崇拜阿拉伯文化的一位，却几乎整个执政时期都在与穆斯林作战，而塞奥菲洛斯本人无疑最清楚这是何等的讽刺。此前十六年间，东部边境一直保持着平静。双方并未正式签订和约，但哈里发忙于对付分布甚广的胡拉米特派（Hurramites）以保证政权存续，因此不得不暂停每年近乎成为惯例的入侵。尔后在

第三章　塞奥菲洛斯（829～842）

829 年，双方战端再起。战争在一定意义上是由塞奥菲洛斯挑起的。他当然愿意与阿拉伯帝国保持友好关系，进行文化与学术交流，但在他即位后不久，当一支胡拉米特派的部队穿越帝国边境并请求为帝国作战时，塞奥菲洛斯不肯错过如此的好机会，便把他们安置在帝国的东北边境，由他新建立的查尔迪亚军区（Chaldia）之中。这在哈里发马蒙看来是敌对行为，几个月之后，萨拉森大军就再度出发了。

起初战况对塞奥菲洛斯有利。他在 830 年成功率军进入敌方领土，劫掠了扎佩特拉（Zapetra）；次年通过入侵穆斯林占据的奇里乞亚而再度掌握了主动权，对战果大为满意的他甚至在返回君士坦丁堡时举行了凯旋式。这一庆典给编年史家们留下了相当深的印象，他们也为我们留下了详细的描述。

记载提到皇后塞奥多拉在主要官员和元老院成员的陪同之下渡过博斯普鲁斯海峡，在希里亚宫（Hieria）迎接她的丈夫。他们在亚洲又停留了十天，等待押来足够数量的俘虏，以保证凯旋式队列的规模足够庞大。在所有人到场，必要的准备完成之后，皇帝才渡过海峡，进入金角湾来到布拉赫内宫。在短暂地停留之后，皇帝骑马穿过城外的开阔地，来到金门以西几百码的地方，那里早已搭好迎接他的华丽多彩的帐篷。

凯旋队列从帐篷再度出发向城中前进。前方是近乎没有尽头的漫长俘虏队列，以及主要的战利品。皇帝本人骑在配有珠光宝气的挽具的白色骏马之上跟随。他头戴皇冠，手持权杖。他在胸甲之外穿着一件宽松的金外衣，上面绣有玫瑰花与葡萄串的图案。在他身边，同样骑着白马、穿着金甲的是他的养子和女婿——恺撒亚历克修斯（Alexius），皇帝于近期把女儿玛丽亚（Maria）嫁给了他。① 两人抵达城门时，他们下马，向东三鞠躬，三名高阶官员——寝宫总管②、朝政大臣③和都城执政官随即上前迎接皇帝并献上金冠。在完成了接手都城统治权的仪式之后，他继续前进，沿着宽阔的主街前往圣索菲亚大教堂。

据说，君士坦丁堡被"装饰得如同婚礼礼堂一般"。窗户上挂着饰毯，街上装饰着紫色与银色的彩花，主街铺满了花瓣。抵达大教堂之后，皇帝参与了短暂的感恩仪式，而后穿越奥古斯都殿堂来到皇宫的青铜门，他的金皇座就在那里。皇座一侧是同样为金质的十字架，另一侧则是一架巨大的金风琴——这是对精巧的机械永不厌倦的他亲自下令，为这座城市建造的奇观之一，这座风琴也被称为"奇观之首"（protothauma）。坐在皇位之上，塞奥菲洛斯接受了绿党与蓝党的赞颂，并接受了市民赠送的一对金臂环。尔后他骑马穿越祖西比乌斯（Zeuxippus）浴池来到大竞技场，在那里进入皇宫，消失在民众的视野之中。次日他举行了授职仪式，

---

① 在生下五个女儿之后，塞奥多拉终于为丈夫生下了一个儿子君士坦丁（Constantine），然而他在幼年夭折。皇帝因此选择亚历克修斯为继承人，这位恺撒直到 840 年都是继承人，但在那一年，皇帝夫妇结婚二十年之后，皇后终于生下了此后的米哈伊尔三世。

② 其地位略低于内廷总管。——译者注

③ 朝政大臣，即"magister"，源自罗马帝国时代的各部大臣，在塞奥菲洛斯执政时期，朝政大臣仍是主管外交、掌握实权的职务。几十年后，"magister"便彻底成了官阶。——译者注

表彰那些战斗之中立下功劳的人，而后在皇家包厢之中就座，下令开始比赛。

战争与和平（838）

哀哉，这一庆典来得太早了。同年秋季，帝国军队遭遇惨败，塞奥菲洛斯被迫给马蒙写下两封信，提出交付十万金第纳尔和七千名俘虏，以换取被占据的一系列堡垒，并签订五年的和约。前一封信还因为直呼马蒙姓名而不称他的职务被直接拒绝。然而在重新起草之后，这一提议被再度拒绝了，他只得在次年第三次提出和谈，而此时萨拉森人已经夺取卢隆（Lulon）的重要据点，那里控制着自奇里乞亚关向北的道路。第三次和谈也没有取得更多成功，哈里发明确表示他不会和谈，除非皇帝和整个帝国放弃基督教信仰，改信伊斯兰教。马蒙在833年8月的远征之中病逝，给了帝国几年的喘息之机，而他的兄弟穆塔西姆（Mutasim）在继位之后一如既往地需要时间来保证和巩固自己的权力，但战事于837年再度展开。塞奥菲洛斯在竭力加强自己的部队之后，在开战之初再度取得了优势，他率军深入美索不达米亚和西亚美尼亚，取得了足以再度举行凯旋式的胜利——至少在他看来如此。在凯旋式上的比赛之中，他甚至亲自驾驶白色的马车，穿上蓝党的服装参赛，最终他也以相当的优势取胜了——不出所有人的预料——围观者则高呼着"无可比拟的冠军"向他致敬。

他又一次过早地庆祝了。838年4月，穆塔西姆离开萨迈拉的宫殿亲率大军出征。据最可信的资料之一，即叙利亚的米哈伊尔的记载，这支部队约有五万人，并带了五万头骆驼和两万头骡。他在大旗上只写了一个词：阿莫利阿姆。这是皇帝家族的故乡，当时帝国的第二大城市，他毫不掩盖自己的意图——抹掉这座城市。一两周后，可能是在刚得知哈里发出发的消息之后，塞奥菲洛斯立即从君士坦丁堡出征，决定挡住他进军的势头。他的部队在达兹蒙（Dazimon），即今托卡特（Tokat）遭遇了萨拉森人的一支部队。起初战局对皇帝有利，但突然之间天阴了下来，大雨倾盆而下。此时皇帝发现另一侧的部队陷入苦战，就亲率两千士兵从自己的中军阵后方绕道前去支援。不幸的是他没有告知他麾下军官自己的意图，而他的突然消失立即在军阵中引发了皇帝已经阵亡的谣言。恐慌情绪迅速爆发，并一如既往地引起了溃逃，雨过天晴时塞奥菲洛斯发现自己和部下已经被包围。然而敌军的弓弦因大雨而松弛，无法使用，他们得以在付出重大伤亡之后强行突围。但这一战终究是失败了，幸存的士兵已经四散，哈里发则率部进军安凯拉（今安卡拉），该城几天后未经抵抗即投降了。[1]

---

[1] 哈里发穆塔西姆的计划是，以包括一万精锐的古拉姆卫队的侧翼部队从梅利泰内出发，进行牵制；自己则率领规模较大、机动能力较差的主力和重型机械在塔苏斯方向待命。塞奥菲洛斯的计划则是，以己方精锐凭借地利先击败这支侧翼部队，就此逼迫穆塔西姆的主力放弃进攻。然而达兹蒙之战上，他遭遇了由精锐装甲弓骑兵执行的袭扰—伪退—穿插—分割歼灭的战术。这一次惨败，迫使此后自恺撒巴尔达斯起的一系列拜占庭将军三令五申要求部下谨慎应对袭扰，以防敌军借伪退而分割歼灭己方部队。出于种种原因，此后的军事指挥官往往无法忠实遵守前人的忠告，而他们，比如罗曼努斯四世，也往往会因此付出极大的代价。——译者注

第三章　塞奥菲洛斯（829～842）

穆塔西姆随即率他得胜的大军前往阿莫利阿姆，尽管夺取如此庞大且城墙坚固的城市，情况本应该截然不同，城墙上却存在一段薄弱部分。虽然皇帝下令要严格加固，但那里仅仅是用碎石草草地堆满，并在外侧仓促地伪装成正常的城墙。这个薄弱部分被一个皈依伊斯兰教的当地居民泄露给围城者，哈里发随即将所有的攻城机械集中对这一段城墙发起轰击，仅仅几天后就打开了缺口。即使那时，守军依然英勇作战，但其指挥官最终还是派他的三名军官与当地主教前去谈判，同意以保证离开者的生命安全为条件献出该城。穆塔西姆拒绝了，坚持要他们无条件投降，但一个名叫博艾迪泽斯（Boiditzes）的军官悄悄对一个阿拉伯将军保证自己愿意配合。他究竟如何配合未见记载，也许是阻止了他的士兵行动，也许是要求士兵等到自己下令才放箭。无论情况如何，萨拉森人最终得以未经抵抗即涌入缺口。他们占据了阿莫利阿姆。

许多居民躲到一座大教堂中避难，破城者放火将他们活活烧死。其他人则沦为奴隶，大军缺乏饮水时直接将其杀死或扔进荒漠之中任其渴死。只有四十二人活着抵达萨迈拉，而他们在被囚禁的七年间坚决拒绝放弃信仰，直到收到最后通牒：不改宗即处死。他们所有人都毫不犹豫地选择了死亡，并于845年3月6日在底格里斯河河畔被斩首，希腊正教会将他们封为阿莫利阿姆的四十二殉道者。①

---

① 传说中他们的无头尸被抛入河中之后也不沉没，只有叛徒博艾迪泽斯如铅块一般沉入水中——他尽管皈依了伊斯兰教，也没能逃避被斩首的命运。

穆塔西姆与塞奥菲洛斯逝世（842）

哈里发言出必行，毁掉了这座城，而消息传到君士坦丁堡时引发了相当的恐慌，人们认为这场灾难不仅是对帝国核心领土的打击，也是对皇帝本人和他家族的羞辱。塞奥菲洛斯本人此时清楚地意识到穆斯林力量的增长，他立即激动地给皇帝路易送信求援，提出进行联合进攻。就我们掌握的资料来看，他原本的计划是东帝国对克里特岛发动进攻，西帝国同时对南意大利和西西里岛发动进攻。他们可能还制订了野心更大的计划，即联合进攻萨拉森人控制的北非乃至埃及。双方也同意让塞奥菲洛斯的女儿嫁给路易的孙子，即此后的路易二世（Lewis Ⅱ），作为联盟的保障。

拜占庭使节于839年6月抵达英格尔海姆（Ingelheim）的宫廷并得到了热情接见，谈判随即开始，并断断续续地进行了四年，其间两位皇帝先后逝世。如果这一谈判达成，十字军可能会提前两个半世纪开始，但谈判无果而终。对威尼斯的类似请求——这也是这个年轻的共和国最早几次被当作独立政权对待的情况之一——同样无果而终。实际情况是，哈里发在胜利之后并未立即进行后续行动，直到842年才派出一支大规模的舰队从叙利亚海岸出发航向君士坦丁堡，但这支舰队被一场意料之外的风暴摧毁，四百艘德罗蒙战舰之中仅有七艘幸免于难。但穆塔西姆听不到这场灾难的消息了。他在1月5日于萨迈拉逝世，十五天后塞奥菲洛斯也随他步入坟墓。①

塞奥菲洛斯对阿拉伯艺术与学术的仰慕众所周知，而他 50
和此前的皇帝一样坚持破坏圣像派信仰，也可谓毫不出人意
料。一些记述者确实曾经指责他为盲信者。事实上他在这方
面的恶名仅仅源自少数几次酷刑，而每一个受刑者都在某种
程度上存在特殊性。拉扎罗斯（Lazarus），这个同时代最杰
出的圣像绘制者，在屡遭警告之后，最终遭到了鞭笞，并被
烧红的烙铁烫了手掌。然而他被释放之后（因皇后出手干
预），依然至少完成了两幅更为重要的作品，包括新的巨型
基督像，以代替利奥五世从青铜门撤走的那座巨像，因此他
的伤不会太严重。

拉扎罗斯受刑可能是孤立事件，因为他在崇拜圣像者之
中地位过于突出，又公开蔑视了皇帝的敕令，在那时，皇帝
除了拿他开刀之外似乎也别无选择。另一个类似事件可能也
是有如此的考虑，而这一事件的记载更为详尽。来自巴勒斯
坦的两兄弟——作家塞奥多尔（Theodore）和赞美诗人塞奥
法内斯（Theophanes），两人在斯托迪奥斯修道院院长塞奥
多尔于826年离世之后，接过了他的衣钵，成为圣像崇拜者
的主要领袖。按照他们的记载，他们被召到君士坦丁堡，在

---

① 穆塔西姆撤军的重要原因是内乱，当时一批武官正在密谋杀死哈里发穆
塔西姆，拥立他的侄子、前任哈里发马蒙的儿子阿巴斯即位。穆塔西姆
为了平息叛乱而撤军，并最终与拜占庭帝国于841年订立和约。《斯基
里泽斯编年史》提到，语法学家约翰安排了三个壮汉，要他们手持大
锤同时砸掉大竞技场一尊三头青铜像的头颅，让帝国的"三个敌人"，
即哈里发穆塔西姆、穆塔西姆的继承人，以及指挥达兹蒙之战的阿夫欣
同时死亡。那尊雕像直到十六世纪依然基本完好，这个堪称无稽之谈的
传说大致就是源自此后城中人对这个偶然事件的臆测。——译者注

那里被囚禁了一个星期，而后被带到皇帝面前。当皇帝询问他们为何要进入帝国境内时，他们拒绝回答，因此遭到痛打。次日他们遭到了鞭笞，但依然拒绝放弃信仰。四天之后，塞奥菲洛斯给了他们最后的机会，如果同意与破坏圣像者共进一次圣餐，他们就不会再受纠缠，但他们的回答只是摇头。尔后，在皇帝的命令下，他们被绑在长凳上，脸颊被刺上了讥讽的话。塞奥菲洛斯承认，这段嘲讽不算太好，但用在他们身上足矣。伯里教授提供了一段细致的翻译，并翻译了第二句话中庄严的隐喻。① 这段话也证实了皇帝的观点。

> 在那座上帝的足迹到达过的神圣城市，
>
> 那座所有人都渴望朝观的城市，
>
> 这些心怀邪念的恶人，
>
> 从神圣的街道之上被赶出，
>
> 来到我们的城市，
>
> 继续他们无法无天的恶行，
>
> 他们遭谴责与黥面，
>
> 如同无赖一般被赶回自己的家乡。

皇帝询问的主旨，以及这段可悲的歪诗，显示了两兄弟的一个重要的冒犯之处在于，他们是外来的移民，在塞奥菲

---

① 教授也提及一点："行刑者能够在人脸之上写下十二句抑扬格的诗文，这种纯熟精巧也算值得敬佩了。"

洛斯看来，他们是故意进入帝国兴风作浪的。然而他们并没有和最后一句话所说的那样返回巴勒斯坦，而是被囚禁在比提尼亚的小镇阿帕米亚（Apamea）。塞奥多尔在这里去世，他的兄弟则活了下来，并最终在此后的欢乐时光之中成为尼西亚主教。

变革时代（842）

这个毫无教益的故事清楚地显示，当塞奥菲洛斯的权威被公开挑战时，他会展现何等的残忍暴戾。另一方面，确定无疑的是，这些情况之中他的动机更多是源自政治，而非宗教。他的底线是不得在君士坦丁堡公开崇拜圣像，而在帝国的其他地方，或者都城之中的私宅里，他的臣民则可以自便。即使在皇宫之中，他也清楚自己来自帕夫拉戈尼亚的妻子——虔诚的塞奥多拉，以及她的母亲塞奥克提斯特（Theoktistē）都是热情的圣像崇拜者。即使她们想了许多全然经不起推敲的托词，他也没有以任何严厉手段阻止她们。

也许他本人在潜意识中也已经意识到，破坏圣像派的力量近乎耗竭，第二次破坏圣像运动仅仅是第一次运动的苍白倒影。伊苏里亚人利奥和"便溺者"君士坦丁改变了帝国，认定其他问题的重要性都无法与这个简单的信仰问题相比，终其一生都在为此奋斗；亚美尼亚人利奥、米哈伊尔和塞奥菲洛斯与他们观点一致，但内心远不像他们那样炽热。时代也不同了。正是对宗教的神秘的、形而上学的态度催生了破坏圣像派，但如今这些思潮已经愈发不受欢迎。东部，这一思想的发源地，一部分已经落入萨拉森人的手中，余下土地之上的居民在困窘之中惶惶不可终日，他们开始本能地排斥这种与伊斯兰教存在明显类似之处的信条。人本主义思想也开始萌芽，古典时代的理智与思辨也开始复生，而这是与东方那扭曲、内省的唯灵论不相容的。与此同时，自然而然渴望艺术的人们已经很久无法看到可视的美了，他们开始渴求那些熟悉的旧圣像，让内心更为安稳与自信。842 年 1 月 20 日，时年三十八岁的皇帝塞奥菲洛斯因痢疾逝世时，破坏圣像的时代也随他一同逝去了。

第四章　恢复圣像（842～856）

各种崇拜都需要通过象征和偶像来延续，可以说，所有的偶像崇拜都是相对概念，偶像崇拜越深，情况也越恶劣。

——托马斯·卡莱尔（Thomas Carlyle），

《论英雄和英雄崇拜》（*Heroes and Hero-Worship*），第四章

有记载称，在塞奥菲洛斯执政时期，有一天他的妻子塞奥多拉在亲吻她藏在寝宫之中的圣像时，突然之间被宫廷弄臣丹德里斯（Denderis）看到了。她立即强装镇定，告诉他自己是在摆弄儿时留下的几个玩偶。丹德里斯不太可能相信她的解释，随即把这段话报告了皇帝，皇帝随即大发雷霆，指责她崇拜偶像。这次塞奥多拉找了另一个解释：根本没有什么玩偶，丹德里斯看到的是镜中她和她侍女们的映像。塞奥菲洛斯似乎相信了她的说法，毕竟在九世纪镜子还是很少见的，这一说法在当时似乎也没有那么荒谬。但他依然对此表示怀疑，而后皇帝再度询问这个弄臣，问他之后还有没有看到皇后做这个奇怪举动。丹德里斯却一只手捂住了嘴，一只

手拍拍屁股，答复道："嘘——陛下，别再问玩偶的事了！"

这是个荒唐的小故事，可能纯属捏造，但这个故事也足以解释一件事：在丈夫逝世，塞奥多拉以两岁大儿子的名义掌控摄政大权之后，为什么头一件事就是根除帝国境内的破坏圣像派。她的举措自然颇为谨慎。身为狂热的破坏圣像派，语法学家约翰在此前的五年之中稳坐牧首之位，而君士坦丁堡此时应当还有不少年长者经历了786年的挫败，当时掌控大权的那位女子出于同样的目的仓促行动，近乎引发了暴乱。但塞奥多拉比那时的伊琳妮更为明智，而且她的三位主要幕僚能力都颇为出众：她的舅父塞尔吉奥斯·尼基提亚特斯（Sergius Nicetiates）、她的兄弟巴尔达斯（Bardas）和邮驿部部长塞奥克提斯托斯（Theoctistus）。就塞奥克提斯托斯的问题，她的那两位亲属与她观点一致。他此前是破坏圣像派，但确实是一个领导者，他也意识到时代不同了。就算新政府没有在破坏圣像问题上做出决断，崇拜圣像的人也足以自行改变态势了。四人就此制订了谨慎的计划，决定在皇帝逝世十四个月之后，于843年3月召开大公会议。与此同时，他们委派年迈的梅索迪奥斯——在遭受米哈伊尔二世和他儿子的迫害之后，最终与塞奥菲洛斯和解，在皇宫之中闲居数年——主持制定时间表以及起草必要的文稿。

这次大公会议进行得基本可谓平稳，主要的问题来自语法学家约翰，他拒绝逊位，因此被迫将他罢黜。按照几个基本可信的记载的说法，即使在那个时候，他也不肯离开牧首的住处。当巴尔达斯去与他理论时，他掀开长袍指着自己腹部的伤疤，声称是派来驱逐他的士兵所为，但随后证实这纯

54

属自伤。最终他还是同意离去，返回博斯普鲁斯海峡边的私宅居住——而他的敌人们声称他在那里研究巫术与邪法。梅索迪奥斯就此被推举接替他，大会也确认了第七次大公会议，即787年终结第一次破坏圣像运动的大公会议的决议。然而在皇太后的坚持之下，被谴责为异端的破坏圣像派领袖的名单上略去了她亡夫的名字。一个广泛流传的故事声称，塞奥菲洛斯在弥留之际表示忏悔，塞奥多拉把圣像放在了他的唇边。这个故事基本没什么可信度，当时也很可能没有什么人相信，但至少这免于使众人处于更尴尬的境地，因而无人提出反对。

胜利终于到来了。这不是崇拜圣像派战胜了破坏圣像派，而是理性主义战胜了神秘主义，是希腊的思辨战胜了东方的形而上学，也是西方战胜了东方。这场胜利对帝国文化生活、政治活动的意义，就如同对波斯人，以及此后不断侵袭的阿拉伯人的胜利一样关键。和许多胜利一样，长期胜利几乎全部是靠胜利者展现的节制与宽大才得以达成的。3月11日，那一天恰巧是四旬斋的第一个星期日，东正教教会至今仍将这一天作为节日，称为正统盛宴。当天，圣索菲亚大教堂举行了感恩仪式，皇室全体成员，以及周边各修道院的僧侣全部赶来参加。[1] 数以百计的圣像被举起，而后重新出现在教堂的墙壁之上，但没有以任何突然或爆发的方式进行，因此没有激起死硬的破坏圣像派的愤怒。即使曾经的争

---

[1] 杰内西奥斯（Genesius）坚持声称阿索斯圣山的代表也在其中，如果记载属实，这就是最早将这座山称为圣地的记载。当然，这一时期的修道士应当依然以独立的隐修士为主，并非有组织的修道士群体（见第十二章）。

议焦点——青铜门的基督圣像，也是多年之后才最终被修复；再过二十多年，大教堂之中的镶嵌画才得以重见天日；① 但圣母与圣子那直视人心的巨像，直到十一个世纪之后的今天注视着世人。

诬告梅索迪奥斯（843）

尽管此前经受了各种磨难，牧首梅索迪奥斯也没有打算报复。破坏圣像派的领袖会被谴责，但不会遭受虐待，更不会失去自由。那些崇拜圣像者反倒因此义愤填膺，特别是斯托迪奥斯修道院那些狂热的僧侣。当牧首没有让他们去担任空缺的主教职务，而是选择和他一样的温和派时，他们对他大加指责，最终逼迫他将破坏圣像派全部革除教籍。记载称此时他们甚至想逼迫他逊位——他们雇用了一个年轻女子指控他勾引妇女。在随后的调查之中，据说梅索迪奥斯直接展示了自己所谓冒犯妇女的身体部位，那里已经彻底萎缩，就此自证清白。他声称多年前在罗马时，他祈求圣彼得解除他的淫欲，祈祷得到了如此有效的回应。他自然胜诉了，那个女子也承认整个事件纯属捏造。但挑唆者并未受到严厉惩处，仅是每年要手举火把，参与在正统盛宴时从布拉赫内宫走到圣索菲亚大教堂的游行，并在那里反复聆听公开谴责他们的判决。

与此同时，崇拜圣像派的殉道者也得到了他们的回

---

① 即使查士丁尼时代的圣索菲亚大教堂中存在镶嵌画，应当也在破坏圣像运动中损毁了。然而事实上，基本可以肯定那时的大教堂中并没有镶嵌画。见第一卷。

报。斯托迪奥斯修道院院长塞奥多尔和牧首尼基弗鲁斯均在流放地去世，他们的遗骨被迁回君士坦丁堡，安葬在圣使徒教堂，皇太后和朝廷官员共同出席了安葬典礼。一个不那么光彩的事件则是亵渎破坏圣像派的主导者君士坦丁五世的陵墓，绿色的大理石椁被部分切下，用于装饰圣宫的某间房屋。

对战败的破坏圣像派而言，他们还是得到了一点慰藉。在破坏圣像运动之前，以及伊琳妮及其继承者带来的停歇期，宗教绘画和宗教雕像都是允许的，843 年的大公会议也没有对两者进行区分。然而自此之后，仿佛存在某种默认的协议一般，拜占庭艺术从此仅限于二维。雕像，无论是大理石像、木雕、石膏像，还是金银或青铜像，均不再制造。这件事其实也并不算太令人惊讶，毕竟十诫中的第二诫已经明确表明意见。奇怪的是，西欧却几乎完全无视了第二诫——当然西欧对其他九诫的尊重也没多多少。无论如何，这确实颇为可惜。如果拜占庭帝国此后的石刻艺术与木刻艺术仍与绘画和镶嵌画艺术一样繁荣，世间便能留下更多的艺术珍品了。

塞奥克提斯托斯（853）

在恢复圣像崇拜之后不久，部长塞奥克提斯托斯成功排挤掉他的两个同僚，在接下来的十三年间，他和塞奥多拉成了拜占庭中事实上的统治者。他的情况极为不寻常，既是显贵也是宦官，但他也学识颇丰，涉猎甚广，执政期间花了相当的时间与精力提升都城之中的教育机构——在这方面早

57　已远胜于西欧的任何一个城市——他也是九世纪晚期和十世纪拜占庭帝国的文化复兴的奠基人，具体讨论详见下文。他的财政政策成果颇丰，大批金币流入帝国的国库，就像塞奥菲洛斯在位时一样——其来源同样不清楚。

　　在军事方面，塞奥克提斯托斯也出人意料地取得了成功。出于下文将要说明的某个原因，米哈伊尔三世（Michael Ⅲ）和他下属的官员在近于同时代的记述者以及此后的编年史家留下的记载之中，都遭到了蓄意抹黑——特别是"紫衣贵胄"君士坦丁七世（Constantine Ⅶ），他毫不犹豫地篡改他们留下的功绩。直到最近人们才意识到现代史学家都被严重欺骗了。比如塞奥克提斯托斯亲自率领的克里特岛远征行动，在他返回君士坦丁堡之后并没有崩溃，而是收复该岛并控制了几年时间。十年后，853 年 5 月 22 日，拜占庭帝国更是进行了在穆斯林崛起之后最为大胆的海军进攻，乃至可谓最为大胆的军事行动。一支舰队在宫廷大总管、宦官达米安努斯（Damianus）的指挥之下，突然出现在尼罗河三角洲东端的达米埃塔（Damietta），焚毁了这座城市以及港口之中停泊的所有萨拉森舰队，摧毁了城中储存的大量武器装备，带着大批俘虏返回。近年对阿拉伯资料的研究也发现了其他的军事行动，总共拥有至少三百艘舰船的三支舰队在爱琴海和叙利亚海岸进行了一系列的袭击。

　　然而塞奥克提斯托斯与皇太后联合推行的政策之中，有一个政策无疑要受到谴责，伯里教授更是称之为"九世纪之中最大的政治灾难之一"，这个政策正是迫害保罗派。这个传播甚广但基本无害的基督教教派大概在两百年前于亚美

尼亚出现，与帝国和平共处。但在米哈伊尔一世时代，他一
如既往地迫于牧首的压力，首次对他们采取限制措施，限制
的原因纯粹是教义问题。保罗派遭限制的原因并不在于他们
是破坏圣像派（尽管他们的确是），而在于他们不但反对圣
像，也反对受洗仪式、婚姻习俗和圣餐礼，反对使用十字
架，不承认《旧约》以及《新约》的很大一部分内容，并
完全反对教会体系。他们支持摩尼信仰，相信世上有对立的
正义与邪恶两股力量，认定物质世界创造了邪恶，基督的唯
一品格——他们也是顽固的基督一性论①者——对世界毫无
影响，而他的母亲只是圣灵的容器，如同"水流过管道
一般"。

　　在破坏圣像派重新掌权之后，保罗派认为他们的麻烦就
此结束了，结果却令他们失望：亚美尼亚人利奥和塞奥菲洛
斯都坚持前人留下的政策。崇拜圣像派掌权之后，对他们的
迫害愈发狂热。一条新法令要求这一教派的所有信徒立即放
弃错误信仰，否则要被立即处死，大批部队则前往东部负责
执行。大部分信徒都坚定信仰不肯改信，一场屠杀随之展
开。据说有十万人通过绞刑、溺水和斩首的方式被杀，甚至
还有人被钉死在十字架上。他们的财产与土地则收归国有。
幸运的是不少信徒及时逃离，来到了唯一可以寻求庇护的地
方：帝国边境之外的梅利泰内［Melitene，今马拉蒂亚
（Malatya）］。他们投奔埃米尔奥马尔·伊本·阿卜杜拉
（Omar ibn Abdullah）和臣属于他的萨拉森人。

---

①　有关耶稣仅有唯一品格（神性）的基督一性论信仰，见第一卷。

58

73

拜占庭帝国从未以如此手段来蓄意摧毁一个宗教群体，而他们再也不会进行如此尝试。对保罗派的处理不但残酷野蛮，让批准这一决定的皇太后染上无法清除的血污，这一举措也极度欠考虑。如果任他们行动，这些简朴、虔诚且守纪律的男女老少可以有效抵御萨拉森人，赢得每一个思维正常的拜占庭人的尊重与感激。然而他们被赶到了哈里发的领土，很快就成了帝国敌人的忠实勇敢的盟军。与此同时，和大多数迫害时的情况一样，他们的宗教信仰传播开了。保罗派教义——至少是极为类似的教义——出现在十世纪传播于保加利亚和波斯尼亚（Bosnia）的波各米勒教派（Bogomils）之中，也同样出现在十一世纪到十二世纪的朗格多克（Languedoc）的清洁派（Cathars）之中。这些教义算不上吸引人，如果这个教派能够被限制在其发源地，即亚美尼亚的要塞之中，世间将避免许多无法估量的苦难。而这个教派最终传播开来，拜占庭城中的一系列统治者要负最大的责任。

塞奥克提斯托斯失势（855）

与此同时，皇帝米哈伊尔三世正在长大。有关他漫长的少年时期的资料不多，他的母亲意志坚定且果决，长期让他退居幕后，他本人也在短暂的一生之中幼稚、懦弱且易受欺骗。然而在其他方面他倒是颇为成熟。855年，年仅十五岁的他和欧多西亚·英格丽娜（Eudocia Ingerina）定情，若不是他的母亲出手干预——她无法接受一个有一半瑞典人血统的儿媳，而且欧多西亚对自己也不那么尊重——他们本可以

第四章 恢复圣像（842～856）

成婚，然而他被迫与另一个欧多西亚，即欧多西亚·德卡波利塔娜（Eudocia Decapolitana）成婚，而他对她毫无感觉。米哈伊尔一如既往地遵从了——他也许想要就此与他的初恋情人就这样保持私情，至死不渝。无论如何，可能也正是出于对塞奥多拉的严苛管束的不满，他才会在几个月之后参与一场阴谋，并最终让她失势。

阴谋的领导者是皇太后的兄弟巴尔达斯。843年，塞奥克提斯托斯排挤掉他，而他绝不会忘记。他等了十二年，现在机会来了。在大总管达米安努斯——两年前突袭达米埃塔的英雄，也许他感觉自己在那次行动中军事能力没有得到完全承认——的协助之下，巴尔达斯轻易地说服米哈伊尔，让他相信只要他的母亲和塞奥克提斯托斯执掌大权，他就永远没有机会施行本属于自己的权力。如果他索取权力的话，他们就会毫不迟疑地将他废黜。

确保了小皇帝的支持之后，巴尔达斯迅速行动起来。一两天之后，855年11月20日，当大部长步行穿过圣宫前往塞奥多拉的居所时，他突然发现米哈伊尔和达米安努斯两人挡住了他的去路。皇帝愤怒地提出自己已经不是小孩，如果要商议国务的话应当找皇帝本人，而不是找他的母亲。随后三人爆发了争吵，塞奥克提斯托斯随即原路返回，但没走出不远，巴尔达斯带着一群不满的军官就冲出来将他按到地上。他拔剑试图抵抗，但很快被众人制服，而后挣扎着被押往"斯凯拉"（Skyla），即一座通往大竞技场的半圆形前厅。巴尔达斯的想法，就我们看来，是想把他流放到远方，皇帝却下令警卫将他杀死。正在此时，塞奥多拉从宫女那里 60

得知了情况，便来到"斯凯拉"门前规劝，但被粗鲁地赶走了。守卫把塞奥克提斯托斯从椅子底下拖出来，由行刑的军官刺死。

大部长死后，塞奥多拉的掌权时期也就此终结——但苦闷且心怀不满的她此时依然在皇宫之中居住。与此同时，856 年 3 月，在元老院的特别会议上，她的儿子成为独帝，将在接下来的十一年中执政。然而执政未必就要掌权，考虑到米哈伊尔性格柔弱且不负责任，把帝国的大权交给他的舅父来管理，确实更为有利。巴尔达斯获得权力的方式确实可谓不择手段，他想要流放而非处决塞奥克提斯托斯的说法也不能减轻他的罪恶，毕竟假如他确实有意如此，他本应能说服皇帝。执政之后，他立马展现出比自己的前任更为出色的能力。身为绝佳的管理者，他既拥有领袖的远见，也拥有无尽的精力，就此在这个时代烙下了无法磨灭的印记，而这个时代，在许多人看来，也正是拜占庭帝国的黄金时代。身为帝国的执法者与武装部队的总指挥官，他的成功更是接连不断。以军事方面为例，记载——阿拉伯人的记载，而非遭到篡改的拜占庭史料——提及 856 年，一支在他兄弟佩特伦纳斯指挥下的军队渡过幼发拉底河，深入敌方领土腹地，一路抵达阿米达（今迪亚巴克尔），并掳走了大批俘虏。三年后的远征则由皇帝亲自率领，再次渡过涨水的幼发拉底河，这个故事此后也演变成希腊最为风行的传统民间史诗。859 年夏，拜占庭对达米埃塔再度发动袭击，并取得了和上次袭击相当的成功；863 年，帝国的大军在十周之内两次大胜萨拉森人。

态势逆转（857）

第一次胜利是击败了梅利泰内的埃米尔奥马尔·伊本·阿卜杜拉。他从来都是帝国危险的敌人，流亡的保罗派难民更是进一步加强了他的军力。夏初，他率领穆斯林与基督徒组成的联军，穿越黑海南侧的亚美尼亚坎军区，劫掠了重要的商业中心阿米索斯［Amisus，今萨姆松（Samsun）］。拜占庭派出五万人的大军，再度在佩特伦纳斯的指挥之下进军，他将部队一分为三，同时从北、西、南进军，成功在普松（Poson）——某个位于哈里斯河（Halys）与其支流拉拉康河（Lalakaon）之间的地点，准确位置不得而知——困住了埃米尔。在随后的血战之中，奥马尔本人以及他的绝大多数部下都被杀死，无论是穆斯林还是保罗派。皇帝——阿拉伯编年史记载称皇帝全程参与了这一战——和佩特伦纳斯随后胜利返回君士坦丁堡，还把侥幸存活的、被俘虏的埃米尔的儿子一并押回。他们返回都城不久之后，另一场决定性胜利的消息传来：在马雅法里欣（Mayyafariqin），萨拉森人在亚美尼亚的管理者阿里·伊本·叶海亚（Ali ibn Yahya）兵败身亡。[1]

阿莫利阿姆的耻辱就此洗清了，事态开始逆转。从最初阿拉伯人的入侵开始直到此时，拜占庭帝国长期以来都被迫进行防御战，还有几次要为生存而战。自此之后，他们的进攻增多。他们不但实力更强，装备更好，更有了新的精神与信心。

---

[1] 百年之后，写下《前哨袭扰》的利奥·福卡斯将书中讲述的战术归功于恺撒巴尔达斯，认为他是在帝国东部边境地区进行袭扰战的战术奠基者。——译者注

第五章　牧首与阴谋（857～866）

62 　　　　　　他们不但沉溺于不法行为，还在这方面错上加
　　　错……在此之前，谁听过这样的宣称？这话怕是连最无
　　　法无天的人也说不出口。是什么毒蛇把毒液灌入了他们
　　　的心中？

　　　　　　　　　　　　　　　——牧首弗提乌斯（Photius）

　　　　　　　　　　　　　　　致东方三位牧首的信，867 年夏

　　内部治理中的明智与对外军事上的成功，应当会让一个
国家欢乐和谐——至少人们会这么认为。但欢乐与和谐在拜
占庭中实在很少出现，而纷乱的诸多来源之中，基督教教会
无疑是其中的"翘楚"。对这段历史感兴趣的读者应该不难
举出例子，说明帝国也许保持多神教会更好，也许背教者尤
里安才是对的。尤为讽刺的是，在这个拜占庭国力的上升
期，却恰巧赶上了君士坦丁堡牧首与罗马教皇之间关系的最
大危机。

　　睿智的老牧首梅索迪奥斯在 847 年逝世，被废黜的皇帝
米哈伊尔一世的儿子、阉人伊格纳提奥斯随即继任，而问

题可以追溯至此。伊格纳提奥斯在皇室血统之外，也拥有其他的特质。在破坏圣像派最为兴盛的时代，他对圣像的支持也不曾动摇，而他于马尔马拉海的特里宾索斯岛（Terebinthos）——今塔夫尚勒（Tavşan）——上建造的修道院，也成了与他宗教观点相同者离开都城避难的重要目的地。梅索迪奥斯对旧日破坏圣像派的态度相对温和，伊格纳提奥斯则心胸狭窄且偏执，不肯原谅也不肯妥协。他是靠着皇太后才得以提升的，而他还没等到自己在圣索菲亚大教堂的就职仪式结束，就先让同僚们了解他的态度。锡拉库萨大主教格里高利·阿斯贝斯塔斯（Gregory Asbestas）成了他的目标，身为温和派领袖的他就此成了新牧首倾泻恶意的对象。仪式尚在进行时，他以某个编造的理由突然对格里高利发怒，下令把他赶出教堂。而这一事件还没有就此结束。在接下来的六年间，他继续迫害这个不幸的大主教，直到853年，格里高利遭到传讯，来到一个与会者压倒性支持牧首的宗教会议上受审，随即被解职并革除教籍。

63

弗提乌斯（857）

格里高利先后向两位教皇上书请求复职，但伊格纳提奥斯和所有极端的圣像崇拜者一样，坚定支持教皇的至高权威，而教皇也不愿与他为敌。与此同时，此前的温和派也明显不像从前那样温和了。他们因厌恶牧首而团结起来，决心设法除掉他，在这个关键时刻，他们幸运地发现了一个比格里高利更强势，也远比他有能力的新领导者：弗提乌斯。尽管他并没有自己对手那样的皇室出身，但他也来自贵族家庭，与皇室还有姻亲——尽管关系颇远——他父亲的妻舅是塞奥多拉的妹夫。他也可谓同时代最渊博的学者，远胜思维过于狭隘，只能了解最简单的神学教义的伊格纳提奥斯。在一次格外成功的指责牧首的演讲之中，他甚至提出了一个颇为异端的新理论，声称人有两个各自独立的灵魂，其一易于犯错，另一则永远正确。他身为学者的显赫声望使许多本该在神学上比他学识更渊博的人被迫认真应对他——伊格纳提奥斯当然也是其中之一。在他的教条达成目标，清晰展现了牧首的愚蠢之后，他又欣然收回了这一说法。他的朋友君士坦丁（Constantine）——下文将提及他此后出访斯拉夫人时的任务——据说就此责怪了他，认为这是蓄意戏耍虔诚者，但弗提乌斯坚信这没有造成什么严重的损害。事实也确实如此，鸽子身边时不时来一只猫，也不是什么坏事。弗提乌斯可能完成了神学史上唯一一个切合实际的玩笑，为此他也值得我们赞赏。

虽然学识渊博，他却并非教士。他在帝国的财政部门之中任职，升迁自然也颇为迅速，巴尔达斯掌权时弗提乌斯很快就成了他的密友与幕僚。对牧首伊格纳提奥斯而言，这无疑是他不愿见到的发展。想要在这样的情况下自保，理智的人应当保持低调并尽可能谨慎行事，但伊格纳提奥斯的性格并非如此，他挥着拳头发起了进攻。他所攻击的问题，必须承认，尚属确实。巴尔达斯和自己的儿媳偷情，厌弃了妻子，这一丑闻毫不意外地成了君士坦丁堡街头巷尾议论的对象。伊格纳提奥斯首先进行了公开斥责，看到巴尔达斯毫不在意，他又进一步将巴尔达斯革除教籍，并在 858 年的主显

第五章　牧首与阴谋（857~866）

节盛宴上拒绝他参加圣礼。

　　这一举措堪称勇敢，但同样带来了灾难。自此之后，巴尔达斯就开始寻找机会彻底除掉这个惹是生非的牧首。机会在几个月之后到来，皇帝此前便对他的母亲愈发怀疑，此时最终决定把她赶走，把她和自己没有结婚的姐姐们送去布拉赫内宫附近的卡里亚诺斯修道院。为确保她们无法离开修道院，他还特意下令剃光她们的头发，但当他要求伊格纳提奥斯执行命令时，却被断然回绝。巴尔达斯轻而易举地借此机会说服了皇帝，认定这意味着牧首与皇太后结成了对抗他的邪恶同盟。幸运的是，一个叫盖比昂（Gebeon）的疯癫者恰巧在此时跑了出来，不断声称自己是塞奥多拉在此前婚姻所生的儿子，而制造牧首支持他的证据也只是时间问题了。11 月 23 日，伊格纳提奥斯被逮捕，而后未经审讯即被流放到他在特里宾索斯岛上的修道院。

　　巴尔达斯早已认定了他的继承者：弗提乌斯。然而保证他继任仍有两个阻碍。第一个阻碍是他是俗世人，但这一问题被轻易解决。12 月 20 日，他剃度成为僧侣，21 日成为诵经僧侣，22 日升任副助祭，23 日升任助祭，24 日成为牧师，圣诞节时他由自己的朋友格里高利·阿斯贝斯塔斯任命为主教，随即成为牧首。如此的草率行为或许有些不成体统，但有不少先例：牧首塔拉西奥斯——他正是弗提乌斯的叔父——和他的继任者尼基弗鲁斯都是通过同样的方式成为教会的最高领袖。第二个阻碍则更为严重：即使此时冒着相当大的压力，伊格纳提奥斯仍不肯逊位。除此之外，唯一合法解除他职务的手段，即召开大公会议将他罢黜，明显无法

65

81

使用，因此他们只得违背教法行事。弗提乌斯将事实上控制牧首之位，除非伊格纳提奥斯改变主意，否则他还是无法成为合法的牧首。

教皇尼古拉斯一世（859）

在暂时除掉对手之后，他开始巩固自己的地位。他的首要任务是给罗马的教皇写信，正式通告自己就职。这样的信件通常不过是走过场，并会得到正式答复，但教皇尼古拉斯一世（Nicholas Ⅰ）和他的许多前辈不同，对东部教会颇为关心，决心将自己的权威施加于东部。在罗马宗教裁判所任职已久的他应当也看到了锡拉库萨大主教送来的信件，也应当听说过弗提乌斯即位之前发生的事情。更重要的是，尽管新牧首的信件在外交意义上堪称机巧，完全没有批评自己的前任牧首，但同时送来的另一封信，名义上是皇帝所写，则认定伊格纳提奥斯无视了他治下的教众，并依照教规遭到罢黜。教皇怀疑这两个说法均非属实——事实也正是如此。他在圣母大殿（S. Maria Maggiore）用隆重的庆典接待了拜占庭方派来的信使，并接受了他们带来的礼品，[①] 但他也表明自己在进行进一步调查之前，不会接受弗提乌斯担任牧首一事。因此他在回信时提出，在次年于君士坦丁堡召开调查会议，他会派出两名特使列席并亲自向他报告情况。他也借此提醒牧首——同时通过他提醒皇帝——西西里和卡拉布里亚

66

---

① 包括镶有宝石的金圣碟、镶有珠宝且边缘配绞金丝的金圣杯、镶嵌宝石的金盾牌，以及带金刺绣的长袍，上面描绘了《圣经》中的场景，还有围绕着树木与蔷薇的图案。

的主教区、塞萨洛尼基以及巴尔干半岛的其他教区是在732年被利奥三世从罗马的合法管辖之中夺走，并交给君士坦丁堡牧首管理的，[①] 现在难道不是归还给教皇控制的合适机会吗？当然，信中没有明确说明这是补偿条件，但这样的暗示也足够明确了。

860 年盛夏，教皇尼古拉斯在罗马接待使团约一年之后，君士坦丁堡的居民遭遇了平生尚未经历过的恐慌。皇帝和他的舅父近期率军与萨拉森人作战，然而突然之间，6 月18 日下午，一支二百艘舰船组成的舰队突然从黑海远方驶来，出现在博斯普鲁斯海峡的入口，缓缓驶向城中，同时一路掠夺河岸两侧的富裕修道院，焚毁经过的所有城镇与村庄。在海峡南端集结起来之后，一些舰船驶入马尔马拉海，在王子群岛继续破坏，大多数船只则在金角湾入口处下锚。对拜占庭帝国而言，尽管他们将会与这个民族在接下来的几个世纪之中纠缠不休，但此时是他们的首次真正交锋，这个民族就是罗斯人（Russians）。他们的领袖并不是斯拉夫人，而是诺尔斯人，这些勇士的父祖们在八世纪末开始从斯堪的纳维亚半岛大量向外迁徙，这也给欧洲、西亚，乃至新大陆带来了持久的冲击。大约在 830 年，他们在伏尔加河上游建立了一个公国或者汗国，二十多年之后他们在这条大河，以及第聂伯河与顿河，乘着他们可怕的长船向南，对黑海和里海的大型贸易城市发起进攻。他们的斯拉夫臣民与他们一同行动，最终他们将被彻底吸收。他们几乎成

---

① 见第一卷。

了最后一个让君士坦丁堡的市民畏惧的蛮族——尽管并非
最后一个。

罗斯人的掠夺（860）

此前已有罗斯人（他们如此自称）来到君士坦丁堡，
特别是在 838～839 年，少量的罗斯人来到塞奥菲洛斯的宫
廷之中进行某种外交任务。但这一次和外交无关，皇帝、他
67 的总指挥官和主力部队此时又全在亚洲，事态无疑更加危
急。此时发生的事情不完全清楚，[①] 但可以确定的是，负责
管理都城的执政官奥利法斯（Oryphas）给米哈伊尔送去加
急信件，通报了这个紧急军情。他立即率部返回，但当他抵
达君士坦丁堡时，掠夺者已经撤出博斯普鲁斯海峡，经黑海
向家乡返航。

他们为何如此仓促地离开了？弗提乌斯就这次袭击进行
了两次布道，第一次是在袭击正在进行时，第二次是在罗斯
人撤军几天之后。他在布道中描绘了鲜血淋漓的场景，控诉
掠夺者令人发指的暴行，认定都城得以幸免的原因在于城中
最神圣的圣物：圣母的长袍。正是这件长袍在城墙上的巡游
展示才促使他们撤退的。其他资料[②]对超自然因素的描述更
为详细，声称牧首把长袍浸入海中，随即一场猛烈的风暴便

---

① 有关这一问题以及对这一问题的推测，见 C. Mango, *The Homilies of Photius*, *Patriarch of Constantinople*：English translation, introduction and commentary, Harvard, 1958.

② 都是引述部长西蒙（Simeon）记载的资料，包括语法学家利奥、塞奥多西奥斯·梅里特努斯（Theodosius Melitenus）等人的记载。

把罗斯人的舰船撕成了碎片。这一事件的可能性实在有限，毕竟如果确有此事，弗提乌斯一定会在布道里提过。最有可能的解释是，掠夺者发现城墙难以攻破，又已经将周边地域洗劫一空，便决定就此结束掠夺，返回家乡。

无论罗斯人撤军的真实情况如何，牧首从这一事件之中都获得了前所未有的威望。他的对手伊格纳提奥斯则没有那么幸运了。他被实质废黜之后就经历了一定程度的迫害，这足以打垮绝大多数他的同龄人。在特里宾索斯岛上停留了一段时间之后他被转往希里亚——讽刺的是，那里有最奢华的皇宫之一——并被囚禁在停用的羊圈之中。尔后他又被带回都城，投入金角湾另一侧的普罗莫托斯（Promotos）的一座监狱，他被戴上了沉重的镣铐，两颗牙也因为看守的殴打而脱落。在短暂地囚禁于另一座监狱——努梅拉（Numera）监狱，在皇宫附近——之后，他被转到莱斯沃斯岛［即米蒂利尼岛（Mytilene）］，直到六个月之后才得以返回自己的修道院。然而他的苦难没有到此为止，雪上加霜的正是罗斯人。掠夺王子群岛的罗斯人突入特里宾索斯岛，以近乎疯狂的暴戾将修道院席卷一空，杀死了至少二十二名僧侣以及主要教士。伊格纳提奥斯本人勉强幸免。

不难预见，这场灾难在君士坦丁堡城中人看来是神灵不满的又一个迹象，也无疑杀死了伊格纳提奥斯许多剩余的支持者。但这并没有从根本上解决问题。这位受过宫刑的顽固老人依然不肯逊位，无论他的敌人施加何等虐待，无论自己要经历何等苦难，他也不肯顺从。他的坚持会有回报的。此

68

时的他只能等待，并寄希望于教皇尼古拉斯的协助，毕竟他的特使就要在次年的春季抵达了。

教皇的愤怒（861）

教皇的特使——阿纳尼的扎卡里（Zachary of Anagni）和波尔图的罗达尔德（Rodoald of Porto）在861年4月抵达君士坦丁堡。无论教皇是否给他们下达了明确指示，他们都无疑知晓教皇的想法。然而在抵达之后，他们就要面对弗提乌斯施加的巨大压力，而他们收到的许多礼物之中的第一件，即格外华丽的刺绣长袍，还没有等他们到达城中就已经奉上。随后他们参与了无休止的宗教典礼、招待会、宴会以及各种娱乐活动，牧首本人则几乎全程陪同，用他的博学与魅力吸引他们。然而，他们与皇帝的会面远没有那么愉快。皇帝的接待也堪称谦逊有礼，但他不止一次提醒他们，他们能否返回家乡要看自己的脸色，如果没能返回的话，就难免会在某个蚊虫众多的地方长时间居住。就此，在一番明智的恩威并用之后，扎卡里和罗达尔德很快就明白自己应当支持哪一方。早在大公会议召开之前，在复活节之前的圣使徒教堂，弗提乌斯收到了满意的保证：他们不会多加阻拦。至于伊格纳提奥斯，他们在他进入教堂作证之前，绝对不能与他会面。他想要穿着全套牧首的礼服出席，但没能如愿，只得以普通僧侣的装束出席，听七十二名证人宣称此前他的牧首任命无效；他并非靠教会选举就任，仅仅是因为得到了皇太后塞奥多拉本人的信任。在第四次会议闭幕时，一份正式文件宣告将他罢免，其中签署的显要位置上留下了阿纳尼的扎卡里和波尔图的罗达尔德的名字。

　　得知这一消息，教皇尼古拉斯自然怒不可遏，当这两个不幸的教士于秋季返回罗马时，他也明确表露了自己的不满。他提醒他们，此行的任务是调查事实真相，他们无权自封审判者。他们这样滥用职权的行为不但是恶劣的抗命不遵，更背叛了整个教会的利益。身为高阶教士的他们却和无知孩童一样，屈服于拜占庭的利诱。更严重的是，他们签署了这一决议，却没有得到任何让步。保加尔人的王国很快就要接受基督教了，伊利里亚的主教区尽快由罗马管理则非常重要，这次会议无疑是个绝佳的机会。这些拙劣的特使在和弗提乌斯会谈中提过吗？没有。他们上当受骗，完全无法胜任自己的职务。他会考虑对他们的处理，随即可以命他们离开。

　　他们颤抖着离开了。但教皇的愤怒没有减弱，君士坦丁堡派来的另一个使团已经抵达罗马，他们带来了大公会议的决议，以及另外一封弗提乌斯的信，让教皇愈发恼火。尽管信件全文礼貌文雅，其中却全无这种信件之中应有的尊崇虔敬。相反，牧首行文之中认为教皇与他地位相当，尽管他没有断言称君士坦丁堡牧首区的独立，但每一句话之中都隐含着这一点。至于存在争议的主教区，他声称他本人乐于让这些地域回归罗马管辖，不幸的是，这一问题要由皇帝决定，而此时的皇帝认为做出改变的时机尚不成熟。

　　现在尼古拉斯清楚，自己必须采取强硬手段，塞奥戈诺　70斯托斯（Theognostus）的突然到来更是坚定了他的信念。塞奥戈诺斯托斯担任过教会之中的一系列重要职务，包括罗马教会的大修道院院长、佩盖（Pegae）修道院院长、圣索菲亚大教堂圣器僧侣（skeuophylax）①，以及君士坦丁堡各修道院的总主教。最重要的是，他是被罢黜牧首的职务最高、关系最近的朋友。尽管皇帝下令对他严加看管，他还是乔装改扮离开了都城，来到教皇处，亲自讲述近期调查的不公，证人捏造证词，弗提乌斯和他朋友们的罪行，伊格纳提奥斯对罗马教廷的忠诚，以及老牧首被迫经历的种种磨难。这些磨难在大公会议之后看起来还愈发严苛了。他们为了迫使他逊位——即使这已经不必要——负责给他上刑的人再度将他拘捕，再度殴打他，让他忍受半个月的饥饿，将他囚禁在圣使徒教堂的墓室之中，只留一件单衣。他被拴到了破坏圣像派的君士坦丁五世残留的石椁上，脚踝上系上了沉重的石头。而当这个可怜的人几乎昏迷时，他的手中被塞了一支笔，在他人的挪动之下在一张纸上签下了自己的名字，弗提乌斯随后在纸上写下了完整的逊位书。②

教皇立即采取行动。他首先给亚历山大、安条克和耶路撒冷的牧首送去一份通谕，告知他们伊格纳提奥斯的废黜不合教规，是被市井无赖篡夺本应属于他的位置，号召他们尽力而为，帮助他复职。（这三位牧首的教区如今都在萨拉森人的统治之下，他们干预的可能性相当有限。）尔后他给皇帝与弗提乌斯写信，清晰表明了他对这一问题的态度，并再

① 名义上是管理器皿的僧侣，实际上是荣誉头衔，并不负责实际职务。
② 至少《伊格纳提奥斯生平》（Vita Ignatii）如此断言。然而几乎所有的圣徒生平都过于偏向叙述的主人公，未必可信。

度强调了罗马教廷的最高权威，认定如果没有教皇的批准，任何牧首都无法就职或被罢免。在这些信件石沉大海之后，他宣布举行宗教会议，并于 863 年 4 月在拉特兰宫召开。会上剥夺了弗提乌斯的所有教会职务，声称如果他不立即放弃牧首之位，就将他革除教籍，其他帮助他的教士也受到了类似的判决。会上还宣布伊格纳提奥斯以及所有因此失去职务的人恢复原来的职务与地位。阿纳尼的扎卡里因在君士坦丁堡的行为而受谴责并革职，奇怪的是，罗达尔德没有受到任何处罚。①

71

　　皇帝和他的牧首无疑为教皇的执拗大为不满，但他们对此并未太在意。米哈伊尔更是格外得意。如前文所述，863 年对拜占庭帝国而言可谓奇迹之年，即使在宗教方面，在巴尔干半岛的发展也足以让弗提乌斯引发的整场争议事件都显得无关紧要了。

向摩拉维亚传教（862）

　　在六世纪首次闯入帝国领土之后，斯拉夫人就是罗马帝国一个不受欢迎的不安定因素，而 860 年罗斯人的侵袭更不可能有助于改变他们在拜占庭帝国之中的形象。然而两年之后，在牧首弗提乌斯和教皇尼古拉斯一世争执最激烈时，摩拉维亚大公罗斯季斯拉夫（Rostislav）派出使节团，前来进行一个颇为不同的任务。他们解释称自己的领主想要率领全

---

① 事实上波尔图主教还是收到了处罚，但对他的处罚是在 864 年 11 月的一次宗教会议上下达的。

部臣民接受基督教，但此前来到他们土地之上的基督教传教者所传播的教义有颇多矛盾之处。那么，皇帝能否派出一位可信的传教士前去传播正信，并且只传播正信呢？

至少传说是如此记载的。摩拉维亚人派出的使团确实抵达了君士坦丁堡，但他们派出使团的动机不太可能像传说所说的那样坦率淳朴。整个国家、整个民族改变信仰的事，基本无一例外都存在潜在的政治因素，这件事也不例外。罗斯季斯拉夫在西北边境要面对法兰克人的强大压力，早在862年，法兰克国王路易二世①就与保加尔可汗鲍里斯（Boris）缔结了盟约，因此他也必须获取一个强有力的同盟。因此基本可以肯定，这一任务的主要目的是通报拜占庭皇帝，巴尔干半岛正面临强有力的威胁，并劝说他及早与相邻的保加尔人作战，以免对方先发制人。他提出接受基督教——而且是正统基督教——仅仅是额外的添头，更何况鲍里斯随时都可能带着他的所有臣民改宗，而且基本会被纳入罗马教廷。

牧首弗提乌斯绝不会放弃如此良机。就此，不但可以向异教徒传播福音，更能够把正统基督教的影响向西北方向传播。这也是有力打击教皇的机会——对当时的情况而言实在是再合适不过了，因为他清楚，尼古拉斯想让巴尔干新皈依的所有基督徒臣服于罗马教廷。更重要的是，他还有负责这一任务的完美人选：一个来自塞萨洛尼基的僧侣，教名为君士坦丁。但若干年之后，他在临终时接纳的斯拉夫名字则要

---

① 皇帝虔诚者路易一世将自己的帝国一分为三，幼子"日耳曼人路易"成为东法兰克王国的继承者。

著名得多：西里尔（Cyril）。这个年轻人——此时的他年仅三十五岁——此前便靠着自己的博学与高尚人格吸引了不少人的注意，而且他的语言学习能力特别强。塞奥克提斯托斯将他带到君士坦丁堡，由弗提乌斯本人亲自来教导他学习，而对他印象深刻的弗提乌斯随即任命他为自己的图书管理员。此后西里尔前往可萨汗国执行任务，用可萨人的语言传教，并在那里劝说不少可萨人皈依基督教，还让他们的统治者释放了约两千名被掳走的基督徒。

　　米哈伊尔皇帝原本对军事干预并不热心。在帝国的东部，他的大军取得了一次又一次的胜利，他不愿中断这前所未有的胜利，去西部进行问题更多的征战。但他也注意到——就算他没有注意到，弗提乌斯也能够很快说服他——如果让路易在巴尔干自由行动，这无疑会导致灾难。一些部队已经被调回君士坦丁堡，在东部作战时大多闲置的舰队也做好了战斗准备。863 年夏季，舰队驶出博斯普鲁斯海峡进入黑海，在保加利亚海岸下锚。与此同时，皇帝亲率大军越过了边境。

　　这个时机再好不过了。保加尔人的大军正在北方，位于摩拉维亚的边境，而南方正处于这个世纪里最严重的一次饥荒之中。鲍里斯清楚自己无法抵抗，便派出使节与米哈伊尔谈判。米哈伊尔的条件足够简单：可汗立即放弃与法兰克人的同盟，并按照君士坦丁堡教会的方式接受基督教。鲍里斯极度仓促地同意了。他在 865 年 9 月来到君士坦丁堡，在牧首主持之下于圣索菲亚大教堂受洗，并改名米哈伊尔，皇帝本人则在洗礼盆前站立。

西里尔与梅索迪奥斯（864）

与此同时，在前一年的春季，西里尔前往摩拉维亚传教，与他能力几乎相当的他的兄弟梅索迪奥斯（Methodius）随他同行。在政府任职期间，他最初在一个斯拉夫人口众多的省份居住，学会了他们的语言。此后，决定过沉思生活的他来到比提尼亚的奥林匹斯山，在修道院中成为僧侣。当他的兄弟邀请他协助完成这一任务时，他欣然加入了。两人在864年夏初离开君士坦丁堡——至少最可能的推测如此——并在摩拉维亚停留了三年多。按照古时留下的传说，西里尔发明了一种字母表，匹配尚无书写体的斯拉夫语言，而后翻译了《圣经》以及部分礼拜仪式。奇怪的是，他选择的语言是马其顿斯拉夫语——这和摩拉维亚人所说的斯洛伐克方言相差甚远，很少有人能够看懂。因此他在完成这一字母表时很可能是以保加尔人的语言为范本，而不是以摩拉维亚人的口音为范本，此后他也是按照他唯一了解的这种斯拉夫语言来翻译的。①

在这样的情况之下，在摩拉维亚的尝试落得格外令人失望的结果也就不算出乎预料了。无论如何，这次尝试还是留

---

① 长期以来人们认定西里尔发明的字母并不是如今的西里尔文字，即俄罗斯人、塞尔维亚人、保加利亚人以及苏联治下的其他民族所使用的文字，而是格拉哥里字母（Glagolitic），一种笨拙而早已无人使用的文字。然而这一说法如今看来已不成立。参见斯蒂芬·朗西曼爵士的著作《保加利亚第一帝国的历史》（*A History of the First Bulgarian Empire*）的附录九，另见 E. H. Minns，"St Cyril Really Knew Hebrew"，*Mélanges publiés en l'honneur de M. Paul Boyer*，Paris，1925。

下了适应他们各种方言语音特点的字母表，西里尔也就此成
了他们书写文字发展的奠基人。也许正是因为这一成就，以
及他和他兄弟在传教方面的成就，两位学者圣人才得以被记
住并崇敬至今。

865 年 8 月，教皇尼古拉斯收到了拜占庭帝国皇帝写下
的一封信。双方的争端已经持续三年，其间米哈伊尔在保加
利亚大获全胜，无论是政治、军事还是宗教方面均如此，这
让他格外自大。他此时指出，两位教皇的特使可以认为自己
极度幸运，因为他们获准出席旁听和他们完全不相关的内部
事务，但他们在会议之中也没有什么重要性。争论的真正责
任在于塞奥戈诺斯托斯这样的诽谤者与惹是生非者，他们在
罗马四处散布恶意。这些人必须被引渡回君士坦丁堡。如果
教皇拒绝，皇帝就亲自来到罗马逮捕他们。

尼古拉斯则给出了他所能给出的最好回复。他在"罗
马的最高权威"这一主要问题上坚持己见。这一问题是不
容让步的，也绝没有其他可能。二十年前，皇帝和君士坦丁
堡牧首不还都是破坏圣像派的异端吗？任何没有得到教皇批
准的大公会议都是不合法的，其决议自动失效。至于塞奥戈
诺斯托斯和他的朋友们，他们有权在教皇的宫廷之中自由停
留。他本人做出了让步，也仅仅做出了一个让步：如果两位
牧首能够前来罗马，在他的面前申诉，他就会再度考虑他们
各自的说法。这是他能做出的最大让步。

米哈伊尔不太可能想要把威胁变成事实，那很可能仅仅
是强调论点时所用的修饰而已。但就这一问题，我们无法确
知他的想法如何，因为一个意料之外的事件让这一争端愈发

复杂，迫使弗提乌斯格外认真地处理这一问题——皇帝此时已经酗酒无度、无可救药，他一天之中的大部分时间里都醉得不省人事。保加尔人的可汗在皈依基督教不到一年之后愈发不安分了。他发现他的王国之中突然之间充满了希腊与亚美尼亚的牧师，他们时常就教义之中的深奥教条进行激烈争论，即使他困惑不解的臣民们完全无法理解。他们之中绝大多数人都完全乐于恢复此前的多神教信仰，而且他们不但要听从这些不受欢迎且说法不一的外来者，还要给他们提供饮食和住处，这无疑让他们大为不满。此外还有其他问题。弗提乌斯在圣索菲亚大教堂中主持的洗礼仪式让他印象深刻，他希望在他的臣民之中也举行类似的仪式，并由他的臣民主持。为此，他向君士坦丁堡写信，请求任命一位保加利亚牧首。

鲍里斯的询问（866）

此时的弗提乌斯却犯下了可能是他一生之中最为灾难性的错误。他决心亲自掌控保加利亚教会，因此不仅拒绝了这一请求，还立即断言称不会考虑此事。鲍里斯——为了保证叙述清晰我们此处使用他的原名——也指出君士坦丁堡教会之中的许多教条和习俗与本地的习俗相抵触，以及如果本地的习俗可以保留，那么对新信仰的抵触将大为减少。然而他的提议部分被否决，余下的则被完全无视。可汗十分愤怒。他乐于成为皇帝的教子，但他不肯成为皇帝的臣子。他清楚罗马与君士坦丁堡之间的争议，也意识到可以利用这一争议。于是在866年夏季，他派使团前去与教皇尼古拉斯谈判，列出被弗提乌斯蛮横拒绝的那些条件，并加上一些新问题以便度量，并询问教皇对这些问题的意见。

对尼古拉斯而言，这是他期待已久的机会。他立即派出另外两名主教——波普洛尼亚的保罗（Paul of Populonia），以及波尔图的福莫苏斯（Formosus of Porto），后者是罗达尔德的继任者，作为他的私人特使前往保加尔人的宫廷。他们带上了大量的文件，对鲍里斯提出的一百零六个问题进行了周密且一丝不苟的答复——对所有当地人而言这无疑是颇为体谅的举措。他也在与教规不直接抵触的问题上尽可能做出了让步，至于那些不能让步的问题，他也会解释拒绝的原因。他同意无论男女当然都可以穿着马裤，也可以戴头巾，但不能在教堂之中戴。在拜占庭人看来，在周三和周五洗涤是不合教法的，而他们并不这么认为，他们也认定四旬斋之中不必禁食牛奶与奶酪。但多神教的迷信活动必须被全部禁止，希腊人随便打开《圣经》占卜的行为也必须被禁止。一夫多妻当然也是不可以的。

保加尔人对禁止一夫多妻颇为失望，但整体上还是对教皇的回复更为满意，同等重要的是，也为他为他们所做出的努力而欣慰。鲍里斯立即宣称永久忠于教皇，并把所有东部的传教士赶出了他的王国——对他而言，这无疑是种解脱。保罗和福莫苏斯在那里又停留了一年，其间几乎不断在布道与施洗，一系列的主教与神父随后也加入了他们，继续他们的工作。

76

第六章　两次谋杀（866～867）

77　　　　　　我除掉了狐狸，却引来了一只狮子，而它最终会吞掉我们所有人。

> ——巴尔达斯在解除宫廷大总管
> 达米安努斯职务后如是说

似乎有必要对所谓的"弗提乌斯分裂"事件做一些更详细的叙述，不仅因为此事本身值得细说，也因为这一事件在东西教会之间的关系史上有重要的意义。这个故事此时也还没有结束。然而现在我们应当简短地讨论一下俗世，讨论米哈伊尔三世的在位时期，以及其中的重要人物。我们首先讨论皇帝本人。

如果说在本书的叙述之中，此前对米哈伊尔的描述有些模糊，原因是他的个性格外柔弱，最初受他母亲的掌控，而后受他舅父的掌控，最后被他的好友与继承者马其顿人巴西尔掌控，直到被他谋杀。尽管起初他就不是帝国最适合的统治者，但他也不是全无优点。二十出头的他已经是久经沙场的指挥者，他在战场上的勇气也无人质疑。他最大的缺陷在于缺乏自制力，安于享乐，而乐于把国务交给他人处理。他似乎没有意识到，甚至说不肯意识到自己正在堕落。他在生命之中的最后五年彻底沉湎于酒色，得到了"酒鬼"这个绰号，直到在年仅二十七岁时惨死。

对帝国而言，幸运的是还有其他人愿意掌控权力，并以他的名义统治帝国——他们的能力更是格外出色。第一位是在他母亲摄政时掌权的宦官塞奥克提斯托斯；在她失势之后，她的兄弟巴尔达斯继续掌控朝政。大约在859年，巴尔达斯得到了宫廷总管的头衔，这一显赫官阶颇为少见，通常仅仅授予皇帝的亲属，而且拥有这一官阶的人，在皇帝逝世且没有留下后代的情况下还有权索取皇位。但他的权势与影响力直到此时还没有达到顶峰，862年4月，复活节之后的星期日，他被立为恺撒。此时米哈伊尔早已厌弃他的妻子欧多西亚·德卡波利塔娜，留下合法后代的可能性微乎其微。人们一致认定巴尔达斯将成为拜占庭的新皇帝，在位的皇帝如今已经酗酒无度，人们认定他继承皇位的日子很快就会到来。

此时的他，虽无皇帝之名，却得以行皇帝之实，并且颇有作为。他执掌朝政的十年之中，在东部对萨拉森人取得了一系列的胜利；拜占庭教会独立于罗马教廷之外的努力更是取得了重大进展；他本人和自己的姐夫塞奥菲洛斯一样追求司法公正，并和塞奥克提斯托斯一样鼓励学术。君士坦丁堡的古老大学早在五世纪于狄奥多西二世在位时创立，之后便不断衰颓，直到第一次破坏圣像运动时彻底瓦解。巴尔达斯恢复了大学，在玛格纳乌拉宫中开办，并交给哲人利奥——

78

或称数学家利奥——来管理。

利奥与牧首弗提乌斯、传教士君士坦丁（西里尔）并称同时代最为伟大的三名学者。利奥是语法学家约翰的同辈堂表亲，年轻时靠在君士坦丁堡教授哲学与数学谋生。他成名的方式颇为特别，他的一名学生被萨拉森人俘虏，带到巴格达，而后靠着他的知识让哈里发马蒙印象深刻，马蒙随即询问他的老师是谁。哈里发本人也热衷学术，并为艺术与科学进行了大量捐赠，他随即给皇帝塞奥菲洛斯写信，以两千磅黄金和永久和平的协议为条件，请求利奥前往他的宫廷居留几个月。塞奥菲洛斯却明智地把他留在都城，让他担任公众的教师，在四十殉道者教堂定期进行授课。此后他被任命为塞萨洛尼基大主教，但在皇帝死后，身为狂热的破坏圣像派的利奥被解除职务，回归学术研究。在他主持玛格纳乌拉宫之时，君士坦丁（西里尔）曾经短暂负责教授哲学，他的其他学生则教授几何学、天文学与语言学。有趣的是教堂之中并没有开设神学课程，这座大学仅仅进行世俗学术——这引起了伊格纳提奥斯及其追随者的强烈敌意。

马其顿人巴西尔（866）

皇帝长大之后养成的许多恶习之中，其中一个便是身边的宠臣与狐朋狗友穿着淫秽下流的服装陪同他在城中寻欢作乐。其中一个名叫巴西尔的人最早出现于857年左右，是个粗野且完全未受过教育的亚美尼亚裔农民。他的家人和许多同乡一样迁到色雷斯定居，但此后被克鲁姆掳走，带到了多瑙河对岸某个被称为"马其顿区"的地方——可能因为那

里有许多遭受同样命运的马其顿人。巴西尔在这里度过了大
部分的童年时光，他和他的王朝也因此被称为马其顿王朝，
即使他完全没有马其顿人的血统，母语是亚美尼亚语，说希
腊语时还带着严重的亚美尼亚口音。他没有任何学问，完全
是文盲，而且一生如此，他此时所能夸耀的只有两个明显的
特质：赫拉克勒斯般的力量以及出色的驯马能力。应当是这
两个特质吸引了皇帝的注意。杰内西奥斯记载称他在摔跤比
赛中脱颖而出，当一个保加尔人大力士击败了几个摔跤冠军
之后，巴西尔出场与他比试。据说巴西尔一出手就把这个大
力士举了起来，一把扔到房间的另一边。《续塞奥法内斯编
年史》的说法类似，但故事不同，记载称米哈伊尔有一批
无法掌控的烈马，他和他的朋友都无法驾驭，但其中有一个
人声称他的马夫能够成功。这个马夫正是巴西尔，巴西尔贴
近马匹的身边，一只手牵住缰绳，另一只手拉住马耳，轻声
说了几句话，这匹马随即安静下来。皇帝大喜，随即把这个
年轻的亚美尼亚人收来为自己服务。

　　这些细碎的逸事，信与不信都在两可之间，意义索然。　80
然而有关巴西尔的年轻时代，还有一个故事，尽管这个故事
只能算是传说，但他此后不断重复这一故事，也更为明显地
展示了他对自己登上皇位的合法性的宣传。《续塞奥法内斯
编年史》第五章——这段对巴西尔极尽溢美之词的传记，
如今已经可以确定，是他的孙子紫衣贵胄君士坦丁七世的作
品——提到他首次来到君士坦丁堡时是在某个星期日的傍
晚，他在金门旁的圣戴奥米德教堂（Church of St Diomed）
前的门廊躺下睡觉。夜间，修道院的院长听到一个神秘的声

音，要他出去开门迎接皇帝。他起身出去，却只看到一个衣衫破旧的穷苦旅行者睡在地上，于是他返回就寝。这个神秘的声音第二次传来，结果与第一次一样。随后这个声音第三次传来，语气更为坚定："起来，把门前躺着的人请进来，他就是皇帝。"据说还在他的肋部重击了一下。院长听从了，把这个年轻人带进修道院中，给他饮食，为他清洗，并给了他一套新衣服，只希望此后成为他的朋友与兄弟。

利奥六世的生父（866）

这个不怎么可能的故事有没有传到米哈伊尔皇帝的耳中，而如果传到他耳中之后又产生了什么影响，我们不得而知。但在巴西尔进入宫廷之后，他的提升颇为迅速。他很快就不只是侍从，还成了皇帝的朋友，而在内廷总管①的职务突然出现空缺时——宦官达米安努斯由于和巴尔达斯闹翻而被赶走——米哈伊尔立即任命他来接替。皇帝和内廷总管就此亲密地住在一起，以至于一些史学家声称他们之间有同性爱的关系。然而这一推测并不可能，因为米哈伊尔在自己未来家庭的问题上进行了颇为奇怪的安排。巴西尔被迫和他的妻子玛丽亚（Maria）离婚，而同皇帝的初恋与情人欧多西亚·英格丽娜成婚。此举无论怎么说都是颇令人惊讶的，唯一可能的解释是：米哈伊尔得以借此让她进入宫中而不会引发丑闻。然而这无疑

81

---

① 希腊语中的"parakoimomenos"直译即"睡在旁边的人"，即睡在皇帝寝宫之中的内廷官员。此后这一官职的重要性不断提高（类似于英格兰的宫务大臣），而这一实际任务便转交给下属的官员。通常这一官职仅由宦官担任，巴西尔担任这一官职更可谓奇怪了。

第六章 两次谋杀 (866～867)

引出了另一个更重要的结论——他想让她拥有皇室身份。她在866年9月19日生下的男孩利奥 (Leo) 也很可能不是巴西尔的孩子，而是米哈伊尔的孩子。若确实如此，那么我们如今所说的马其顿王朝其实也不过是阿莫利亚王朝的延续。①

这一推测纯粹是假设。近年来一些史学家反对这一假说。然而同时代也有一系列不能忽视的证据。首先，至少有一份记载（西蒙）断言称利奥就是米哈伊尔的儿子，声称此事在君士坦丁堡尽人皆知。其次，巴西尔从来都厌恶利奥，在他的孩子——无论是真是假——之中，巴西尔唯一展现过真正爱意的只有君士坦丁 (Constantine)，此人是巴西尔与发妻玛丽亚所生的儿子。他对这个儿子极度疼爱，当其英年早逝时，巴西尔便陷入了极度的失落，至死也未能恢复。第三个，也是最奇怪的一个问题是，欧多西亚如果确实只是巴西尔的妻子，皇帝也没有必要给他的这位宠臣配另一个情人，而且这个情人还是他的姐姐，即已经四十多岁却风韵犹存的瑟克拉 (Thecla) ——她近期离开自己完全无法适应的修道院，随即完成了这一奇怪的"四角家庭"。巴西尔和她之间的关系似乎不过是权宜之计，无论他能否在米哈伊尔在世时和欧多西亚同床共寝，在米哈伊尔死后他无疑可以，她也为他生下了另外两个儿子，于870年生下亚历山大 (Alexander)，871年生下斯蒂芬 (Stephen)。② 至于瑟克拉，

---

① 无论是否属实，本书下文暂且认定巴西尔为利奥的生父。

② 至少理论上如此。记载在日期上依然存在自相矛盾之处，尽管反对的证据居多，这些孩子之中仍可能有人出生在米哈伊尔在世时，或者他死去几个月之后，因此依然存在生父是谁的问题。

她很快迷上了宫中另外一个贵族约翰·尼托科米特斯（John Neatocomites），但这场恋情也以悲剧收场。当巴西尔发现这一私情之后，两人受到了严惩，约翰被迫剃度进入修道院，而瑟克拉的财产被全部没收，只留下布拉赫内宫的一间寝宫，她也于几年后在贫病交加之中死去。

刺杀巴尔达斯（866）

82　　　随着巴西尔对米哈伊尔的影响力的增加，他与巴尔达斯之间的敌意也随之增加。对恺撒而言，起初与其说是怀疑，倒不如说是蔑视。他相信自己的外甥把帝国的管理权完全交给了他，只要皇帝的寻欢作乐不受干扰，自己就可以继续掌控帝国。至于那个亚美尼亚人，巴尔达斯可能是把他当作皇帝寻欢作乐时一个令人不快的同伴，但也仅此而已。不过，巴西尔加紧对皇帝掌控的速度，迫使他改变了此前的观点。这个人将成为皇室的严峻威胁，如果本章开头的引述并非纯属伪造的话，巴尔达斯也应当清楚这一点。

　　　至于巴西尔，他的野心还远没能满足。现在他的眼睛盯紧着皇位，在他看来那唾手可得的皇位之前只有一个阻挡者了。就像十几年前巴尔达斯挑唆小皇帝除掉宦官塞奥克提斯托斯一样，巴西尔开始悄然而谲诈地挑唆他怀疑自己的舅父。他指出，恺撒不仅蔑视自己的外甥，还想要把他除掉，以便成为拜占庭城中唯一且无可置疑的统治者。唯一的解决方案是米哈伊尔在尚有机会时立即行动。

　　　尽管近年来在东部对萨拉森人的进攻接连取胜，拜占庭帝国在一个方向上依然一无所获：克里特岛。在塞奥克提斯

第六章 两次谋杀 (866～867)

托斯短暂收复之后，此时该岛再度被异教徒掌控。这是巴尔达斯不愿容忍的情况，因此他于866年春开始准备对该岛发起大规模远征。然而在前一年的冬季，他收到消息，据说有人想借这场远征除掉他，而皇帝与他的内廷总管都参与了这一阴谋。他的第一反应是立即退出远征，并留在都城以便自保。他似乎也直接向自己的外甥质疑了，因为3月25日，天使报喜节上，在铜器厂的圣母教堂①，米哈伊尔和巴西尔在一份文件上签字——巴西尔应当只能签一个叉号——宣称他们无意谋害他。誓言极度庄重，据说使用了耶稣基督的血液，这稀少且日渐减少的圣物与圣索菲亚大教堂的其他珍贵圣物一同存放。恺撒就此宽恕了他们，并在自己一如既往的位置上陪同皇帝，在复活节之后率领远征军出发。

他们选择的穿越小亚细亚的道路要走到米安德河的河口处，那里距离古城米利都不远，舰队在那里下锚等候。在登船之前的傍晚，巴尔达斯收到了新的警告。他大笑之后便把报信者打发走了，但那天晚上他却睡不着。4月21日早上，他向自己的朋友、财政部部长菲罗索斯（Philotheus）坦白了自己的畏惧。菲罗索斯尽自己所能安抚了他，说："穿上你桃红色的饰金斗篷，面对你的敌人吧，他们会在你面前散去的。"恺撒也就此身着盛装骑马前往皇帝的营帐，坐在自己外甥的身边，警惕地听着另一位部长进行清晨的报告。在

---

① 始建于五世纪，因那里原本是犹太铜匠的会堂而得名。这座教堂是城中最受尊敬的教堂之一，那里和布拉赫内宫的圣母教堂一样，存放着圣母玛丽亚的部分长袍。教堂如今仅剩一小段垛墙，位于圣索菲亚大教堂以西约一百码处。

报告结束之后，他转向米哈伊尔，提出如果没有其他事情要处理的话，就可以登船了。但就在此时，他用眼角的余光扫到内廷总管发出了某个预定的信号。他立即握住了剑，但为时已晚。巴西尔奋力一击将他打倒在地，其他的同谋者随即扑上来解决了他。

皇帝则无动于衷。他看上去对这一切完全不感到惊讶，有关他在何等程度上参与了这一密谋，目前仍存在一些争议。但他至少清楚巴西尔的意图，而他随后的举措无疑表明他在一定程度上是与他们合谋的。他立即写信给在君士坦丁堡的弗提乌斯——这无疑是内廷总管的授意——告知牧首，他的舅父打算弑君，因此遭到处决。牧首的回复则堪称狡黠暗讽的杰作。他写道："陛下的美德与仁慈，使我无法怀疑这封信所言不实，只得相信恺撒之死和信中断言并无二致。"这段话足够清晰地表明他在怀疑什么。他在结尾处，以元老院与人民的名义请求皇帝立即返回都城。

他这么做没有错，米哈伊尔和巴西尔也都清楚这一点。84 几天后他们返回君士坦丁堡，对克里特岛的远征尚未开始，便就此结束了。

在866年圣灵降临节的星期日，早早来到圣索菲亚大教堂的祈祷者注意到，原本放置皇位的地方并排放着两个皇位。更令人惊讶的是，皇帝在惯常的仪仗队列之中，离开皇宫来到教堂，之后他并没有和平常一样立即坐上皇位，而是走到斑岩大理石制成的三层讲坛之上，那里通常是诵读福音书和进行祈祷的地方。巴西尔则身着内廷总管的服装走到讲坛的中层，一名书记官则在底层代替了他的位置，以皇帝的名义开始朗读：

> 恺撒巴尔达斯密谋要杀死我，并为此欺骗我离开这座城。若不是森姆巴提奥斯（Symbatius）[①] 和巴西尔将这一阴谋告知我，我现在早已不在人世。恺撒有罪，因此受死刑。
>
> 内廷总管巴西尔忠于我，将我从敌人的手中救出，极度爱戴我，因此我决定将他立为帝国的守卫者与管理者，所有人都将称他为君主。

当宦官们给巴西尔穿上紫色靴子和其他的皇帝仪服时，米哈伊尔把他的冠冕交给牧首，牧首为冠冕祝福后戴回到他的头上，而后米哈伊尔再度把冠冕取下，为自己的新同僚加冕。巴西尔的野心就此实现了，从一个马童成为一国之君，巴西尔仅仅用了九年时间。

相比之下，共治关系却仅仅持续了十六个月，这一时期国事的重心再度落在了宗教问题上。当来自西方的传教士大量涌入保加利亚时，弗提乌斯意识到自己已经失去主动权。鲍里斯和他的臣民似乎已经彻底被纳入罗马教廷，不可更改了。更严重的是这些传教士在散播危险的异端论调，而其中至少有一个论调——君士坦丁堡并非拜占庭帝国坚称的地位较高的牧首区，而因为创立时间最晚，应是

---

① 时任邮驿部部长，他也是亚美尼亚人，是巴西尔的密友之一。

五牧首区①中地位最低者——是直接冒犯。同样致命的是拉
85　丁教会坚持教士必须独身，如果这一举措被广泛接受，那
么东正教的教区牧师——他们必须成婚——就要因此蒙羞
了。② 然而对弗提乌斯这样严肃的神学家而言，最大的问
题在于教皇尼古拉斯此时首次正式承认的一个教条，而这
一问题随即成了东西教会之间争议的基石：圣灵双属问
题。

圣灵双属问题（866）

在基督教早期的信条之中，三位一体之中的第三位，即
圣灵，直接源于也仅仅源于圣父。尔后在六世纪末，一个重
要的词"和子"（Filioque）开始出现。在公元 800 年之后，
当查理曼的帝国开始在弥撒之中背诵《尼西亚信经》时，
西部普遍添加了"和子"一词。但在东部的教会看来，这
是极为卑劣的异端行为，而那位教皇的代表还要在保加尔人
之中传播这一谬论，这是牧首无法忍受的。他因此决定在
867 年夏末于君士坦丁堡举行一次大公会议，谴责圣灵双属
问题以及罗马传教士传播的其他异端信仰，将受误导的保加
尔人从地狱之门中救出。而最后也最戏剧性的一幕将是革除
教皇的教籍。

但这对罗马而言会不会只是表面文章呢？弗提乌斯
自己也这么认为。他清楚尼古拉斯在拜占庭城中不受欢

---

① 即罗马、亚历山大、安条克、耶路撒冷和君士坦丁堡五个牧首区。
② 当然，主教和高阶教士仍不允许成婚，他们全部来自修道院，需要发誓
　守贞。

迎，此时在西方同样如此。他拒绝洛林国王洛泰尔二世（Lothair Ⅱ）与他的妻子离婚并迎娶情妇，就此激怒了洛泰尔，也激怒了他的兄长，即西帝国皇帝路易二世。两兄弟完全乐意把他赶走，换上一位更顺从他们的教皇。帝国的使团来到路易的宫廷，尽管没有达成正式协议，双方仍很快取得了共识。大公会议不但会罢黜教皇尼古拉斯，路易还会派部队用武力把他赶出罗马。作为回报，拜占庭政府则会承认自己的盟友的皇帝身份，称他为法兰克人的皇帝。

必须强调的是，这是不小的让步。路易的曾祖父在812年获取了这一称号，但那时的情况截然不同，查理曼为这一特权付出了相当的代价。即使如此，拜占庭帝国之中也有许多人反对这一决定，这一举措也再也没有进行过。路易毕竟不是查理曼，尽管他可以自称皇帝，但按照拜占庭帝国的说法，此时的他事实上只是个意大利的小王公，他真的能够算是上帝在人间的辅助统治者，神选之人，与使徒相当吗？米哈伊尔本人自然会反对，因为他的绝对权威受到了挑战；即使他醉得不省人事，他的共治皇帝巴西尔也不会同意。但弗提乌斯还是成功了，至少在现存的记载之中，两人都没有表示反对。

然而他们还是共同出席了大公会议，会议也按照牧首预想的方式进行。异端遭到谴责，教皇被废黜，还被革除教籍。路易和他的妻子恩格尔贝尔塔（Engelbertha）则被致以最为洪亮的欢呼，他们的尊号得到承认。弗提乌斯格外欣喜，这是他一生中最好的时刻，是他事业的顶峰。他怎么可能想到，仅仅一个月之后，他的努力将全部付诸东流，而他本人在这场胜利之后不久，便要屈服于他的两位宿敌与死敌之下了。

刺杀米哈伊尔三世（867）

当米哈伊尔三世和巴西尔一世共同参与867年大公会议的开幕式时，在场的人几乎无人清楚他们两人之间的真实关系。米哈伊尔把他的朋友立为皇帝是因为他清楚自己无力统治国家，更比所有人都清楚帝国需要一个强有力的掌舵人。但随着他愈发沉沦、堕落、酗酒无度，亵渎教会，并且做出毫无理由的暴行时，他已经不只是有辱国体，更成了一个危险的因素。在他清醒时，他所想的似乎只剩下赛车了。他为自己建造了华贵的新马厩，墙面的大理石如同宫殿一般。他在圣玛玛斯宫的私人赛道上训练，以便在大竞技场比赛。他整天和专业的赛车手——在拜占庭社会看来是不入流的职业——厮混，给他们大笔金钱与礼物，还给他们的孩子们当教父。一个恶名远扬的事件是，在他本人亲自参与比赛时，据说他把圣母画像带进皇帝的包厢，使其代替他观看比赛，并为他那预料之中的胜利喝彩。巴尔达斯曾经还能在一定程度上掌控他，但米哈伊尔从来不给予巴西尔同样的尊重，而这位共治皇帝的任何规劝都会让他大为不满。两人的伙伴关系很快就无法持续了，马其顿人巴西尔再度决定先下手为强。

867年9月24日，两位皇帝和欧多西亚·英格丽娜在圣玛玛斯宫共进晚餐。晚餐即将结束时，巴西尔借故离开餐厅，匆忙来到米哈伊尔的寝宫之中，将门闩掰弯，使其无法上锁。他随后返回餐厅，等到自己的同僚一如既往地烂醉如泥，蹒跚地来到床上并很快睡熟。此时与他同谋的人已经在宫中的某个偏僻角落聚集起来，巴西尔本人随即加入，并在那里等待时机。

拜占庭皇帝从来都不独自入睡，然而当晚，本该睡在寝宫之中的总管有其他任务，米哈伊尔的老酒友、显贵巴西里斯基安努斯（Basiliscianus）暂时接替了这一任务。[①] 他已经注意到门闩的异样，于是这几个小时之中都警惕地保持着清醒，而后他听到了脚步声：巴西尔闯进了寝宫，后面还有他的八个朋友。巴西里斯基安努斯试图挡住入口，但很快被推开，被刺了一剑的他受了重伤，倒在地上。与此同时，一个同谋者约翰·哈尔多斯（John Chaldos）来到睡熟的皇帝身边，他似乎没有立即杀死皇帝的胆量，只是砍掉他的双手便逃出了卧室。巴西尔的同辈堂表亲阿塞莱昂（Asylaion）完成了致命一击。

刺杀者们解决米哈伊尔之后，匆匆赶往金角湾，登上一艘等待着他们的船，向圣宫驶去。那里有一名卫兵正在等待他们，并立即为他们打开了大门。次日清晨，巴西尔首先把自己的妻子、被杀皇帝的情人送进皇宫之中。除了米哈伊尔的亲人之外，其他人几乎都不觉得这次谋杀来得突然，更不会为米哈伊尔哀悼。但一名宫廷的官员在次日前往圣玛玛斯

---

① 几个月前，米哈伊尔打算把巴西里斯基安努斯也立为皇帝，巴西尔竭尽全力才使他放弃了这一打算。

宫安排葬礼时，发现皇帝残缺的尸体裹在马皮之中，而皇太
后塞奥多拉和她的女儿们——她们已经获准离开修道院——
在为米哈伊尔泪流不止。他以最简单的典礼被安葬在位于亚
洲一侧的克里索波利斯。

88

第七章　马其顿人巴西尔（867~886）

　　我怀疑世上是否还会有比这个家族（即马其顿家89族）更受上帝宠爱的家族了。不寻常的是，它以罪恶的方式掌权，在谋杀与鲜血中诞生，却又得以生根并开花结果，无论瑰丽还是壮美都无与伦比。

——米哈伊尔·普塞洛斯

　　在终于解决掉与自己共治的皇帝之后，巴西尔立即着手把帝国引入截然不同的新方向。米哈伊尔尸骨未寒，弗提乌斯便已被解除牧首职务。这一举措并非不受欢迎。弗提乌斯完全没有就恺撒巴尔达斯遭谋杀进行谴责，也没有谴责那个可怜、下流无耻又亵渎神明的皇帝——传说他曾经和人比赛喝酒，自己喝下五十杯，对手喝下六十杯却落败。每天做弥撒时，牧首身边的显赫教士发誓称他会轻声吟诵希腊的世俗诗句而不是礼拜祷文。当他世故地许诺承认路易二世为皇帝以换取短期利益时，大多数有思考能力的拜占庭人都颇为震惊。无论如何，对牧首而言，这是明枪易躲，暗箭难防。在他的计划即将完成，与教皇尼古拉斯的漫长争斗即将胜利时，他却遭到了背叛。他的屈辱在两个月之后再度加深，因为自己的老对头伊格纳提奥斯，那位因偏狭而受他谴责，因愚蠢而被他鄙夷的老牧首重新担任牧首职务。

如此戏剧性的态度转变，究竟是出于何种原因呢？巴西尔和自己的共治皇帝共同出席了将教皇革除教籍的会议，弗提乌斯在那场会议上也完成了他所有预定的目标。在自己执掌大权之后，他为什么要执行一个事实上承认教皇最高权威的政策呢？更何况这政策与他不到两个月前所做出的决定相抵触。这仅仅是因为他是个务实的人，在牧首人选问题之外还有更重要的事情要处理，其中最重要的任务就是收复帝国在西方的领土。自查士丁尼之后，拜占庭的皇位之上终于有了一个决心收复故土并为此苦思冥想的皇帝——如果排除七世纪时，效果不佳且举动有些荒谬的君士坦斯二世的话。巴西尔清楚，教皇的支持能够为这一任务提供不可估量的帮助，而恢复伊格纳提奥斯的职务只是个微小而值得的让步。在弗提乌斯得知自己被解职时，帝国的使节已经起程前往罗马。

尼古拉斯能否接受皇帝态度的突然转变，我们不得而知，他已在867年11月13日逝世。他的继任者哈德良二世（Hadrian II）与他观点一致，但性格更为温和，没有尼古拉斯那么暴躁，他本人也没有受到任何冒犯。因此他认定巴西尔的友善姿态是悔过的表现，于是欣然接受了他的请求，派出使团前往参加君士坦丁堡的又一次大公会议，以结束弗提乌斯所带来的分裂。然而当这个新使团在869年10月初参与新大公会议的第一次会议时，教皇的特使们立即意识到，巴西尔既不打算忏悔，也没有特别服从。邀请他们，只是让他们列席旁听，会议则由皇帝本人或者他指定的代表主持。[①]之后，当他们终于讨论到会议最重要的事项，即弗提乌斯问题时，巴西尔拒绝接受他们立即谴责弗提乌斯且不允许他辩白的要求，坚持让这位曾经的牧首亲自前来为自己辩护。事实上，弗提乌斯到场之后，巴西尔明智地一言不发；11月5日，会上决定将弗提乌斯的教籍革除时，他依然保持沉默。然而这一决议无关宏旨，巴西尔关心的是两个原则问题得以确定：首先，会议完全按照拜占庭帝国的司法程序进行，而非罗马教廷的程序，不允许被指责者抗辩；其次，宣布决议的是皇帝，而不是教皇特使。

保加利亚教会回归（870）

　　会议断断续续地延续到870年2月，然而在会议闭幕前不久，两个使团先后抵达君士坦丁堡，相差仅仅几天。第一个使团是保加利亚的鲍里斯派来的。他依然不满意。让他的臣民皈依基督教带来的麻烦事远比他所想的多。在他受洗之后的四年半之中，他被迫与发动叛乱的本地波雅尔贵族大战，几乎因此丢了王位；就弗提乌斯的高姿态以及不肯任命保加利亚牧首的事，他与拜占庭帝国依然争吵不休；尽管教皇尼古拉斯给了他更为慷慨的回应，但事态逐渐表明，他和罗马的亲密关系就要结束了。他的好友福莫苏斯主教，以及与他一同到来的波普

91

---

① 在大公会议的十次会议之中，皇帝实际上仅仅出席了第六、七、八次和最后一次，其他会议之中他的位置由寝宫总管巴阿内斯（Baanes）代替。

洛尼亚的保罗被召回，而罗马教廷派来的传教士们与此前君士坦丁堡派来的传教士一样令人讨厌。最大的问题是，新教皇哈德良在反对设立牧首的问题上比尼古拉斯还要坚决，甚至不肯任命大主教。他曾经靠罗马与君士坦丁堡的争端获利，尽管双方表面上即将和解，但现在还有借此获利的机会。他的信使来参加大公会议仅为询问一个问题，但这个问题足以让与会代表陷入最大规模的纠纷：如果保加利亚没有独立的牧首，那么这里应当归罗马，还是归君士坦丁堡管辖？

巴西尔本人没有回复，而是把问题交给了另外三位牧首，即亚历山大牧首、安条克牧首和耶路撒冷牧首派来的代表，毕竟他们理论上应当保持中立。他和与会者都清楚这个答案会是什么。教皇的特使只有两人，数量上属于绝对劣势，他们只得竭力抗议，但几乎没有人在意。在极度愤怒之下，他们立即离开，坐船返回罗马。当船只进入亚得里亚海之后，他们又被达尔马提亚的海盗截住，海盗抢走了他们的所有财物，并把他们扣押了九个月，而后才让他们返回。

保加利亚就此回归君士坦丁堡牧首区管辖，并受牧首区管辖至今。弗提乌斯的逊位让鲍里斯能够轻易得到，也最终得到他想要的让步。3月4日，在圣索菲亚大教堂，伊格纳提奥斯认命了一名保加利亚大主教以及数名主教。理论上他们处于君士坦丁堡的管理之下，但他们对日常事务的处理拥有自主权。巴西尔完全同意，然而他也清楚，他为此付出了什么代价——近期与罗马的再度接触就此失败，弗提乌斯的解职也没能达到目的。

在2月抵达博斯普鲁斯海峡的第二个使团带来路易二世

92

第七章　马其顿人巴西尔（867～886）

送来的一封信。信中的语气明显带着不满。西帝国的皇帝认定自己被冒犯了，因而写信表达义愤。两年前，他对穆斯林控制的巴里（Bari）进行了不成功的围攻，其间巴西尔为他提供了一支拜占庭海军，同时他还提出让自己的长子君士坦丁迎娶路易的女儿赫明加德（Hermingarde）。路易同意了他的提议，869 年舰队也驶向了巴里。然而这支舰队直到法兰克人撤退越冬之后才抵达，而拜占庭海军的指挥官尼基塔斯（Nicetas）惊恐地发现，他的新盟友不但数量远比他想象的少，烂醉如泥的他们还要讨价还价。他立即派人通报皇帝，并毫不掩饰自己的轻蔑，称他为法兰克人的国王。路易随即提出抗议并进行了愤怒的争辩，尼基塔斯和他舰队的大部分部队就此返回君士坦丁堡，法兰克人的使团不久之后也离开了。在巴西尔面前，他们清楚地表达了自己君主的愤怒，也着重强调了他的宣称，即他不只是"法兰克人的皇帝"，而有更为响亮的称号：罗马人的皇帝。而这一称号，拜占庭帝国甚至都不肯给予查理曼。[①]

　　在几周之内，巴西尔就此激怒了他的两个潜在盟友。他虽然失去了教皇的支持，至少是个值得的补偿。然而他与路易的争执并没有为他带来任何补偿，巴西尔仅就他的称号回复了一封言辞尖刻的信件，双方在这一问题上也都愈发固执己见。再考虑到双方其实也在争夺对南意大利的控制权，他们的关系完全可能继续恶化，乃至开战。幸运的是，路易与贝内文托公爵——伦巴第人阿代尔基斯（Adelchis）起了冲

---

　　①　见本书第一章。

115

突，公爵在 871 年将路易与他的妻子俘虏。路易对着福音书发誓绝对不会再派部队进入这片土地之后才得以重获自由。他很快获取了教皇的豁免权，得以不必遵守这被迫发下的誓言。872 年，他还成功地把萨拉森人赶出卡普亚（Capua）。但此后他的健康状况开始恶化，随即返回了北意大利，三年之后于布雷西亚逝世，没有留下男性后代。

拜占庭帝国的征服战争（880）

当拜占庭舰队停驻在——或者更准确地说，闲置在——亚得里亚海时，陆军主力正在东部作战。帝国在东部有两个敌人：萨拉森人和保罗派。后者的规模再度开始扩大，并开始向西往小亚细亚散布。在两次秋风扫落叶般的肃清战之中，巴西尔和他的妻舅克里斯多弗（Christopher）突入他们的领土腹地，并在 872 年摧毁了他们的主要行动基地——筑垒城市泰夫里卡（Tephriké）①，并杀死了他们的领袖"金手"（Chrysocheirus）。彻底清除保罗派在这一地区的威胁之后，他们随即把注意力转向萨拉森人，并在接下来的十年之中对他们保持了持续的军事压力，夺取了扎佩特拉和萨莫萨塔，以及幼发拉底河河谷中的其他据点。当然他们的进攻战也有失败之处。梅利泰内多年以来都是帝国的眼中钉，这座城市抵御了帝国突袭夺取该城的所有尝试。883 年，帝国军队在塔苏斯附近遭到惨败，进攻的势头暂时缓和。但这一势

---

① 今迪夫里伊（Divriği）。三个半世纪之后，塞尔柱突厥人在这里建造了安纳托利亚规模最大的修道院之一。

第七章 马其顿人巴西尔（867~886）

头并未缓和太久。近三十年前，巴尔达斯和佩特伦纳斯获取的最初胜利，现在已经可以看到成果。不只是几个零星的浪花，而是持续且壮观的惊涛骇浪，帝国的进军将在一百年后，即尼基弗鲁斯·福卡斯和约翰·齐米斯西斯（John Tzimisces）在位时达到高潮。

在西欧，拜占庭帝国也取得了同等规模的成功。巴西尔确实没能收复克里特岛和西西里岛——西西里岛上的最后一个大规模的据点锡拉库萨最终于878年陷落——然而巴西尔还是得以把萨拉森人赶出整个达尔马提亚海岸（那里也成了帝国的军区），并在873年取得对贝内文托的阿代尔基斯的宗主权。同年他也收复了奥特朗托，三年之后巴里也成了受他统治的领土。在控制了这座关键的桥头堡之后，他得以在接下来的十年之中发起大规模的进攻，并在卓越的将军尼基弗鲁斯·福卡斯[①]的指挥之下，在九世纪结束前将整个南意大利重新纳入拜占庭帝国的统治之下。对教皇与西帝国的皇帝而言，这明显意味着拜占庭帝国不肯让出其宣称的对意大利领土的所有权。胜利不仅仅发生在陆上。帝国海军在被忽视多年之后，在塞奥克提斯托斯和巴尔达斯的掌控之下焕然一新，再度成为可以依靠的军事力量。巴西尔随即积极地继续他们开始的工作，也正是在他的主持之下——当然他的儿子与孙子此后也出了力——拜占庭海军成了为所有对手所艳羡的力量，成为世上前所未有的、最高效也最精良的海军，他们在海岸巡逻，在海中警戒，并攻击遇到的所有萨拉森掠夺舰队。

94

---

① 不要与他的孙子、最终成为皇帝的同名者混淆。

拜占庭的巅峰：从光复时代到曼齐刻尔特

传教士同样在迅速地行动，巴尔干半岛之上，一个又一个斯拉夫部族接纳了基督信仰。尽管罗马教廷的影响力在克罗地亚与达尔马提亚海岸北部依然占了上风——也包括摩拉维亚，但西里尔和梅索迪奥斯在此的任务确实失败了——塞尔维亚、马其顿和希腊却都被纳入了东部的教会，君士坦丁堡的最高权威都得到了热情的接纳。

这些成功大多发生于伊格纳提奥斯的第二次牧首任上。然而，正所谓福兮祸所伏，教会的这些胜利也让弗提乌斯得以从流放地返回。他收到被召回的消息时应当不会太惊讶。他清楚自己的追随者和自己的对手一样众多，而且他的追随者要明智得多。在他被流放的七年之中，君士坦丁堡牧首区突然而戏剧性的扩张，明显在神学问题与教会管理上带来了巨大的问题，而学识寡少的老牧首根本无法解决这些问题。伊格纳提奥斯无助地看着越来越多公开支持弗提乌斯的人得到提升，担任教会的关键职务——也许他内心之中也觉得这是一种解脱。874 年或 875 年，当他们的领袖本人返回都城时，他似乎也没有提出反对。弗提乌斯被任命为玛格纳乌拉大学的管理者，并负责教育皇帝的儿子们——这无疑决定性地显示了皇帝对他的信任。877 年 10 月 23 日，在八十岁的老牧首最终逝世之后，弗提乌斯再度出任牧首，[①] 三年之

95

---

① 《续塞奥法内斯编年史》记载了一个不寻常的故事，声称弗提乌斯是靠伪造了一份文件，宣称巴西尔是波斯的帕提亚王室的后裔，才得以被召回。他把这份文件放到了图书馆之中，恰巧在皇帝前来拜访时拿出这份文件，而当皇帝询问这份文件的来历时，人们告诉他只有弗提乌斯的学识才足以完成它。这个故事很可能属实，毕竟巴西尔一直在试图美化他的出身，而弗提乌斯完成这样的伪造任务实在是绰绰有余。

后，他得到了教皇约翰八世（John Ⅷ）的正式承认——即使他本人并不怎么想要获得承认。

修订法律（880）

在他卓越生涯的晚年，弗提乌斯完成了某种证词一般的作品，记述他对牧首职务本身，以及牧首与皇帝之间关系的看法。然而在具体讨论之前，必须进行一段背景介绍，即巴西尔的另一个成就。对于这个文盲的"马其顿人"而言，如此成就实在是惊人：他重编了罗马法。这样规模的重编，在三个世纪前的查士丁尼之后便再也不曾有人尝试，尽管利奥三世主持编纂了《法典选编》（*Ecloga*），以供法官参考，但其内容太少，且已过时。巴西尔的想法是对旧有的法律进行整体概述，他称之为"净化"（anacatharsis）。这些法律条文将再度被收集、比对并在必要时进行调整，但他在世时这一工作并没有完成，而完成时，其成果早已超过他的构想。他在世时完成了较为简短的《法学手册》（*Procheiron*），包含最重要也最常应用的法律条文，按照四十个标题收集起来，以便查阅。在巴西尔执政时期即将结束时——在他自己的名字之外，书上还写上了他的儿子利奥与亚历山大的名字——他还完成了《法学概要》（*Epanagogē*），后一部作品的内容大多是前一部作品的修订，但增补的内容之中大量讨论了皇帝、牧首以及其他政府与教会要员的权利与义务，弗提乌斯无疑主导了这次编修。按其中的理论，拜占庭帝国由皇帝与牧首共同管理，他们一同进行平行的工作，各自为提升臣民的物质生活与精神生活而努力。这无疑是这个世纪此前大部分时间之中的情况，尽管这个假说提出的可能只是纯粹理想化的情况，与实际情况关系不大，但它依然存在法律效力。可惜的是，这一理论并未被完全接受，而牧首很快要为此付出代价。

巴西尔似乎以为自己是新的查士丁尼大帝，他的举措也颇有模仿查士丁尼的意味——至少在他执政的最后十年如此。他要收复意大利，他要收集并重编法律，他还进行了大规模的建造计划，而且和他的榜样一样热切，一样野心勃勃。九世纪的破坏圣像派的皇帝们几乎没有建造任何新建筑，直到塞奥菲洛斯时代才有所改观，但他也仅仅建造了私人的宫殿。这一时期不但没有建造任何新教堂，许多旧教堂也被忽视了，此时已经急需修理，甚至包括圣索菲亚大教堂。大教堂的巨大西侧拱顶已经在 869 年 1 月 9 日的强烈地震中损坏，此时正濒于垮塌。巴西尔及时拯救了这座教堂，并加上圣母与圣子的镶嵌画，圣彼得与圣保罗则肃立于两侧。[①] 圣使徒教堂的境况更加可悲，这座原本由君士坦丁大帝建立起的教堂在查士丁尼在位时进行了完全重建，但其地基一直以来并不稳固，此时再度开始动摇。巴西尔进行了自下而上的全面整修，用斑岩大理石板装饰低处的围墙，高处的墙壁则配上描绘基督一生的镶嵌画，从圣母颂报直到受难。许多其他地位较低的教堂也得到了类似的修复，有些还重修了屋顶，原本的木质屋顶——存在起火的危险——被新

---

① 很可惜，989 年 10 月 26 日，一场震级更大的地震最终还是将这次重建的成果摧毁。C. Mango, *The Mosaics of St Sophia at Istanbul*, pp. 76 – 80.

的石质屋顶取代，许多还是穹顶。

但皇帝在建筑上留下的最大成果是所谓的"新教堂"（Nea），理论上是献给圣米迦勒、先知以利亚①、圣母和圣尼古拉斯的。这座教堂位于圣宫之内，位于皇帝私人寝宫的东面，教堂的建造与装饰没有半点节省。如果巴西尔是当世的查士丁尼，那么这座教堂就是他的圣索菲亚。城中任何一个地方，以及城外的海上都能看到教堂的镶金穹顶，圆厅正中央是"统御一切者"（Pantocrator）基督的炫目镶嵌画，其他镶嵌画则描绘了天使、大天使、殉道者、使徒、牧首以及先知。弗提乌斯留下了对整座教堂的详细描述，按他的记载，教堂之中最为华贵的便是圣像立壁，由金银制成，上面点缀着宝石。后面的圣坛则使用"比黄金还宝贵的材料"——所指的应当是珠宝与珐琅——制成，支撑小穹顶的支柱则全部包银。在东端的三个半圆室中，中央的镶嵌画描绘了圣母"将纯洁的双手伸向我们，赐予皇帝长寿与胜利"。

巴西尔在圣宫之中还建造了新的金库，华丽的新浴池，以及另一座躺卧餐室②。他还对青铜门进行了大规模修造，这里作为进出皇宫的主要通道，增添了新的大理石与镶嵌画装饰。其他宫殿——曼加纳宫（Mangana）、玛格纳乌拉宫、伊琉瑟拉宫（Eleuthera）、希里亚宫和圣玛玛斯宫，无一例

97

---

① 据说他出现在巴西尔母亲的梦中，让她允许自己的儿子去君士坦丁堡，因为那里有光辉的未来等待着他。

② "triclinium"，直译即"三张躺椅"，进入其中的贵宾可以侧卧在餐室中的躺椅上进食饮酒，时而还能观赏杂技之类的助兴节目。——译者注

外得到了同样的修缮。几乎没有哪位皇帝能够像他这样，下如此大的工夫保证君士坦丁堡一如既往是世上最辉煌的城市。这座城不但是巨大的宝库，其本身也是世间的珍宝。颇为讽刺而悲哀的是，如今这座城中，由他主持建造的建筑已经无一存世。

巴西尔的成就（880）

879 年的盛夏，马其顿人巴西尔回顾自己执政的十二年，可谓满是值得称道的成功。他的军队前所未有地强大。在帝国的东部与西部，萨拉森人都在撤退。保罗派已经被摧毁。保加尔人和塞尔维亚人皈依了基督教，并被纳入君士坦丁堡牧首区的管辖。弗提乌斯派的分裂结束了，罗马的教皇也清楚拜占庭帝国不可小觑。法律修订正在进行，《法学手册》已经完成，《法学概要》正在稳步编纂。都城的主要建筑被修缮一新，在圣宫与马尔马拉海之间，他的大教堂——新教堂已经建造完成，成为矗立的纪念碑，向世人展示自己的权威，也宣告其建造者的功绩。这个亚美尼亚裔的农民、粗俗的文盲，靠着在拜占庭历史之中堪称罕见的、两次极为卑鄙的谋杀登上了皇位，但仅仅十多年之后，他便证明了自己是查士丁尼之后最为伟大的皇帝。

查士丁尼没有能够继承皇位的儿子，但巴西尔有四个——无论实际上是不是他的儿子。他对三个幼子颇不关心，不喜欢自己的二儿子利奥，但他的长子君士坦丁，他的发妻玛丽亚所生的唯一的孩子，却是他的掌上明珠，也许也是他一生唯一真心喜爱的人。君士坦丁仪表出众，也完全继

第七章 马其顿人巴西尔（867~886）

承了巴西尔的强健体魄。记载称他在童年时便骑上白马，身着金甲陪同父亲出征。869年，他被立为共治皇帝，如果谈判顺利的话，他也许还能与路易二世的女儿成婚，借此统一东帝国与西帝国。他对自己从来都是要求严格，假以时日，他完全能够成为和他父亲一样伟大的统治者，乃至胜过他的父亲。

然而在879年9月初，他突然亡故。他死亡时的情况未见记载，但巴西尔余生都未能从这样的打击之中恢复过来。[①] 在他看来，这是上帝的惩罚，是他谋杀上帝的受膏者的报应。尽管他留下如此功绩，建造了基督教世界之中最为壮丽的教堂，他的罪也没有被宽恕。自此之后，他愈发自我，陷入极度沮丧，偶尔甚至濒于疯癫。此时，只有一个人还有可能掌控他：弗提乌斯。为宽慰皇帝，他会安排愈发复杂的弥撒为君士坦丁的灵魂祈祷，甚至封他为圣徒。而当这些都无法起效时，他和他的密友——尤亥塔（Euchaites）大主教塞奥多尔·桑塔巴勒努斯（Theodore Santabarenus）甚至进行了招魂，让巴西尔看到骑着白马，手持长枪，从头

---

① 皇储君士坦丁的亡故对巴西尔一世影响甚大，也在一定程度上影响了拜占庭帝国在黎凡特和南意大利原本尚属顺利的军事行动。巴西尔曾带着君士坦丁一同进军黎凡特，在叙利亚北部顺利进行了一系列掠夺；尽管援救西西里和锡拉库萨的计划失败，巴西尔委派到南意大利的新指挥官——老尼基弗鲁斯·福卡斯还是成功稳定了南意大利的局势，并建立起朗格巴迪亚军区。然而君士坦丁的亡故，以及随后的继承问题，导致巴西尔无暇增援这两条战线，因此东线持续了近三十年的进军势头就此大为减缓。在南意大利和西西里的重整则更是要等到百年之后的巴西尔二世和米哈伊尔四世执政时期才会出现。——译者注

到脚都闪烁着金光的儿子的幻影。当他前去拥抱时，幻影才消失。①

利奥被囚禁与获释（886）

按照《续塞奥法内斯编年史》的说法，牧首这一切举动的最终目的是阻止理论上的皇位继承人、巴西尔的次子利奥继位。他为什么这么做我们不得而知。这个少年确实性格急躁，而且是公认的风流，他与美丽的佐伊·扎乌泽斯（Zoe Zautsina）的关系已经惹出不少风言风语，但没有理由就此认定他不能够成为优秀的君主。认定弗提乌斯是想要恢复阿莫利亚王朝的说法也并不太现实，因为他与这个王朝仅有颇远的姻亲关系。无论原因如何，他还是尽他所能，加深巴西尔对这个儿子早已众所周知的厌恶，也起到了可观的效果。

利奥十六岁时便被迫违心与欧多西亚的亲属成婚，这个不受欢迎且过于虔诚的少女名叫塞奥法诺（Theophano）。然而利奥坚持拒绝放弃佐伊。塞奥法诺向巴西尔抱怨，巴西尔随即大发雷霆，亲手鞭笞利奥，直到鲜血淋漓。佐伊则被逐出了都城，并和某个名叫塞奥多尔·古佐尼亚特斯（Theodore Gutzuniates）的人成婚。有关此人的记载极少，他也确实没有什么事迹值得记载。与此同时，牧首继续挑拨，甚至暗示利奥打算谋反。精神萎靡且情绪失控的老皇帝此时实在是太

---

① 这个障眼法具体是如何达成的我们不得而知，但应当确有此事，因为巴西尔在看到幻象的地方建造了一座教堂。

容易被说服了。大约一年之后，这位年轻的皇子被逮捕，未经审判即被投入监狱，仅仅得以免于鞭刑。他被囚禁了三个月，[1] 而后他的父亲才不情愿地释放了他。

他究竟如何得以释放，具体情况并不清楚。利奥本人声称这是先知以利亚的仁慈干预。一些编年史家则记载了一个可能性也并没有高出多少的故事，声称皇帝的决定在很大程度上源自一只鹦鹉。在皇帝餐厅之中的笼子里，这只鹦鹉不断叫着："可怜的利奥！"人们难免怀疑，巴西尔若是听到这样的哀鸣，很可能直接亲手把这鸟的脖子拧断。更可能的情况是巴西尔只是屈服于公众的压力，毕竟利奥颇受欢迎，而且没有受到任何罪责指控。然而皇帝依然没有完全安心。他的儿子恢复了往日的荣誉与头衔，不久之后在某次出行时，一群人突然围上来向他喝彩，而老皇帝无法容忍这一切，怒斥了他们，声称他们的欢呼毫无道理，因为这个孩子还会在未来给他们带来更多的悲哀与失望。

开放性结论（886）

在苦闷的晚年岁月中，巴西尔靠着打猎来排解抑郁，而他正是于886年夏天，在阿帕米亚的乡间离宫打猎时逝世的。他的死亡究竟具体情况如何，至今依然成谜。大多数编

---

[1] 十四世纪的编年史家尼基弗鲁斯·格里戈拉斯（Nicephorus Gregoras）的编年史并未涵盖这一时期，但他提及利奥被囚禁了三年。当代史学家基本全部接受这一说法。而十世纪的资料或者认定他被囚禁了三个月，或者说法含糊但认定时间不长。Vogt，"La Jeunesse de Léon Ⅵ le Sage"，*Revue Historique*，Vol. clxxiv，p. 424.

年史家记载称他是在打猎时意外身亡，仅此而已。另有两份记载，即《部长西蒙编年史》和佚名作《圣尤西米奥斯生平》（*Vita S. Euthymii*）对此事留下了详细的记载，然而其记述的细节实在是太不可信，难免令我们产生怀疑。按照他们的记载，巴西尔在独自骑马时——"因为他的随从已疲惫不堪"——突然惊扰了一头正在溪边饮水的、格外巨大的公鹿。他催马向前，但这头公鹿突然掉头冲来，用角勾住了他的腰带，把他从马鞍上扯了下来。而后它便冲进森林之中，身后拖着那无助的皇帝。

　　余下的人完全没有意识到发生了什么，直到他们看到皇帝那无人骑乘的坐骑。一些费尔干纳卫队[①]的士兵开始搜索，并最终找到了那头公鹿，包围了它并缓慢贴近，直到一名士兵用剑砍断巴西尔的腰带将他解救。皇帝倒在地上失去了意识，而当众人围拢过来之后那头公鹿便逃走了（此后也未能找到）。在恢复意识之后，他立即下令将解救他的那名卫士处决，因为他对自己的君主挥剑。接下来他下令确认事故发生位置到此地的距离（据称这一距离为十六英里）。之后他才命人将他带回宫中，此时的他已有严重的内出血。在痛苦地挺了九天之后，他在 8 月 29 日逝世，享年七十四岁。

　　从这段荒唐的记载之中，我们能获取什么信息？首先，出于最基本的谨慎——更别说皇帝应有的待遇——一位年逾古稀又心神不宁的皇帝，身边怎么可能一个人都没有？而且

---

　　① 皇帝的突厥卫士，由来自中亚阿姆河之外、贩卖到帝国的奴隶组成。他们之中许多人来自费尔干纳盆地，这个名字被不加区分地加到了他们身上。

第七章 马其顿人巴西尔（867～886）

狩猎多年的他又怎么可能出这种低级的事故？他为何不用自己常年随身带着的短刀割断皮带？公鹿在逃脱之前为什么不挣脱这个累赘呢？就算没能挣脱，它又怎么可能把一个以力大而闻名的人在崎岖的山林之中拖出十六英里呢？这一切都实在可疑。而率领卫士解救的正是利奥情人的父亲——亚美尼亚人斯蒂利安·扎乌泽斯（Stylian Zautses），他在利奥继位后很快成了一人之下万人之上的大权臣，情况就更为可疑了。

最后也最重要的问题是：马其顿人巴西尔究竟是不是和编年史家记载的一样，是在一次不幸（也极不可能）的打猎事故之中死去？还是说他是被斯蒂利安谋杀，而利奥不但知情，还支持这一举动？谋杀的动机自然不缺。这位老人的精神愈发失控了。他已经囚禁过利奥，也完全可能在此后下令处决利奥。斯蒂利安也要面临类似的危险，他是这位年轻皇子最亲密的随从，这一点众所周知；如果利奥确实继承了自己父亲的皇位，他基本是一定要摆脱令他无法忍受的塞奥法诺，让斯蒂利安的女儿佐伊成为皇后——事实上他此后也这么做了。

但这一切都不存在确实的痕迹，更没有半点证据，我们只能下开放性的结论。我们只能说，如果利奥确实弑父——假定巴西尔确实是他的父亲——他也能够找到如此做的理由。这位老人为帝国留下了诸多的遗产，包括取得军事胜利，解决宗教争端，修改法律，进行财政与管理改革，安定政局，鼓励艺术与科学，为都城增添许多优美的建筑，还极大地提升了帝国在东方与西方的威望。但这一切都无法掩盖他夺取皇权的残忍杀戮。如果他确实是遇刺身亡，这样的结局倒也算得上报应不爽了。

第八章　智者利奥（886～912）

絶大多数的动物，在配偶死后，就会永久守寡。人类则与之相反，因为自己的弱点而忘记了天生的羞耻心，不会因一次婚姻而满足，他们会毫不客气地第二次成婚，甚至仍不满足，第三次成婚。

——利奥六世

巴西尔的继承者如今登上了皇位，称利奥六世（Leo VI）。考虑到两人之间的关系，老皇帝的葬礼格外简单，也就不算奇怪了。他的遗体身着全套皇帝仪服，被运回君士坦丁堡，依照传统在"十九躺椅餐室"① 中停放。安魂曲在这里唱诵，结束时典礼的执行者重复吟诵了三次那个时代惯例的话语："上前，君主，国王的国王和领主的领主召唤汝。取下汝头上冠冕。"寝宫总管随即将冠冕取下，换上紫色的帽子。然后，记载称仪式就此结束。棺木随后应当被送往圣

---

① 传统的"躺卧餐室"，按原词的字面意思，应有三张躺椅，这间餐室之中因有十九张躺椅而得名。在一些典礼，特别是圣诞节和主显节时的宴会之中，客人可以按照古典时代的习俗躺卧进餐。

使徒教堂安葬，但具体情况是否如此我们也无法确知。我们确知的是利奥成为君主之后的首要举措是把米哈伊尔三世的遗骸从克里索波利斯的安葬地迁出，也安葬在那座教堂之中，使用的石椁是查士丁一世或二世曾经使用的。给被谋杀的皇帝如此荣耀，而蓄意轻视谋杀他的人的安排，看上去是对巴西尔全然不必要的公开冒犯——即使考虑到利奥对巴西尔向来公开的恨意。然而，如果利奥认为自己的生父是米哈伊尔而非巴西尔，这样的举措倒也算是意料之中了。

在新皇帝掌控大权时，他年仅二十岁。他此前的人生算 103 不上幸福。他十三岁时，兄长君士坦丁的亡故让父亲对他的感情从不喜欢转变为极度厌恶。不到三年之后，他被迫成婚，情人被驱逐，本人也遭到监禁，更令人厌烦的是他的妻子塞奥法诺坚持要带着他们尚在襁褓之中的女儿陪同他。年少时遭遇这样的不幸，可能给利奥的性格带来了灾难般的影响。他没有制造任何灾难也足以称道了。必须承认，他很可能参与了谋害巴西尔的阴谋——如果阴谋确实存在的话——但并没有证据存留。除此之外，他可谓善良、慷慨、聪慧且颇具魅力。和巴西尔不同，他还是个学者。

智者利奥（886）

所有的编年史家都认定利奥学识广博。塞奥克提斯托斯和巴尔达斯开启了文化复兴，涌现了弗提乌斯、君士坦丁（西里尔）和哲人利奥等代表人物，而利奥是第一个受益的皇帝。他在年轻时就展现了一流的学术思维，并和同时代大多数人一样展现出哲学与神学倾向。他根本不是后世所传说的占星者和卜算者，也不可能写下那本颇为流行但纯属伪造的预言集，内容有关拜占庭帝国及其命运，即使后世人认定他是作者。另一方面，他的学识相当广博，而且基本可以肯定，超过了此前所有拜占庭的皇帝。他阅读的范围相当广泛，在闲暇时间不但写了礼拜诗和赞美诗，还写下大量的布道与训诫，并在教会盛宴之时，亲自在圣索菲亚大教堂的布道台演讲。不过这些作品偶尔颇有五十步笑百步的尴尬，比如他抨击那些"不愿在婚姻的净水之中生活，却要在私通的淤泥中沉沦"的人，可他自己在十五岁时就有了固定而公开的情人，本章开头的那段话无疑给他的晚年生活带来了

104 相当的尴尬。然而他的著作的主旨依然足以展现他学识的广博，他在二十余岁时便获得"最睿智者"（sophōtatos）的称号。尽管在希腊世界之外，这个"最"字恐怕不能被加上，但"智者利奥"的名号依然存留至今——无论是否合宜。

　　理论上利奥要与自己的弟弟亚历山大分享皇位，但亚历山大是个热衷享乐的庸才，对管理朝政毫无兴趣，乐于摆脱所有的责任。在当时的情况之下，利奥执掌大权之后自然要对朝政进行激进改革，而这些激进改革的主要受益者自然是斯蒂利安·扎乌泽斯。这个在巴西尔一世的神秘死亡之中扮演了颇可疑角色的人，此时成了朝政大臣和邮驿部部长，事实上掌控了帝国的内政与外交。同样不难预料的是，首先要受害的就是弗提乌斯。在经受牧首直接或间接的一番折磨之后，利奥单纯出于私人恩怨就足以把牧首解职，但原因还不止于此。与伊格纳提奥斯的漫长争议足够清楚地揭示了赐予教会过多自治权，或者放任教会自行决断，会带来何种危

险，而弗提乌斯在《法学概要》之中对政界首领和宗教首领之间关系的看法，在新皇帝看来近乎公开背叛。牧首再度被迫逊位，但这一次他无法像上一次那样轻松离开了。887年年初，他和塞奥多尔·桑塔巴勒努斯在特别法庭上受审，他们被控在此前的四年间密谋叛国。桑塔巴勒努斯被宣判有罪，受鞭刑后流放；弗提乌斯则坚持到了最后，得以到亚美尼亚坎军区之中的偏僻修道院里隐退，并在那里安然完成他的神学与文学著作，于几年后悄然逝世。

在继任者人选问题上，利奥明确地表达了自己的想法。886年圣诞节，他出格地把自己的幼弟、尚未满十六岁的斯蒂芬立为牧首。东部教会的最高权威从来都没有由如此年轻的人掌控，然而令人惊讶的是，斯蒂芬继任一事几乎没有引起任何反对。① 也许主教们和修道院院长们已经厌倦这四十年间无休止的争吵，衷心希望教会就此重归和平，并让教会与政府达成和解，即使这意味着他们会失去一些事实上的自主权。毕竟那时也确实没有呼声极高的继任者，而斯蒂芬，一个体弱多病的年轻人，看上去未必能活得很久，也许他们只是把他当作无害的代理者，认为他的兄长只是想借此保证自己登上皇位之后能够安稳几年。实际情况也确实如此，新牧首确实和他们可能期待的一样乐于合作。哀哉，仅仅六年半之后他便撒手人寰了，但他的继任者远没有那么顺从，我们将在下文具体讨论。

① 四十七年之后，罗曼努斯一世（Romanus Ⅰ）把自己的幼子塞奥菲拉科特（Theophylact）立为牧首，那时的他只比此时的斯蒂芬年长一两个月。

修订法律（899）

由斯蒂利安·扎乌泽斯担任政治顾问，由斯蒂芬担任教会事务的代理人，此时的利奥完全可以称心如意地掌管帝国。在国内，直到九世纪结束也没有出现什么巨变，而899年的一次宗教会议——也许有成为大公会议的机会——在很大程度上恢复了东西教会之间的关系，画上了一个圆满的句号。（在当时看来，弗提乌斯与伊格纳提奥斯的党派之争似乎也就此彻底解决，但不久之后，皇帝的第四次婚姻使这一纷争死灰复燃。）利奥就此得以全力进行他父亲开启的重大任务：修订编纂罗马法。

必须承认，他身为立法者的名望——他确实是拜占庭历史之中，在查士丁尼之后最重要的立法者——要部分归功于巴西尔和他组建的、由显赫法学家组成的委员会，其领袖正是首席持剑卫士①森姆巴提奥斯，第六章便曾提及他担负了"净化"任务。斯蒂利安也有不小的功劳，他是利奥的启发者与督促者，在他死后，整个编纂工作的动力似乎大减。但利奥也带着极大的热忱，全力参与这一工作——至少在早年如此，而他的博学与文学技巧无疑对编纂工作大有助益。

106　　编纂的成果此后先后问世。巨著《君主法典》（*Basilica*）总共有六卷，每卷十本，很大程度上是基于《查士丁尼法

---

① 首席持剑卫士（protospatharius）是帝国的十八个荣誉官阶之一。最高的三个官阶——恺撒、至贵者（nobilissimus）和宫廷总管，理论上仅有皇帝的家人才能担任，在此之下的官阶依次为朝政大臣、执政官（antihypatus）、显贵，而后便是首席持剑卫士。

典》和《法学摘要》编著，然而其中也确实吸收了许多后世的著述，包括《法学手册》的部分内容，此外它还有两个不可估量的优势。首先，其中收录的法律有系统性的组织，每一本之中仅全文刊载与该本内容相关的法律，不收录其他内容。其次，法典为希腊语而非拉丁语，毕竟拉丁语在君士坦丁堡消亡两个多世纪了，只有学者才能够阅读。就此，在利奥六世执政时期之后，查士丁尼的著作被事实上取代了，《君主法典》就此接替《查士丁尼法典》、《法学摘要》和《法学要义》，成为中世纪拜占庭司法系统的基石。

尽管如此重要，《君主法典》却仅仅评判对错，颇为可惜的是，它并没有留下对那个时代的太多记载。在这一方面，利奥所谓的《增补》（*Novels*）更具启发意义，这是他就政治形势与宗教思想的发展，为修订或推翻旧法律而颁布的一百一十三条敕令。我们依然不应当把这些全部归功于皇帝。其中主要讨论宗教问题的十七条敕令应当是由他起草，余下的敕令名义上为斯蒂利安所写，但很可能是部长的作品。在这些敕令之中，最重要的一条是废除了公民大会与元老院古来有之的权力。一百多年来，这两个原本足以监管皇权的机构，重要性在不断衰退。最终在《增补》的四十六、四十七和七十八条中，它们的职能就此终结。然而这些机构并没有就此解体。元老院依然延续下来，元老院的成员也公开表达观点，值得注意的是，利奥在病入膏肓时还特意把自己的儿子委任为元老院的管理者。但元老院作为国家政治机构的历史就此结束，它也不再拥有立法的权力了。

能够让皇帝不能发挥所有权力的只有宗教问题。他尽管是上帝在人间的辅助统治者，但依然是个俗世中人，教会的领袖则是君士坦丁堡牧首。理论上牧首确实是由他任命，但前提是教士们必须赞同，任命其他教会重要职务时也是如此。他还要受大公会议决议的约束，他在教义上的责任，仅仅是坚持那些负责的人所定义的正统信仰。然而在其他问题上，他拥有绝对权威，他是神选之人，与使徒相当，是帝国政府的首脑、军队的总指挥、唯一的立法者、最高法官，而他的决议，除了他本人之外，再无人有权反对或更改。

保加利亚的弗拉基米尔（894）

这段天赐的内部和平在很大程度上促成了新法典的迅速编纂，然而对利奥而言不幸的是，九世纪的最后十年里，对外事务却远没有这样顺利。在东地中海和爱琴海，阿拉伯人加大了压力；而自西西里岛与克里特岛落入萨拉森人手中之后，帝国的城市和舰船已经很久没有遭受过进攻。然而自894年起，更直接也颇为出人意料的威胁却来保加利亚。在国王鲍里斯于二十九年前受洗之后，拜占庭帝国希望这两个信仰基督教的民族可以就此和平共处，然而鲍里斯在889年逊位，进入普雷斯拉夫（Preslav）附近的圣潘泰莱蒙（St Panteleimon）修道院隐居之后，他的长子弗拉基米尔（Vladimir）继承了他的王位，而弗拉基米尔带来了灾难。为了反对他父亲和他父亲所支持的一切，他与曾经强大的波雅尔贵族们站在一起，即使鲍里斯曾经竭力想要消灭他们。贵族们思想保守落后，他们厌恶基督信仰，只想恢复旧日的特权与多神教信仰。弗拉基米尔完全同意他们的意见，在他的支持下，他父亲所做的一切被迅速推翻，古时的部落神灵准备再度回归。

如果他能够等待几年，也许他可以成功。保加利亚教会起初并不稳固，也没有什么时间扎下根来，许多教徒也很可能有同样的怀旧心理。但他忽略了鲍里斯，决心过沉思生活的老国王并没有停止关注俗世的动向。盛怒之下，老国王冲出修道院，轻易重掌大权，将弗拉基米尔废黜并刺瞎，要求全国各地派出代表参加大会，并命令与会代表承认他另一个儿子西米恩（Symeon）为统治者，代表们立即遵从了。此后老国王便返回自己的修道院，再也不曾离开。

与西米恩开战（902）

西米恩时年二十九岁。他年少时在君士坦丁堡接受教 108
育，可能和利奥一样直接接受弗提乌斯的教育。返回家乡之后，他也成了僧侣，但教会的清规戒律并没能约束住他的尚武之魂与勃勃雄心。当他继承他父亲的王位之后，他很快掌控了局势。他即位的消息传到拜占庭城时，城中人都颇为宽慰，双方也相安无事过了一年。之后，894年，出于某个我们仅能猜测的原因，斯蒂利安·扎乌泽斯将与保加利亚交易的垄断经营权交给了他的两个党羽。他们立即大幅增加了保加利亚商人向帝国出口商品的关税，并把贸易集散地从君士坦丁堡改到塞萨洛尼基，在那里中饱私囊无疑更难被发现。保加利亚人大为不满，原本从黑海穿越博斯普鲁斯海峡进入金角湾的物流路线在一瞬之间就必须改道。更恶劣的是，通往塞萨洛尼基的陆路颇为崎岖，在冬季经常被大雪封堵，距离还要远上不少。西米恩立即派出使节到君士坦丁堡提出抗议，但利奥一如既往支持这位部长，没有采取任何行动。

他低估了西米恩，但很快他就会明白自己错了。几周之后，一支保加利亚人的军队便侵入了色雷斯。帝国的部队此时忙于在南意大利与东部边境作战。帝国那位出色的将军——尼基弗鲁斯·福卡斯被紧急召回，尽管他麾下都是缺乏训练的征召部队，在率部封锁多瑙河河口的舰队都督①尤斯塔西奥斯（Eustathius）的支援下，他依然得以掌控局势，此时警惕起来的皇帝随即寻求马扎尔人（Magyars）的援助。这个野蛮好战的民族在西伯利亚缓缓西迁了几个世纪之后，此时控制了多瑙河对岸的摩尔达维亚（Moldavia）与特兰西瓦尼亚地区，与保加利亚的北部边界相邻，而双方的关系并不算友好。让他们渡河进攻并不需要下多大力气劝诱，拜占庭海军还为他们提供了渡河的船只。他们随即涌入保加利亚人的土地，一如既往地一路掠夺破坏。但如果利奥可以让蛮族部落协助他，西米恩也可以。在马扎尔人的土地之外，南俄草原之上居住着另一个游牧部族：佩切涅格人。他们收了保加利亚人的贿金，对马扎尔人的后方发起攻击，造成的灾难性破坏比西米恩自己王国所遭受的破坏还要深重。马扎尔人得知这一消息之后便全速返回，解救自己的妻儿老小，却

---

① 舰队都督（drungarius）是帝国舰队的指挥官——但海滨城市集结起来的地方舰船并不由他管理，而是由各军区的将军管辖。在这一时期，尽管舰队都督颇为重要，其官阶依然低于军区将军，然而在半个世纪之后，他在武官之中的地位便仅次于陆军的总指挥官，即近卫军团元帅。

发现大批佩切涅格人已经挡住他们的道路。西米恩已经出兵
反攻，他们无法留在保加利亚，只得继续向西，穿越卡帕提
亚（Carpathia）的山口，进入潘诺尼亚大平原。这块如今被
称为匈牙利的土地，至今仍是他们后代的家园。

　　在解决马扎尔人这一后顾之忧后，西米恩得以再度全力
与拜占庭帝国开战，并于896年，在今土耳其巴巴埃斯基
（Babaeski）附近的保加罗菲冈（Bulgarophygon）大败帝国
军队。对帝国而言，不幸的是尼基弗鲁斯·福卡斯已经被斯
蒂利安召回君士坦丁堡，他的继任者卡塔卡隆（Catacalon）
的精力与战略眼光都无法与他相提并论。这个平庸的军官得
以逃出生天，但他麾下的士兵则没有多少人能这么幸运
了。① 利奥别无办法，只得求和，但直到五年漫长而隐忍的
外交谈判之后，他才靠支付大笔岁贡换取了和约。塞萨洛尼
基的强制贸易就此结束，君士坦丁堡再度成为保加利亚商人
贸易的中心。这场由原本微小的商业争端引起的战争，对帝
国而言是十足的灾难。这一战也永久且决定性地改变了中欧
的版图。保加利亚人的态度已经不容忽视，西米恩成了一支
必须谨慎应对的力量。

　　他也严重削弱了拜占庭帝国的军事力量，而此时的帝国
又急需集结人力物力与阿拉伯人作战。尼基弗鲁斯·福卡斯
离开之后，萨拉森人在南意大利的进军便无人可挡了。902
年8月1日，帝国在西西里的最后据点陶尔米纳陷落；而在　110

---

　　①　这场惨败的一个幸存者因为无法忍受屠杀的惨象，来到科林斯附近的约
　　　　安内斯塔山（Joannitsa），在那里的一根石柱上度过余生，此后教会承
　　　　认他为圣徒，称他为柱顶苦修者圣卢克（St Luke the Stylite）。

东部，亚美尼亚几乎无人防卫，穆斯林大军再度侵入奇里乞亚。爱琴海的情况同样恶劣。同年，富裕且防卫坚固的塞萨利港口迪米特里亚斯（Demetrias），即今沃洛斯（Volos）被夷为平地。然而最大的灾难发生在两年后，一个希腊的背教者——的黎波里的利奥，率领萨拉森人的舰队突破赫勒斯滂海峡进入马尔马拉海。尤斯塔西奥斯匆匆出海迎击，但他最终失去了信心，没敢与他作战。舰队的指挥权被仓促交给希梅里奥斯（Himerius），他成功迫使萨拉森人退兵，但他们在返回家乡之前，先直扑塞萨洛尼基。该城抵抗了三天，但此城的城墙年久失修，城中的两名指挥官还争吵不休。此后其中一名指挥官坠马身亡，原本算得上不幸中之万幸，但来得太迟了。904 年 7 月 29 日，城中的防守崩溃，萨拉森人突破城防涌入城中。随后的残酷杀戮持续了整整一周，直到那时这些掠夺者才带着不计其数的掠夺品，以及据称三万多人的俘虏离开，让帝国的第二大城市、第二大港沦为一片废墟。

这已经不只是灾难，更是国耻。利奥决心报复。塞萨洛尼基坍圮的城防得到重建与加固，大规模的舰船修造任务也随即展开，极大增强了舰队的势力。905 年秋，接替斯蒂利安担任邮驿部部长的希梅里奥斯奉利奥之命，率部向阿塔利亚，即今安塔利亚航行。舰队计划要在那里与当地的陆军军官安德罗尼卡·杜卡斯（Andronicus Ducas）的部队会合，而后航向塔苏斯。这座港口的规模与重要性均和塞萨洛尼基相当，利奥打算让这座城市遭受同样的命运。希梅里奥斯抵达阿塔利亚之后，却发现杜卡斯根本不想登船，反而开始进行事实上的公开叛乱。此时，寻常的军官若是得不到计划所需的部队，也许就会放弃整个行动了，希梅里奥斯尽管装备不足且缺少经验，却不肯放弃。他依然率部进军，并在几天之后先彻底摧毁了萨拉森人的拦截舰队，然后把塔苏斯夷为平地。拜占庭帝国挽回了颜面。

安德罗尼卡·杜卡斯（906）

安德罗尼卡·杜卡斯与此同时则率领他能够带动的部队退兵，向东北方向走了约一百五十英里，来到以哥念［今科尼亚（Konya）］附近的一座堡垒。他在那里越冬，直到906年3月，收到帝国军队正在前来的消息之后，他带着儿子君士坦丁进入萨拉森人的边界，并在塔苏斯的废墟短暂停留之后，前往巴格达避难。他的事迹并没有什么启发意义，也不怎么重要，但此事极好地讨论了帝国遭受的一个新威胁，即一个愈发强势的社会阶层在九世纪发展起来，而这个阶层将在十世纪与十一世纪引起严重的问题。这个阶层由一系列富裕的家族——考虑到它们的规模与分支，也许称为"世家"更合适——组成，这些家族在小亚细亚拥有大批富裕的地产，家族的成员多年担任武官，各家族互相联姻，对皇室则没有什么忠心——只有这些家族的成员成为皇帝时才例外。在这些世家之中，杜卡斯家族可能是规模最大的，而且无疑是最为强势的，安德罗尼卡正是这个家族的领袖。此前为帝国服役时他表现良好，在904年还曾率军进入叙利亚，战果颇丰。但他的突然叛乱——就现存资料来看，我们能够推测出的原因大概只有他怨恨自己要受地位低于他的人

111

指挥——明确地显示了他，以及与他类似的许多人，与皇帝之间的关系是如此的脆弱。

此后，却也正是皇帝本人在无意之间让安德罗尼卡·杜卡斯失势。他派使团前往巴格达，与时年十一岁的苏丹穆克塔迪尔（al-Muqtadir）商议交换俘虏的问题，并给那位昔日的军区将军送去一封信，提出如果他回归并效忠皇帝，便可以得到宽恕并官复原职。不幸的是这封密信被发现了，而此事也导致了安德罗尼卡的失势。此前苏丹认定他值得信任，但现在他不敢确定了。他把这个叛徒叫来，告诉他若不立即皈依伊斯兰教便要被处死。安德罗尼卡并不奇怪地选择了改信，但这也没能保证他的自由。他此后即使没有遭到囚禁，至少也是在软禁之中度过，在不久之后就死去了。

112　　利奥与萨拉森人的争斗还远未结束，他的余生都要为此劳心劳力。但此处，我们应当把目光转回君士坦丁堡，讨论他在执政后期时，情感生活的起起落落。

佐伊病故（899）

他的麻烦源自妻子塞奥法诺。在他父亲在世时，两人被迫尽可能保持表面上的和平，但利奥即位之后，他们之间的关系就迅速恶化了。他从来都不喜欢她，而现在，也许是为了补偿自己得不到的爱，塞奥法诺全身心转向宗教，变得愈发虔敬，乃至在拜占庭人看来都有些不可理喻了。她的传记作家记载称，皇后以"病态的狂热"为自身灵魂的救赎而努力，认定俗世的所有欢乐都一文不值。她的灵魂在赞美诗和持续不断的祷告之中不断接近上帝，她也不断靠慈善之举接近天主。她在公开场合下身着全套的仪服，配有紫花点缀，但私下，她穿粗布衣。生活极度克制的她厌恶奢侈的食品，当精美的菜肴摆到她的面前时，她只吃面包和蔬菜。她收到的全部金钱，以及这世间的俗人眼中的宝物，都被她送给穷人；她华贵的长袍被送给需要的人；她供养寡妇与孤儿们；她给修道院大笔捐赠，并把僧侣们当作自己的教友。

记载还提及，皇后在晚上不会与丈夫同床，而是睡在房间角落的粗席上，而且每小时都要起身祈祷。任何精力旺盛的年轻王公都难以忍受这样的生活，利奥还迫切地想要有个儿子。但按照一位佚名传记作家的记载，"他已经不可能与她再生下孩子，因为她的身体由于精神上的苦思而虚弱耗竭，无法再享受肉欲了"。

892年冬季，他们唯一的孩子欧多西亚（Eudocia）不幸早逝。塞奥法诺愈发避世，一两年之后，她到布拉赫内宫的圣母教堂附属的修道院之中成为修女，而她的丈夫也并未掩饰自己的宽慰。897年11月10日，尚未满三十岁的她便随女儿去了。利奥为她进行了风光大葬——考虑到他在她在世时所做的，这也算是聊胜于无的弥补——并且立即把他的情人佐伊接回君士坦丁堡。她的丈夫确实是个阻碍，但幸运的是，塞奥多尔·古佐尼亚特斯恰巧在这个时候撒手人寰——看上去或许太幸运了，但当时也没有人为此进行什么调查，也没有留下任何证据。他的寡妻就此被仓促带进宫中，898年年初，这对老情人终于得以成婚。

情况暂时颇为顺利，佐伊很快便怀孕了，利奥相信这个孩子和占星家所说的一样，是个男孩。然而这个孩子也是女孩，取名为安娜（Anna）。但这只是他在这个世纪行将结束时，经历的第一个也最细微的不幸。第二个不幸是斯蒂利安·扎乌泽斯于 899 年春季去世。身为皇帝朝中的主要大臣，他忠实地——尽管并非全然无私地——为皇帝工作了十三年，身为皇帝岳父的他也获得了一个前所未有的头衔：主父（basileopator）。利奥完全信任他，并毫无疑问地依赖着他的判断与经验，他的离去给利奥的打击很大。但最大的厄运随即到来：在同年年末，佐伊也罹患了某种神秘疾病。两人期待已久的共同生活仅仅持续了两年。

我们完全有理由相信利奥的悲哀真挚且深重，但他依然清楚，自己必须迎娶第三个妻子。他的身体向来都不强壮，而他的健康状况开始让他愈发担忧。与此同时，他的兄弟亚历山大，那个理论上要与他分享皇位的人，因为沉迷酒色，健康每况愈下，很可能先他一步撒手人寰。在这样的情况下，如果没有儿子来继承皇位，帝国可能再度陷入危机，成为想要夺取皇位的冒险者的目标。此外还有一个问题：只有保证稳定有序的皇位继承，长期政策才能持续下去。这个行将落幕的世纪清楚地证明了这一点。皇位一次又一次在罪恶，抑或暴力之中被夺取。单就破坏圣像问题，皇帝的态度便摇摆得如此剧烈，以至于大多数臣民都彻底厌倦了对这一问题的争论。帝国需要一个唯一且人丁兴旺的皇室。针对同时代的主要问题，这个家族的成员能够持类似的观点；皇位也能够平稳、确实地继承，父死子继，或叔死侄继，继承者继续推行前任皇帝的政策，让帝国保持此前急缺的稳定与持

114

142

续。但这样的目的，如果没有一个公认且无可争辩的继承人的话，根本不可能达成。这难免会引起继承争议，也将引起一系列的邪恶：阴谋、诡计、宫斗和政变。这些将让政策毫无意义而令人困惑地改变。结论足够明显：皇帝必须第三次成婚，并留下一个儿子。

但这样的行为能得到允许吗？教会早年的神父们，包括圣哲罗姆、圣安布罗斯和圣奥古斯丁，态度颇为宽大。在他们的时代，因病早逝或难产而死的情况颇为频繁，而一个人在失去第一位妻子后再娶，乃至失去第二位妻子之后再娶，在他们看来是可以宽恕的——大多数情况下，这种事也难免要发生。然而在东部，教会所能接受的情况则要少得多。圣巴西尔，这位东部最权威的人，不情愿地允许了二婚，只要那些如此做的人进行了合宜的自我惩罚。但他坚定反对三婚。他对此最客气的称呼还是"温和私通"，并要求三婚的夫妻四年之内都不能领圣餐。如果有人试图第四次结婚，那么他们的罪行将比私通还恶劣，无论这罪行是否"温和"。他们将被视为一夫多妻，"一种人类全然不能接受的兽行"，教会对此的惩罚将不少于八年。

但皇帝并不一定要和他的臣民们一样遵守所有法律，在与国家利益相关的问题上更是如此。利奥的兄弟牧首斯蒂芬在893年不幸逝世，但他的继任者——随和的安东尼·考利亚斯（Antony Cauleas）还是愿意同意的。900年夏季，在君士坦丁堡宫廷中的最后一次选后仪式上，利奥选择了来自弗里吉亚的美丽少女欧多西亚·拜亚娜（Eudocia Baiana），作为他的新伴侣。901年4月12日，复活节的周日，她为她的丈夫生下了一个儿子。哀哉，她因产后的急病而死去，小皇子也在仅仅几天之后离世。①

第四次婚姻（906）

115　　然而利奥仍然不肯放弃。他此时仅仅三十五岁，他延续王朝的决心依然坚定。但第四次婚姻要比第三次婚姻难得多，这也将是他最后的机会。在第四次婚姻之前，他先把海军将领希梅里奥斯的美貌侄女"炭黑眼"佐伊（Zoe Carbonopsina）纳为情人。（虽然在当时的情况下，利奥确实急需一个儿子，但人们难免觉得，这个过程对利奥而言也并非不合宜。）尽管这并不合法，但他还是公开了这种关系，教会——虽然完全没有宽恕此事——也无疑认定这比再度成婚更好。一两年之后，当佐伊生下一个女孩时，也没有引起什么义愤或非难。905年9月，她最终生下了一个儿子，尽管这个孩子体弱多病，但皇帝的目的还是达到了。牧首则陷入两难，他不能再让皇帝成婚了，可利奥与他的情人这样无限期地生活在一起同样是罪恶。最终他们达成了协议，皇帝会把佐伊送出宫，此后牧首将在圣索菲亚大教堂为他的儿子施洗。906年1月6日的主显节上，这个婴儿接受了洗礼，并定名为君士坦丁（Constantine）。

　　在跨过了这道障碍之后，利奥却不打算保持独身生活。三天后他便把佐伊带回宫中，并开始谋划下一步行动。他的

---

① 君士坦丁堡之中，态度较为狭隘的教士们也表达了自身的不满，圣拉扎罗斯修道院的院长断然拒绝将她安葬在他的辖区。

儿子被教会接纳了，但他依然是个私生子，因此不能继承皇位。他必须获得合法地位，而这一目标只有通过一种方式才能实现：迫使牧首接受既成事实。因此利奥明智地行事了。他没有寻求允许，也没有发出警告。他悄然，乃至可谓秘密地在宫廷之中的礼拜室里，在一个牧师面前和佐伊举行了结婚仪式。在这场仪式之后，他才向公众宣布他所做的一切，并立他的新妻子为皇后。

　　八年来积累的风暴也就此爆发。教会陷入了狂怒。他们不厌其烦地引述圣巴西尔的名句，牧首则公开提醒皇帝，自己为他儿子施洗的前提是他那不正当的关系必须就此终结。他的第四次婚姻无疑没有得到承认。利奥本人曾和他 116 的父亲，以及兄长君士坦丁共同签署了一份公文，这份公文如此写道：

　　　　应当向所有人公开说明，如果任何人敢于进行第四次婚姻，这将不是婚姻，没有法律效力，留下的任何后代都是私生子女，并且要接受和通奸者一样的惩罚，婚姻之中的两人也要立即分开。

　　事实上，在世俗法律问题上，利奥可以拥有豁免权。他可以轻易颁布敕令，废除此前的这条法令，并宣称自己的第四次婚姻合法。然而在违背教会法律时，他就无能为力了。因而他必须获取某种特许，但他要如何获取呢？若是他的兄弟依然在世，掌控着牧首之位，事情也许还可以安排好——当然斯蒂芬很难让他的同僚也同意。但他和他的继任者安东尼·考利亚斯都已经逝世。901 年，尼古拉斯（Nicholas）继任牧首之位，他是弗提乌斯的侄子，曾经担任皇帝的私人秘书。① 尼古拉斯也许可以安排一次特许，但此时，他不幸要与凯撒利亚主教阿勒萨斯（Arethas）对决，这位同时代首屈一指的学者将就此成为他的劲敌。

尽管利奥或许自以为 899 年的宗教会议给教会带来了和平，近期这次分裂的两位发起者也都已经入土，但弗提乌斯派和伊格纳提奥斯派依然活跃着，威胁着君士坦丁堡牧首区的统一。阿勒萨斯所受的教育与个人的倾向都倒向弗提乌斯派。在才学方面，他也许是帝国唯一能够与自己的君主相提并论的人，他为几本古典学术著作加了注释，也是希腊语学界之中最早评论《启示录》的写作者之一。不幸的是，他的作品极大冒犯了伊格纳提奥斯派，他们在 900 年复活节指控他渎神。尽管此后他无罪开释，但记仇的他从来都不会忘记受过的伤害，决意报复。次年，当他的朋友、同为弗提乌斯派的尼古拉斯成为牧首之后，主教催促他立刻对指控自己的人报复。尼古拉斯却拒绝了，指出他在就职之前已经向皇帝许诺，尽力弥合两派之间的裂痕，为此皇帝才会任命他为牧首。此事就此结束，若是旧事重提，这只能毫无意义地激起旧日的仇隙。但愤怒的阿勒萨斯发誓要报仇。

皇帝的第四次婚姻给了他期待已久的机会。在所难免的是，此事造成了两个派别的分裂。学识更丰富、在世俗问题

---

① 他的绰号"Mysticus"（"枢密"）就是指这个秘书官的职务。——译者注

第八章　智者利奥（886～912）

上更明智的弗提乌斯派，出于国家利益的考虑支持给利奥特许，伊格纳提奥斯派则固执且坚持教义，态度更为坚决。阿勒萨斯完全有理由支持弗提乌斯派，但他的怨恨让他加入了伊格纳提奥斯派，而他们也接纳了他。尽管他们寡学，他们依然希望在辩论之中战胜更为博学的弗提乌斯派。现在，他们突然之间找到了一个发声者，一个在神学方面颇为博学的人，一个精于辩论与逻辑论证的人，[①] 完全有能力与他此前的朋友、本有可能协助皇帝完成目标的牧首相对抗。

这场辩论持续了整一年，伊格纳提奥斯派单纯靠着阿勒萨斯很快巩固了地位，牧首尼古拉斯的处境则愈发艰难。与此同时，皇帝失去了耐心，在秋季，他想到了一个新的大胆想法。很明显，弗提乌斯派不能给他特许，那么他就从伊格纳提奥斯派那里获取特许。他们确实曾经坚定地反对，但如果他们能够因此获取牧首之位，他们难道还会反对吗？皇帝进行了谨慎的调查，但调查的对象不是阿勒萨斯——此人公开发言反对第四次婚姻，无法达成协议——而是尤西米奥斯（Euthymius），即普萨玛西亚（Psamathia）修道院的院长，伊格纳提奥斯派的领袖，也是这一派系在大主教面前最受尊敬的人。

尤西米奥斯在东正教教会的地位多少值得商榷。无论他 118
的圣人地位是否得当，他无疑极度虔诚且节制。在他年轻

---

① 然而在交际上他的能力却没有这么出色，否则他也不会给皇帝写信，声称："在那个女人为您生下您期待已久的孩子之后，您为何不能带着感谢送走她，就像送走卸下货物的船只，或者扔掉成熟果实的外壳一样？"

时，利奥把他当作精神上的父亲，特意为他建造了普萨玛西亚修道院并捐赠给了他。但尤西米奥斯也明确地表示不认同皇帝对塞奥法诺的态度，以及他接下来的两次婚姻。尽管利奥对自己的这位导师从来都保持着尊敬，两人的关系自然还是不及当年了。在有关他的记载与当世人的评价之中，尤西米奥斯对教规阐明与教会管理都颇为严格，这个坚定的道德家似乎会立即拒绝此时向他提出的要求。但还是利奥更了解他。在稍微犹豫之后，尤西米奥斯接受了牧首职务，并宣称同意进行典礼，只要能够找到足够可敬的理由。

皇帝早已找到理由。他完全清楚伊格纳提奥斯派常年坚定支持教皇的最高权威，在四十年前与弗提乌斯派爆发争议时，罗马也给了他们不可估量的支持。他现在决定把近期发生的"四婚问题"（tetragamy）交给教皇塞尔吉乌斯三世（Sergius Ⅲ）处理，他相信教皇能够给出有利于自己的答复。如果教会的最高权威同意的话，那尤西米奥斯还需要什么更权威的理由吗？他可以立即主持典礼，并挽回颜面——利奥可能也指出了这一点。

那么，利奥是如何确定教皇能够按照他的想法回应的呢？首先，事实上天主教早期的神父们向来在多次婚姻问题上不多加过问；对罗马教廷而言，更值得关心的是东部教会与西部教会愈发加深的裂痕，任何一个胜任的教皇都不会放弃如此宝贵的机会，向君士坦丁堡宣示权威。其次，塞尔吉乌斯也急需军事力量到南意大利，那里的萨拉森人正在不断巩固其力量。皇帝相信，教皇无疑会认定，批准他的第四次婚姻是有利的交换条件。

豁免（907）

　　与此同时，他准备静候佳音。他和尤西米奥斯的谈判，以及他向教皇的请求都完全没有公开。他拒绝让佐伊与自己分开，同时在问题尚未解决时便坚持要给她与皇后相当的礼仪和尊重。906 年的圣诞节，以及此后的主显节盛宴，牧首尼古拉斯拒绝让他进入圣索菲亚大教堂，而他也不加抗辩，直接返回宫中。尔后，907 年 2 月，教皇的使节抵达都城的前一天晚上，他发起了攻击。他指责尼古拉斯在和叛徒安德罗尼卡·杜卡斯秘密联络——真实理由为何我们无从知晓——下令逮捕尼古拉斯，并逼迫他签字逊位。

　　这样的逊位，尽管是因为牧首参与了叛国活动，至少在理论上依然需要其他牧首及罗马教皇的同意才能生效。然而利奥早已做好准备。他派去巴格达商讨交换俘虏的那个使团——这个使团也无意之间让安德罗尼卡·杜卡斯陷入灾难——实际上还有其他的任务，他们要把东方三位牧首，即亚历山大、安条克和耶路撒冷牧首的代表带到君士坦丁堡来。利奥也早已秘密告知教皇塞尔吉乌斯自己的打算。对教皇而言，请求自己来主持第四次婚姻就是个好消息，皇帝又向他指控自己的牧首，这更有力地证明教皇的权威在东部也要受到尊重，这样的好事他自然是不会拒绝的。

　　使团在次日抵达之后，朗读了来自塞尔吉乌斯的信，结果也一如皇帝的期待。在当时的情况下，教皇没有反对他再婚的理由。在该月的月末，新成为牧首的尤西米奥斯随即给予他期待已久的特许。必须强调的是，即使此时他也没有认

119

可这桩婚姻，利奥只要依然保持和佐伊的关系，除非进行忏悔，否则他不能进入大教堂、圣堂，宗教活动时也绝不能就座。然而对皇帝而言，这只是小小的羞辱，为快乐的婚姻生活付出这样的代价还是值得的。尽管其中可能有罪，他的婚姻至少也是被不情愿地批准了。他和佐伊成了夫妻，十八个月大的孩子君士坦丁则成为紫衣贵胄（porphyrogenitus），至今我们也用这个称号称呼他。现在，相比那些充满不确定性的岁月，继承问题得到了保证。

利奥六世的成就（912）

120　　905 年秋，对智者利奥而言是个神佑的季节。他的儿子在 9 月出生，10 月萨拉森舰队被歼灭，塔苏斯被夷平。看上去，态势终于开始向有利于他的方向发展了。尽管次年他和尼古拉斯的关系进一步恶化，但他在 907 年的头几周中战胜牧首，在他看来这无疑也是转运的象征。这个孩子在 908 年 5 月 15 日被加冕为共治皇帝，两年后希梅里奥斯率舰队驶向叙利亚港口老底嘉［即今拉塔基亚（Lattakia）］，劫掠了该城以及内陆地区，而后带着出征时的所有舰船安然返回君士坦丁堡。

　　若是利奥的一生终结于此，情况也许会好些。然而 911 年秋，他派自己的海军指挥官率部试图重夺克里特岛。他在这五年之中竭力加强帝国海军的军力，希梅里奥斯麾下的舰队也比此前进攻该岛的舰队实力更强，装备更好。哀哉，岛上的萨拉森人同样在全力整备防御，这场远征完全不比此前的任何一次远征成功多少。希梅里奥斯围攻了六个月，熬过了整个冬季直到开春，但守军依然坚守不出，拜占庭帝国的部队则无法在这些大规模的防御工事前取得重大突破。尔后，912年4月，一名信使突然前来，带来了都城的一个紧急消息：在年初便病重的皇帝此时健康急剧恶化。他此时已经病入膏肓，不可能恢复了。这位都督只得不情愿地撤围离开，航向博斯普鲁斯海峡。当他的舰船来到希俄斯岛附近时，的黎波里的利奥——八年前夷平塞萨洛尼基的人——突然率领大规模的萨拉森舰队将他们包围。拜占庭舰队遭遇了与塞萨洛尼基类似的命运。舰船几乎全部被击沉，希梅里奥斯本人仅以身免，逃到米提里尼（Mitylene），而后心情沉重地缓缓返回君士坦丁堡。

　　灾难的消息传到皇宫时，利奥濒死，但他还是活着听到了这个消息，而后把脸转向墙。他于5月11日夜里逝世。在二十多年的统治之中他证明了自己，虽然也许算不上伟大，却也是个足够出色的皇帝。他确实加深了教会的分裂，但这是他第四次婚姻带来的不可避免的后果，若不如此，在无子的亚历山大死后，皇位就没有公认的继承人了。靠着迎娶"炭黑眼"佐伊并让他们的儿子合法，他既保证了皇位有公认的继承者，也保证了马其顿王朝的延续。这个王朝此后又延续了一百五十年，是拜占庭帝国历史上最伟大的王朝。相比两个不可估量的利处，对教会造成损害的长期影响便可谓不值一提了。

　　在其他方面，尽管他缺少他父亲那无休止的野心、超人的精力以及无限的自信——也许这些特质可谓伟大的定义——但他依然明智且勤恳地治理着帝国。尽管他的部队在

121

阿拉伯与保加利亚敌人面前遭受了不应当的失利，但帝国的情况比他即位时更好了——至少内部如此。尽管颇有才学，但他并不热衷炫耀，他没有建造什么巨大的教堂，也没有给皇宫添加什么奢华的建筑。他在圣索菲亚大教堂之外的皇帝门上的镶嵌画，描绘他跪拜于耶稣面前，基本可以确定是在他死去几年后才完成的。[①] 他存留最久的成就——编纂法律，重整地方管理体系，重组武装部队——虽称不上伟大，但依然极其重要。[②] 在他一生之中，利奥得到了臣民的衷心爱戴与尊重，在他逝去之后，后世也完全有理由感谢他。

---

① 这幅镶嵌画位于从教堂前厅前往教堂主厅的九道门上正中央的弧形窗上，其上颇为特殊地没有任何文字解释，许多学者也就这一问题表达了看法。目前，最可信的解释来自 N. 奥伊科诺米德斯（N. Oikonomides），他相信这是表达了利奥在第四次婚姻之后的悔恨，并在圣母的干预之下获得救赎——圣母的形象出现在他上方的一个圆形浮雕之中，对面是记录的天使。按照这一理论，这幅镶嵌画应当和 920 年的大公会议有关，目的是描绘凡间的统治者臣服于天国的君主，这幅画也恰巧被放置在利奥曾被两度拒绝进入的大门之上。"Leo Ⅵ and the Narthex Mosaic at St Sophia", *Dumbarton Oaks Papers*, Vol. 30（1976）.

② 利奥六世在巴尔干半岛与保加利亚人交界的地区设立了两个新军区，也在东部的幼发拉底河上游以及塞巴斯蒂亚地区设立了两个新军区，并设立了萨摩斯岛海军军区，颇有针对性地加强了对边境缓冲地区的行政控制，也增强了这三条战线的军事力量。这诚然可谓"虽称不上伟大，但依然极其重要"。——译者注

第九章　罗曼努斯崛起（912～920）

十三个月——便是邪恶的时光。

　　　　　　　　　　——利奥六世临终遗言①

　　对皇帝亚历山大的执政时期，唯一可说的正面评价就是这个执政时期很短。时年四十一岁的他已经因沉湎酒色而虚弱不堪，仅仅掌控拜占庭城的皇位十三个月。即使在如此短暂的时间之中，他也造成了相当的破坏。他的举止可以与"醉鬼"米哈伊尔最恶劣时相比，君士坦丁堡的市民被迫目睹同样不可理喻的残忍，同样的公开醉酒作乐，以及同样的渎神行为。甚至有时候他仿佛是要和保加利亚的弗拉基米尔一样，打算在整个帝国恢复古多神教。他的多神教迷信一度让他陷入疯狂，以为大竞技场的青铜野猪是他自

---

① 学者对利奥的这句遗言所指为何尚有争议。他使用的介词"meta"意味着邪恶的时光将在十三个月之后到来。如果我们换一种解释的话，也许他所说的是一句预言，毕竟亚历山大的执政时期正好是十三个月。这种可谓"开放性"的翻译基本保留了原文本身的模棱两可。

己的化身，① 并为这尊青铜像安装了新的牙齿与生殖器，想要借此恢复自己身体上的缺陷。

亚历山大（912）

他长期以来怨恨自己的兄长，903 年他还无疑参与了一次不成功的阴谋，试图在圣莫西乌斯（St Mocius）教堂之中谋杀利奥。（也许正是出于这一原因，他才会在次年失去共治皇帝的地位，但他作为帝国的唯一继承人，这一情况只是暂时的。）在他掌握了期待已久的权力之后，他便立即公开展示了自己的怨恨，废除了利奥的所有政策，撤销了他的所有命令。简而言之，他想要消除自己兄长所完成的一切，而不在意后果如何。皇太后佐伊与她所有的朋友和幕僚被屈辱地赶出宫中，她的舅舅希梅里奥斯尽管于帝国颇有功劳，却依然被逮捕囚禁，并于六个月后瘐毙。

与此同时，一个保加利亚的使团来到了君士坦丁堡。西米恩派遣使节前来祝贺他登基，同时提出延续 901 年的和约。勉强从一次纵欲狂欢之中离开，前来接见使节的亚历山大认定，这一和约是他兄长的成果，仅仅出于这一原因，这和约也必须被废除。醉酒的他对使节高声嚷嚷起来，并夸下海口，声称他不会再签订和约，拜占庭也不会再支付岁贡。之后他便打发了他们。使节们则为他们的所见所闻忧虑不已，颇为悲哀地向他们的主人禀报谈判结果。对西米恩而

---

① 但应当指出，认定每个人都有一个无生命的"化身"（stoicheion），作为此人精气灵气的另一个所在，这种奇怪的想法在十世纪的拜占庭颇为常见，罗曼努斯·利卡潘努斯（Romanus Lecapenus）似乎也这么认为。

言，我们可以确定，这样的结果并非全然不可接受。他对自己的军力颇有信心，并认定在这样可悲的人统治之下的帝国不足为惧，便开始准备战争。

此时的亚历山大也在进行一个新的计划，这个计划带来的灾难可以与接待保加利亚使节相比。他再度出于反对自己的兄长的理由，宣布罢黜牧首尼古拉斯的指令无效，将他从流放地召回并恢复他的牧首职位。（尼古拉斯本人声称复职的命令是利奥在病榻之上下达的，利奥表达了自己的悔恨。）牧首的性格并没有因为这段不幸经历而变得和善。他因为不公正的审判被流放了五年，尤其是尤西米奥斯和伊格纳提奥斯派背叛了他，这些原本坚定和他一起反对利奥四婚的人却和皇帝联手赶走了他，夺取牧首之位并最终给出特许，做了他们曾经决意禁止的事情。复职的他只想要完成一件事：复仇。

他确实有理由如此。而他的错误在于，被怨恨冲昏头脑的他忽视了其他所有问题。若是他满足于这次胜利，将他依然可观的精力用于调和与伊格纳提奥斯派的关系，并允许尤西米奥斯返回他本不该离开的修道院，他应当可以靠着耐心与等待弥合这一争议，让教会重归统一。然而他带来的是前所未有的公开憎恨，此前任何一位牧首都不曾如此。尤西米奥斯在玛格纳乌拉宫受审，与他同时代的传记作家可能亲眼见证了这次审判，留下了细致的记载。

> 开庭之后，尼古拉斯盘问道："汝这曾协助已故的淫荡君主利奥的愚人，告诉我，当我依然在世时，汝为何夺走属于我的教堂，把我赶走并玷污她？"

尤西米奥斯回答道："汝才玷污了她，而汝离开教堂的原因正是汝自己提交，而且曾三度提交的辞呈。若汝询问我，我将告知汝何谓玷污，以及汝被驱逐的原因。若是上帝允许，我便能够在汝面前，推翻汝对我枯干且不公的指控。"

听到这些话，牧首哑口无言，只为对手的放肆愤恨不已。牧首下令公开脱掉他的衣服羞辱他，并宣称他失去了自己的职务。

之后便是格外悲惨的一幕。他们把尤西米奥斯的披巾扯掉，踩在脚底，全然不顾上面还有十字架的图案。他们把他的圣袍也全部脱光，扔在地上践踏，连僧侣的帽子都不留。当仆人们发现他们的主人因为这一切而喜悦满足时，他们得寸进尺，开始撕扯他的胡须，甚至直接把他推倒在地，围上去一番踢打，还向他身上吐口水。尔后，若不是牧首下令让他们退下，这样的暴行还可能继续下去。牧首的一个爪牙，一个高大健壮的人，则仍然站在旁边观看，当看到自己的主子点头之后，他又往尤西米奥斯的面门猛击两拳，打掉了他的两颗牙，而后又痛击他的后颈，直到他几乎气绝倒在阶梯之上。若不是一个名叫佩特伦纳斯（Petronas）的贵族和另外三人及时带他离开，他也许要就此殉道了。①

---

① 这段翻译源于 P. 卡林 – 海特（P. Karlin-Hayter）的《拜占庭》[*Byzantion*，Vols，XXV～XXVII（1955～1957）]，略有删节。《续塞奥法内斯编年史》称那个拉扯尤西米奥斯胡子的人回家时发现家宅已被焚毁，女儿就此耳聋瘫痪，据说她活到了尼基弗鲁斯二世执政时。

在把尤西米奥斯放逐到阿伽松（Agathon）修道院，并说服皇帝把他的名字与教皇的名字从双联饰板①上除去（与罗马的联络也就此终止）之后，牧首在整个教会之中展开了大清洗，想要把伊格纳提奥斯派，或者说，尤西米奥斯派的所有主教与教士除掉。在如此戏剧性的清洗之后——尤西米奥斯派占据了三分之二的主教职务——教会要如何工作，我们不得而知，但事态的发展解决了这一问题：接到解职命令的主教们根本不肯离职。反对派的领导者，自然还是尼古拉斯的那位劲敌——凯撒利亚的阿勒萨斯。他公开宣称，只有皇帝下令武装部队前来把他赶走，他才会离开自己的辖区，否则他将留在这里，并继续履行自己的责任。许多人也和他一样留了下来，而一些弗提乌斯派的主教准备赶走那些尤西米奥斯派的教士时，他们的驻地遭到了大批不满者的围堵。在几座城市之中，骚乱甚至发展成了暴动。当牧首意识到自己铸成大错时，为时已晚。竭力想挽回态势的他撤销了此前所有的命令，他掌控牧首之位时留下的大量信件，也显示了与他此前的强烈谴责截然不同的宽容与谅解。尘埃落定之时，尽管一些主教确实被调到其他的位置，但只有四人被彻底解职，阿勒萨斯并不在这四人之中——这倒也不算奇怪。

亚历山大逝世（913）

然而此时，皇帝亚历山大已经逝世。《续塞奥法内斯编

---

① 这种饰板上刻着那些在他执政时，圣餐礼之中特别值得铭记的人的名字，无论他们是否在世。

年史》声称他在饱餐之后于炎热的正午打马球，就此中风而死。然而更可信的记载声称他为挽救自己的无能，给大竞技场的雕像——当然也包括那头野猪——进行各种多神教献祭，他是在祭典之后立刻死去的。不过这意义索然。关键在于他在两天后死了，在 913 年 6 月 6 日星期日，确实死了。他在圣索菲亚大教堂北侧的镶嵌画肖像基本可以肯定就是在他执政期间完成的。而在他死去之后，他的臣民只想把他遗忘。

得知皇帝濒死的消息时，皇太后佐伊便匆匆赶往宫中，她担心自己儿子的未来。几个月前，她就听说亚历山大想要阉割他，以让他彻底失去成为皇帝的资格，直到身边人警告他此事可能会带来极度危险的公众暴乱，他才就此住手，而且这个孩子病弱不堪，不太可能活多久。现在牧首成了帝国之中权势最大的人，她的担忧又增加了一重。尼古拉斯从来都不肯承认他的敌人尤西米奥斯给出的特许，不肯承认她的婚姻，以及她儿子的合法性。她清楚牧首会竭力阻止年轻的君士坦丁掌控皇位，而她决心阻止他。

她的怀疑绝非毫无根据。牧首确实寻找了另一个候选人，他是近卫军团元帅①君士坦丁·杜卡斯（Constantine Ducas），那个叛徒安德罗尼卡·杜卡斯的儿子，六年前尼古拉斯就是因为与他联络而被指控叛国。此人和他父亲一样，对马其顿王朝并没有什么忠心可言。他也许能得到不少部队的支持，也与帝国的其他贵族家族有各种各样的亲属关系。

---

① 即帝国陆军部队的总指挥官。

如果他打算发动政变，胜利的可能性会很高，一旦夺取皇位，他与尼古拉斯的良好关系将保证牧首取得对其敌人的最终胜利。他和牧首进行了一些秘密联络，在时机合适时，他们便开始实施计划。

佐伊依然在竭力获取她自己的地位，而临终的皇帝也恢复了足够的理智，指定她的儿子君士坦丁继承皇位。这个消息让她欣慰，然而当她得知皇帝也安排了一次摄政会议时，她就不会那么欣喜了。摄政会议的主席是牧首尼古拉斯，而她不在摄政会议之中。她为此进行了强烈抗议，在拜占庭城之中，皇帝的母亲与奥古斯塔①还从来没被拒绝参与摄政。 127
但尼古拉斯清楚自己不能给她留任何机会。佐伊因为自己成为皇后，儿子成为皇帝，成了尤西米奥斯派的象征，象征意义比尤西米奥斯本人都大，也就此成了牧首的死敌。他开始摄政之后的首要举措之一便是逮捕她，剃掉她的头发，把她送到佩特里乌姆（Petrium）的圣尤菲米亚修道院。她的名字也被迫更改，失去所有的尊号而成为修女安娜（Sister Anna）。

杜卡斯惨败（913）

至少此时，她七岁的儿子还是唯一的皇帝，但当摄政会议阻止他直接执政后，他又能存活多久呢？对他的地位，乃

---

① 必须提及，奥古斯塔不仅是皇帝的妻子，她也拥有一个得到承认的官阶，拥有可观的权力，同时还需要正式典礼加冕。在加冕之后，她便有自己的朝廷，并得以掌控可观的收入，在帝国的许多重大典礼上也有不可替代的位置。Diehl, *Figures Byzantines*, I, i.

至对他生命的第一个威胁，在他就职几天之后便出现了：君士坦丁·杜卡斯发动了武装政变。他从自己在色雷斯的军营之中率部东进，带着少量武装人员趁夜进入城中——人手如此之少，意味着他相信宫廷内部会有内应。若他如此计划，那他就要失望了。同为摄政会议成员的朝政大臣约翰·埃拉达斯（John Eladas）此前已经收到他前来的消息，他匆忙集结起一支民兵部队准备迎战。随后的战斗之中，杜卡斯的几名部下，包括他的儿子格里高利（Gregory），被民兵杀死。当他准备拨马逃跑时，他的马在湿滑的道路上摔倒，把他重重地甩到地上，一名守军立即扑上来，砍掉了他的脑袋。

牧首自然宣称自己与阴谋无关，而仿佛为了强调自己无辜，他下令对那些参与此事，乃至有参与嫌疑的人处以恐怖的刑罚。所有参与政变的武装人员被处决，他们受桩刑的尸体被摆到博斯普鲁斯海峡的亚洲一侧示众，其他人则受鬐刑或鞭笞。那些逃到圣索菲亚大教堂避难的人被拖出、剃度并赶到修道院中。杜卡斯的遗孀被赶到了这个家族在帕夫拉戈尼亚的遥远住宅之中，他的幼子虽然没有参与政变，但遭到了阉割。直到摄政会议本身开始为这无尽的流血而抗议时，尼古拉斯才不情愿地住手。

他住手得正是时候，因为杜卡斯的惨败不到两个月之后，保加利亚的西米恩便率军出现在君士坦丁堡城下。他的部队规模极度庞大，以至于他们的营帐从金角湾的上游一直延伸到马尔马拉海，笼罩了四英里长的整道陆墙。然而来到此地之后，他和此前试图征服帝国的许多人，包括他的高祖父克鲁姆一样，看到了面前的景象：这座城市的城墙无法突

第九章　罗曼努斯崛起（912～920）

破。但他不想撤退。靠着封锁陆路并系统性地破坏周边乡村，他可以制造足够的威胁，如果运气好的话，他可以不损一兵一卒即获取有利的条约。从七里海湾的宫殿之中，他给摄政会议送去了一封信，宣称他打算谈判。

尼古拉斯实在是乐于同意。为了与西米恩讲和，他愿意做出任何牺牲让步，因为战争将意味着保加利亚教会脱离——此时那里依然属于他的牧首区——乃至投入罗马教廷。他请西米恩的两个儿子进入城中，在布拉赫内宫用奢华的宴会招待他们，小皇帝也一同出席。一两天之后他秘密出城来到七里海湾，与西米恩面谈，他也为自己得到的尊敬而欣喜不已。在随后令人惊异的友好商谈之中，保加利亚国王自然坚持对方支付拖欠的岁贡，同时要求君士坦丁迎娶他的女儿。尔后他带着大量礼品返回了家乡。

乍一看，西米恩的让步可谓令人惊异。在率领大军抵达城下之后，他为何不索取更多的要求呢？这只是因为他的政策改变了。对拜占庭帝国而言，他的野心比之前更大了，如今的他想要夺取皇位，[1] 如果他成了皇帝的岳父，皇位也就唾手可得了。[2] 但他来到城墙之下后，他发现这只能靠外交才能获取，而他在与尼古拉斯的谈判之中，发现对方是个坚

---

① 有理由相信牧首在前来时给西米恩进行了某种加冕，但应当只是承认他为保加利亚的统治者。罗米利·詹金斯（Romilly Jenkins）认为（*Byzantium: The Imperial Centuries*, p. 232）尼古拉斯实际上"用自己牧首的头巾"当成临时冠冕为他加冕时，称他为拜占庭帝国的皇帝，但这个说法未免过于荒谬。

② 这个推测确实合理，罗曼努斯·利卡潘努斯就在六年之后如此登上了皇位——当然这不是西米恩想要的结果。

129　定的同盟。牧首不但对马其顿王朝没有什么忠诚可言，他显然也畏惧失去对保加利亚教会的掌控，而这让西米恩获取了讨价还价时的一个极大的筹码——更重要的是他完全不在意自己的教会是否独立，既然他想要当皇帝，那独立与否又能有什么影响呢？出于这些原因，他在此时若是进行威逼，未免就有些鲁莽了。只有尽可能展现恩德，他的利益（以及他女儿的利益）才能实现最大化，他的决断理智和精明是在君士坦丁堡学到的，他的家族出身与帝国联姻也可谓合宜。然而仅在一个方面上，他依然保持着铁腕——即使并不惹人注目：他拒绝进行和平条约的谈判。当帝国陷入如此衰弱的境地之后，他没有必要限制自己的行动。

"宦官摄政会议"（914）

如果说西米恩的外交手腕堪称出色，尼古拉斯的作为则堪称恶劣。摄政会议的其他成员为他的自大而愈发不满，同样厌恶他的残暴，无论他对待尤西米奥斯还是杜卡斯家族时都是如此。他们也惊异于他对佐伊的态度，她完全没有理由被拒绝在摄政会议之外。当苍白羸弱的小皇帝在宫中流着泪四处寻找母亲时，他们也难免为之动容。当他们得知，此前就被怀疑涉及杜卡斯事件的牧首，如今又在和保加利亚国王秘密谈判时——他一如既往地没有事先告知他们——他们便忍无可忍了。摄政会议自此瓦解，914 年 2 月，修女安娜被从修女院中请出，再度成为皇太后，开始摄政，并随即召回了她从前的朋友与幕僚们。

西米恩轻蔑地称新政府为"宦官摄政会议"——在很

大程度上也确实如此。但拜占庭帝国的宦官并不是此后西欧的那些阉伶弄臣，也不是东方那些肥胖病态的后宫管理者。查士丁尼时代的一名将军纳尔西斯尽管是宦官，却也是帝国历史之中最出众的将军之一。自此之后的四个世纪里，他们在社会之中颇有地位，同时掌控了教会与政府的许多重要官职，不能担任的只有都城执政官、圣宫检察官、帝国中央军四军团的元帅，以及皇帝。十世纪时，对为帝国服务的有前途的年轻人而言，成为宦官是晋升的保障，许多野心勃勃的父母就此阉割他们的幼子以寻求荣华富贵。这一举措可谓古怪，乃至野蛮，但事实上其中原因也不算难理解。宦官没有妻子，也不需要养家，因而比那些健全的同僚还要勤勉奉公。而且既然他们留不下儿子，那么他们的职位就不会被代代传承了（这是西欧的常见情况），这样这个职位就可以保证由能人担任了。他们就此有效地阻碍了封建制的发展，而这一制度在这个世纪接下来的时光之中，给帝国带来越来越多的麻烦，小亚细亚的情况尤为严重。最后也最重要的是，他们是可以信任的。宦官也许会为自己的兄弟与侄辈参与阴谋（他们也确实时常如此），但无论他们权势多大，自己也是不能登上皇位的。

130

　　因此，当皇太后和她的宦官们很快有效地掌控了帝国，而且表现得比尼古拉斯所领导的摄政会议还高效时，并没有多少人感到奇怪。而老牧首对他们而言依然是个需要解决的问题。佐伊本打算再度让尤西米奥斯接替他，但尤西米奥斯不同意——也不出所料，他早已厌倦纷争。因而她不情愿地让尼古拉斯继续担任他的职务——尽管也给了他可怕的警告，通知他如果还想惹是生非的话会落得什么下场。他返回了圣索菲亚大教堂，继续自己的教会职务。按某个记载（其中有明显的敌意）的说法，这是他八个月前进入摄政会议之后，首次返回自己的教堂。他尽自己所能接受了这一切，但得到佐伊愈发受欢迎的消息，他还是难免心怀不满。这一时期的帝国赢得了对国家安全而言相当重要的一系列军事与政治胜利。

亚美尼亚国王阿硕特（915）

第一场胜利便是亚美尼亚国王①阿硕特（Ashot）即位。亚拉拉特山周边荒凉且不宜居的地域，多年以来是拜占庭帝国与萨拉森人交锋的最敏感地带，政治地位微妙含糊。对君士坦丁堡的皇帝而言，亚美尼亚的王公们——这一地区从未真正统一过——都是他的臣属。然而巴格达哈里发也这么认为，并在一个多世纪之中经常在这一地区委任阿拉伯的"奥斯提坎"（ostigan），即管理者。至于亚美尼亚人，他们则为自己的智慧与古文化而自豪，自称是最早整体皈依基督教的民族。然而和东方的许多基督徒一样，他们坚定支持基督一性论，因而对拜占庭帝国既不忠诚也不喜爱。他们之中的许多人陷入教条主义，宁肯支持异教徒也不肯支持异端，并就此臣服于穆斯林。

考虑到亚美尼亚人之间内讧不休，形势又存在根本的不稳

---

① 这个头衔，国王，或者说"万王之王"，理论上属于这一时期最强势的亚美尼亚王公。尽管这个头衔确有父死子继的情况，但在本质上并非世袭继承，而且经常出现空缺。

定性，这一地区的政治危机接连不断也是在所难免了。然而在909 年，他们面对的危机即使在他们自己看来也是格外深重：哈里发任命的奥斯提坎、波斯埃米尔优素福（Yusuf），决心彻底消除拜占庭帝国的影响，让他们彻底臣服于巴格达。在一场内战开始之后——亚美尼亚人对此早已习以为常——优素福席卷了这个争斗不休的地区，将所有抵抗者屠戮，并给途经之处的城镇与村庄带来骇人听闻的灾祸。恐慌持续了四年，直到913 年，亚美尼亚国王森姆巴特（Smbat）为拯救臣民生命而投降于优素福，结果以格外残酷的方式殉道。

对拜占庭帝国而言，亚美尼亚是重要的防御屏障。佐伊在 914 年重新执政之后，便把森姆巴特的儿子与继承人，即年轻的王子阿硕特请到君士坦丁堡，以谋划一场远征。尔后，在次年春季，阿硕特率领一支希腊人大军返回他的故乡。优素福进行了坚决抵抗，但他的兵力有限，无力抵御。初雪之时——这一地区冬季来得很早——整个亚美尼亚西部与亚美尼亚东部的大部分地区已经处于支持拜占庭帝国的阿硕特的控制之下。直到四年之后，在解决了在所难免的内部争执后，这片土地才归于和平，但这个国度最终得以保持完整，佐伊与阿硕特也值得为此庆祝了。

皇太后的第二个胜利是决定性地击败了一支从塔苏斯出发进入帝国境内掠夺的穆斯林大军。消息传到君士坦丁堡之后，城中人开始欢庆，但第三个胜利远比这个胜利重要。当阿硕特在亚美尼亚忙于复位后的事宜时，帝国的另一端，南意大利的朗格巴迪亚军区（Langobardia），军区将军率部在卡普亚城外彻底歼灭了萨拉森人的部队，就此恢复了帝国在

132

半岛的威望，达到自尼基弗鲁斯·福卡斯于 886 年离开之后的最高水平。915 年年末，在她大多数的臣民看来，皇太后佐伊会继续安然掌控帝国。

甚至保加利亚的西米恩也遭受了挫败，尽管只是暂时的。对他而言，牧首尼古拉斯失势、佐伊重新掌权是一个重大打击。他清楚，皇太后绝对不会赞同对他而言至关重要的联姻。他谨慎的外交落空了，只能开战了。9 月，他亲率大军来到亚得里亚堡（今埃迪尔内）城下，而当地的指挥官未经抵抗即开城投降了。但皇太后派出大军来收复这座城市，这很可能出乎西米恩意料之外，于是他仓促撤军了。

在接下来的两年之中，他仅仅对塞萨利和伊庇鲁斯的城市与乡镇进行袭扰。但 917 年，他的大军再度进入色雷斯，佐伊决定对他发动一场反突击。她在克里米亚的赫尔松的将军约翰·博加斯（John Bogas），成功贿赂了贪得无厌的佩切涅格人，让原本与西米恩结盟的他们从北部入侵保加利亚，拜占庭舰队则前去载运他们渡过多瑙河，就像他们在二十多年前载运马扎尔人渡河时一样。与此同时，拜占庭部队从君士坦丁堡出发，来到保加利亚的南部边境。在两支大军的强有力夹击之下，西米恩将别无选择，只能接受和谈，而他只有很久以后才能再对帝国构成威胁。

计划上，这一切轻而易举，实际情况也本可能如此，但突然之间出现了出人意料的转折。这一转折出现得如此出人意料，我们难免怀疑西米恩也使出了出色的贿赂手段。约翰·博加斯带着佩切涅格人抵达多瑙河岸边，准备与舰队会合，而舰队由时任海军都督的亚美尼亚人罗曼努斯·利卡潘

133

努斯率领。然而他们会合之后，两人随即陷入了激烈的争吵，互相否认对方对自己的管辖权，结果罗曼努斯就此拒绝把这支大军送过河去，而失去耐心的佩切涅格人返回了自己的家乡。

安西亚卢斯的惨败（917）

与此同时，陆军在名将尼基弗鲁斯·福卡斯之子——元帅利奥·福卡斯（Leo Phocas）的指挥之下离开都城，沿黑海海岸进军，从布尔加斯湾的南端进入保加利亚人的领土，并于 8 月 20 日晨在小港口安西亚卢斯城外扎营。正在那时，早已开始监视这支大军一举一动的西米恩抓住了战机。他率部从西边的山地上冲杀下来，完全出乎帝国军队的意料之外，毫不留情地展开杀戮。战场的具体情况不得而知，乔治·凯德莱努斯声称当利奥在洗浴时，他的坐骑突然挣脱缰绳开始乱跑，许多士兵误以为他们的指挥官已经阵亡，就此陷入恐慌。这个故事是否真实不得而知，但可以确知的是，拜占庭大军几乎全军覆没。海军本应在附近救助幸存者，但此时已经返回博斯普鲁斯海峡，从战场上退下来的士兵则因为无法撤离而被追击者截住并屠杀。助祭利奥在半个多世纪之后记载此事时，他声称直到他的时代，战场上依然能找到阵亡者在阳光暴晒之下已然发白的遗骨。利奥·福卡斯本人侥幸逃得一命，他沿海岸向北逃到墨森布里亚，之后在那里乘船返回君士坦丁堡。①

---

① 事实上，这一战更可能发生在安西亚卢斯和墨森布里亚之间的小村阿赫洛以北。——译者注

皇太后得知这一消息之后的震怒可想而知。她立即下令对罗曼努斯·利卡潘努斯的渎职进行正式调查，并随即判处他瞽刑。对他而言——对帝国而言也是如此——幸运的是，他一些颇具影响力的朋友在最后时刻让他免于受刑。奇怪的是，她依然坚信利奥·福卡斯，并在同年冬季交给他另外一支军队，让他率领这支部队驱逐再度突入色雷斯东部、来到都城城下的保加利亚人。但利奥完全没有继承自己父亲的军事才能，抵达城西郊区的卡萨斯尔泰（Casasyrtae）时，他的军队便再度被击溃，损失几乎与第一次溃败相当。

对西米恩而言这是又一场胜利，但这也进一步确认了他已经清楚的事实：无论他给帝国的部队造成何等损害，他也无法撼动君士坦丁堡的城墙。他别无选择，只能沮丧而愤恨地返回保加利亚越冬。然而918年的帝国都城陷入了新的混乱。在两次溃败之后，佐伊的威望已经一落千丈，她的执政陷入了严重的危机。她清楚自己不可能和西米恩达成任何和解，因为他依然在坚持以小皇帝君士坦丁与他的女儿成婚为前提条件，否则一切免谈，皇太后则依然无法接受一个蛮族的儿媳。如果她摇摇欲坠的统治需要支持，她也只会在帝国之中寻找。

但她要找谁来支持呢？牧首显然不可能，此时他正竭力想要重掌大权，有机会肯定是要先将她赶走。事实上存在两个选择。其一是如今已经威信扫地的利奥·福卡斯，他在卡萨斯尔泰的惨败之后渡海前往亚洲，在安纳托利亚集结部队。在君士坦丁·杜卡斯死亡之后，福卡斯家族便成了富裕大地主贵族阶级的公推领袖，更重要的是利奥·福卡斯是鳏夫，皇太后可以借由婚姻拉拢他，进而巩固她自己以及她儿子的地位。

另一个选择是罗曼努斯·利卡潘努斯。他在两个重要问题上与利奥有所不同。首先他的出身既不高贵也不显赫，他是亚美尼亚农民的儿子，完全靠着自己的努力一步步晋升到如此高位。其次，尽管他在近日的战争之中并没有出众表现，但至少没有战败。他巨大的旗舰依然在金角湾停泊，帝国舰队的其他舰船则围拢在旁边。拜占庭帝国的海军力量依然未曾失败，但陆军如今是如此景象——而所有人都清楚，利奥·福卡斯要负主要责任。

两者之中，皇太后自然更倾慕英俊高贵的将军，而不是异族暴发户。她因此把利奥召进宫中，并在几周之后让利奥成为她最亲密的近臣与最受信任的幕僚。然而她严重低估了公众的力量。君士坦丁堡的市民是帝国的重要政治力量，在危机之中的君主绝对不能忽视他们。他们向来不信任安纳托利亚的封建主，仅仅忠于帝国的皇室，城市之中的旧贵族与朝廷中大多数官员的态度也基本与之一致。小君士坦丁时年十三岁，尽管健康状况依然不佳，但确实才智出众，应当能够成为优秀的皇帝。但若是连他的母亲都没有意识到危机存在，他又能如何抵御福卡斯的野心呢？

给罗曼努斯的信（918）

正是在此时，一批皇室的近臣主导了朝政。君士坦丁的私人教师塞奥多尔（Theodore）以自己学生的名义给罗曼努斯·利卡潘努斯送去一封信，请求他的保护。为什么他们认定罗曼努斯比利奥更可信则不得而知，也许是因为他的低微出身。但他的野心同样不小，他立即宣称自己愿为皇帝服务，成为皇帝的庇护人与捍卫者。他清楚此举在皇太后看来意味着什么。在福卡斯的鼓动之下，她下令自己的旧友与幕僚、内廷总管君士坦丁以她的名义下令，命令罗曼努斯给他的水兵支付薪金，而后遣散舰队。这位都督也奉上了极为谦恭的回应，邀请君士坦丁登上他的旗舰，视察命令的执行情况。大总管全然不知其中有诈，登船之后即被逮捕并羁押。

羁押皇太后的代表等于蓄意冒犯她本人，但当佐伊派信使前去要求这位都督进行解释时，他们被扔出的乱石赶走。此时的她终于警觉起来，下令朝廷官员在布克里昂①召开紧急会议，却发现他们也抛弃了她。她被迫保持沉默，听自己的儿子朗读一段写好的发言稿，宣告她摄政的结束，政府将自此由牧首尼古拉斯和另一个此前摄政会议的成员、朝政大臣斯蒂芬（Stephen）来联合执掌。次日清晨，一批士兵前来送她返回圣尤菲米亚教堂，直到她泪流满面苦苦哀求一番之后，她才得以继续留在后宫之中，虽然失去权势，但至少暂时免于成为修女。

尼古拉斯胜利了，但他很快发现，帝国和五年之前已经截然不同。佐伊总算被彻底解决掉了，但利奥·福卡斯和罗曼努斯·利卡潘努斯如今要公开争夺最高权威。夹在两者中间，无助的牧首忍气吞声，竭力在两人之间周旋，结果却让

① 布克里昂指大竞技场以南濒临马尔马拉海的地域。皇宫的私人港口与进入皇宫的海上通路均位于此地。（"布克里昂"意为"公牛与狮子"，因那里的一尊狮子捕猎公牛的雕像而得名。——译者注）

自己的地位愈发动摇。最终，在 919 年 3 月 25 日，罗曼努斯率舰队驶入布克里昂，穿过海门进入皇宫，宣称他就此掌控帝国。一个月之后，在圣索菲亚大教堂，他把自己美丽的女儿海伦娜（Helena）嫁给了君士坦丁，他本人则自封主父——这个智者利奥封给他岳父斯蒂利安·扎乌泽斯的头衔。

《统一之章》（920）

亚美尼亚裔的暴发户距离拜占庭的皇位仅有一步之遥了——这是这半个世纪之中的第二次。罗曼努斯·利卡潘努斯面前依然存在障碍，而最大的障碍是利奥·福卡斯。他返回博斯普鲁斯海峡与部下会合，在克里索波利斯的军营之中举起反旗。为了保证部下的忠诚，他宣称自己是要让皇帝免于受阴谋篡位的主父的掌控。罗曼努斯则利用两个间谍——一个教士和一个妓女，散发名义上由小皇帝签署的信件抄本，宣称他完全信任他的岳父，而利奥·福卡斯只是个可憎的叛徒，对合法的君主举起反旗。那个教士很快便被逮捕，但那个妓女极其出色地完成了任务，利奥数以百计的部下放下了武器。利奥明白自己已经失败，而自己只有逃跑一条路。但他最终在比提尼亚的一个村庄中被活捉，被立即刺瞎双眼并押送到君士坦丁堡。

当得知自己对手被刺瞎的消息时，据说罗曼努斯陷入了愤怒——尽管几个星期之后，揭露了另一个阴谋的他还是把残废的利奥绑在骡子上，让他绕集会所示众，接受市民的讥笑嘲弄。利奥·福卡斯此时大势已去，对罗曼努斯而言，更

137

重要的是为自己登上皇位做安排。既然他完全没有继承皇位的权利，他的目标便只能靠抹黑君士坦丁达成。于是在牧首的热情协助之下，一次正式宗教会议于 920 年夏在君士坦丁堡召开，名义上的目的是终结教会的内部纷争。7 月 9 日，这一会议颁布了《统一之章》（*Tomus Unionis*），最终为教会法中的再婚问题下了定论。按照其中字斟句酌的条款，男子二婚完全合法，四十岁以下且没有后代的鳏夫也可以三婚，不过婚礼之后要进行合宜的自我惩罚；但四婚在任何情况下都不得进行，四婚者要被革除教籍，直到他们自行彻底否定这一婚姻之后才能恢复教籍。幸运的是，这一法令并不具追溯性，然而利奥六世的最后两次婚姻还是遭到了最严厉的谴责，他儿子的合法性则勉强得到承认。

十四岁的君士坦丁被迫在这份文件上签署自己的名字，他心中的悲哀可想而知。尽管他必然憎恶《统一之章》，但他的苦难并未因此结束。仅仅一个月之后，他的母亲佐伊遭到罗曼努斯指控，称她意图下毒谋害他。实际情况如何我们不得而知，虽然在当时的情况之下这也不算全无可能。皇太后的命运就此注定，她的头发被剃掉，被迫恢复她此前放弃的教会生活，圣尤菲米亚教堂的大门再度关住了不情愿的修女安娜。

此时还有最后一个对手。君士坦丁的家庭教师塞奥多尔在罗曼努斯掌权的过程中起了关键作用。他此前请罗曼努斯作为小皇帝的庇护人，当这位海军都督在去年 3 月抵达布克里昂时，很可能正是他打开了大门让罗曼努斯进入宫中。然而塞奥多尔自以为这一切举动都是为了自己学生的利益，而

第九章　罗曼努斯崛起 (912~920)

此时他发现罗曼努斯的阴谋让君士坦丁处于最为艰难的境地。无论他是不是皇帝的捍卫者，罗曼努斯僭位称帝的野心此时和利奥·福卡斯一样明显。当塞奥多尔意识到这一情况时，他的态度猛然转变，而罗曼努斯也不难明白自己的从犯为何突然之间变成自己的死敌。大约在9月初，塞奥多尔和他的兄弟西蒙（Symeon）应皇帝的马厩长、显贵塞奥菲拉科特（Theophylact）的邀请前去赴宴，两人在宴席之中被逮捕并被指控图谋不轨，随即被流放到他们在安纳托利亚西北部乡村的私宅之中。

塞奥多尔离开之后，君士坦丁失去了最后的真正朋友，此时他仅仅是自己岳父手中的一枚棋子，而罗曼努斯在920年9月24日，即君士坦丁十五岁生日几天之后，被封为恺撒。不到三个月之后，12月17日，君士坦丁将冠冕戴在罗曼努斯·利卡潘努斯的头上，让他卓越的一生步入巅峰。[①]理论上，君士坦丁依然是最高顺位的皇帝，但仅仅一年之后，货币之上荣耀的位置便被罗曼努斯取代，他的肖像不但更大，他身上的长袍也更华丽。对他的大多数臣民而言，年轻的紫衣贵胄在某年某月神秘消失，恐怕也只是时间问题了。

---

① 此前的史学家，包括斯蒂芬·朗西曼爵士（*The Emperor Romanus Lecapenus*, p. 62）大多认定这两个事件发生在919年，但格吕梅尔（Grumel）和奥斯特洛戈尔斯基（p. 264）指出，罗曼努斯在920年出席宗教会议时的身份是"主父"，若是他已经是恺撒或者皇帝，他便不可能再使用这一头衔了。

第十章 温和的篡位者（920～948）

您也是凡人，您也终有一死，终将经历复生与审判。今日您在世，明日便将化为尘埃，一次发热便能夺走您所有的荣耀。那当您在上帝面前时，您要为那不公的杀戮做何种辩解？您要如何面对恐怖而正义的审判？如果您是因为渴求财富如此，我愿意超额满足您的欲望，只要您先停手。欢迎和平，和睦生活，您将过上平静安稳而免于血腥的生活，基督徒也能终止他们的悲哀，不必与同样信仰基督的同伴开战。

——罗曼努斯·利卡潘努斯致保加利亚的

西米恩，924 年 9 月 9 日

罗曼努斯·利卡潘努斯，即如今的罗曼努斯一世，有关他的早年生活存留的记载很少。他的父亲被同时代人一致称为"不可容忍的"塞奥菲拉科特（Theophylact），是个亚美尼亚农民，有幸在 872 年的泰夫里卡之战中，和萨拉森人战斗时救了巴西尔一世的命。他就此成为皇帝卫队的成员，但似乎也仅此而已。他并没有显露什么野心，对儿子也没有什么要求，至少完全不在意罗曼努斯的教育，而君士坦丁七世在得到机会之后也对此大加嘲讽。这个孩子只能靠自己打出一片天地了。大约在 870 年出生——具体时间也不得而知——的他进入帝国海军服役，克雷莫纳的柳特普兰德记载称他是因英勇地击杀了一头狮子而脱颖而出。无论这一说法是否可信，他应当是在三十出头时被任命为萨摩斯岛军区（Samian）的将军，辖区包括小亚细亚西海岸大部以及周边的岛屿。尽管是个武官，但这个权势可观的职务还是让他全权掌控了军政与民政。他应当是功绩显赫，而在希梅里奥斯于 912 年惨败之后，他成了接任舰队都督的明智人选。

140

在罗曼努斯掌权之时，他的妻子塞奥多拉（Theodora）——她在 921 年的主显节被立为奥古斯塔——至少给他生下了六个孩子，她在 923 年去世之前又生下了两个孩子。他们总共有四个儿子，其中至少三人在 924 年年末被立为共治皇帝；幼子塞奥菲拉科特则是阉人，准备成为牧首。很明显，这位新皇帝打算模仿同为亚美尼亚裔的巴西尔一世，建立起一个属于自己的王朝。和巴西尔不同的是，他的性格相对温和。巴西尔夺权的道路至少包括两次证据确凿的谋杀；罗曼努斯·利卡潘努斯也大量耍弄权术阴谋，但他的天性并非暴力或残忍。在他的死敌利奥·福卡斯被俘虏他的人刺瞎——这是十世纪的拜占庭帝国施加给叛乱失败者的常见肉刑——之后，他迅速表示了惊恐与厌恶，在他看来，大多数敌人只需流放即可。他那位年轻的女婿依然活着，这必然让他不悦——只要这位紫衣贵胄活着，利卡潘努斯家族就很难有建立王朝的可能。考虑到这个年轻人常年多病，下毒害死他而不引起怀疑应当也不算困难。在同样的情况之下，巴西尔必然会毫不迟疑地下手，但罗曼努斯不会如此。他也许会竭力取代这个小皇帝——事实也是如此，他把自己和自己的一个儿子提到了地位更高的位置，但他确实没有伤害自己的女婿——结果君士坦丁活得反倒比他们都久。

紫衣贵胄君士坦丁（920）

无论如何，对君士坦丁而言他的童年必然是悲哀的，充满了不确定与畏惧。父亲逝世，母亲被称为侍妾并被两度驱逐，他本人则不断被指控为私生子；当他信任的人被一个又一个赶走时，他也只能默认。这一切足以打垮一个多病且敏感的孩子，而他还是孤身一人，无人需要，无人喜爱，处在一个庞大而怀有敌意的家庭之中；十三岁时与这个家族的一个女孩（他几乎不认识她）成婚，情况也几乎没有什么改观。此后，必须指出，这场婚姻还是令人惊异地美满，夫妇俩的孩子最终继承了他们父亲的皇位。即使如此，青春期的小皇帝还是极度孤独且被忽视的。对他而言幸运的是，他身体上的虚弱在智力上得到了补偿，在学术与艺术上他兴趣广泛。他似乎画技高超，为这世界的一切奥秘着迷，不是把眼光限制在都城之中，而是放眼帝国之外。他愿意连续几天研究复杂的拜占庭宫廷典礼。尽管他的地位尴尬得难以忍受，却也给了他无尽的研究机会，而他的研究成果——《论帝国礼仪》（*De Ceremoniis Aulae Byzantinae*），也成了我们进行研究时最宝贵的参考资料。

141

第十章　温和的篡位者（920～948）

　　同样幸运的是，至少在他年少时，他既没有政治野心，也没有展露什么卫道士的勇气。他明智地不为自己的地位辩护。他的岳父把他排挤掉，自己成为顺位第一的皇帝，并在921年5月把自己的长子克里斯多弗（Christopher）也立为皇帝；还在奥古斯塔塞奥多拉于923年2月去世时，将克里斯多弗的妻子索菲亚（Sophia）加冕，以代替塞奥多拉出席典礼。过了两年之后，他又立另外两个儿子为皇帝，让帝国出现同时有五个皇帝的荒唐景象，甚至在927年将克里斯多弗的顺位提到第二位，让紫衣贵胄成为顺位第三的皇帝。而君士坦丁在这一切发生时完全没有出言反对。然而，沉默绝不等于不在意，他在此后的作品之中提及，每一次冒犯都伤害着他。但或许《统一之章》给他的伤害最深，还必须在每年7月的第二个星期日，在帝国的所有教堂之中的布道台朗诵一次，而且要进行从圣伊琳妮教堂到圣索菲亚大教堂的纪念游行，所有的皇帝以及牧首都要参加。然而在这些场合之中，君士坦丁都逆来顺受，做自己的分内之事。他清楚自己有一个最为重要的目标——存活。

　　"我的孩子，我们要给你传达一个好消息，这会让你的心和我们一样愉悦：上帝的教会再度统一了。"牧首尼古拉斯给保加利亚的西米恩的信中如此写道，告知他《统一之章》结束了他的派系与尤西米奥斯的派系之间的争议。西米恩根本没感到什么愉悦。他对拜占庭城中的那个教会不感兴趣，他想要的是城中的皇位，那个七年前几乎唾手可得的位置，在被罗曼努斯·利卡潘努斯占据之后，如今却显得如此遥远。新皇帝自即位之初便竭力恢复与这个惹是

142

生非的邻国之间的关系，他愿意支付岁贡，乃至割让土地来换取和平，但西米恩进行谈判的第一个要求是让罗曼努斯逊位，于是双方只得继续战斗。拜占庭帝国再度使用远交近攻的策略，挑唆与敌人相邻的其他势力发起进攻。这次他们找上了塞尔维亚人，当地的王公正竭力想摆脱保加利亚人的宗主权，他们欣然接受了帝国的礼金。但边境的压力无法长期消除。919年，西米恩率部南进，一路抵达赫勒斯滂海峡；921年，他返回卡萨斯尔泰，在那里已经能看到君士坦丁堡的陆墙；922年，他抵达博斯普鲁斯海峡的欧洲一侧，大败迎战的拜占庭军队，并将斯特努姆［Stenum，今伊斯廷耶（Istinye）］周边地区洗劫一空，还焚毁了皇帝在佩盖①的一座宫殿，而那是罗曼努斯最喜欢的地方；923年，他还夺取了亚得里亚堡，该城的长官莫罗莱昂（Moroleon）进行了英勇抵抗，被俘虏之后，愤怒的西米恩将他折磨死了。

但这些小胜利都不足以使他接近自己的最终目标。无论他在色雷斯造成何等的破坏，夺取或夷平多少城镇，君士坦丁堡的陆墙依然无法突破。因而在924年他进行了最后的突击，这次他从海上进军。他本人并没有舰队，但也许北非的

---

① 佩盖存在一些问题，希腊语的原意为"溪流"或者"源泉"。R. 雅南（R. Janin）的作品，即本书在君士坦丁堡地形学方面的主要参考资料（*Constantinople Byzantine*, Paris, 1950）中，提到这道城门外有一座同名的"溪流宫"——今称锡利夫里卡匹（Silivri Kapi），另外一座"溪流宫"则位于金角湾一侧，位于今卡斯姆帕萨（Kasimpaşa）。然而这两个位置都与《续塞奥法内斯编年史》的说法不完全一致，此书将佩盖与博斯普鲁斯海峡畔的斯特努姆联系起来。是有第三处同名的宫殿，还是雅南的说法有误呢？

法蒂玛哈里发①可以把舰队调来与他一同进攻，而他也派出
使团到马赫迪耶（Mahdiya）进行谈判。谈判之初进展顺
利，法蒂玛一方决定与西米恩亲自商谈，但当使团带着阿拉
伯人的谈判代表返航时，他们在海上被拜占庭的卡拉布里亚
巡逻舰队截获，随即在严密看守之下被押解到君士坦丁堡。
保加利亚人随即被全部囚禁，但老练的外交官罗曼努斯给这
些阿拉伯人大量的礼物，向他们的哈里发许诺签订和约并支
付岁贡，这比从西米恩那里得到的利益更有保证。

西米恩提议会谈（924）

这个不幸的消息是什么时候、如何传达到保加利亚人的
宫廷，我们不得而知，也许在 924 年盛夏西米恩率领大军进
入色雷斯时——此时至少是第十次了——他还在期待着法蒂
玛哈里发的舰队开进马尔马拉海。若确实如此，他要失望
了。无论如何，他都改变了策略。按照惯例，他可以再度开
始掠夺周边的乡村地区，但他没有这么做，而是派信使进入
城中，要和自己的老朋友——君士坦丁堡牧首会谈。

老迈的尼古拉斯——他已经七十二岁，而且健康每况愈
下——再度拖着沉重的步伐，从城的内侧走到外墙边，一道
城门谨慎地打开，让他得以出城来到保加利亚人的营地。但

---

① 法蒂玛家族信仰什叶派，他们自称是先知女儿法蒂玛和丈夫阿里的后
代。909 年，家族成员阿布·阿卜杜拉赶走了凯鲁万的阿拉伯王公，建
立了自己的独立政权，所谓"奥拜杜拉"（Obaidullah），自称马赫迪，
并不断挑战巴格达的阿拔斯哈里发的权威。在 969 年夺取埃及之后，法
蒂玛家族就此统治了埃及，直到 1171 年被萨拉丁终结。

这次他不是悄然出城，而是身边有几个显赫的朝官跟随，他面前的保加利亚国王也不像十一年前那么顺从了。西米恩决定不再和地位比自己低的人谈判了。如果牧首是出城谈判的话，皇帝为什么不来？他轻蔑地告知尼古拉斯，在他出城之后自己改变了主意。如果帝国想要和谈，那么他必须和罗曼努斯亲自商谈。

皇帝并不反对。他从来都是倾向于谈判而非战斗，他也决心要结束保加利亚人的频繁侵袭。然而谈判的安全问题依然存在。他并不信任西米恩，西米恩同样不信任他，两人也都不会忘记一个世纪之前，克鲁姆可汗与利奥五世谈判时发生了什么。于是皇帝下令在金角湾北端的葛斯弥迪乌姆（Cosmidium）① 建造了一个深入海中的码头，中央保留一道横断的栅栏。两人达成协议，西米恩将从陆地登上码头，罗曼努斯则乘自己的皇帝战舰前来。在他们会谈之时，这道栅栏将全程保持封闭。

这场会谈在 9 月 2 日星期四进行。② 西米恩来得颇为招摇，身边陪伴着大量的护卫，并浮夸地下令，在他抵达栅栏之前对周边进行全面的安全检查。罗曼努斯则在牧首的陪同下谨慎且克制地前来，身边带着全城最神圣的圣物——圣母的斗篷，他将这件圣物从布拉赫内宫的圣母教堂之中借出，

---

① 即今埃于普（Eyüp）。这个拜占庭村落的名称源自那里献给圣葛斯默（St Cosmas）与圣达弥益（St Damian）的大修道院。哀哉，这座修道院如今已荡然无存。

② 有关这场会谈的具体日期，乃至年份，都存在争议。我此处遵从斯蒂芬·朗西曼爵士的论断（*The Emperor Romanus Lecapenus*, pp. 246~248），他对这个在我看来近乎无法解答的问题进行了完整的论述。

作为这次会谈重要性的保证。在因交换俘虏而短暂拖延之后，两位君主终于得以面对面会谈了。

我们的资料全部是希腊语的，因此无一例外存在偏颇之处。然而几乎没有疑问的是，罗曼努斯掌控了这次谈判，他以典型的拜占庭方式向自己的对手发表了一段布道。他并没有像西米恩预计的那样屈膝求和，而是指出他也是基督徒，要求他在还来得及的时候，尽快改正自己的错误。罗曼努斯确实也提出增加岁贡，但只是在说教之中一带而过，许多听众可能完全没能注意到。对那些注意到的人而言，与其说这是妥协，倒不如说是出于仁慈的主动奉献，以拯救一个罪人的灵魂。

无论如何评价，罗曼努斯的表现都可谓机巧，其成果也远超皇帝与牧首的预期。罗曼努斯是和谈之中的弱势一方，所有人都清楚这一点，毕竟是他在向保加利亚人求和，而不是相反。此外，身为亚美尼亚人农民的儿子，他的出身也比西米恩低微——身为可汗家族的直系后裔，西米恩至少可以上溯至四代之前的克鲁姆大汗，甚至可以追溯到更远的贵族祖先。但在罗曼努斯发言时，他却带上了千年的罗马帝国的权威，相比之下，保加利亚不过是个暴发户，是一个还未摆脱野蛮的民族建立的年轻国家，而西米恩也清楚这一点。

在谈判之时，有两只鹰飞来，起初共同盘旋，而后突然分开，一只在君士坦丁堡的塔楼上盘旋，另一只则向西飞往色雷斯。所有目睹这一切的人都认定这是个预兆，其寓意不言自明。西米恩即使拼尽全力，也无法成为拜占庭城的主人，巴尔干半岛将留下两个统治者，不会只有一个。

145

西米恩撤军（926）

此后事态的发展也不难预料了。罗曼努斯提出的岁贡细节很快得到确认，和约要求每年提供一百件"绸衣"（scaramangia）——这种配有华贵刺绣的丝绸长袍即使在君士坦丁堡也是最为昂贵的奢侈品，西米恩则同意撤出帝国领土和他控制的黑海沿岸的堡垒。签约之后，他默然通过栅栏，骑上战马，返回家乡。他此后再也没有入侵过帝国。

他的性格并没有就此改变，此时的他年逾六旬，已经掌控三十余年的王位。可江山易改，本性难移，花豹纵使老去，身上的斑点也不会更易。然而他不再梦想掌控君士坦丁堡了，他在 925 年近乎悲哀地自称"瓦西琉斯"，自封"罗马人与保加利亚人的君主"，做出这样轻率幼稚、与国家领袖不相称的举动，在某种意义上也是承认失败。正如罗曼努斯那完全在情理之中的讥讽，他就是自封巴格达哈里发也没人去阻拦。次年，作为一种同样无力的抵抗，西米恩最终宣称保加利亚教会独立，将保加利亚大主教立为牧首。尼古拉斯若是看到这场噩梦成真，也许会惊恐万状，但他早在 925 年 5 月已经逝世，而其他人对此似乎都不怎么在意。君士坦丁堡完全没有出言反对，我们难免会认为，这也许更让西米恩怒火中烧。

但他还是在试着无视君士坦丁堡，而把注意力转向西面的敌人，即塞尔维亚人和滨海的尚武国度克罗地亚王国。他轻易地击垮了塞尔维亚人，但克罗地亚王国击退了他，并在 926 年几乎全歼了保加利亚大军。西米恩此后再也未能

恢复，他被迫签订屈辱的和约，浑浑噩噩地进入次年的春　　146
季。此时，他的精神已然崩溃，927 年 5 月 27 日，幻灭而
失落的他就此逝世，享年六十九岁。①

和约（927）

西米恩留下了继承问题的明确安排。保加利亚的王位将
传给他第二次婚姻生下的三个儿子中的兄长——尚未成年的
彼得（Peter），② 而在他年少时，他的舅父乔治·苏尔苏布
尔（George Sursubul）将作为摄政者。然而摄政往往充满危
机，特别是在西米恩这样强势的领袖离世之后的摄政。乔治
也很快清楚，如果想要存活，他必须与拜占庭帝国达成更加
正式的和约，如果可能的话还要加上姻亲的保障。他派出使
节觐见罗曼努斯，后者欣然接受了他的提议，不久之后双方
便在边境城市墨森布里亚进行会谈，并迅速达成了协议。皇
帝和他的随从们随后返回君士坦丁堡，保加利亚的代表团也
一同前往。在那里，乔治欣喜地见到了年轻的玛丽亚·利卡
潘努斯（Maria Lecapena），即罗曼努斯的长子克里斯多弗的
女儿。在试探性的和谈得到了有利的回复之后，他立即给自

---

① 拜占庭方的史料则宣称是他们导致了西米恩的死，而不是克罗地亚人。
《续斯基里泽斯编年史》声称占星家报告罗曼努斯，集会所之中的某个雕
像就是西米恩的"化身"。在那尊雕像被斩首之后，西米恩也立即死去了。

② 西米恩首次婚姻所生的儿子米哈伊尔（Michael）出于某个不得而知的
原因进入了修道院。彼得的两个同胞兄弟之中，幼弟本杰明
（Benjamin）成了巴尔干狼人那漫长而恶名远扬的家系之中的最早成
员——也确实是身份最高的成员。"他如此精于魔法，以至于可以在他人
面前突然化成狼，或者其他野兽。"（Liudprand of Cremona, *Anopodosis*,
Ⅲ, 29.）

己的外甥送信，要他一同前来。

这场皇室婚姻——这是五百多年来，拜占庭城中的公主第一次出嫁到帝国之外——在 10 月 8 日于佩盖的宫殿中举行，而此时距离西米恩逝世仅仅过去了四个半月。牧首斯蒂芬二世（Stephen Ⅱ）——他在 925 年接替尼古拉斯，而皇帝的儿子塞奥菲拉科特时年八岁，年龄太小以至于不能任职——主持婚礼并祝福新人。为庆祝和平，新娘也改名为伊琳妮（Irene），而后短暂返回君士坦丁堡（也许是因为某些妇科问题），彼得则在佩盖等待。三天后她返回新郎身边，参与奢华的婚宴。然后她流着泪——此时的她和她的丈夫一样，仍然没有成年，完全不清楚在自己即将前往的蛮族土地上要过什么样的生活——告别了家人，带着大量的嫁妆往西北方行进。

编年史家似乎全部被奢华的婚宴吸引住了，而近乎完全没有讨论与此同时签署的和约的具体条款。其中应当只在领土划分问题上有一两处有限的改动，同时确认了付给彼得的岁贡数额——实质上这仅仅是对西米恩和罗曼努斯在金角湾达成的协议的再度确认，但如今名义上则是给玛丽亚（伊琳妮）支付的额外补助。一方面，如果她不在人世便不再支付；另一方面，其数额应当仅仅能够保证她能够按照拜占庭公主的方式过合宜的生活。① 最后，同时代的记载明确提及，罗曼努斯同意正式确认保加利亚牧首的独立地位，并承

① 这一说法来自斯蒂芬·朗西曼爵士的假设（*The Emperor Romanus Lecapenus*, p. 99），他认为——虽然有些不客气——这笔钱是"给拮据的女使节，或者帝国在保加利亚宫廷之中的间谍使用的"。

认彼得为"沙皇"（Tsar），即希腊语的"瓦西琉斯"。牧首区问题对他而言意义不大，此时已为既成事实，君士坦丁堡虽然对此不满，但至少除掉了保加利亚人最喜欢的一个敲诈筹码，即臣服于罗马。"瓦西琉斯"问题则更难接受，然而实际上，这一问题被直接无视了，在紫衣贵胄君士坦丁于945年掌权之前，君士坦丁堡的正式公文之中仅仅称呼彼得为"首领"（archon）。

罗曼努斯是个实用主义者。他签署的和约清晰地说明，虽然与保加利亚的战争没有决出胜负，但保加利亚人还是占了上风。也许靠着耐心与持续的外交，他能够获取更为有利的条款，但这样做并不值得。为了迅速获取无异议的协议，并以姻亲保证与保加利亚的同盟关系，他愿意受一些羞辱。在他统治时期的最初四年之中，他需要同时抵御两场叛乱（分别发生于阿普利亚和东北边境的查尔迪亚军区）以及不时出现的新阴谋，无法支付如此高昂的费用，但此时的他地位已经稳固。所有反对他的政府官员与宫廷官员都被流放到远方或送进修道院，所有要职均已被他的支持者掌控。海军全部支持他，大批陆军也是如此。教会在一个卑屈的新牧首掌控之下也不会发难。罗曼努斯本人不但是加冕并受膏的皇帝，更是一个人丁兴旺的皇室家族的族长。他的潜在对手，以及自己的女婿，也已经完全处于他的控制之下。他终于安全了。

更重要的是，在西米恩死去一两年之后，保加利亚的耗竭迹象已经显而易见。若不能夺取拜占庭城，这个国家便无法成为真正的大国，但拜占庭城依然牢不可破。西米恩别无

148

185

选择，只得一次次撤兵离开，只能在与巴尔干半岛上以及草原上的其他部族的作战之中拖耗，而在这样的战争中他无望胜利。年轻的彼得，除了成为拜占庭皇帝的女婿之外，完全没有继承他父亲的勃勃野心。尽管他在道德上更胜一筹——他的许多臣民把他当作圣人看待——事实上他却是个柔弱且平庸的统治者，在四十二年的统治时期中从不知如何掌控他的波雅尔贵族们，更无力让他的国家维持稳固。就此，在这半个世纪之中，保加利亚不再对帝国构成威胁。直到一个新的君主代表一个新的王朝出现时，保加利亚才得以再度挑战君士坦丁堡的权威，成为一个值得一决胜负的对手。

库尔库阿斯的征战（934）

与保加利亚的和平终于让罗曼努斯·利卡潘努斯得以将军力聚集到东部——对帝国而言，这一地区对帝国正常运转和国家安全的重要性都远高于巴尔干半岛。这里有最富裕的农庄与最肥沃的田野，拥有近乎无穷无尽的人力资源，几个世纪以来都在稳定地为帝国提供坚强的战士。最重要的是，这里是基督教世界的前线，整个欧洲都要依赖这里的稳固与坚实。

大约在 900 年，利奥六世吞并了亚美尼亚小王公特克斯的曼努埃尔（Manuel of Teces）的土地，以这块土地为基础，也许加上了一两个周边城市，他建立了一个新的军区，149 即美索不达米亚军区。[①] 除了这个不怎么重要的例外，帝国

---

① 并非"美索不达米亚"的原意（两河流域）所指的那个地区。此处所指的"两河"并非底格里斯河与幼发拉底河，而是幼发拉底河的两条主要支流。

的东部边境在他逝世时已经近乎两个世纪没有改变。双方的掠夺行动早已成了惯例，而若是某一年的夏天之中，任何一方都没有对另一方的土地发动陆上或海上的远征，反倒成了新鲜事。但这些远征，尽管部队规模往往可观，但目的仅仅是掠夺战利品，而不是拓展领土，而且大多没有带来任何长期影响。

尔后，923 年，拜占庭帝国最为出色的将军之一成为帝国陆军的最高指挥官。约翰·库尔库阿斯（John Curcuas）——有些资料用他的教名古尔根（Gourgen）称呼他——和皇帝一样是亚美尼亚裔，祖籍是亚美尼亚最北方的地区，即今格鲁吉亚。就现存的资料来看，两人是老朋友，罗曼努斯起兵夺权时，在都城集结人员的任务就主要由库尔库阿斯执行。在接下来的二十几年之中，整个帝国为罗曼努斯服役的人里面，没有人比他更为忠实且勤恳。在他获取指挥权的第一年，最出色的胜利却来自海军而非陆军。的黎波里的利奥，那个十九年前摧毁塞萨洛尼基的叛教者最终被击败。924 年，为与西米恩作战，罗曼努斯和哈里发签订了两年的和约。但自 926 年起，随着保加利亚人的问题解决，他终于开始对阿拉伯人作战。接下来的十八年之中，东部那漫长且悬而未决的战争态势终于开始全面改变。在萨拉森人的征服时代之初，穆斯林便牢固地掌握着战争的主动权，在他们最初的侵袭结束之后，他们再没有达成什么重大的进展。尽管在上个世纪，米哈伊尔三世在位时，帝国取得了几次重大胜利，但依然没有对传统上由萨拉森人控制的土地发动大规模的入侵。在库尔库阿斯军事行动的最初六年中，他的主要目标是巩固帝国在亚美尼亚的主权，并在 932 年夺取了曼齐刻尔特——这座城市此后在拜占庭历史之中留下了可怕的一页。在库尔库阿斯夺取了这座城市和佩尔克里（Percri）、克拉特［Khelat，今阿赫拉特（Ahlat）］以及其他凡湖以北及周边地区的城镇之后，他便得以控制进入亚美尼亚中部的道路，可以进入更南边的瓦斯普拉坎（Vaspurakan）地区。仅在两年后，934 年 5 月 19 日，他完成了更大的胜利：夺取梅利泰内。这里也成为第一个并入帝国的重要埃米尔国。

150

接下来的几年之中他却没有取得什么战果，这在很大程度上是因为强势的摩苏尔（Mosul）埃米尔，哈马丹家族的赛义夫·达夫拉（Saïf ed - Daula），即"帝国之剑"，发动了一场反攻。940 年，赛义夫已经让库尔库阿斯颇为紧张，事态本有可能急转直下，但巴格达的一场危机把他召回了自己的都城——此时的阿拔斯帝国正在迅速瓦解。对拜占庭帝国而言，他们的好运甚至超过了他们的预料，因为若是埃米尔继续保持压力，他们将更难面对次年夏天如同晴天霹雳一般的危机。

罗斯人的第二次袭击（941）

941 年，君士坦丁堡那些年迈的居民之中，也许还有人曾听父母讲过他们在八十一年前经历的那次恐怖（所幸时间不长）——罗斯人的掠夺。那时的罗斯人是原始且颇为混杂的力量，主要由斯拉夫人组成，在一个很可能来自北欧的封建领主率领之下前来。但在这段时间之中，他们确实得到了相当的发展。882 年左右，维京人奥列格（Oleg）从诺

夫哥罗德（Novgorod）向南，沿第聂伯河来到基辅，夺取这
里之后，他以此为都城创立了一个新的罗斯城邦。自此之后
城邦的贸易便不断发展，并在911年与拜占庭帝国皇帝利奥
六世签署了贸易协定，罗斯的商人能够在君士坦丁堡得到一
定的优先权——当然也包括一些保证条款。斯拉夫编年史
家，所谓的内斯托尔（Nestor）——尽管这个名字有误——
认定这个贸易协议的签署是因为奥列格发动了一次水陆并进
的大规模远征，带着两千艘舰船和不计其数的部队在四年
前，即907年抵达君士坦丁堡。他还声称在作战时奥列格把
船只装上轮子，拖上佩拉山（Pera），然后拖下山进入金角
湾，正如穆罕默德二世在1453年时所做的那样。这次突袭
在其他任何资料之中都不曾出现，基本可以肯定是伪造。可
以确定的是奥列格于次年逝世，基辅大公由留里克（Rurik）
之子伊戈尔（Igor）继任。但伊戈尔在941年6月初派出的　151
大规模舰队确有其事。

　　此时的希腊编年史家记载称罗斯人的舰队之中，舰船数
量为一万艘，甚至一万五千艘；克雷莫纳的柳特普兰德
（他的继父那时是君士坦丁堡的意大利使节，应当能够给他
提供这一事件的一手信息）的记载则认定为"一千艘以上"
（mille et eo amplius），此说法应当更为可信。无论如何，当
罗曼努斯从已成盟友的保加利亚人那里得知罗斯人进军的消
息时，他的心无疑沉到了谷底。他的陆军正在帝国东部作
战，他的舰队则分别在地中海与黑海活动。他立即给陆军和
海军发出加急信，下令他们立即返回。与此同时，城中的造
船厂夜以继日地工作，想要把都城最后那点可怜的海军力量

整备出来——十五艘旧战舰的船体，它们早已被扔在垃圾场，但所幸尚未被拆毁。这十五艘旧舰船上安装了希腊火发射器，在首席典衣官（protovestiarius）塞奥法内斯（Theophanes）的指挥之下来到博斯普鲁斯海峡北端封锁海面。塞奥法内斯来得正是时候，6月11日早晨，罗斯人的舰队便出现在海平面上。他立即发起了进攻。

对希腊火在拜占庭历史之中的重要性，很难下一个过誉的评论。在不计其数的海上作战之中，希腊火一次又一次将必败战转化为胜利。对萨拉森舰队而言，这一武器实在是太熟悉了——尽管他们还没有找到什么有效的应对方式。对罗斯人而言，这却完全出乎他们意料之外。在先头的舰船起火燃烧之后，余下的舰船便仓促逃走，离开博斯普鲁斯海峡入口，向东沿比提尼亚地区的黑海沿岸航行。他们在这里武装登陆，对滨海城镇和村庄发起进攻，宣泄他们被挡在都城之外的愤怒与沮丧，给当地人带来了不堪入目的恐怖。据称他们对教士格外凶狠，一些人被当成箭靶射杀，其他人则更为不幸，被铁钎刺穿了头骨。

这些恐怖活动持续了许多个星期，但亚美尼亚坎军区的将军巴尔达斯·福卡斯（Bardas Phocas）率所部的征召部队迅速抵达这一地区，并尽可能地限制了这些掠夺者的行动，为库尔库阿斯的主力部队铺平了道路。舰队也在全速赶来，每一中队抵达之后也和塞奥法内斯一样立即发起进攻。不久之后，罗斯人便被迫防御了，他们的主要目标已经失败，秋季即将到来，他们急于起航返回家乡。但此时为时已晚。拜占庭人的舰队已经挡住他们逃往开阔海域的道路，并在逐渐

152

第十章 温和的篡位者 (920～948)

抵近。9月初，他们向西北方向发动拼死一搏，想要突入色雷斯，而塞奥法内斯再度先他们一步抵达。突然之间，如内斯托尔的编年史所说，海面上满是"飞起来的火焰"，罗斯人的船只如同木柴一般燃烧着。船上的人纷纷跳入海中，但他们也没有什么希望。一些人被沉重的盔甲直接拖到了海底，更不幸的人则在漂浮着燃油的海水之中被活活烧死烫死。只有极少数人从这个地狱之中逃走，把灾难的消息带给他们的君主。君士坦丁堡则陷入了狂欢，塞奥法内斯得到了英雄一般的欢迎，并被当场提升为内廷总管。罗曼努斯首次毫不留情地处理了罗斯俘虏——考虑到他们所制造的杀戮，这也不足为奇。按照柳特普兰德的记载，他们都在他的继父面前被当场处决——尽管这位和平使节为何要前来观看这样的血腥场面，却没有得到解释。①

罗曼努斯与罗斯人的征战还没有就此结束。三年后，伊戈尔再度发起进攻。这次他水陆并进，动员了他统治的每一个部落的武装力量，还雇佣了大批佩切涅格人。皇帝一如既往收到了警报。保加利亚人向他通报了敌军陆军出征的消息，克里米亚的赫尔松的居民则送来了令人窒息的报告，称敌军舰船规模之大甚至足以覆盖整个海平面。罗曼努斯若是可以避免战争，便会设法避免。他此前确实大获全胜，但为此付出了相当的流血牺牲，遭受了不小的破坏，而且此时他的陆军依然在美索不达米亚，这次他们离都城的距离比上次

---

① 虽然柳特普兰德在罗斯人部队规模上的记载可能更接近事实，但必须提及，他的记述并非全然可信。

还要远。他不知道这些部队能否及时返回，更不愿意终止这
153 次格外成功的远征。他决定派信使与率领陆军的伊戈尔和
谈，意图达成协议。他们在多瑙河与大公会谈，并颇为轻易
地达成了协议，给佩切涅格人的打赏也让他们心满意足，他
们乐于在保加利亚掠夺。

与罗斯人的协议（942）

次年春季，一个来自基辅的使团前来商讨新的政治与贸
易协议。最终起草的条约之中，一方以伊戈尔的名义，另一
方则以罗曼努斯以及其他所有共治皇帝的名义——内斯托尔
的编年史一字不差地记载了条约全文。条约规定了两国之间
贸易的一系列细节，双方拥有的权利与需要履行的义务，以
及双方的商人在对方的土地之上所享有的特权。比如第二条
便规定罗斯人若是要进入君士坦丁堡，每个团体的人数就不
得超过五十人，不得携带武器，且必须有帝国的代表陪同；
任何价值超过五十"佐罗尼克"（zolotniki）[1] 的交易需要申
报并纳税。其他条款则涉及对逃亡奴隶的处理，引渡问题，
罗斯人或拜占庭人在对方领土上犯罪时的处理，以及在遭遇
第三方势力威胁时，缔约双方的一方应当立即为另一方提
供尽可能的援助。在皇帝签署条约之后，罗斯人返回基辅，
一名帝国的谈判代表随行，以在大公同意的条约修订版上
签字。双方都为这一成果感到满意，他们也应当如此。罗

---

[1] "佐罗尼克"的大概价值，在讨论罗斯俘虏赎金的条约第五条中得到了
体现。健全的年轻男子或美貌的女子价值十佐罗尼克，中年男女价值八
佐罗尼克，老幼则价值五佐罗尼克。

斯人和拜占庭帝国之间的关系就此保持了二十多年的平稳安定。

在 941 年摧毁罗斯人舰队之后，约翰·库尔库阿斯立即率部返回了东部。他欣慰地发现他离开时的阵地依然完好无损，他的劲敌赛义夫依然在巴格达为濒于崩溃的哈里发统治而奔波，而他似乎完全可以进行一次无人干扰的进攻。因而在 942 年年初，他突入阿勒颇地区，尽管没能夺取该城，但还是掳走了大批俘虏，据阿拉伯资料称他掳走了一万到一万五千人。盛夏时节，他率部返回帝国领土，休整部队，整备装备并储存粮秣，并在秋季时——叙利亚的天气与亚美尼亚不同，全年都可以行军作战——再度发起进攻。他顺时针绕过了凡湖，随即向西攻击底格里斯河河畔的坚固堡垒城市阿米达①。随后他折向东南进攻尼西宾（Nisibin），而后再向西折向埃德萨。

埃德萨早在第一次穆斯林征服之时便于 641 年陷落了，但一直以来可贵地保持着基督教城市的身份。五世纪时，在以弗所大公会议之后被帝国驱逐的聂斯脱里派②曾来到这里避难，此后，受迫害的基督一性论派也在这里得到了庇护。然而对于十世纪的东方基督徒而言，埃德萨最著名的还是城中的两件无价之宝：生病的国王阿布贾一世（Abgar Ⅰ）在请求耶稣基督前来治疗他之后收到的基督的回信，以及神秘

154

---

① 这座城市壮观的中世纪城墙几乎全部保留至今，总长度超过四英里。基本可以肯定北侧的哈尔普特门（Harput）上的巨大伊斯兰浮雕是在 910 年完成的，此时这一浮雕应当已经存在三十多年。
② 见第一卷。

地印在一块布上的耶稣肖像。① 这两件圣物实际均属伪造，布上的肖像在五世纪之前从来未见于任何记载，而那封信早在494年便被教皇杰拉斯（Gelasius）证实为赝品。但传说依然存在，而十世纪时城中至少已有三块布，雅可比派、聂斯脱里派和麦勒卡派均拥有一块，且均自称自己所有的那块是真品。②

　　然而在库尔库阿斯看来，这圣物只有一件，而他决心要拿到这件圣物。他随即向城中居民提出和谈，愿意释放全部俘虏来交换这块肖像布。埃德萨随即陷入困境。城中人大多是虔诚的穆斯林，但伊斯兰教认为耶稣是"接近神"的人，因此他的肖像也是神圣的。他们回复称这样的重大决策必须禀告哈里发，由哈里发来决定。将军愿意暂时休战等待哈里发的回复吗？库尔库阿斯同意了，毕竟他可做的事还有很多。接下来的一年之中他大部分时间都在美索不达米亚破坏，并夺取了达拉和拉斯艾因（Ras al-Ain），还抓了一千俘虏，而后返回埃德萨等待。

罗曼努斯失势（944）

　　944年春，埃德萨的居民等到了答案。此时已经没有拯救这座城市以及城中居民的其他方法，哈里发因而同意交出

---

① 这应该是圣维罗妮卡传说的来源，而这个传说直到十四世纪才成形。之后这块印有肖像的布便被十字军带到法国。与都灵裹尸布颇有类似之处。

② J. B. 西格尔（J. B. Segal）对这封信和肖像布进行了最为详尽的研究，见 *Edessa, 'The Blessed City'*, Oxford 1970。此书也对这座令人着迷的古城的其他方面进行了讨论。

肖像布。在隆重的典礼之中，这件圣物从城中取出，庄严地
交到了库尔库阿斯的手中，他立即将它在严密护送之下送到
了君士坦丁堡。8 月初，他送到了博斯普鲁斯海峡的亚洲一
侧，内廷总管塞奥法内斯在那里等待，并亲自携带这件圣
物，交到在布拉赫内宫等待的皇帝那里。几天之后，在圣母
安息节①的盛宴上，圣物庄严地通过金门进入都城。三位依
然在世的年轻皇帝——克里斯多弗于 931 年病故，罗曼努斯
因病不能出席——和牧首一同正式接受了圣物，并以凯旋式
的典礼穿越城区来到圣索菲亚大教堂。然而记载提及典礼之
中出现了两个尴尬的事件。其一是罗曼努斯的两个儿子根本
没有认出这块布上的肖像是基督——紫衣贵胄当然能轻易认
出；其二是一个所谓的疯子在人群之中突然高喊了一句：
"君士坦丁堡！接受荣耀与祝福吧！君士坦丁！接受皇位
吧！"

　　事实上，这句规劝算不得"疯"，听到这句话的人中，
大多数人也应当同意。现在，看上去利卡潘努斯家族的好日
子要到头了。罗曼努斯已经不复当年，年逾古稀的他和许多
先辈一样，与僧侣们共度的时间比与官员们共度的时间还
多。他对国务的掌控愈发松懈，愈发陷入病态的虔诚。他相
信自己行将就木，而他也不再清醒了。他确实是位勤政的皇
帝，也可谓成功，但他确实没有获取皇位的正当理由，而是
靠虚伪与欺骗窃据皇位，并在这二十多年间把合法的皇帝排

---

① 原词"Dormition"的原意即"入睡"，是东正教教会对 8 月 15 日的圣
　母升天节的称呼。

挤成了名义上的统治者，而把他那几个无能的儿子立为皇帝。

156　　他们也确实无能，至少在世的那两个如此。长子克里斯多弗曾经颇有前途，如果没有去世的话足以继承他的父亲。但他的两个兄弟——斯蒂芬（Stephen）和君士坦丁（Constantine）①却因为淫荡与腐败而恶名远扬，他们还灾难般地热衷阴谋。943 年，他们已经攻击约翰·库尔库阿斯——他们颇莫名其妙地嫉妒他的权势与风头——并成功阻止自己的父亲让他的外孙罗曼努斯（Romanus，紫衣贵胄君士坦丁和海伦娜的儿子）与库尔库阿斯的女儿尤弗洛斯内（Euphrosyne）成婚，即使库尔库阿斯非常想要促成这场婚姻。次年年末，他们更是迫使罗曼努斯把这个世纪之中最成功的将军从那次连连取胜的远征之中召回，而让他们的亲戚潘瑟里奥斯（Pantherius）取而代之——而此人的全军几个月之后便被彻底击溃。

老皇帝对自己的儿子们言听计从，足以说明他已经衰朽不堪。他虽然和大部分海员一样迷信，也没受过什么教育，但他的成功是靠坚持不懈的努力、坚定不移的信心以及足够可靠的理智才得以达成的。但现在这一切似乎都消失了。畏惧死亡的他如今只考虑一件事：拯救自己的灵魂。在一大批神学顾问的鼓动之下，他越来越迫切地想要寻求拯救。他一度免除了君士坦丁堡之中的所有租金，并将所有欠款一笔勾

---

①　吉本称他为君士坦丁八世（Constantine Ⅷ）。但近年的史学家认为他不足以被称为皇帝，而称巴西尔二世的兄弟与共治皇帝为君士坦丁八世——虽然，如下文所述，后一位君士坦丁比前一位也好不了多少。

销，而这给帝国的财政带来了惊人的压力；他还下令将所有不肯立即接受正统信仰的犹太人和亚美尼亚人赶走。在这悲哀的最后岁月之中，他唯一理智的举措便是立下遗嘱，其中确立紫衣贵胄君士坦丁的地位高于他自己的儿子，并就此保证自己死后，他们也不会掌权。

　　遗嘱本身的内容确实可谓理智。然而在公布这一遗嘱的问题上，罗曼努斯犯下了一生之中最大的错误之一：他让自己的儿子清晰地意识到，除非他们立即完成决定性的举措，否则他们便彻底失败了。考虑到他们此前所做的一切，若是 157 君士坦丁掌权，他们要落得什么下场呢？流放？阉割？被迫成为修士？甚至也许更恶劣。现在的选择只剩下一个：发动政变。944 年圣诞节五天之前，在政府机关午休时，这两个利卡潘努斯家族的年轻人和他们的支持者溜进圣宫，并迅速来到老皇帝的病榻之前。当他们带走他时，老皇帝没有反抗，任由他们把自己送到布克里昂，送上一艘小船。几分钟之后，罗曼努斯便开始了往王子群岛中距离最近的普罗蒂岛（Proti）的旅途，而城中没有发出任何警报。他在那里被剃度，被迫发誓成为僧侣——其实也许他也乐于落得解脱。

支持君士坦丁的呼声（944）

　　此时他的儿子们已经返回大陆，君士坦丁堡全城人都急于得知结果。没有人太在意罗曼努斯怎么样了，他并没有遭到虐待，而且虽然他受欢迎，但城中人没忘记他窃据皇位的事。此时所有人都在谈论紫衣贵胄君士坦丁。他在哪里？不久之后，愤怒而起疑的居民便聚集到了皇宫之外。君士坦丁出现在窗口，他看起来安全而略有些头发凌乱，[1] 看到此景之后人们才散去了。

此时发生了一些政变者从来都没有想到的事，君士坦丁本人应当也没想到：君士坦丁是受臣民爱戴的。他从来都不主动争取他们的支持，相反，他被蓄意雪藏，仅有国家典礼必须出席时，他才能够和公众见面。但关键问题不在于此。他有另一个其他几位皇帝都没有的优势——合法性。身为智者利奥的儿子、伟大的巴西尔的孙子，又是紫衣贵胄的他，是拜占庭城之中唯一合法的皇帝。至于利卡潘努斯家族，不过是篡位者而已。他们所谓的臣民早已厌烦他们。

两兄弟此时才发现自己严重误算了。他们打算在时机合适时用解决自己父亲的手段，把君士坦丁也解决掉。但在如此强大的公众意愿面前，这已经不再可能。他们因此采取了唯一可能的手段：勉强且不情愿地正式承认君士坦丁为第一顺位的皇帝。这种共治关系自然颇为不安，紫衣贵胄与利卡潘努斯家族都尽可能在重要职务之上安插自己的支持者。若是只有他一人，温和且避世的君士坦丁也许会维持现状——即使他愿意如此，现状也不太可能维持多久。但他的妻子海伦娜坚定得多。二十五年来，她忠实地为自己的丈夫与自己

---

[1] "头发凌乱"（Crines solutus）见于柳特普兰德的记载。但为什么呢？也许他与人争斗了？（其他一些编年史作品，如大约在十一世纪末成书的《斯基里泽斯编年史》，认定君士坦丁七世挑唆了罗曼努斯的儿子发动政变。按这一说法，君士坦丁的"头发凌乱"或许是假装仓促前来，表明自己对政变一无所知，进而与不受欢迎的二人撇清关系。——译者注）

的家人对抗，而现在她全力请求他及时采取行动。他动摇了一小段时间，但不久之后便收到了一个他无法忽视的消息：他的妻舅们打算谋杀他。他不再犹豫，在海伦娜的催促下下达了命令。945年1月27日，与他共治的两位皇帝被逮捕，送到普罗蒂岛剃度，陪伴他们的父亲。按照希腊编年史家的记载，这个老人用以赛亚的一句极其合宜的话来迎接自己的儿子们："我把孩子抚养长大，他们竟背叛了我！"[1] 然而柳特普兰德的继父、主教西格弗里德（Sigefred）此时依然在君士坦丁堡担任意大利国王于格（Hugh）的使节，他和来自罗马、加埃塔（Gaeta）和阿马尔菲（Amalfi）的代表在五个星期之前都明确表示支持君士坦丁，柳特普兰德就此留下了一段更具宗教意味的记载。

当他们的父亲罗曼努斯得知他们抵达的消息时，他感谢上帝，并欣然走出修道院大门迎接他们，高喊着："多美好的一刻啊，陛下竟然来到我低贱的住所了。我因为溺爱孩子才被赶出宫中，而我想，若是如此，你们在宫中怕是也留不久了。幸好你们提前把我送到了这里，我和同道们以及为基督奋斗的士兵们整天都只在意灵魂。如果熟悉繁文缛节的我不在这里的话，他们便不知道要如何迎接皇帝了。这是备好的凉开水，此时已经如哥特的雪一般冰凉；这是新鲜的软青豆，以及刚刚采摘的韭葱。你们不会得到鱼贩子出售的那些让人生病的

---

[1] 《以赛亚书》，1：2。

食物，患上那些因为我们频繁的斋戒而生的疾病。① 我们狭小的住所无法容纳大批招摇的随从，但对因为不肯抛弃自己年迈的父亲而特意前来的二位陛下而言，应当是足够了。"②

159　　这个老人若是确实如此回应，他这两个不孝的儿子得知自己要被送出普罗蒂岛时，也许还能松口气。但他们的妹夫为他们的未来进行了考虑，他明智地把两人分开了。斯蒂芬被送到马尔马拉海中的普洛克尼苏斯岛（Proconnesus），而后转往罗德岛，最终送到莱斯沃斯岛；他的兄弟在特内多斯岛（Tenedos）短暂停留之后，又被转往萨莫色雷斯岛。在利卡潘努斯家族之中，依然掌权的就只剩下皇后海伦娜、牧首塞奥菲拉科特，以及远在保加利亚的王后玛丽亚（伊琳妮）了。③

罗曼努斯公开认罪（946）

老皇帝则留在他的修道院之中，在祈祷与忏悔之中度日。他的良心依然不能安生，恐怖的噩梦仍然让他难以安眠。在一场噩梦之中，他看到自己和儿子君士坦丁与赫拉克利亚主

① 虔诚的基督徒在斋戒时不能吃肉，但可以吃鱼，而在临海的君士坦丁堡，海鱼相对容易获得，而且价格远比肉类便宜。然而由于大量摄入高蛋白、高嘌呤的鱼类，君士坦丁堡的居民频发痛风。从罗曼努斯一世这段话来看，同时代的医学家或许已经注意到大量摄入海鱼与痛风之间的联系。——译者注

② Anapodosis，Ⅴ，23.

③ 然而此后，克里斯多弗的儿子米哈伊尔（Michael）还是担任了宫廷政务官，得到了朝政大臣的官阶；君士坦丁·利卡潘努斯的儿子——在被阉割之后——也官至显贵。

教一同被赶入地狱，直到最后一刻，圣母向他伸出手，让他脱离地狱，另外两人则没能得到拯救。几天后，他得知两人都在那个夜晚死去——君士坦丁打算逃离软禁地，他杀死了自己的看守，但随后被其他警卫砍杀。罗曼努斯被这场梦，以及此后发生的灾难般的事吓倒了，他公开认罪并表示自责。946年，耶稣受难节的星期四，三百多名僧侣从帝国各地赶来，据说还有从罗马来的代表。他们吟唱着《愿主垂怜》（Kyrie Eleison），这位老人则一条一条列举着自己的罪行，为每一条罪行寻求宽恕。最终，在高阶圣坛之前，他遭到一个年轻教士的鞭笞与羞辱，而后才得以返回自己的修道院。记录他罪恶的书被送到了德尔莫凯特斯（Dermocaetes）那里，这个高尚的僧侣居住在比提尼亚的奥林匹斯山上的修道院中，他收到了一笔捐赠，目的是请求他和整个修道院进行两周的斋戒，为罗曼努斯的灵魂祈祷。他们也这么做了，据说随后德尔莫凯特斯听到了来自天堂的声音，确认他们的祈祷得到了同意。他把那本书——书页已经神奇地变为空白——送还给罗曼努斯，后者决定把这本书带进自己的坟墓。

此时，近乎不可想象的是，出现了一场阴谋。他的朋友、内廷总管塞奥法内斯和他的儿子塞奥菲拉科特①决心让　160

---

① 塞奥菲拉科特在幼年便被指定成为牧首，他最终在931年，在十四岁时得以成为牧首。这个无害但过于轻佻的年轻人没有给自己的父亲惹出什么麻烦，他在自己的两千匹马身上花费的时间远多于宗教事务。当他的母马分娩时，他会毫不犹豫地中断自己主持的仪式。如斯蒂芬·朗西曼爵士所说："他想要终结乐趣与虔诚之间的对立，想要以哑剧的形式来点缀教会的工作，但这遭到了非难，不过存世的记载之中提到的种种，依然足以令一个多世纪之后的正人君子惊讶。"他在牧首之位享乐了二十五年，直到956年在骑马时意外逝世。

他复位。更奇怪的是，据称罗曼努斯也支持此事。但由于实力太弱，这场阴谋在造成任何损害之前便被揭发了。牧首靠着自己的职位得以免于处罚，塞奥法内斯则被流放了，这位忠实的宦官若是多保持几天对皇帝的忠诚，也许不会落得如此悲哀的结局。罗曼努斯见证了自己老朋友的失势，但此时他的健康也每况愈下了。他于 948 年 6 月 15 日逝世，遗体被运回君士坦丁堡，在米雷莱乌姆（Myrelaeum）修道院与他的妻子合葬。

对罗曼努斯的评价（948）

他确实是个好皇帝，甚至可谓伟大。靠着阴谋诡计获取皇位之后，他以智慧与宽厚治理国家，并在二十多年之中将帝国引向新的方向。他之前的那些皇帝必须应对两个主要问题。其一是教会，它们在利奥六世不幸的晚年之中制造了一系列纷争；其二是保加利亚，他们接连不断的胜利最终让佐伊失势。罗曼努斯却近乎轻而易举地解决了这两个问题，而且使用的手段如出一辙：先让自己的敌人占上风，等待他们力量耗竭之后再保证他们无法重来。这一手段对牧首尼古拉斯相当有效，罗曼努斯不断恭维并迁就他，直到这个让人难以忍受的老人最终逝世。之后他先后扶持了两个傀儡短暂继任，最终将牧首之位传到了自己儿子的手中。这一手段对保加利亚人同样有效，他为此暂时牺牲色雷斯，因为他清楚君士坦丁堡此时稳如泰山，将来也难以撼动。在西米恩撒手人寰之后，他愿意进行各种各样的让步，乃至牺牲自己的女儿，只为彻底解决这个问题。

第十章 温和的篡位者 (920~948)

罗曼努斯的外交仅仅在东部没有用处。军事力量是这里唯一可行的手段，既然他没有在和保加利亚人的战争之中折损一兵一卒，他就得以把全部陆军和海军投入对萨拉森敌人的战争。必须承认，他可称幸运。首先是约翰·库尔库阿斯，罗曼努斯发现了这位能力格外出众的将军；其次是阿拔斯哈里发，如今他们已经没有实权。然而无论如何，事实上这是自伊斯兰教崛起之后，基督徒第一次成为进攻方。

在国内，在格外安稳的一个统治时期之中，罗曼努斯展现了他应对保加利亚人时展现的一系列品质。他无疑厌恶流血杀戮，而这一美德在这纷争激烈的岁月之中诚然罕见。他一次次流放了罪犯，而没有将他们处死，甚至对针对他本人的阴谋者也如此宽容。他的善良似乎是出于挚诚，在928年的寒冬，君士坦丁堡历史上最漫长也最寒冷的冬季，是他亲自安排了食物的紧急供应。他也愿为家庭奉献，但他在儿子们身上的奉献，似乎过犹不及了。

那么，他为什么不受爱戴呢？当他的儿子们背叛他时，为什么他的臣民无人抗议或出手相助呢？难道仅仅是因为他们厌恶篡位者吗？还是他的性格之中存在令人厌恶的因素？也许我们可以为这个谜团找到一些解释，毕竟罗曼努斯的美德与品质并没有出众到令公众崇拜的地步。他不是出色的军人，也不是出色的立法者；他在土地改革上的雄心并未达成长期效果，他对君士坦丁堡的市民也兴趣索然。他似乎很少在公众场合露面，也从来不在大竞技场观看比赛。简而言之，尽管他竭力为自己的臣民提供面包，却很少在有趣的方面受人瞩目。市民们往往直接无视了他，而当人们想起他时，也只能想起这个干练、安静而极为苍白的人一生中，最令人难以忘记的事：篡位。

如我们所知，他也没有忘记这一切。他记得清清楚楚，带着悔恨，他人生之中的最后几年在内心接连不断的折磨之中度过。这样的惩罚足够了，他尽管起初篡夺了皇位，此后却成功地治理了帝国。他人生最终得到了内心的安宁，罪业得到了赦免，也可谓欣慰了。

第十一章　学者皇帝（945～963）

他的性格之中缺乏力量，不可能干练而光荣地生活，而他闲暇时最热衷的学术，绝不是一个君主该做的正事。皇帝无视了实际情况，用死板的理论教育自己的儿子罗曼努斯如何管理帝国，他则沉浸在放纵与怠惰之中，把帝国的大权扔到他的妻子海伦娜手中，而她的反复无常，让每一个大臣都因选出一个更加无能的继任者感到后悔。但君士坦丁的出生与不幸让希腊人爱戴他，为他的失败开脱，尊重他的学识、无辜与仁慈，以及主持正义。他的葬礼上，他的臣民们衷心地以眼泪为他送行。

——爱德华·吉本，《罗马帝国衰亡史》，第四十八章

945 年年初，当紫衣贵胄君士坦丁解决了他的妻舅们，得以全权掌控拜占庭帝国时，他早已不是那个体弱多病的年轻人。他身材高大，肩膀宽阔，"像一棵柏树一样挺拔"①。他泛红的脸颊掩盖在浓密的胡须之中，浅蓝色的眼睛闪着光

162

---

① 《续塞奥法内斯编年史》，第六册。

芒，此时的他仿佛一生之中不曾病弱。在现代人看来，他确实明显超重，久坐不动与胃口极好的他难免如此，但十世纪时，人们并不认为壮硕是坏事，而三十九岁的人在那时当然算是中年人了。

君士坦丁的作品（945）

163　在这三十九年之中的三十六年时光里，君士坦丁只是个有名无实的皇帝。在这一时期，他全程没有参与任何帝国政府的管理，仅在必须时才得以与公众见面，此前的两章对其原因也进行了足够的讨论。然而他并没有浪费时间。他继承了自己的父亲智者利奥对书籍与学术的热爱，但他相比利奥有更多的时间去研究。他确实没能实现自己的宏愿，如他在自己所写的巴西尔一世的生平传记①的第一章所说，他希望完成拜占庭帝国的全史，但没能成功，甚至没能完成对马其顿王朝至此的全部记述。即使如此，他留下的作品规模依然相当可观。几乎没有哪位记述者对所处时代的情况留下了如此多的记载，而皇帝之中更是仅此一位了。

在祖父的传记之外，君士坦丁还留下了两部重要的著述。第一本是《论帝国礼仪》，这是一本讨论拜占庭帝国宫廷礼仪的百科全书，皇帝具体记述了每一场宗教盛宴，以及重大国事场合之下所要遵守的固定礼仪，涉及加冕礼、生日庆典、皇帝和皇后的洗礼与葬礼、高级政府官员与朝廷官员

---

① 据称，《续塞奥法内斯编年史》的第五册是他独自完成的。

的授职典礼，甚至还有大竞技场中的竞赛。他记载了需要穿着的服装，需要唱诵的赞美诗，军方和市民需要进行的欢呼，蓝党与绿党的各自职责——方方面面的安排都没有被遗漏或忽视。这本书，即使随意阅读几页，也足以感受到典礼令人窒息的繁复了。而皇帝们，无论是像巴西尔一世与罗曼努斯一世那样活跃勤政的人，还是像米哈伊尔三世与亚历山大那样热衷享乐的人，怎么可能忍受如此繁文缛节？在所有的压抑之外，书中也留下了对拜占庭宫廷生活的罕见剪影。那些镶嵌画、大理石、织锦、挂毯，以及头戴皇冠身着祭服的君主，都展示着新罗马的威望。

但皇帝不只是威望的象征，他也是庞大行政体系的首脑，掌控着一个领土依然从意大利南端延伸到高加索山脉边缘的广大帝国。君士坦丁清楚，自己的儿子罗曼努斯（Romanus）终有一天要掌控这么广大的国度。因此在952年，当这个年轻的皇子十四岁时，他开始创作一部新作品，其本质上是有关帝国管理的教科书，他将书定名为《君士坦丁致其子罗曼努斯》，但我们如今称之为《论帝国管理》（De Administrando Imperio）。他此前的一本书讨论了与帝国边境相接的地域，这一作品是那本书的扩充，加上了他对世界局势的分析，以及给这个少年的大量建议，以便在未来帮助他。值得一提的是，保加利亚人——这个三十年前的他一定要用最大篇幅讨论的势力，在此书中的讨论却极少。此时的显要位置留给了佩切涅格人，这个似乎人口无穷无尽，又如猛兽一般残暴的部族，此时是帝国潜在对手之中最可畏的。君士坦丁和他的岳父一样，本能反对任何不完全

164

207

必要的战争，《论帝国管理》之中也不建议与这个部族开战，而是截然相反。

在我看来，与佩切涅格人保持和平，对我国有极大益处。应当与他们进行会谈，签订和约，每年派使节带着价值与类型合适的礼物前去，并带着他们的保证人，即人质返回，同时要带回来他们的外交代表以及一名出色的大臣，来到我们这座神佑的城市之中进行谈判，并享受皇帝的客人应有的待遇。①

但如他在下文所述，这开销不少。

这些佩切涅格人贪得无厌，贪求他们部族之中任何不常见的货物，并会厚颜无耻地索取慷慨的赏赐……当帝国的使节进入他们的领土时，他们的第一反应就是索取皇帝的赏赐。在他们自己满意之后，他们还要为自己的妻儿老小再索取一番。②

然而皇帝还是要毫不犹豫地满足他们索取的一切，并保持风度。这样的开销终究是值得的。

然而对那些实力不那么强的势力，君士坦丁的态度则明显强硬得多。整体上，外国使节的数量要尽可能少。他们绝

---

① 《论帝国管理》，第一章。
② 《论帝国管理》，第七章。

第十一章　学者皇帝（945～963）

对不可以带走任何长袍或礼服，这些物品在异国之中价值甚高，拜占庭政府为此收到了不计其数的请求。同样，绝对不能透露希腊火的秘密。罗曼努斯应当拒绝所有联姻提议，因为君士坦丁大帝本人曾经颁布法令，认定皇帝的家人绝对不能与帝国之外的人成婚，唯一的例外只有法兰克人。[①] 在此处，他对自己岳父压抑已久的怨恨就此喷涌而出。

> 如果有人指出皇帝罗曼努斯本人安排了类似的姻亲，把自己的孙女嫁给了保加利亚的国王彼得，你应当回答称，罗曼努斯是个粗鄙的文盲，既没有在宫中接受过教育，幼年也没有生活在罗马人的传统之中。他并不来自皇室，甚至算不上贵族，因此往往傲慢且顽固。在这次婚姻之中，他既没有在意教会的反对，也没有遵守君士坦丁大帝的法令，而是傲慢且顽固地独断专行……他一生之中也因此颇受指责，也被元老院、人民与教会怨恨斥责，直到他人生终结时也依然如此，而这怨恨与斥责甚至在他死后，直到今天也依然存在。[②]

---

① 皇帝写下这么一句补充，很可能是单纯因为他的异母姐姐安娜，即利奥六世与第二任妻子佐伊所生的女儿，与普罗旺斯的路易三世（盲人）成婚；他的儿子罗曼努斯（也是这本书的预定读者）在五岁时便与意大利国王阿尔勒的于格的私生女贝尔塔（Bertha）订婚；此时的他又与奥托大帝的侄女巴伐利亚的黑德维希（Hedwig）订婚。

② 《论帝国管理》，第十三章。为了简洁明确，译文略有删节，但完全保持了原文中的态度。

名副其实的百科全书（945）

除了这几本书之外，还有一本《论军区》（*De Thematibus*），讨论帝国各省份的历史与地理。这些作品，至少绝大部分是皇帝亲手所写，文风也满是学者式的优雅精炼。然而，在大批书记员与抄写员的帮助之下，在其他任何一方面，他也得以摘录所有可以获得的书籍与文章，讨论战略战术、历史、外交、司法、圣徒传记、医药、农业、自然科学乃至兽医学。最终的成果是一本百科全书，这本参考书对帝国政府官员而言无疑有极大的价值，对其他有幸阅读这本书的人也是如此。这本书也显示了皇帝私人图书馆的藏书量，以及他本人的兴趣广博。记载提到他是个热情的收藏家，他不仅收藏书籍和手稿，也收藏各种各样的艺术品。尽管出身显赫，他似乎也颇擅长绘画，克雷莫纳的柳特普兰德称他的绘画水平颇高。最后，他也是一位慷慨的赞助人，赞助镶嵌画师、珐琅工匠、作家、学者、金匠、银匠与珠宝工匠。

因此，紫衣贵胄君士坦丁在十世纪的文学与艺术复兴，即所谓的"马其顿复兴"之中的核心地位，与其说源自他的皇帝身份，倒不如说是因为他的作家、学者、编纂者、收藏家、传记作家、画家和赞助人身份。但还有一个必须讨论的问题：他作为皇帝的政绩如何？按照吉本的说法，他近乎灾难；但吉本的资料来源是两份可信性不高的资料，即凯德莱努斯和佐那拉斯（Zonaras）的史料，而两人的记载均源自时代更早的《斯基里泽斯编年史》。但吉本似乎完全忽视了《续塞奥法内斯编年史》第六册的后半段，其中的记载截然不同。这段记载认定君士坦丁是出色、清醒且勤政的管理者，知人善任，在陆军、海军、教会、政府与学术职务上，他的安排不但颇具创见性，而且相当成功。他也发展了帝国的高等教育体系，对司法管理格外在意，会调查所有的不公指控，特别是穷人因此受损时，他本人也会亲自审查对长期监禁者的判决。基本上所有的记载都认定他的日常进食量远超身体所需，但他确实不是酗酒者。同样得到一致认定的是，他的脾气向来很好，对所有阶层的人都谦恭有礼，从来没人见他发怒。

萨克森人奥托（945）

考虑到君士坦丁对自己的岳父有如此的怨恨，他本能地青睐福卡斯家族也就可以理解了。在罗曼努斯发动政变之后，福卡斯家族就成了利卡潘努斯家族的死敌，而他们绝不能原谅利奥·福卡斯被公开羞辱、骑着骡子沿集会所示众的事。自此之后，他们便公开表示支持君士坦丁七世，皇帝也乐于回报他们的忠诚。他随即提升利奥的兄弟巴尔达斯·福卡斯，让他接替约翰·库尔库阿斯担任东部最高指挥官，并让巴尔达斯的儿子尼基弗鲁斯（Nicephorus）和利奥（Leo）分别担任安纳托利亚军区将军和卡帕多西亚军区将军。然而利卡潘努斯家族的成员之中，（除皇后海伦娜之外）他完全信任的只有一人，但那也是在那人被阉割之后。他是罗曼努斯的私生子巴西尔（Basil），他被任命为皇帝的内廷总管，还亲自指挥远征进攻难缠的赛义夫·达夫拉，并取得胜利。

167

与此同时，对外策略与内政方针依然保持不变。在对萨拉森人的战争上，君士坦丁决心保持压力。巴尔达斯确实难以比肩库尔库阿斯，但在他于953年受重伤之后，他的儿子尼基弗鲁斯接替他担任全权指挥官，并在四年后赢得了一场大胜，夺取潘菲利亚的阿达塔（Adata），并就此控制了托罗斯山脉的一个重要山口。帝国在958年再度取胜，同样出色的年轻将军约翰·齐米斯西斯夺取了幼发拉底河河畔的萨莫萨塔（今萨姆萨特）。若是加上击败克里特岛上的萨拉森人，功绩也许就会更为完全，而皇帝期望与日耳曼国王萨克森的奥托，以及（颇出乎意料）科尔多瓦的倭马亚哈里发组成一支联军。但949年的远征，结果近乎溃败。①

这场远征的指挥官，宦官君士坦丁·贡吉勒斯（Constantine Gongyles）至少要负一定的责任，但此前的几次尝试也显示了克里特岛的易守难攻。很少有人直接指控君士坦丁七世，对奥托的指责则更少，毕竟他有分心的事情。他依然在建设自己于936年继承的王国，进攻东面的斯拉夫部落以扩展王国的边境；与此同时扩大自己在周边国家的影响力，特别是波希米亚与勃艮第。君士坦丁似乎立即意识到了这位年轻王

---

① 罗曼努斯一世执政时期末期，东部的军事进攻集中在两个方向，其一是向东巩固亚美尼亚西部地区，其二是从梅利泰内出发进攻叙利亚或两河流域。由于罗曼努斯和安纳托利亚的权贵们关系恶劣，在安纳托利亚方向发动的进攻并不多。君士坦丁七世时代，一方面因为皇帝和福卡斯家族的关系缓和，另一方面因为阿勒颇的赛义夫·达夫拉屡屡发动袭击，进攻的重点集中到了奇里乞亚和叙利亚西北部，梅利泰内方向的部队则作为这一主攻方向的重要支援。此外，在高加索，约翰·库尔库阿斯的兄弟塞奥菲洛斯·库尔库阿斯于949年靠围困夺取了交通要地塞奥多西奥波利斯，进一步巩固了帝国对高加索的控制。——译者注

子的能力，也就此意识到他的重要性，在他掌权之后便立即
与他展开谈判。然而他没想到的是，在自己离世不到三年之
后，奥托便要在罗马自立为西帝国皇帝，并迅速将他的帝国
发展到查理曼时代之后便不曾有过的强大与辉煌。

那时的他当然要掌控意大利，但在君士坦丁执政之初，
亚平宁半岛依然处于加洛林王朝于888年崩溃后的混乱之
中。任何兵强马壮又欠考虑的野心家，都可以加入争夺意大 168
利的王冠的行列。由于那里是西帝国最显而易见的踏脚石，
争夺王冠的人也不会只限于意大利的封建贵族，周边地区的
王公们也时常出兵。更恶劣的是，伦巴第以及北意大利的部
分地域被马扎尔人夺取，海岸地区则不断遭受从西西里岛、
非洲出发的萨拉森人的掠夺，他们还在普罗旺斯的勒弗拉希
内（Le Frassinet）建造了海盗据点。[①]

境况最恶劣的就是罗马，当地的贵族已经完全掌控教
会，教皇已经任由他们摆布。前文在弗提乌斯派分裂事件中
提到的教皇尼古拉斯一世，事实上是这一个半世纪之中，最
后一个有能力也足够正直的教皇。[②] 他的第二个继承者约翰
八世因为受嫉妒而被锤杀。896年，教皇福莫苏斯
（Formosus）的遗体被挖掘出来，送到主教会议面前受审，

---

① 今称拉加尔德弗雷内（La Garde-Freinet），一座位于瓦尔河（Var）河谷
旁，莫尔山脉的小村庄。这块萨拉森人的飞地存在了一个世纪，周边数
百英里的地区因此不得安宁。

② 教皇琼（Joan）据说是来自英格兰的妇女，她女扮男装当了三年教皇，
直到因为自己失策怀孕，并在典礼游行之中在拉特兰宫的台阶上生下了
一个孩子，才最终被揭露出来。很可惜，这个故事纯属伪造。（描述这
一事件的雕版见 Spanheim, *Histoire de la Papesse Jeanne*, 2 vols., The
Hague, 1720。）

而后他的遗骸被剥光衣服、鞭笞，最后扔进台伯河。① 近期，恶名远扬的马洛齐娅（Marozia），即罗马的"女元老"（Senatrix），教皇的情人、母亲与祖母，于 928 年将她母亲的情人教皇约翰十世（John X）在圣天使城堡（Castel Sant'Angelo）扼死，只为了立她与自己的老情人教皇塞尔吉乌斯三世所生的儿子为教皇；之后的三年之中教皇之位被由她操控的一系列傀儡掌握，只为等她的儿子成年后再来继承。932 年，她与阿尔勒的于格成婚（被杀的教皇约翰此前立他为意大利国王，于格为了娶她，特意谋杀了自己的妻子，诽谤自己的母亲，刺瞎自己的兄弟）。两人本打算就此成为西帝国的皇帝与皇后，但她第一次婚姻生下的儿子阿尔伯里克（Alberic）发起叛乱，叛军很快获得了公众的支持。于格逃得一命，马洛齐娅则被送到圣天使城堡的地牢之中，在那里度过余生。

克雷莫纳的柳特普兰德（949）

169　　在这样阴森的背景之下，一份有关十世纪的东帝国与西帝国，可谓最珍贵也无疑最多彩的资料得以存世。克雷莫纳主教柳特普兰德——前文已经几次提及他——于 920 年出生于一个伦巴第人的大户人家。他的父亲和他的继父都曾经前往君士坦丁堡，作为国王于格的使节。柳特普兰德因为音色优美，国王又颇为热衷音乐，曾经在帕维亚宫廷的唱诗班之

---

① 然而记载提及他的遗体最终被奇迹般地发现，恢复原状并重新安葬于原处。

中演唱。然而于格的其他爱好就没有那么单纯了，柳特普兰德那种假正经的伪君子性格，很可能就是少年时与从意大利各地蜂拥前来帕维亚的妓女们厮混时养成的。无论情况如何，他还是决定进入教会，很快成了于格的实际继承者，伊夫雷亚的贝伦加尔（Berengar of Ivrea）的私人秘书与法官。他在949年8月1日从波河出发，被贝伦加尔派到博斯普鲁斯海峡边执行他一生之中的第一个外交任务。

令人恼火的是，柳特普兰德完全没有解释这次出使的原因，但考虑到奥托的使节——美因茨的柳特弗雷德（Liutefred of Mainz）——此时也在赶往君士坦丁堡，贝伦加尔很可能是想要与君士坦丁堡取得联系，并保证身为意大利实际统治者的他能够与他的对手和君士坦丁七世达成某种共识。无论如何，两个使节团——他们同乘一艘船于威尼斯起航——最终在9月17日抵达，并在不久之后得到了皇帝的召见。

在君士坦丁堡的皇帝寝宫旁，有一座规模可观的华美宫殿，希腊语称"玛格纳乌拉"，意为"清风"。在皇帝的宝座之前有一个镀金的青铜树，上面满是同样材料制成的鸟，各自发出不同的鸣叫声。皇座上也配有机关，方才还放置在地上，一瞬之间便能升到高处。皇座很大，材质是木料或者青铜（我未能确知），旁边那些镀金的狮子像则用尾巴击打地面，张开大嘴发出恐怖的吼声，舌头还随之振动。在两名宦官的带领之下我来到了皇帝的所在地。那两头狮子立即开始怒吼，群鸟则开始鸣叫，但我既没有畏惧也没有为这些奇观而惊讶，此前目睹这一景象的人们早已给我留下警告。在我三度行礼之后，我抬起头，却看到之前离地不远的皇座此时已近乎与屋顶相接，皇帝的身上也换上了新的长袍。这一切是如何完成的，我不得而知，其原理也许类似悬吊压榨葡萄的木材的装置。他并没有对我说话——距离如此之远，也不太可能对话——而是向他的部长们询问贝伦加尔的生平与健康状况。我做了合宜的答复，而后按照口译员的指示退下，返回自己的住所。①

在这段叙述之后，柳特普兰德还说，当他发现奥托的大使与来自科尔多瓦的使节们带来了各种华美的礼物，而自己的领主只给了他一封信，"其中还满是谎言"，不禁尴尬难当。幸运的是他还是自己带了一批献给君士坦丁的礼物，如今他只得不情愿地假称是贝伦加尔的礼物。礼物包括九套精美的护甲，七面配有镀金钮的精美盾牌，以及两个镀银的杯子，一些剑、长枪和叉，而最令皇帝满意的是四个"carzimasia"，即希腊语中睪丸和阴茎全部被切除的阉

---

① 此处提及的金树，如果确实是一个世纪之前的皇帝塞奥菲洛斯执政时制造的那件工艺品，那么拜占庭时代的维护能力确实值得一提。而提升皇座的装置应当是十世纪才出现的新发明。[《斯基里泽斯编年史》记述米哈伊尔三世挥霍无度时，声称他将金树、金狮子和金风琴全部拆毁变现。至于究竟是斯基里泽斯参考的资料蓄意抹黑米哈伊尔三世，还是柳特普兰德有意编造故事（抑或兼而有之），就交由各位读者自行评断吧。——译者注]

人——凡尔登的商人们靠着阉割年轻人并卖到西班牙，赚取了大笔利润。

外国使节（957）

最后的礼物引发了许多值得讨论的问题，此处无法一一展开。其中一个问题便是这些不幸的年轻人为何如此受欢迎，特别是君士坦丁全然未曾显露这种性取向，而且他本来就能够获得各种各样的奴隶。哀哉，柳特普兰德再度保持了沉默——尽管他在下文声称皇帝不像第一次会面时那么难以接近了。送上礼物三天后，他应邀参与了一场宴会。

> 在大竞技场附近有一座朝北的宫殿，高大壮美，被称为"德坎尼库比塔"（Decanneacubita），因为……在我主耶稣基督降生之日那里安排了十九个座位。当天皇帝和他的客人们并不如平常那样坐下进餐，而是躺在长椅上，所有器皿都不是银器，而是金器。在晚餐结束后三个金碗盛放的水果呈上，这金碗太重，拿起都颇费力气……在天花板的开口处垂下三条绳子，上面缠着镀金的皮革，末端有一个金环。在下面站立的四五个人用这三条绳子将金碗送到桌上，而后再用绳子将其撤下。

171

柳特普兰德本人是否确实受邀参与了这次圣诞节宴会，我们不得而知，但这一记载本身确实可谓宝贵。

> 一个人进入屋中，头上顶着二十四英尺长的木杆，

上面离顶端一英尺半的地方有三英尺长的横杆，他全程都不用手触碰木杆。尔后两个仅着兜裆布的男孩随他进入，他们爬上木杆，在杆上进行各种各样的动作，而后头朝下停住，木杆全程如同扎根在土中一般平稳……在两人共同表演时，他们相同的体重让木杆得以保持平衡，但当一人返回地面之后，另一人仍在木杆顶保持着完美的平衡，在完成了一套表演之后安然跳下。我惊呆了，皇帝本人也注意到了我的惊讶。他就此召来一个口译员，询问我哪一件事更令我惊讶，是男孩移动得如此轻柔，以至于长杆全然保持稳定；还是下面的男子将长杆平衡得如此纯熟，仿佛男孩本身的重量与他们的移动都干扰不了他。我回答称，我不知道，而他放声大笑，说他自己也处于同样的困境之中——他也不知道。

柳特普兰德、柳特弗雷德以及来自科尔多瓦哈里发的使节，还有他们各自的随行人员，当然不是君士坦丁七世接见的唯一一批外国使节。946 年，掌权仅一年后，他便接见了赛义夫·达夫拉的萨拉森使节，以商谈交换俘虏的事宜。949 年，这三个使团前来的同年，马扎尔人也派出高级谈判代表团，不仅签署了和平条约，也同意接受基督教洗礼。最重要的是，基辅大公夫人奥列加（Olga）——伊戈尔的寡妻、年轻的基辅罗斯公国的摄政者——前来进行和平访问。在一系列的奢华接待之后，她的访问在圣索菲亚大教堂达到高潮，她接受了牧首主持的基督教洗礼，教名则源自自己的

教母——皇后海伦娜。① 拜占庭人若是希望这次典礼让她的 172
国度就此集体皈依基督教，怕是要失望了，但皈依的种子已
经种下，三十年后，奥列加的孙子弗拉基米尔（Vladimir）
得以摘下成熟的果实。

君士坦丁的逝世（959）

在内政上，君士坦丁也欣然延续了罗曼努斯·利卡潘努
斯时的政策。罗曼努斯的许多法令都保护服兵役的小农，让
他们免遭多年以来购买兼并他们土地的富裕封建贵族的侵
害。这让他颇不受封建贵族的欢迎，态势有时甚至陷入危
机，毕竟这些人如今权势极大，已经被称为"权贵"，但他
依然不肯放弃自己的目标。他清楚，自希拉克略的时代起，
小地产主支付的税收以及负担的兵役，一直是帝国的财政与
国防的基石。

紫衣贵胄君士坦丁七世对贵族的态度本应更好，毕竟他
也是贵族之中的一员，至少比他身为亚美尼亚裔暴发户的岳
父的归属感更强。如前文所述，他公开自己与福卡斯家族的
友谊关系，他们是罗曼努斯不信任的一切的代表。然而在他
掌权之后，他坚定延续了自己岳父的土地法令，甚至在947
年下令，"权贵"们在他掌权之后获取的全部农民土地要立
即归还，而且没有补偿。此前的买卖中，购买土地的支付款
理论上应当偿还，但此时，只有资产多于五十金币的小农才

---

① 有关奥列加的洗礼有一些争议，一些历史学家认定这场洗礼在两三年前
已经在罗斯完成。我此处依照我的导师 D. 奥布伦斯基教授的论断
（D. Obolensky, *Cambridge Medieval History*, Vol. Ⅳ, p. 511n）。

需要偿还。其他法令则禁止士兵们将用于维持生计与购置武器装备的土地出售或转让，而小地产的买卖只有交易完成四十年之后才停止追溯。罗曼努斯的另一条法令，即要求无偿没收被"权贵"们违法侵占的土地，也得到了他的确认，就此封闭了一些税收漏洞。因而，在他执政末期，农民们的生活比这一个多世纪之中的任何时刻都要好。同样值得一提的是，贵族们也安然接受了这一系列法令，几乎没有抗议。

君士坦丁这十四年专注的执政之中，最大的阴影并非来自贵族们，而是源自阉人僧侣普利尤克托斯（Polyeuctus）。956年，他那位声名狼藉的妻舅塞奥菲拉科特逝世之后，君士坦丁欠考虑地选择了这个僧侣继任君士坦丁堡牧首。[①] 有关普利尤克托斯，存在两种观点。汤因比（Toynbee）教授认为他"无可挑剔"，詹金斯教授则认定他是个惹人厌的狂信者，在继任之后便不断惹是生非，后一种说法似乎更接近事实。新牧首首先指控内廷总管巴西尔巧取豪夺，而后愈发无事生非，提起了全然令人厌烦的利奥六世四婚问题，要求恢复牧首尤西米奥斯——前文之中，正是他给了利奥期待已久的特许——在双联饰板上的名字。

四十年前的皇帝也许会高兴，但此时的他最不想再提起的就是这件事。普利尤克托斯在这一问题上被迫屈服，但他继续惹是生非，直到君士坦丁无法忍受，在959年9月渡海来到亚洲，与老朋友库齐库斯的主教商讨除掉他的方法。他

---

① 塞奥菲拉科特为他那两千匹马而在圣索菲亚大教堂旁边建造的巨型马厩，在他逝世之后被改建为老人收容所。

第十一章　学者皇帝（945～963）

从库齐库斯转往布尔萨（Bursa），想要在那里著名的温泉之中治愈自己持续不断的发热，而发现温泉没有起效之后，他继续前往城外约二十英里处，米西亚（Mysia）的奥林匹斯山［今乌鲁达山（Ulu Daǧ）］。然而此时，他已经明显病重，僧侣们发现他病入膏肓之后，警告他大限将至，恳求他及时安排后事。他仓促返回都城，于959年11月9日在病床上逝世，享年五十四岁，留下悲哀的家人们：他的妻子海伦娜、他的五个女儿和时年二十岁的儿子罗曼努斯。罗曼努斯此时成了拜占庭城的皇帝。

没有谁在开始执政时能和罗曼努斯二世一样辉煌。他的曾祖父巴西尔一世、祖父利奥六世、外祖父罗曼努斯一世和父亲君士坦丁七世为他留下的帝国，财力上和军力上的强大，已经是数个世纪以来未曾有的，马其顿王朝在文艺方面的复兴也已经到达顶点。身为受人爱戴的皇帝的不容置疑的合法后代，他和自己父亲一样是紫衣贵胄，继承了君士坦丁的高大身材和风度，也继承他母亲的美貌。贬低他的人抱怨称他过于轻佻，花大量时间打猎、饮宴与打马球，但年轻人犯下这样的错误，也算是可以原谅。假以时日，他很有可能改正这一切。

更重要也可以理解的是，他恋爱了。童年时他曾经订婚，未婚妻是意大利国王阿尔勒的于格那不计其数的女儿之一的贝尔塔，但她在订婚不久之后不幸早逝。958年，他的父亲给他选择了一个新的未婚妻，即国王奥托的侄女巴伐利亚的黑德维希，但他断然拒绝，而是选择了一个来自伯罗奔尼撒的旅馆老板的女儿塞奥法诺（Theophano）。她便是历史之中所谓"红颜祸水"的实例。她的美貌摄人心魄，助祭利奥称她是那个时代无人可比的美女，我们没有理由怀疑。她也有极大的野心，而且在现存的记载中，她还毫无道德顾虑。她热衷阴谋，为达目的不择手段，乃至进行谋杀，下文将具体叙述。尽管在她丈夫登基时她年仅十八岁，她却完全掌控了皇帝。她无法容忍任何对手，成为皇后之后的首要目标便指向了皇太后和皇帝的五个姐妹。海伦娜被软禁在宫中一个偏僻的角落，孤苦无依的她于 961 年 9 月在那里离世。五位公主，包括陪在自己父亲身边担任机要秘书多年，并在他病倒后贴身护理的阿加莎（Agatha），都被迫蒙上面纱。她们绝非甘愿如此，而她们的哀怨声也在宫中久久回荡。她们的母亲和兄弟为她们求情都徒劳无功，年轻的皇后依然无情。她冷酷地静观牧首普利尤克托斯剪下她们的头发，并最终将她们送进五个不同的修女院。

远征克里特岛（960）

在塞奥法诺的推波助澜之下，帝国的许多高级政府官员、朝官都遭到解职，然而两个最为重要的人物依然得以掌权——尽管职务有所变动。巴西尔，此前的内廷总管，获得了一个新的官阶——"（元老院）重臣"（proedrus），成为元老院的最高领袖与皇帝的左膀右臂。他此前的官职则由宦官约瑟夫·布林加斯（Joseph Bringas）继任，此人在君士坦丁执政的最后时期兼任大部长与海军都督。布林加斯在编年史中被记载成了一个有能力的恶人。他机智、敏锐、精力充沛，而且仿佛能胜任任何辛苦的工作；他也贪婪、唯利是

175

图、自私自利且残忍。他一步步成为君士坦丁身边不可或缺
的人，而老皇帝的遗愿之一便是让他继续管理帝国政府。在
罗曼努斯继位之后，他便就此全然掌控了帝国。在他的倡议
之下发动了一次远征，这次远征也成了这位年轻皇帝短暂执
政时期中最为显赫的成就：收复已经沦陷近一个半世纪的克
里特岛。

此后的一名阿拉伯编年史家记载称，在949年那场灾难
性远征失败之后，紫衣贵胄君士坦丁试图与克里特埃米尔谈
判，只要埃米尔停止对这一地区的掠夺，他就能获得海盗活
动所得两倍的补助。情况也许如此，但并没有任何拜占庭资
料证实此事。然而，基本可以肯定的是，949年的惨败令帝
国蒙羞，而小罗曼努斯执政几周时，新一场远征便开始筹
备，其规模将比此前的远征大得多。然而可惜的是，我们并
不清楚进攻部队的准确规模，但他们包括来自帝国各地的部
队，还包括一支亚美尼亚仆从军，以及罗斯的雇佣兵和从北
欧前来的手持战斧的瓦兰吉战士。总人数应当在五万人以
上。舰队的规模则有更加准确的记载：一千艘重型舰船，三
百零八艘补给船只以及不少于两千艘配备希腊火的战船。这
支大军交给了一位丑陋、节制而极度虔诚的武官，这位时年
四十七岁的将军此时证明了自己是帝国最出色的将军，而事
实上，他也是整个拜占庭帝国历史之中最优秀的将军之一。

他叫尼基弗鲁斯·福卡斯。他的祖父与他同名，此前在
巴西尔一世执政时收复了南意大利；他的叔父利奥·福卡斯
则在919年率兵对抗罗曼努斯·利卡潘努斯，结果被刺瞎了　176
双眼；他的父亲巴尔达斯·福卡斯在君士坦丁七世执政时被

任命为近卫军团元帅，而后率帝国军队在东部与萨拉森人作战，直到 953 年头部受重伤，军事生涯彻底终结为止。尼基弗鲁斯本人此时是安纳托利亚军区将军，他在 953 年临危受命接替指挥，并在四年之后夺取了重镇阿达塔，证明了自己的卓越能力。无论是他的敌人还是朋友都必须承认，他完全是个出色的军人，在战场上冷静无畏，体力惊人，对战机的把握极其迅速，也向来体谅他的部下，他们也甘心与他同生共死。在军事之外，他只对宗教感兴趣，他的生活如同苦修士一般节制，在闲暇时间则和高尚者谈话或书信联络。[他最欣赏的是此后成为圣人的阿塔纳修斯（St Athanasius），此人不肯接任院长而离开了自己的修道院，此时正在阿索斯山隐居。] 他在社交之中则风度全无。简而言之，他是个冷淡无趣的人。

准备工作在 960 年的头六个月之中紧锣密鼓地进行着，而后，在 6 月末，大舰队终于驶出金角湾进入马尔马拉海。约两星期后，7 月 13 日，他们出现在克里特岛的北侧海岸。准确的登陆位置不得而知，但登陆的景象让目睹这一切的萨拉森人大为惊讶，这些步兵或骑兵此时正聚集在河岸的高地之上准备迎战。这明显出乎敌军预料，起初登陆部队没有遇到有组织的抵抗，贴得太近的人则遭到箭矢与投石索的密集打击。随着登陆进行，岸上集结的骑兵部队数量越来越多，在整队完毕之后，他们便冲向了登陆部队。按照助祭利奥的记载，① 他

---

① 此处，我采用了这一记载，《续塞奥法内斯编年史》的记载截然不同，对萨拉森人抵抗的叙述相当有限。

们以超人的勇气战斗，但数量终归太少，无法击退拜占庭大军。数以百计的士兵被杀，受伤倒地的人则被"全身甲骑兵"（cataphract）践踏而死，这些身披重甲的骑兵近乎坚不可摧，唯一的对手似乎只剩下地中海的烈日了。

几天后，帝国军队遭遇了第一次挫败。尼基弗鲁斯派色雷斯将军帕斯蒂拉斯（Pastilas）率领一支大规模分遣队进入内陆，进行侦察与搜寻粮秣。不幸的是其中包括一批罗斯人，而这片土地的美丽、富裕与肥沃让他们陷入狂喜，他们就此无视了军纪。具体发生的事情不得而知，也许他们酗酒并醉倒了。可以确定的是，监视着他们一举一动的萨拉森人突然抓住机会，席卷而下，对全无防备的他们发起进攻。帕斯蒂拉斯率部前去救援，但为时已晚，随后的混战之中帝国军队几乎全部被杀，将军本人也当场阵亡，只有少数得以幸存的人把这场灾难的消息报告了大部队。

围攻坎迪亚（960）

尼基弗鲁斯自然陷入狂怒，但他并没有理由改变直扑坎迪亚的计划，即拜占庭所谓的尚达克斯（Chandax），今伊拉克利翁。这是全岛规模最大的城市，对海盗组织而言也是该岛的首府。如果夺取此地，岛上的其他地域很可能便无心抵抗了。一两天后他率领部队来到城下，开始围攻。围攻持续了八个月。如果拜占庭帝国能够封锁该岛的海路与陆路运输线，这次围攻也许能缩短一半时间，但那里并没有天然良港，尼基弗鲁斯也无法让他的舰船在格外漫长且寒冷的冬季之中无限期地停留。被围的居民就此得以获取了他们需要的所有补给品，更重要的是，他们更能够并最终得以向西西里、埃及和西班牙的信奉相同宗教的人送信求援。

然而，无人回应他们的求援，他们的士气也日益动摇。唯一能令他们宽慰的便是看寒冬之中的围城大军蜷缩在篝火旁取暖，他们清楚，围城者的日子要比被围者难过得多，而这在中世纪的战争之中是颇为常见的现象，特别是在冬季。在漫长寒冷的月份之中，帝国大军已经出现食物短缺，如果是另一位军官指挥，部队很可能爆发公开哗变。但尼基弗鲁斯了解他的部下，在每天的巡逻之中，他鼓励他们，让他们保留希望，鼓起勇气，继续坚持。他可能是得到了自己的朋友与精神导师阿塔纳修斯的帮助，此前阿塔纳修斯已经完成不少奇迹，此时在收到将军的紧急召唤之后不情愿地离开他在阿索斯山的隐居处，来到他的军营之中。尼基弗鲁斯相信，正是他在 2 月中旬的及时斡旋，才让期待已久的支援舰队带着大批补给品从君士坦丁堡赶来。在 2 月结束之前，拜占庭军队的士气已经基本恢复，随即对该城发起了两次坚决的突击。这两次进攻均未能取胜，但第三次进攻最终攻破了该城。961 年 3 月 7 日，帝国的旗帜时隔一百三十六年，终于再次在克里特岛上飘扬。

屠杀于同日开始。妇女无论老少均被奸污、杀死并抛尸；孩童，乃至怀抱之中的婴儿，则被扼死或挑在长枪上。甚至威望极高的尼基弗鲁斯也无法阻止这场屠杀，直到三天之后他才得以说服军队，但坎迪亚的幸存者此时的希望依然渺茫。幸存者——无论男女——全部被卖为奴隶，当舰队胜利返回博斯普鲁斯海峡时，舰船上装满了这

178

座东地中海最为富裕的城市靠海上掠夺积累了一个多世纪的赃物。

坎迪亚的陷落，以及克里特岛的萨拉森人政权的瓦解，是拜占庭帝国在希拉克略时代之后尚不曾有的重大胜利。消息传到君士坦丁堡时，全城都开始庆祝，圣索菲亚大教堂进行了整夜的感恩仪式，皇帝、皇后、贵族、教士，以及能够挤进大教堂中的市民们均见证了这一盛会。在这一大群人之中，也许只有一个人的内心之中，紧张多于欣喜。他就是宦官约瑟夫·布林加斯，他向来厌恶福卡斯家族，对他们极为嫉妒。此前尼基弗鲁斯的威望仅限于军中，君士坦丁堡的市民们对他没有什么感情，他不过是一个他们略有耳闻的高级军官。现在的情况却截然不同，他在一夜之间成了帝国的英雄。胜利的将军总归是危险的，而尼基弗鲁斯的野心也不小。如果要约束住他的野心，帝国的朝廷与宫廷必须极度谨慎地处理，接下来的几周中，工作绝对不会轻松。

当完成这一历史性功绩的尼基弗鲁斯荣耀地率部驶入金角湾，等待罗曼努斯和塞奥法诺的接见，以及公众的祝贺时，却没能得到他完全应得的凯旋式。他仅仅被允许在大竞技场中接受喝彩，市民们得以在那里见这位最优秀的将军一面，并以欢呼向他致意。但他没有坐上四匹马的马车，而是步行进入。没有军队的大游行，没有炫耀俘虏与战利品。他也得到了明确的指示：若无必要，不得在都城逗留。萨拉森人的士气此时严重受挫，帝国必须尽快利用好这一机遇。简而言之，东部需要他的指挥。

179

227

赛义夫·达夫拉（961）

当尼基弗鲁斯在两年前离开自己在东部的指挥所，开始准备克里特岛远征时，他的兄弟利奥接替了他的指挥任务。然而在接替兄长几周之后，利奥就必须面对帝国宿敌赛义夫·达夫拉的挑战。本书在叙述十世纪三十年代的部分时首次提及赛义夫，那时的他是约翰·库尔库阿斯最难对付的敌人。944年，他攻占了阿勒颇，将其作为永久司令部，并迅速扩展自己的控制地域，占据了叙利亚和北美索不达米亚的大片土地，包括大马士革、埃莫萨（Emesa）和安条克。他的一系列征服使年轻时便因英勇闻名的他威望日深，在三十五岁之前——他出生于916年——他就已经是中世纪早期的理想埃米尔：战场之上残酷无情，但在和平年代仗义仁慈，爱好诗文学术，资助文学与艺术，拥有伊斯兰世界最大的马厩、收藏最丰富的图书馆与最美艳的后宫佳丽。

赛义夫每年都对拜占庭领土进行至少一次大规模侵袭，从未失败。然而他在960年夏初的侵袭野心最大。他选择的机会可谓绝佳。大批东部部队因为克里特岛远征而被调走，当时此地的驻守力量格外空虚。利奥·福卡斯在叙利亚南部成功进攻之后依然在进行扫尾工作，调转方向前来需要几天时间。赛义夫绝对不会放过如此良机，几乎在尼基弗鲁斯起航前往克里特岛的同时——很可能在同一天——他越过帝国的东南边境，率领三万人的萨拉森大军安然穿越托罗斯山脉东段，抵达梅利泰内附近

180

的哈尔锡安（Charsian）① 堡垒，他屠戮了堡垒中的驻军并捕获了大批俘虏。

利奥·福卡斯随即率部前来追击，但他并未仓促接战。他清楚自己的部队数量太少，他的部下也依然因漫长艰巨的战斗而疲劳，此时与敌人正面决战无疑是自寻死路。他仅仅抵达了山地，谨慎地部署部队控制住主要的山口，而后便静观其变。

赛义夫·达夫拉在 11 月初率部返回。他的远征大获全胜，身后的队列中裹挟着大批俘虏，车辆因为满载战利品而嘎吱作响。此时的他正骑着一匹阿拉伯骏马，高傲地在队列的最前方，助祭利奥称"他机巧地耍弄着他的长枪，将它抛向空中再轻松抓住，全程长枪都不曾落地，他也不曾因此减慢队列的速度"。这支凯旋的大军欣喜且自信地返程进入山地，当他们抵达希腊语所谓的库林德罗斯（Kulindros，意为"圆筒"）山口时，号角声突然响起。转瞬之间，滚木礌石便从两侧的山坡上向毫无防备的长队砸下。利奥·福卡斯和他的大军如同凭空出现一般挡住了他们的去路与退路，赛义夫才发现自己已经陷入包围。起初他英勇地坚守阵地，手持马刀左冲右突。他的坐骑在混战中被杀，他骑上仆人的马继续作战。直到他见大势已去，才调转方向突围。他靠着不断抛撒金币，成功拖慢了追击者，并就此带着约三百名骑兵逃走。余下的部队近半数阵亡，幸存者则沦为俘虏，他们之

① 阿拉伯编年史家称其为"Karchanah"，我未能确知具体所指。（不太可能是位于卡帕多西亚的哈尔锡安军区的同名堡垒，那里与梅利泰内有相当的距离。——译者注）

前捆绑基督徒俘虏的绳索如今拴到了他们身上。

这场显赫的胜利表明，利奥·福卡斯即使手中只有不足额的部队，也完全能够防卫帝国的东部边境——因此我们难免要怀疑，把尼基弗鲁斯以近乎无礼的方式紧急派去东部接替他，其真正的目的为何。然而两兄弟在重逢之后，率领一支恢复原有规模且士气格外高涨的大军，战局自然要发生戏剧性的变化。962 年 2 月至 3 月，仅仅三周的时间内，拜占庭帝国夺取了奇里乞亚至少五十五座筑垒城镇，而后在短暂庆祝复活节之后，他们穿越亚历山大勒塔［Alexandretta，今伊斯肯德伦（Iskenderun）］的叙利亚关，步步为营向南推进，一路掠夺破坏。几个月之后他们已经抵达阿勒颇城下，准备发动围攻。

攻破阿勒颇（962）

此时的阿勒颇正处于该城漫长历史之中最辉煌的一个时期。十八年前，被赛义夫·达夫拉夺取之后，这里首次成为一个独立国家的首府，也成了其统治者的主要居住地。赛义夫华美的哈拉巴宫（al-Hallaba）是十世纪的伊斯兰世界之中最出众也最著名的建筑之一。埃米尔不断用从不计其数的远征之中获得的各种战利品装点宫殿，却留下了一个严重的缺憾：这座宫殿位于城墙之外，暴露在一个无险可守的位置。在抵达的当夜，尼基弗鲁斯的部下便如同蝗虫一般冲进了这座宫殿，洗劫了其中的珍宝之后付之一炬。在三十九万银第纳尔之外，他们还抓了两千头骆驼、一千四百匹骡子和"数不清"的阿拉伯良马。这座建筑内外所有的贵重物品被搜刮一空，阿拉伯编年史家们悲哀地记载了被抢掠的金银器，成捆的天鹅绒与丝绸锦缎，刀剑甲胄以及镶珠宝的腰带，乃至墙壁与屋顶的镀金瓦片。直到这座宫殿已经没有任何可抢掠的东西之后，帝国军队才开始围攻阿勒颇。当时正在城外的赛义夫被迫再度逃亡，而当地的驻军在失去了激励他们的领袖之后，斗志大不如前。圣诞节两天前，拜占庭大军便胜利攻入了该城。正如在坎迪亚一样，士兵们毫不留情，一位阿拉伯史学家记载称，屠杀直到破城者们精疲力竭后才终止。

阿勒颇的城区尽管被占据，却没有彻底陷落，少量士兵仍在城市堡垒之中据守，并坚定拒绝投降。尼基弗鲁斯直接无视了他们。他们不可能坚持太久，他们的补给更不是无穷无尽的。关键的问题是，赛义夫已经不复存在，阿勒颇也不再是一个危险的力量。此时没有必要在那里继续浪费时间。他下令撤军，胜利的部队随之踏上了回家的路。 182

当他们抵达卡帕多西亚时，君士坦丁堡传来了一个消息：皇帝罗曼努斯二世逝世了。

第十二章 萨拉森人的白面死神 (963~969)

183

> 他样貌如同怪物一般，身材矮小，头又阔又扁，双眼小得如同鼹鼠一般；脸上满是又短又密的灰白色胡子，让他面貌愈发可憎；脖子短得令人恶心，不到一英寸长；头上的毛发竖立着，仿佛猪鬃；肤色则如同埃塞俄比亚人一般。正如诗人[1]所说，"绝不想在晚上见到他"。他肚子大，屁股小，胯部不成比例地长，腿短，脚倒是正常人的大小。他身上穿着优质亚麻制成的长袍，但上面满是怪味，而且因为陈旧而褪色。脚上穿着西锡安式的便鞋。他言语冒昧，性格狡诈，在虚伪欺诈方面堪比尤利西斯。
>
> ——克雷莫纳的柳特普兰德对
> 尼基弗鲁斯·福卡斯的描述

罗曼努斯于 963 年 3 月 15 日逝世，次日清晨，皇后塞奥法诺毒杀丈夫的传言便在城中传开了。这样的反应也许也

---

① Juvenal, V, 54.

金版上的圣米迦勒，藏于威尼斯圣马可金库

查理曼，圣骨匣上的半身像，约 1350 年

《克鲁多诗集》（Chludov Psalter），九世纪

圣米迦勒和军人圣人，饰有黄金、珠宝的珐琅圣像画，十一或十二世纪，藏于威尼斯圣马可金

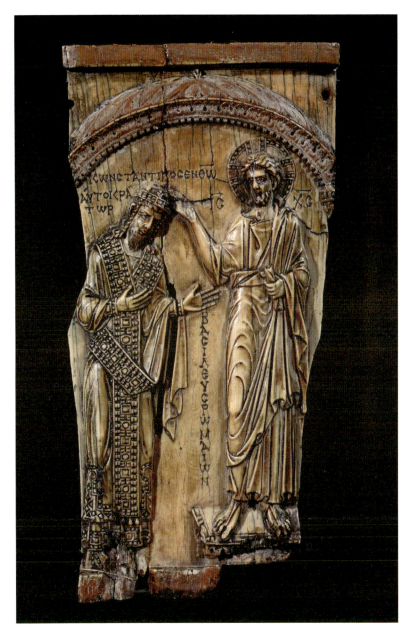

"紫衣贵胄"君士坦丁七世得到基督加冕，象牙浮雕，约944年

圣母与圣子，小牙雕，十一或十二世纪。破坏圣像运动之后罕见的雕刻作品

西帝国皇帝奥托二世（左）和妻子塞奥法诺（右）

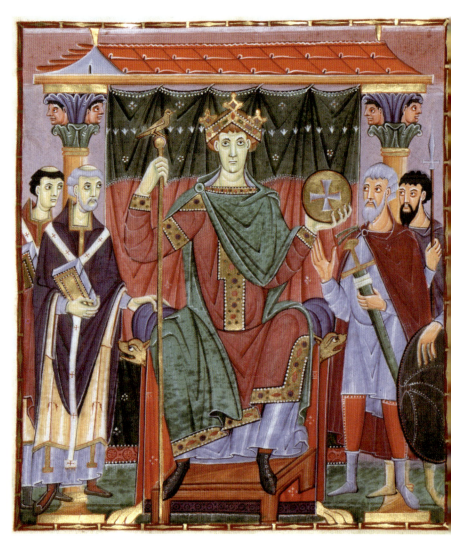

西帝国皇帝奥托三世加冕。出自赖歇瑙或者宫廷之中绘制的福音书，约998年

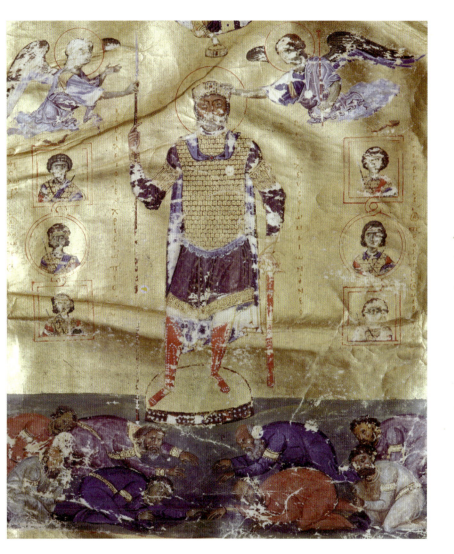

皇帝巴西尔二世，出自一本诗集，约 1017 年

女皇伊琳妮（797~802）　　　　皇帝利奥六世（886~912）和皇帝君士坦丁
七世（913~959）

皇帝罗曼努斯一世（920~944）和长子克里斯托弗

皇帝尼基弗鲁斯二世（963~969）和巴西尔二世（963~1025）

皇帝伊萨克一世（1057~1059）

皇帝米哈伊尔七世（1071~1078）

卡帕多西亚的格雷梅峡谷

祈祷室的壁画，十一或十二世纪，卡帕多西亚

基督升天，背后的建筑或以君士坦丁堡圣徒使徒教堂为范本。出自《科基诺巴弗斯的詹姆斯的布道》（*The Sermons of James of Kokkinobaphos*），十二世纪

是在所难免。在充满阴谋诡计的君士坦丁堡政坛，任何年轻的贵族突然之间死亡，都难免惹人口舌，这次暴死的还是皇帝；而年轻的皇后，在罗曼努斯执政的这四十个月之中已经颇有名望。几乎没有人觉得她无法完成如此谋杀，但存在谋杀的条件本身并不足以证明她就是凶手，失去丈夫——无论是否蓄意如此——她都很难就此巩固她的地位。此时的她可谓博爱，我们也有理由相信她爱着自己的丈夫，她也已经为他生下四个孩子——幼女是在他逝世两天之前出生的。在他在世时她地位稳固，自己和孩子们的未来都有保障。但他离世之后，她和孩子们便全部处于危机之中。她本人仍在产后恢复期，她的两个儿子，即身为共治皇帝的巴西尔（Basil）和君士坦丁（Constantine），当时年仅六岁与三岁。君士坦丁七世的例子已经足以说明幼主长期在位的风险——特别是朝中还有野心勃勃的将军时。之前的皇太后佐伊还只需要应对两个将军，但她要应对三个：福卡斯兄弟和约翰·齐米斯西斯。他们无疑都清楚此时是夺取皇位的良机。在此之外还有一位潜在的竞争者：内廷总管约瑟夫·布林加斯。尽管身为宦官的他无法登上皇位，他却同样热衷阴谋。虽然塞奥法诺清楚他不会支持福卡斯兄弟，却也不知道他打算扶持何人。 184

　　与此同时她也需要强有力的庇护者。她与东部的尼基弗鲁斯·福卡斯秘密联系——如果布林加斯得知此事必然会加以阻拦——并请求他立即返回。在信使抵达他在卡帕多西亚的凯撒利亚附近的军营之后，尼基弗鲁斯毫不迟疑地开始行动。他清楚，速度是最重要的，他没有时间把已经返回各自家中的士兵集结起来。他仅做了短暂停留，收拢了他在叙利亚远征时获取的最珍贵的战利品，而后率领少量护卫赶往都城，大约在 4 月初入城。此时皇太后的召唤已经尽人皆知。愤怒的布林加斯在摄政会议上强烈抗议，甚至宣称这位将军威胁国家安全，应当在抵达城中之后立即逮捕。但他没有得到任何人的支持。聚集在宫廷前方的人群高喊着要给尼基弗鲁斯英雄一般的欢迎，还要为他举行完整的凯旋式，弥补他收复克里特岛之后那次被剥夺的凯旋式。

凯旋式就此举行了，而这次凯旋式的盛况，也许自三个多世纪之前希拉克略的凯旋式之后未曾有过。一件圣物使仪式格外神圣——施洗者约翰的褴褛上衣，这是近期从他在阿勒颇的安息之地夺得，如今则为"萨拉森人的白面死神"尼基弗鲁斯开路，引领着他穿越大街前往大竞技场。在如此多的公众支持面前，布林加斯也无能为力，而他对自己宿敌深藏已久的愤怒与怨恨，如今又加上了畏惧。这位将军每天都在和皇太后商议，如果他获取了她的支持，索取皇位，那自己要落得何种下场？瞽刑？流放？还是一先一后？尼基弗鲁斯确实没有表露这种野心，恰恰相反，他借机宣称自己对俗世的浮华与权势不感兴趣，希望尽快隐退，前往他的朋友阿塔纳修斯在他的要求下于阿索斯山上建造的修道院。① 但

① 从克里特岛远征返回时，尼基弗鲁斯把他自己获取的战利品交给阿塔纳修斯，让他负责建造修道院，声称"你我可以在那里和同工们享受圣餐的欢愉"。这座修道院存留至今，今称大拉瓦拉（Grand Lavra）修道院，是圣山之中最古老也最珍贵的建筑之一，由皇帝本人捐赠的青铜门依然矗立着。

布林加斯没有上当。他悄然制订计划，在万事俱备之后，召自己的敌人进入宫中。

密约（963）

尼基弗鲁斯同样保持着警惕，他的密探在不断搜集情报。他清楚这位内廷总管在谋划什么，决心先发制人。他没有遵从召唤，而是直接前往圣索菲亚大教堂，在那里公开指责布林加斯企图谋杀他，并请求庇护。这一招可谓出色，也相当成功。愤怒的群众很快聚集起来，生气地呼吁对任何胆敢碰他们英雄一个手指头的人进行惩罚，牧首普利尤克托斯也很快加入。此时在任的大牧首，如前文所述，思维狭隘且偏执，在君士坦丁七世的最后岁月之中给他带来了不少烦恼。而这位朴素又颇为虔诚的将军颇合牧首的心意，于是他立即开始发动民众。约瑟夫·布林加斯颇有权势，但如果皇太后、牧首以及城中居民都支持同一个人，他的力量也无法抵御。他只能心怀怨气地旁观元老院确认尼基弗鲁斯为元老院的领导者，宣称所有重大决策都要经由他批准。这位将军则感谢他们的信任，复活节庆典结束之后便返回安纳托利亚指挥部队。

但所有人都清楚，这样的情况不会持久。与皇太后的秘密商议所达成的协议对双方都极为有利——至少短期如此。尼基弗鲁斯将会保护两位小皇帝的人身安全和皇权，作为回报，他将会被立为皇帝，与他们共治。他会说自己为进攻奇里乞亚做了何种准备，但此时几乎没有人会相信他了。布林加斯是对的，他确实已将部队整备完成，但出征的目标不是

186

奇里乞亚，而是君士坦丁堡。

　　此时已经绝望的布林加斯打出手中的最后一张牌。他给尼基弗鲁斯麾下的两名高级军官，即罗曼努斯·库尔库阿斯（Romanus Curcuas）和约翰·齐米斯西斯——罗曼努斯是罗曼努斯·利卡潘努斯时代取得赫赫战功的约翰·库尔库阿斯的儿子，约翰·齐米斯西斯则是老约翰的侄孙①——送信，许诺分别授予他们帝国东部与帝国西部的最高指挥权，只要他们愿意背叛自己的长官。至于他们具体怎么做就要由他们决定了，也许可以逼他剃度进入修道院，也许可以把他押送到君士坦丁堡。他给齐米斯西斯的信中写道："我全靠您了，您要先接受安纳托利亚将军的职务，只需稍加忍耐，不久之后您就能够成为罗马人的皇帝。"不幸的是他选错了人。约翰读完信之后立即前往尼基弗鲁斯的营帐之中，把熟睡的他唤醒，并把那封信交给了他。读到这封信，将军似乎暂时呆住了。一位编年史家乔治·凯德莱努斯声称，直到这两名军官威胁称再犹豫就要杀死他，他才最终决定行动。但此举很可能不过是假装不情愿罢了。963 年 7 月 3 日拂晓，在卡帕多西亚的凯撒利亚城外大平原上，面对集结起来的大军，尼基弗鲁斯·福卡斯被他的军官在大盾之上托举起来，按照古典习俗立为罗马帝国的皇帝。在大教堂中短暂祈祷之后，他向都城进军。

───────────

　　① 齐米斯西斯的全名，准确的表述是约翰·齐米斯西斯·库尔库阿斯，但由于这一时期名叫约翰·库尔库阿斯的人太多，因此原文为了避免混淆，将他称为"约翰·齐米斯西斯"。译文基本因袭了作者的表述。——译者注

巴尔达斯·福卡斯在圣索菲亚大教堂（963）

与此同时，在君士坦丁堡，约瑟夫·布林加斯拒绝认输。他把大批欧洲部队从马其顿和其他地方调来，他们向来不信任安纳托利亚的部队，因而在他看来可以信任。他不但把这些部队配置在陆墙与海墙边，还配置在城中的重要道路节点，以迅速平息可能的公众暴乱。余下的人则在博斯普鲁斯海峡的亚洲一侧，控制住所有他们能找到的舰船并带到欧洲。而当尼基弗鲁斯·福卡斯和他的部队于8月9日抵达克里索波利斯（我们往往称之为斯库塔里）时，他们无法渡过海峡。新皇帝却似乎完全不在意，此时他在都城的朋友和支持者们已经能看到他的营火，他清楚他们之中至少有些人能够在夜色的掩盖下与他会合。他随即在附近的希里亚的避暑离宫安居，静观其变。很快，他的预期就得到了证实，第一个从都城前来与他会合的正是他的兄弟利奥——库林德罗斯关口之战的英雄。但利奥带来了一个坏消息：他们的父亲，此时年逾八旬的巴尔达斯·福卡斯，已经被布林加斯当成人质羁押。如果尼基弗鲁斯继续进军，他就很难活下来了。

187

事实上，事态的发展比利奥所知的迅速得多。巴尔达斯利用城中的混乱，也很可能是得到了看守的协助，成功逃走，来到圣索菲亚大教堂避难。布林加斯得知此事后立即派出一支民兵前往追击，下令将他押出避难所。这是个致命的错误。当天是8月9日，星期日，大教堂挤满了前来礼拜的市民。身为与萨拉森人作战多年的显赫老军官以及尼基弗鲁斯的父亲，巴尔达斯广受欢迎。这批士兵很快就被不满的市民包围，市民们从他们的手中抢回了巴尔达斯，把他们全部赶出教堂，而后将这个老人重新安顿到他的避难所。

尽管有各种各样的其他问题，布林加斯却绝非懦夫。看到他的手下空手而归，士气动摇，他跳上马赶往牧首的住地，那里位于圣索菲亚大教堂旁边。当普利尤克托斯拒绝干预之后，他穿过教堂，挤过推推搡搡的人群，登上布道的高台，蛮横地把牧师推开，亲自向聚集起来的群众讲演。但他再度误判了反对者的力量。他如果说一两句调解的话，情况也许还能安稳下来，但他口出狂言，直接斥责那些违抗他命令的人，威胁就此切断都城的食物供给，靠断粮逼他们臣服。之后他大步流星离开教堂，仅仅在西门的面包商人那里停下，下令他们常年经营的摊位立即停止营业。

这样的威胁无非虚张声势，布林加斯清楚这一点，他的听众们同样清楚。他愤怒地返回宫中，清楚自己身为皇帝的内廷总管与拜占庭帝国的主要官员，已经失去先机，成了众人眼中的笑柄。但他还没有失败。怀恨在心的他继续等待，直到人群从圣索菲亚大教堂涌出。此时已是中午，上午的工作已经结束，到午餐时分了。他把两位小皇帝请来，紧紧拉着他们的手返回大教堂，此时大教堂中几乎空无一人，只剩下那位老将军在庇护所的阴影之中静坐。他们随后的谈判没有留下记载，但带上两个孩子，可能意味着他威胁如果老将军抵抗就要让他们付出性命的代价。我们唯一确知的是，巴尔达斯同意与他离开了。

此时这个宦官第三次低估了公众的力量。在晚祷时分即

第十二章 萨拉森人的白面死神（963～969）

将到来时，人们再度拥入圣索菲亚大教堂，进入之后首先寻找巴尔达斯。当他们发现巴尔达斯不在时，他们的情绪格外高涨，此时的他们把愤怒指向了牧首和教士们，这些人至少是没有保护好避难者，甚至可能是蓄意出卖了他。普利尤克托斯此时意识到事态严峻，匆匆赶往宫中。当他发现巴尔达斯悲哀地坐在一间接待室中时，他立即抓住巴尔达斯的手，把后者带回大教堂之中。在他抵达之后，人群立即安静下来。然而几分钟后，当布林加斯带着一队马其顿士兵赶来，再度想要带走他时，城中人终于忍无可忍了。一些人保护着这个狼狈的老人，护送他返回自己的家中，并在他的屋外警戒；其他人则拿起手边的砖石，甚至教堂的桌椅，准备与布林加斯的士兵们搏斗。

暴乱开始之后便如同野火燎原一般席卷了全城。起初，和所有的暴乱一样，它在很大程度上处于失控状态，但随着力量增长，其背后的引导者也逐渐浮现：巴西尔，即罗曼努斯·利卡潘努斯的私生子。可能是为了保护他的婚生子兄长们，他在婴儿时便被阉割，但自年轻时，巴西尔便展现了出众的机智与才干，在处理国务时起了重要的作用。早在944年，君士坦丁七世便提升他为显贵，任命他担任大随从卫队的队长，[①] 并在几个月之后任命他担任内廷总管。958年，他还负责指挥东部的军队，战胜了赛义夫·达夫拉，并在返回都城时接受了凯旋式。在君士坦丁于次年逝世时，正是他

---

① 这支皇帝卫队完全征募自蛮族（包括罗斯人和可畏的瓦兰吉卫队，即北欧卫队），他们驻扎在圣宫之中，在皇帝出征时随行护驾。

189　亲手把皇帝的遗体安放在他父亲利奥的石椁之中。在被提升为元老院重臣之后，他的职务被约瑟夫·布林加斯取代，而他对此人既厌恶又不信任。

　　刚得知暴动的消息时，巴西尔就清楚自己的机会来了。他很快把所有的仆人与侍从集结起来——编年史家声称他集结了四千人，这个数字也体现了这一时期拜占庭贵族的仆役规模——前往集会所，那里的人群最为密集，他也很快控制了那里。他的首要举措便是派人到城市各处宣称新皇帝即将抵达，而后他率领暴民前去布林加斯的私宅，劫掠一空后付之一炬——其中难免夹杂了私仇。此后，劫掠与纵火便成了通例，原本的合法抗议很快恶化为喧闹的暴乱。三天后，当君士坦丁堡半座城都成了废墟时，巴西尔才得以重新掌权并做出维持秩序的姿态。直到那时，他才派人前往金角湾，征用了停泊的所有船只，起航穿越博斯普鲁斯海峡抵达希里亚，与耐心地等待着他的尼基弗鲁斯会合。

尼基弗鲁斯二世进入君士坦丁堡（963）

　　最终，963年8月16日（星期日），皇帝尼基弗鲁斯·福卡斯准备进入自己的都城了。在重新成为内廷总管的巴西尔的陪同之下，他登上皇帝战舰，坐在镀金柱支撑的金棚之下的银皇座上，而后战舰缓缓穿越海峡向西，沿欧洲一侧的海岸来到陆墙的最南端，七里海湾的宫殿。他在那里换上典礼盛装，披上金甲，骑上披着紫金色马衣的白色烈马，催马前往都城。队列就此开始行进，首先来到亚伯拉罕的神迹圣

第十二章 萨拉森人的白面死神（963～969）

像修道院①，向圣母那"不用手绘制"的圣像致敬，而后穿越金门，沿主街来到圣索菲亚大教堂，在两个小皇帝面前，牧首普利尤克托斯将皇冠戴在他的头上。

克雷莫纳的主教柳特普兰德从未掩饰过自己对尼基弗鲁斯·福卡斯的厌恶，而本章开头的描述难免有偏颇。然而了解皇帝又没有偏颇理由的助祭利奥，说法却与之差别不大。他确认尼基弗鲁斯身材粗短，宽肩宽胸又使这种粗短更加明显；他肤色黝黑，常年在叙利亚的烈日下作战又让他晒得更黑；他的浓眉之下确实是一对小黑眼。（利奥还评论称他看上去若有所思，乃至有些悲伤。）两人记述唯一的不同在于对皇帝头发的描写：柳特普兰德"猪鬃"的描述应当是说直发，利奥则记载称他是黑色卷发，而且格外长。②

在上一章，我们讨论了这位新皇帝的性格与生活习惯，必须承认，它们都不讨喜。他感兴趣的只有军务与宗教。他在道德上确实可谓正直，颇为机敏，严肃且清醒，虽然也有些狭隘。他完全无法腐化，对奉承无动于衷，坚硬如钢。但他也无情残忍，其贪婪更是臭名昭著。他做出口是心非的事也是轻而易举。至于他的爱好，也许确实值得称道，但一个多年不吃肉，厌恶女人，常年穿着自己舅父——因圣洁而闻名的僧侣米哈伊尔·马林努斯（Michael Maleinus）——留下的刚毛衬衣睡觉，每天还花几个小时祈

---

① 这座修道院在六世纪由僧侣亚伯拉罕建造，此后他还在橄榄山上建造了拜占庭修道院，他之后又成了以弗所主教。由于位置突出，修道院最终在1453年奥斯曼围城时被毁，其中的神迹圣像可能也同时被毁。
② 从同时代硬币上的卷发形象来看，助祭利奥的记载无疑更可信。

祷的人，实在很难说讨人喜爱。但尼基弗鲁斯从来不愿哗众取宠。尽管他已是花甲之年，他的精力依然不曾衰退，以十分的热情投入政府管理。

他首先要对付的就是布林加斯。当暴民们追捕布林加斯时，他也逃到了圣索菲亚大教堂寻求庇护。但喧嚣结束之后，他自行离开了那里。当他被迫向自己的宿敌跪拜时，他清楚自己必然失去目前的高职，家产也已经被劫掠一空，他也难免因朝不保夕而战栗。然而皇帝并没有打算报复，仅仅是把布林加斯驱逐到他自己的家乡帕夫拉戈尼亚，不允许他返回君士坦丁堡。与此同时，有罚自然就有赏。他的父亲老巴尔达斯因为这次骚乱中展现的勇气被立为恺撒，他的兄弟利奥则成了朝政大臣和宫廷总管，总管宫廷要务；约翰·齐米斯西斯则成了近卫军团元帅，担任安纳托利亚军队的最高指挥官。

与塞奥法诺成婚（963）

还有塞奥法诺。是她最先请求尼基弗鲁斯继续保护她和她的孩子们，若是没有她，也许尼基弗鲁斯一生便只能在叙利亚与萨拉森人作战了。皇帝对她的安排有些出人意料，他首先把她迁出皇宫，到佩特里昂［Petrion，今费内尔城区（Phanar），位于金角湾上游］的古老堡垒之中居住。她愁容满面地在那个近乎监狱的地方居住了一个月零四天，而尼基弗鲁斯依然践行朴素，掌控着帝国的政府。尔后在9月20日，在宫廷的新教堂①，尼

① 严格意义上，"新教堂"这一说法无疑有误，就好比说牛津大学新学院是"新大学"一样。但鉴于更准确的翻译多少有些令人不满意，本书就将错就错了。

基弗鲁斯与她正式成婚。

也许，塞奥法诺的暂时流放事实上是两人早已计划好的，以便保持礼仪，避免他人议论；但若确实如此，为什么她要到如此不宜居的地方暂住，而不是去都城周边地区十几座乃至数十座离宫之中，便不得而知了。有关这场婚姻的背景，还有个更有趣的问题。一份记载——必须提及，并非最可信的主要参考资料——声称尼基弗鲁斯在见到美貌惊人的皇太后时，当即陷入热恋，后世许多史学家也支持这一说法。这一说法的原因显而易见，粗鲁而坚强的老将军突然为同时代最美丽也最放荡的女人倾倒，确实很合理。但考虑具体情况之后，这依然成立吗？毕竟，尼基弗鲁斯笃信上帝，向来奉行禁欲主义，在结发妻子去世之后便发誓守贞，一生之中也很少错过任何苦修的机会。其他的史学家难免提出一个问题：他会这么多情吗？也许这只不过是在这位将军首次被召回时，两人在密谈时定下的协议，将军迎娶皇太后并庇护她和小皇帝们，借此得以分享皇位。 192

对塞奥法诺而言，这也是别无选择。这位美貌而热衷享乐的皇后，在与英俊的罗曼努斯幸福却短暂的婚姻结束之后，对尼基弗鲁斯的感情，除了厌恶之外，我们实在想不出还能有什么——毕竟尼基弗鲁斯的年龄是她两倍，而且就算不考虑柳特普兰德明显带有恶意的描述，他也是个形貌近乎怪诞的禁欲伪君子。但尼基弗鲁斯对这场婚姻的态度，我们不得而知。如果仅考虑他的性格与背景的话，我们难免认定这是纯粹的政治联姻，是基于野心而非爱情。另一方面，单身的尼基弗鲁斯也不是那种随时会拜倒在石榴裙下的人，随后当他人质疑这一婚姻的合法性时，他的表现也显示这对他而言绝非权宜之计，他确实深爱自己的年轻妻子。

毕竟还有人比尼基弗鲁斯还顾忌这场婚姻，牧首普利尤克托斯就是其中之一。就我们所知，此前他没有表示反对，也没有发出任何警告，也正是他牵着皇帝的手进入新教堂的中央，来到圣像立壁的前方，进行典礼。然而，当典礼行将结束时，尼基弗鲁斯独自走向中央的门，准备按惯例亲吻后面的圣坛，原本在圣坛后方的牧首突然抢步上前，举起手质问皇帝，还记不记得教会对二婚者的惩罚？一年之后他才能够进入圣堂，之前绝对不被允许进入。

尼基弗鲁斯别无选择，接受了裁决，但他无法原谅普利尤克托斯对他的公开羞辱。他的烦扰也没有就此结束，几天之后，宫廷牧师斯蒂利安努斯（Stylianus）愚蠢地提及了一件所有记得的人都不愿提起的、格外尴尬的事实：皇帝在几年前短暂拜访君士坦丁堡时，担任了塞奥法诺的一个孩子的教父。按照正统教会的教条，这产生了一种"心灵上的关系"，如果这一涉及他们关系的规定得到支持，那么两人之间的婚姻将会无效。当牧首得知此事时，他毫不犹豫地开始行动。他早已在一系列的场合上展现了自己在交往方面的拙劣，死板地遵守教义的他决心坚持到底。他立即进入皇宫，闯进皇帝的寝宫里并要求他二选一：或者立即与塞奥法诺离婚，或者被永久革除教籍。

婚姻危机（963）

若是尼基弗鲁斯确实不在意他的妻子，他完全可以屈服。余生再也无法领圣餐，对他这样虔敬的人来说简直是不可想象的。如果就此借遵守教义的名义，将塞奥法诺送进修女院，不但能让他继续获得上帝的慈爱，也能够就此摆脱一个麻烦。但他没有这么做。他拒绝了这两个选择，而是立即召集正在君士坦丁堡的主教们——其中数人正是因有求于他而前来，自然不难说服——与其他的高阶教士和元老院要员，希望他们给出解决意见。这些显赫人士的集会不久便给出了决定。质疑皇帝婚姻合法性的教条是在"便溺者"君士坦丁五世在位时，以他的名义颁布的，而他是个"蔑视圣母与圣人们、恶名昭彰的迫害者，崇拜恶魔、屠杀僧侣、破坏圣像的异端"。因此这一教义是无效的，婚姻有效。

然而，牧首不这么认为。他一如既往地顽固，坚称这样的特别委员会无权就这类问题下定论，再度下达了最后通牒。此时的皇帝被革除了教籍，教会与帝国政府就此分裂。尼基弗鲁斯依然拒绝服从。尽管他的灵魂可能因此无法得到救赎，他依然不肯离开塞奥法诺。他再度竭尽所能寻求解决的手段。他最终找到了一个解决方案，这个方案虽然并不算精妙或高尚，却也是唯一可行的方案。几天之后，惹出这场混乱的斯蒂利安努斯在教会与元老院的要人面前公开宣称，自己没有说过那些话，就算说过，也是记错了。老巴尔达斯也出席了这次集会，颤抖着作证称他和他的儿子都没有为塞奥法诺的孩子当教父。普利尤克托斯面对着在场者都心知肚明的伪证，清楚自己失败了。他也许可以处置斯蒂利安努斯，但身为皇帝的父亲，又行将就木的老恺撒就不是他能够

194

245

解决的了。他就此屈服。

此时只剩一个反对婚礼的人：阿塔纳修斯。他在阿索斯圣山修造的修道院即将竣工，教堂仅剩穹顶没有完成，周边的附属建筑也在迅速建起，其中还有给皇帝准备的小屋。按照《阿塔纳修斯生平》（*Vita Athanasii*）的记载，他给尼基弗鲁斯送去了一封信，指责他背弃誓言，沉迷当世短暂的享受而放弃了死后不朽的欢愉，于是他就此停止了建筑工作，返回了自己在高山上的隐居之处。按大拉瓦拉修道院的教会典礼书（Typicon）的记载，这位圣人亲自前往君士坦丁堡，把自己的想法告诉皇帝，还指出在如此背信之后，他对建筑这座修道院已经毫无兴趣，再不肯返回那里。尼基弗鲁斯跪在他的面前，流着眼泪恳求称自己别无选择。他依然珍视自己成为僧侣的梦想，在情况允许时他还是会离开塞奥法诺，按照诺言，到圣山之中和自己的老朋友会合。与此同时，他也保证称，尽管他的妻子美貌出众，他没有，也绝不会与她交合。① 皇帝把正式批准新修道院的金玺诏书交到他的手中，许诺那里除了皇帝之外无人可以干涉，而后恳求他返回那里完成已经开始的工作。

尼基弗鲁斯出于良心不安，赏赐了大量财富、珍贵的圣物、特权许可证书，包括镶有珠宝的《圣经》，以及存放真十字架碎片的圣物匣——这依然是圣山的主要圣物之一，阿塔纳修斯便带着这大批馈赠返回了工地。几个月之后修道院

---

① 尼基弗鲁斯是纯粹为讨好阿塔纳修斯而撒谎，还是遵守了誓言并因此被塞奥法诺厌恶，我们不得而知。

便落成了。哀哉，这两位老人，那位皇帝和那位圣人，却都没能得以在那里安度晚年。尼基弗鲁斯的悲惨命运将在下文叙述，但阿塔纳修斯甚至都没能等到这个悲惨的消息——在返回工地之后不久，未完成的穹顶发生坍塌，他头部受了重伤，不治而死。

征服塞浦路斯（967）

尼基弗鲁斯二世是个彻头彻尾的军人——我们似乎也不必重申这一点——在他看来与萨拉森人的战争和十字军圣战无异。他虔诚地相信，若是上帝决意把这些异教徒赶回他们在荒漠之中的老家，负责完成任务的人便是他自己。因此无论他有多爱塞奥法诺，也必须履行自己的责任。他在964年重新开始进攻，很快恢复了旧日的势头。965年夏，他的新远征取得了第一个重大成果：塔苏斯城。阿拉伯帝国每年从奇里乞亚进攻的主要跳板被他攻破，二百多年来，拜占庭帝国最大的眼中钉之一也就此被拔除。

塔苏斯距离塞浦路斯岛航程也不远。早在668年，君士坦丁四世和哈里发阿卜杜勒·马利克签订了协议，划定该岛为非军事区，由皇帝和哈里发共管并保持中立。然而固执的尼基弗鲁斯认定这一良性安排是可鄙的。同样在965年夏，他的部队以武力占据了该岛，岛上的穆斯林没有试图反抗乃至反对，塞浦路斯就此成了拜占庭的军区。

萨拉森人的还击与土匪劫掠无异，却也不难预料。如今的阿拔斯王朝已经瓦解，臣民的士气也愈发低落。阿勒颇的赛义夫·达夫拉从未能从962年宫殿被毁、首府被占的打击

196

之中恢复，五年之后，心灰意冷又因中风之类的疾病而瘫痪的他撒手人寰，年仅五十一岁。[①] 在除掉劲敌之后，尼基弗鲁斯继续进军便不再有值得一提的阻碍了。阿勒颇的驻军并未正式投降，而这种现状就此维持，该城作为帝国的附庸与保护地继续存续。969 年，时隔三百三十二年后，牧首所在地，即古城安条克得以被基督徒收复。

外交灾难（967）

因此，若是仅仅考虑在东部的战争，尼基弗鲁斯二世的执政时期便可谓接连不断的成功，这样的军事胜利也并不出人意料，毕竟这需要的是皇帝、他的兄弟利奥以及他的战友约翰·齐米斯西斯，还有夺取安条克的年轻英雄米哈伊尔·布尔泽斯（Michael Bourtzes）的军事天赋，而他们每个人都是当世将才。但西部的情况远没有这么顺利，毕竟与西欧打交道是需要外交手腕的，而尼基弗鲁斯·福卡斯的外交能力之差，在整个拜占庭历史之中也算是少见。他仿佛被至高权力冲昏了头脑，向来缺乏魅力的他在执政期间愈发傲慢专横。他早在 965 年便展现了自己的粗野，当时保加利亚使团前来领取罗曼努斯一世与沙皇彼得在彼得于 927 年成婚时订立的补助款。保加利亚人确实是想碰运气，毕竟玛丽亚（伊琳妮）已经在一两个月之前逝世，尼基弗鲁斯完全可以

---

① 按《伊斯兰百科全书》的记述，他的死因是尿潴留。记载提及他的遗体被埋葬在马雅法里欣城外，他母亲的墓地旁。他下令把自己在战争中夺取的一块土砖枕在自己的头下，一同入土。

第十二章 萨拉森人的白面死神（963～969）

合法地拒绝给付这一名义上给她的补贴。^① 另一方面，保加利亚也是一个重要的缓冲区，庇护帝国免遭马扎尔人与罗斯人的侵袭，而这笔已经给付三十八年的补助款，用于保证两国的友好关系也不算高昂。即使如此，皇帝所做的却堪称无礼。他痛骂了使节，声称他们和他们的同族都是污秽可鄙的乞丐、奴隶与猪狗，被一个只穿兽皮的王公统治。而后把他们鞭笞一番，让他们空着手回到了普雷斯拉夫。

无论受到何种冒犯，这样的回应都是明显不应当的，或许只有半个世纪之前的亚历山大对保加利亚使节所做的回应可以与之相比。但亚历山大是酒徒撒野，尼基弗鲁斯的凶悍则绝非虚张声势。他立即率兵进军保加利亚边境并夺取了数座边境据点，以表明自己的决心。在平时他无疑会进行更深远的进攻，但此时他的主力军在东部作战，而且兵势正盛，他绝不想在此时抽调兵力。因此他和基辅大公斯维亚托斯拉夫（Svyatoslav）——伊戈尔之子，其母正是近期受洗的奥列加——签署了协议，斯维亚托斯拉夫将出兵征服保加利亚人，并为此获得一笔不菲的酬金。斯维亚托斯拉夫自然乐于获得拜占庭的黄金，但他同样渴望征服。几年前，他彻底摧毁了可萨汗国，而此时正是灭亡他的保加利亚邻居的天赐良机，他将已经颇为庞大的公国进一步推进到多瑙河河畔。保加利亚人的王国此时陷入了绝望的分裂，无法抵御如此入侵。当皇帝意识到自己是让一个羸弱而热爱和平的邻居被野心勃勃的侵略者取代时，大错已经铸成。

---

① 也是引述斯蒂芬·朗西曼爵士的理论。

在与西欧的关系方面，尼基弗鲁斯的外交政策——如果那也算"政策"的话——同样堪称灾难，而他的敌人实力还要更强。五十年前的萨克森人奥托在前文已有提及。尽管自952年起他就是意大利名义上的国王，但起初他大部分时间都在德意志度过，而亚平宁半岛由侯爵伊夫雷亚的贝伦加尔进行实际管理。然而在961年，应那位不堪提及的教皇约翰十二世（John XII）① 的请求，他南下进入意大利，恢复了对这一地区的掌控，俘虏了贝伦加尔，而后率部前往罗马，在962年2月被教皇加冕为皇帝。

柳特普兰德再度出使（968）

细心的读者应该还记得奥托在早年欣然接受了紫衣贵胄

198 君士坦丁七世给他提出的盟约，即君士坦丁的儿子罗曼努斯（在他的前妻亡故后）迎娶奥托的侄女黑德维希。罗曼努斯因倾心于美丽的塞奥法诺而拒绝了这段婚姻，这让这位萨克森的国王颇为不悦。959年，这位傲慢而且极度无礼——至少在奥托看来如此——的青年继承了他父亲的皇位，双方的关系愈发恶化，但奥托依然希望让两个王朝联合起来。当罗曼努斯也离开人世后，在967年的最后几个星期之中，他派遣使团觐见尼基弗鲁斯，商讨联姻的可能性。由于双方之间

---

① 他就是著名的十世纪的"教皇艳事"的主角。时年十六岁的约翰于955年成为教皇，吉本的说法是："我们有些惊讶地看到记载提及，马洛齐娅这位争气的孙子和罗马的妇女们公开偷情，他把拉特兰宫变成研究淫秽色情的学院，强奸处女与寡妇，以至于朝圣的妇女都不敢拜访圣彼得的圣殿，唯恐圣人的继任者来猥亵自己。"

的误解，这次外交以失败告终，甚至奥托还对拜占庭控制的阿普利亚发动攻击，占据了大片土地，以逼迫那位"瓦西琉斯"清醒起来。但由于未能攻破巴里，他再度尝试使用外交手段，并在968年夏初派出了新的使团，其权力更大，使节也更有经验——他就是本书的老熟人，克雷莫纳的柳特普兰德。

柳特普兰德就自己的第二次博斯普鲁斯之行给奥托留下了一份报告，即所谓《出使君士坦丁堡报告》（*Relatio de legatione constantinopolitana*）。这段记载无疑是来到拜占庭城的宫廷之中的外交人员所留下的最有趣也最恶毒的一段记述。其中确实没有说什么好话，但考虑到他经历的那一番艰难，这也不足为奇了。文章首先记载的是皇帝粗野的个性。柳特普兰德此前来到君士坦丁堡时，他和紫衣贵胄君士坦丁七世关系良好，这位世故的学者也不难接纳西欧的文人。然而对粗糙且缺少文墨的尼基弗鲁斯而言，柳特普兰德便是他所憎恶的一切了：油嘴滑舌，希腊语还颇为流利的骗子，完全无法信任，还是彻头彻尾的异端。最重要的是他所代表的还是个自称皇帝的日耳曼匪徒，而在他看来所有思维正常的人都会认定罗马帝国仅有一个，不可分割，唯一正统的皇帝正在君士坦丁堡；更重要的是，这位僭称者还在近期撕毁条约，对拜占庭帝国的领土发动了背信弃义的进攻。

柳特普兰德重回君士坦丁堡时，所受的接待之冷淡也不难预料，即使如此，他的自尊心仍是颇受挫伤。十九年前的他身为意大利一位侯爵的使节，所受的接待至少堪称礼貌，但如今身为西帝国的全权特使，他对自己君主的回复中，写

199

下的接待情况满是毫不掩饰的敌意。

　　软禁我们的那座宫殿虽然庞大且开阔，却既不能挡暑热也不耐风寒。那里还有武装人员看守，不允许我的随从出去，也不允许任何人进来。里面只有我们这些被禁闭的人，而且距离皇帝的住所相当远，我们还不能骑马，需要步行前往。更丧气的是，希腊人的酒简直无法下口，里面混了焦油、松香和石膏……①

　　6月4日……我们抵达了君士坦丁堡，在卡里亚门外，骑着马在大雨之中等待，一直等到第十一个小时（即下午五点）。直到那时尼基弗鲁斯才下令让我们下马，因为他认定我们不配骑乘陛下您给我们提供的马匹。我们便被护送到了前文提及的那座令人厌恶、没有水源还四面漏风的石头屋子之中。6月6日，五旬节之前的星期六，我被带到皇帝的兄弟、宫廷总管与大部长利奥的面前，我们为您的名誉做了极力争辩。他不肯称您为皇帝，即他们所谓的"瓦西琉斯"，而是冒犯地称您为"rex"，即我们所说的"国王"。当我告诉他这两个词虽然不同，意义却相同时，他指责我并非为和平而来，而是想要挑起纷争。最终，他愤怒地起身，并大为冒犯地让手下接过我们奉上的信件。尽管他相貌粗陋，实际上此人颇有名望。若依靠此人，就

---

①　这也许是西欧史料中第一次记载品尝松香酒。

第十二章　萨拉森人的白面死神（963～969）

必刺透他的手。[1]

次日，柳特普兰德首次觐见皇帝，按他的记载，皇帝直入主题。他就未能给自己的客人更合宜的接待一事表示歉意，但鉴于奥托入侵罗马，窃据贝伦加尔和阿达尔贝特（Adalbert）的合法王权，还试图夺取阿普利亚，他也别无选择。柳特普兰德则据理力争——至少按他的记载是如此。他指出自己的君主并非入侵罗马，而是将罗马从淫棍与妓女的暴政中解放出来。尼基弗鲁斯和他的先辈如果真的是他们所谓的罗马皇帝，他们又怎么能容许如此境况呢？贝伦加尔和阿达尔贝特是奥托的封臣，他们发动了反叛，他除掉了他们，就这么简单。至于阿普利亚的问题也可以轻易解决，只要尼基弗鲁斯能够允许罗曼努斯的一个女儿与他君主的儿子小奥托——自圣诞节之后成为共治皇帝——成婚，那么在一系列其他重大让步之外，西帝国还会把全部部队撤出这一地区。他的提案没有立即得到答复，皇帝结束了会谈，柳特普兰德便退下了。然而六天之后，内廷总管巴西尔召见了他，告知身为紫衣贵胄的公主可以与西帝国联姻，但前提条件是西帝国割让拉文纳、罗马和整个意大利东部，以及伊斯特里亚和达尔马提亚海岸北部。

尼基弗鲁斯和巴西尔都不认为奥托会接受这些条件，将意大利和其他地区的大片土地拱手送出，而且即使柳特普兰德同意，他也无权接受这些条件。因此他没有继续留在君士

---

① 出自《旧约·列王纪下》，18：21。——译者注

坦丁堡的理由，却又没有被送回，而是被愈发严密地看管在那个他厌恶的软禁地点，只有皇帝时不时邀请他共进晚餐时才能暂时离开，他愈发警惕起来。而且，晚餐也绝称不上惬意，首先是食物令他作呕，"像是醉汉胡乱烹饪一般，菜品上倒满了油以及恶心的烂鱼汁"；其次是尼基弗鲁斯仅仅是要借这一机会欺凌他。他一次又一次询问，他的君主怎敢占据南意大利这块拜占庭帝国掌控了数个世纪的土地？而且，他又怎敢自称皇帝呢？

柳特普兰德的磨难（968）

让这位大使欣慰的是，7 月末，尼基弗鲁斯返回叙利亚，继续远征，现在他返回家乡的机会似乎终于到来了。然而他面临的艰难险阻依然未曾结束，8 月 15 日，传来了新的灾难。教皇约翰十三世（John XIII）派来了使团，并送来一封为帮助谈判而写的信件，但信上不幸地称奥托是"罗马人的奥古斯都与英白拉多"，而仅称尼基弗鲁斯为"希腊人的皇帝"。柳特普兰德以近乎病态的笔触描述了拜占庭宫廷对此的反应：如果这些新使节的地位更高——他引述他们的原话为"主教或者侯爵"——他们就会被鞭笞一番，拔光所有的头发与胡须，而后缝进麻袋里扔进大海。身为主教的他承认在为自己的未来而担忧。他确实是西帝国皇帝的使节而非教皇的使节，但众所周知的是，教皇约翰是奥托推举的，在对西帝国的反感情绪如此高涨时，拜占庭人还会不会区别对待，就很难说了。

此后事态的发展证实了他的猜测。9 月 17 日，他被显贵克里斯多弗召去谈话，这个宦官以一段对他本人的评论开始了谈话。

　　您苍白的脸、憔悴的躯体、长发与胡须，都显示了您心中因为无法及时回禀主君而生的苦闷……原因是这样的，罗马教皇——如果说这个曾经与阿尔伯里克的儿子，那个背教者、通奸者与渎神者共事的人也能被称为教皇的话——给我们最神圣的皇帝送来了一封信，信上的说法他能接受，但尼基弗鲁斯不能接受教皇称他为"希腊人的皇帝"而非"罗马人的皇帝"。这无疑源自您主君的煽动……蠢笨的教皇并不清楚君士坦丁已经将帝国的皇权仪仗、元老院与罗马的骑士们转移到了这座城市，而在罗马只留下了卑劣的奴隶、渔夫、甜品商、鸟贩、私生子、庶民与下贱者。如果你们的国王没有要求如此的话，他不会写下这封信的。

　　人在矮檐下，不得不低头。柳特普兰德试图争辩称自君士坦丁的时代起，拜占庭的语言、习俗与服饰都出现了变化，教皇也许认定"罗马人"这一名称就和他们的服饰风格一样在这里不受欢迎，但他也没有坚持己见。最终他许诺称未来的信件将全部写上"致尼基弗鲁斯、君士坦丁与巴西尔，罗马人伟大可敬的皇帝"。

　　他终于获准离开——但在此之前还要被冒犯一次。在君士坦丁堡居住期间，他购买了五匹华丽的紫色装饰布，用于点缀他在克雷莫纳的教堂。此时这些布被强行没收了。他徒劳地争辩称尼基弗鲁斯给了他购买任何货物的权利，请求当时正在场的口译员与皇帝的兄弟利奥为他作证，而他得到的回复是尼基弗鲁斯并不想让他购买这些奢侈品。他再度徒劳地恳求，指出自己在近二十年前，以卑微的助祭身份代表侯爵贝伦加尔出使此地时，他在返回的时候所带的纺织品比现在多得多，受到的推诿与冒犯却远没有如今以主教身份代表皇帝出使时多。他得到的回答是此一时彼一时。君士坦丁性格温和，在宫廷之中以和平的方式处理国事直到安然离世；尼基弗鲁斯则是一位军人，宁肯打垮他的敌人也不肯花钱收买。于是在 10 月 2 日，遭受了四个月的悲哀、恶心与接连不断的毁谤之后

> ……我登上了船，离开了那座曾经富裕繁荣，如今却濒于潦倒，充满谎言、欺诈、虚伪与贪欲，巧取豪夺又无比虚荣的城市。我的向导陪在我的身边，在四十九天的骑驴、骑马、步行、忍饥挨饿、长叹、流泪与悲鸣之后，我终于抵达了纳乌帕克托斯（Naupactus）……

然而柳特普兰德的磨难还没有结束。风向不利，他被困在纳乌帕克托斯，到了帕特雷之后被船员抛弃，在莱夫卡斯岛（Leucas）得到了一位阉人主教冷淡的接待并几乎饿死，还在科孚岛（Corfu）上经历了三次地震，而后又遭遇了盗贼。而且他清楚，这一切都是徒劳无益的。皇室联姻毫无进展，东帝国与西帝国的紧张态势相比他出发之前更甚。在他抵达克雷莫纳之前，双方便在南意大利又爆发了战争。若是

可怜的柳特普兰德得知他对这次旅行的记述在他离世千年之后，依然能如最初写下之时为读者带来新奇、趣味与启发，或许会欣慰些吧。

尼基弗鲁斯二世的恶政（968）

就尼基弗鲁斯·福卡斯的性格、行事方式与外表来看，他很难保持臣民们对他的爱戴。在他执政之初，他的公众支持源自他为帝国英勇奋战多年的功绩，即征服克里特岛与消除帝国东部萨拉森人的威胁。在这种支持之下他得以登上皇位——当然并非因他出身贵胄，而是摄政的皇太后、他此后的妻子的邀请。连他的死敌也难免同意的是，在罗曼努斯身亡后的政治真空之中，他与塞奥法诺这么做也是无可厚非的。但如前文所述，尼基弗鲁斯对维持和平这一问题实在是全无天赋。在他执政的六年之中，他几乎让身边所有人都迅速弃他而去，以及拜占庭帝国之中一个重要的组成部分——君士坦丁堡市民。

他从未掌握过的政治权力如今冲昏了他的头脑，随着他愈发自大，他也愈发易怒。他对克雷莫纳主教——他毕竟是皇帝的大使——那不可原谅的接待方式，以及接待保加利亚使节时的情况，堪称他处理外交事务时的典型手法。对待自己朝廷与政府之中的官员们，他的态度似乎同样高傲。他们对君主的不满，以及愈发的不信任，却不仅源自私人恩怨。他在对外事务上缺乏判断力，特别是请基辅的斯维亚托斯拉夫出兵摧毁保加利亚；当帝国的大军在东西方都全面展开，无法同时在南意大利开辟第三条战线时，他仍然毫无理由地

203

冒犯奥托大帝。而且他对自己所属的阶层，首先是军界人士，然后是安纳托利亚军事贵族们，展现出可谓无耻的偏袒。在他看来，都城的皇帝驻军做什么事都没错，他们也充分利用了这位靠山。每天晚上街上满是醉酒士兵的喧闹声，以至于遵纪守法的市民们也不敢离开家门了。皇帝收到的抗议与请愿接连不断，但都被他无视了。

"权贵"的财富则愈发增长。罗曼努斯一世与君士坦丁七世都在竭力限制他们势力的发展，尼基弗鲁斯的立法则完全在偏袒他们。此前，如果一块土地出售，与其相连的土地的拥有者禁止购买；如今只要出钱够多，任何人都可以购买，而想要扩充地产的贵族自然能开出高价。此前，想要成为一名带装备骑兵的小地产主，拥有的土地要不少于四磅金；如今尼基弗鲁斯将最低限额提升到十二磅金，这等于让数以千计的农民家庭，即长达数个世纪中作为当地民兵部队核心的农兵们失去了应征的资格，地主们的权力则进一步扩大。富人越来越富，穷人越来越穷。君士坦丁堡的市民，虽然对耕地与军役问题都不感兴趣——他们认为这是在亚洲的同族需要关心的事——却也因其中的不公而感到不满。

教会也颇为出人意料地反对他。教会起初因尼基弗鲁斯的虔诚而坚定支持他，但很快他们便发现尼基弗鲁斯对教会的社会职能的想法与教会自身的想法大相径庭。提倡苦修与禁欲的他惊讶地发现教堂，特别是修道院之中，在数个世纪的积累之后竟然囤积了如此多的财富。这不是什么新问题，但在两百年前的"便溺者"君士坦丁五世的时代结束之后，便再没有人在意了。当大批肥沃的农田如今因教士疏于管理而抛荒时，现在确实到了应该进行修正的时候。尼基弗鲁斯的举措一如既往地强横：此后不得以任何名义向教会捐赠土地。能够从重修被毁弃的教堂或修道院中获利的人会欣然接受，但也只有他们会接受。这一法令自然引起了大批僧侣与教士的抗议，但更大的争议还在后头：又一条新法令规定任何主教的任命都需要皇帝亲自批准。这在愤怒的教会看来只意味着一件事：皇帝打算全盘掌控教会及其管理体系。

最后，无论是富人还是穷人，教士还是俗人，士兵还是平民，都因为尼基弗鲁斯为供给持续不断的征战而征收的前所未有的重税痛苦不已。如今帝国同时在三条战线上开战：在东线进攻萨拉森人，在保加利亚防卫罗斯人，在南意大利与奥托一世作战。在这三场战争之中，第一场胜负已分，但另两场战争全无必要，本来就不该开始。而且每一个纳税人都不理解，为何要为这支已如此臃肿的军队支付税金。他因此遭到了所有人的厌恶。军队索取的资金援助越来越多，却从来不肯分享他们掠夺的大量战利品。此外，一系列的灾荒更是让面包的价格疯涨。此前的皇帝在遭遇饥荒时开仓赈灾，但尼基弗鲁斯不但不肯赈灾，反倒很可能乘臣民受灾之机为他偏袒的士兵们攫取更多利益。①

①　另外一个重要的经济暴政是，尼基弗鲁斯二世下令铸"小金币"，其重量仅有原使用的诺米斯玛塔金币的一半。他宣称大小金币等值，但收税时只收大金币，支付款项时只支付小金币。这种明目张胆的横征暴敛，不但导致君士坦丁堡等城市的物价陷入混乱，使他失去市民的支持，支付的军饷直接贬值了一半以上，也导致他失去了许多士兵的爱戴。——译者注

大竞技场的骚乱（967）

不满情绪就此开始滋长，而且愈发公开。首次爆发在967年复活节的周日开始，皇帝的亚美尼亚人卫队与色雷斯水手之间的争执演变成了全面的骚乱，造成许多人受伤，数人因此死亡。当天下午，当大竞技场之中庆祝复活节的比赛即将开始时，城中传言皇帝打算报复，要随意屠杀聚集起来的群众。我们可以确定此时的尼基弗鲁斯并无如此打算，然而在比赛的间歇，他命令一队全副武装的卫士进入竞技场，其原因无法确知。助祭利奥声称他打算展示武力，警告市民他不再容忍早上这种暴力事件。但在这类比赛之中进行战斗表演也是颇为常见的，他可能只是想要增加个节目，愉悦观众而已。无论其目的如何，结果却是恐慌情绪迅速蔓延，数以千计的围观者仓皇逃离大竞技场。直到他们发现卫队并没有向围观者发起进攻，皇帝一如既往地平静且无动于衷地坐在包厢之中，才最终平静下来，但已有许多人在逃跑时因坠落、冲撞或被践踏而死。尽管恢复了平静，市民们却依然认定尼基弗鲁斯要为这一事件负责，他愈发不受欢迎了。

两个月后的耶稣升天节上，皇帝在佩盖的圣母教堂参加晨祷完毕，在返回的路上遭到街边聚集起来的市民们的辱骂，据说他们都是在复活节动乱中遇难者的家属。很快，皇帝便被一群怀有敌意的暴民包围了。在面对这种威胁时，尼基弗鲁斯一如既往地面无表情，他依然安然前行，目不斜视，但如果不是他的私人卫队围成厚厚的盾墙，抵挡市民的推搡乃至投掷物，他很难活着返回宫中。

206

第十二章 萨拉森人的白面死神 (963~969)

次日清晨，一对母女因为从附近的屋顶向皇帝投掷砖块而被捕，在阿玛拉塔斯城区（Amaratas）被处以火刑。尼基弗鲁斯下令加固圣宫，将其完全与周边的街道分离开来。在这个包括布克里昂码头在内的广大区域之中，他建造起一座私人城市堡垒，让他自己、他的家人以及亲随居住。很明显，皇帝此时畏缩了，而且很可能是他人生之中第一次如此。战场之上的他不知恐惧为何物，但在君士坦丁堡，当阴谋与凶兆的传言铺天盖地时，他变得愈发凶恶乖戾。他的表情愈发阴沉，他的笃信愈发病态而怪异。他不再睡在床上，而是睡在皇帝寝宫角落处地板上的一张豹皮上。他的父亲老巴尔达斯·福卡斯以九十岁高龄病故后，他愈发憔悴。在夏末参与一次宗教游行时，一个怪异的无名僧侣将一张纸条塞到了他的手里，而后便消失在人群之中。纸条上写着："尊敬的君主，尽管我不过是地上的虫豸，却得知在即将来到的 9 月结束后的第三个月你便要死去。"他再未能从这一震惊之中恢复。

矛盾最终因保加利亚的变化而爆发。968 年夏季，保加利亚国王彼得已经陷入绝境。因为中风而偏瘫的他向君士坦丁堡派出使节①，请求出兵援助他们抵御斯维亚托斯拉夫。不久之后，他们还送来了两位保加尔小公主，作为小皇帝巴西尔和君士坦丁的新娘。然而这一切为时已晚。969 年 1 月 30 日，执政四十二年的彼得逝世，留下他缺乏经验的儿子鲍里斯（Boris）即位，而鲍里斯除了红胡须之外再无其

---

① 克雷莫纳的柳特普兰德因为这个"满身污秽，剃匈牙利式短发，一身黄铜链子"的怪异人物在皇帝的宴席上座次在自己之前而大为恼火。

他特别之处。大约六个月之后，基辅大公的遗孀奥列加也撒手人寰了，而她是唯一能约束住自己儿子，即顽固的斯维亚托斯拉夫的人。尔后，斯维亚托斯拉夫便在当年的秋初，率领罗斯人、马扎尔人和佩切涅格人组成的大军席卷而来，攻入保加利亚腹地。普雷斯拉夫几乎未进行抵抗即陷落了，年轻的鲍里斯和他的家人被全部俘虏。菲利普波利斯则进行了英勇的抵抗，但最终还是被迫投降，斯维亚托斯拉夫处决了两万名市民作为报复。在初冬时节，罗斯人已经陈兵于色雷斯边界，基本可以肯定的是，明年的春季他们就要进攻帝国。①

塞奥法诺与齐米斯西斯（969）

此时那位美丽却又至关重要的皇后塞奥法诺再度走上了历史的前台。仅从外表来看，她不可能喜欢尼基弗鲁斯——也许任何人也不会喜欢。在此前六年之中的某个时刻，她爱上了皇帝当年的战友——英俊的近卫军团元帅约翰·齐米斯西斯。这个瘦小却充满魅力的亚美尼亚人对她的感情又是如何，我们不得而知，毕竟野心、嫉妒、对皇帝的怨恨——他近期被皇帝解除军职并软禁到安纳托利亚的私宅之中——都足以让他回应塞奥法诺。时年二十八岁的塞奥法诺依然美艳惊人，无论他动不动心，她的主动总归不会让他反感。

她的首要任务便是说服她的丈夫，让他相信此前对自己

---

① 旧日的历史学家认为菲利普波利斯的陷落发生在 970 年初春，作者个人倾向于斯蒂芬·朗西曼爵士的说法（*First Bulgarian Empire*, pp. 205 ~ 206）。

的老朋友的处置有失公允——毕竟他是靠约翰才得到了这顶皇冠——并撤回对他的放逐令。完成这件事并不算困难，只要她希望如此，他向来都会满足她的要求（也许这也是他真心爱她的证据之一）。他就此召回齐米斯西斯，但前提条件是他要居住在博斯普鲁斯海峡的亚洲一侧，在卡尔西顿的私宅中居住，只有皇帝允许时才能前往君士坦丁堡。很明显，在塞奥法诺和约翰看来，情况算不上多理想。然而如今万事俱备，不久之后这位将军便趁夜悄然溜走，渡过海峡来到宫中的一个隐蔽角落，与等在那里的皇后会合，在谈情说爱之外，便是冷血地安排谋杀尼基弗鲁斯的计划。

　　同谋者不难拉拢。此时尼基弗鲁斯·福卡斯的贴身随从　　208
几乎已经无人对他心怀好感，内廷总管巴西尔以及其他几名高阶朝官也加入了阴谋。夺取安条克的英雄米哈伊尔·布尔泽斯也加入密谋，对他的功劳嫉妒不已的尼基弗鲁斯不久之前刚刚解除了他的职务。

　　谋杀的日期定在了 12 月 10 日。当天下午，主要的密谋者换上女装，把剑藏在他们的长袍之下，以觐见皇后的名义进入后宫，皇后随即把他们藏到宫中各地，等待最终行动的时机。天色渐晚时，尼基弗鲁斯从自己的宫廷牧师那里收到了新的警告，告诉他刺客已经混进宫中，危险迫在眉睫。他立即派自己信任的宦官米哈伊尔进行调查，然而米哈伊尔早已被皇后收买，向皇帝汇报称宫中并无异样。

　　12 月的白昼很短，入夜之后又刮起了凶猛的暴风雪。刺客们依然在漆黑一片的宫中隐蔽。若是约翰·齐米斯西斯不到，他们不敢贸然行动，然而在如此天气之下，他真的能够悄然渡过博斯普鲁斯海峡吗？与此同时，塞奥法诺必须放松自己丈夫的警惕，保证在行动之前万无一失。她对他说，自己决定去拜访一下两位保加利亚小公主，看看她们在居所之中是否舒适。她不会离开太久，因此皇帝最好不要把她关在皇宫之外，宫门可以等她返回之后再上锁。尼基弗鲁斯没有反对。他依然在图书馆中读他大量囤积的有关苦修的书，而后便像往常一样开始祈祷。最后，见妻子迟迟不回，他便穿上自己舅父的刚毛衬衣，躺在地上入睡了。

暴风雪依然没有停歇。天寒地冻，大雪纷飞，博斯普鲁斯海峡风浪甚大，约翰·齐米斯西斯和三名密友在没有照明的小船上冒着极大的风险，很久之后才从卡尔西顿赶到了对岸。直到夜间十一时，他的同谋者才听见了宣告他到来的低沉哨音。皇后寝宫之外的一扇窗户中悄然垂下了一条绳子，这几名刺杀者先后被拉进宫中，约翰最后一个进入。进入之后他们便立即投入行动。一名宦官正等在那里，带他们前往皇帝的寝宫。当刺客们发现皇帝的床上空无一人时吃了一惊，但这位宦官悄然指向了房间的角落，皇帝正在豹皮上熟睡着。

尼基弗鲁斯之死（969）

尼基弗鲁斯人生的最后时刻读来多少有些煞风景，写下这段记载的编年史家们倒是自得其乐。被响动惊醒的皇帝想要起床，这时军阵指挥官（taxiarch）利奥·巴兰特斯（Leo Balantes）一剑砍向他的颈部，但皇帝突然起身，这一剑斜砍在他的脸上。血流满面的他高声请求圣母解救，而刺客们把他拖到大床旁边，约翰·齐米斯西斯正如审判者一般坐在床上等待。他们想逼他下跪，他却直接趴倒在地，一动不动，任他的昔日战友指责他行事不公忘恩负义，对他一顿猛踢，撕扯着他的头发与胡须。在齐米斯西斯的发泄结束之后，便轮到了其他人，这里的每一个人都有发泄的理由。一个人打得他下颚脱臼，另一个人用剑鞘包铁砸掉了他的门牙。最终，某个人——具体是谁不得而知——用一把弯曲的长刀完成了致命一击。

消息很快传播开了。刺杀结束几分钟之后，约翰·齐米斯西斯的部下便来到城中积雪的街道之中，在街头巷尾高喊："约翰是罗马人的奥古斯都与英白拉多！"很快，大总管巴西尔便亲自带着其他人加入，他带领的人们奉命在欢呼中加上了两位小皇帝巴西尔与君士坦丁的名字，但同样表达了对新君主的支持。与此同时，在无眠的宫廷之中，守门的瓦兰吉维京卫士手持长斧，匆匆赶往布克里昂码头。在火炬光中，他们看到了尼基弗鲁斯被刺客斩下的头颅，如今高挂在一扇窗外。他们立即停止了行动。若是皇帝尚存一息，他们愿为他奋战至死，但若是皇帝已死，他们也没有义务为他复仇。他们换了个新雇主，仅此而已。

新雇主的身份已经确定。在刺杀结束后，约翰·齐米斯西斯径直前往黄金大厅（Chrysotriclinium），即宫中黄金皇座的所在地。他穿上紫靴子以及他能找到的一切皇帝仪服，坐在皇位上，塞奥法诺带着她的两个儿子坐在旁边。与他同谋的刺客以及纷纷前来的官员们则开始欢呼，拥立他为罗马人的皇帝。 210

次日，全城都陷入寂静，仿佛被遗弃了一般。就此成为约翰的左右手，以及他最资深也最受信任的下属的巴西尔下达了戒严令。市民此时只能在家中停留，不得不出门的人也不敢聚集或制造任何的喧扰，生怕因此丧命。此时风暴终于停止，变为诡异的安静，马尔马拉海上起了浓雾。尼基弗鲁斯的躯体仍然和刚扔出窗口时一样，横在染血的雪地上。在如此惨死之后，国葬是不可能了。入夜之后，他的尸体被放到临时准备的木架上，盖上粗糙的毯子，悄然穿过空旷的大街送到圣使徒教堂，安葬在君士坦丁大帝六个世纪前安排的大理石椁之中。这是荣耀的安息之地，但对尼基弗鲁斯·福卡斯而言，这位萨拉森人的白面死神，收复叙利亚与克里特岛的英雄，高尚又可憎、功勋卓著又令人厌恶的皇帝，他的结局理应更体面些。

第十三章　约翰·齐米斯西斯（969～976）

如果您拒绝我的提议，您将别无选择，您和您的臣民只能永远离开帝国，失去所有的领土，再无容身之所。回到亚洲，把君士坦丁堡交给我们吧。只有如此，您才能与罗斯人达成真正的和平。

——基辅大公斯维亚托斯拉夫

致皇帝约翰·齐米斯西斯，970年

拜占庭城的皇位，十年间第二次被一名安纳托利亚贵族夺走。这两次夺取皇位的都是极为成功的将军，而皇后塞奥法诺都参与了阴谋，两人也都同意作为她的两个年少儿子的庇护人。但尼基弗鲁斯·福卡斯与约翰·齐米斯西斯之间有两个重大差异，其一是他们各自的地位，其二则是两人本身的性格。

尽管两人对皇冠都没有任何合法的宣称权，尼基弗鲁斯至少还是可以宣称得到了皇太后的邀请，并在此后靠着婚姻获取了合理的地位。然而约翰则是靠着暴力与谋杀获取皇位，更不走运的是牧首之位依然在普利尤克托斯手中，而这个日渐衰朽的老人一如既往地冥顽不灵。即使他不能立即拒绝给这个僭称者加冕，他也可以加上条件——他也确实加上了条件，约翰无论多么不情愿，他都必须接受。他的第一个条件就是赶走塞奥法诺。偷情的两人不但希望借谋杀尼基弗鲁斯除掉障碍，也希望能够就此成婚，但牧首坚定反对，声称在任何情况下都不会妥协。相反，约翰·齐米斯西斯加冕的事则当然可以，只要皇后能被赶出宫中，并再也不得返回君士坦丁堡。

不过，正如前文所述，也许约翰其实并没有对塞奥法诺动真情，仅仅是把她当作实现自己野心的垫脚石。无论如何，他毫不犹豫地做出了决定。蒙羞而心碎的皇太后就此屈辱地被赶走，来到被赶出皇宫的人最常去的地方——马尔马拉海上的普罗蒂岛。① 但普利尤克托斯还没能满意。他接下来要求约翰公开认罪，并指认所有参与阴谋的人。最终他要废黜他前任皇帝颁布的对教会不利的所有敕令。约翰毫不犹豫地接受了这些条件，在 969 年圣诞节，谋杀仅仅两周之后，新皇帝便接受了加冕。他现在的唯一任务就是处置被杀的老皇帝的家人，特别是利奥·福卡斯。这位曾经的宫廷总管没能及时集结起人马完成反击，便带着自己的长子，即和他大伯同名的尼基弗鲁斯逃到圣索菲亚大教堂中避难。两人

---

① 然而此后她还是回过君士坦丁堡一次。几个月后她逃离了拘禁地，来到圣索菲亚大教堂寻求庇护。然而内廷总管巴西尔还是把她赶了出去，送到亚美尼亚的偏远地区流放。但巴西尔同意做出一个让步，允许她见皇帝最后一面。也许有些出人意料，约翰同意了见面，他随即遭到了她的斥骂。塞奥法诺随后转向坚持陪同出席的巴西尔——他此后肯定要为这个决定后悔——扑上去痛打了他一顿，直到他的随从们把她拉开。

的职务、官阶和财产都被剥夺，送往莱斯沃斯岛流放。利奥的二儿子巴尔达斯则被送到了远没有那么怡人的本都地区的阿马西亚（Amaseia），这个多雨的地方位于黑海沿岸。只有他的幼子、官阶为显贵的出色将领得以获得自由——也许是因为他与萨拉森人作战时战功卓著，但更可能是因为他是阉人，并不会造成什么长期的危险。

齐米斯西斯的性格（969）

至此，本书对约翰·齐米斯西斯的叙述几乎完全没有提到任何闪光点。然而若是比较他与尼基弗鲁斯的性格，同时代的记述者对他的评价却比我们所想的要好得多。上一章最后几页之中那个残忍且世故的谋杀者，与编年史家所描绘的"无所畏惧的骑士"（chevalier sans peur et sans reproche），实在是很难联系到一起。他们不但长篇大论地叙述他在战场上的英勇，也记述了他的善良、慷慨、正直、明智、活力和卓越气度；他们也记载了他出众的相貌——深棕色的头发，红色的胡须，清澈明亮的蓝眼目光锐利。他尽管身材矮小，但依然极度灵巧且健壮。据说他的部下无人能在马术、箭术、投长枪或标枪上胜过他。他也有随和的魅力，足以吸引每一个人。他和尼基弗鲁斯一样，也是个鳏夫，但和尼基弗鲁斯不同的是，他没有打算发誓守贞，而他对女人而言更是难以抗拒。甚至他的缺点也充满了魅力，对他颇有了解的助祭利奥提到他热衷美酒与生活中的一切美好。简而言之，他与那位丑陋、笨拙且生活极度节制的前任皇帝形成了鲜明的对比，绝非他那样的禁欲主义者，而是一个顺其自然、享受

213

生活的人。一名编年史家君士坦丁·马纳瑟斯（Constantine Manasses）甚至称他如同"新的天堂，其中充满了公正、智慧、谨慎与英勇……若不是因为谋杀尼基弗鲁斯而染上污点，他将如天空中无与伦比的星辰一般闪耀"。

在他所有确定无疑的美德之中，他的臣民最喜欢的是他迅速且如同本能一般的慷慨。牧首确实坚持他要在获取皇帝内帑之前先把私产捐赠给穷人，按约翰·齐米斯西斯的性格，他应当不难做到。他大部分的钱财捐赠给了近年来因一系列灾害而歉收的农民，特别是色雷斯的所有农庄，那里的饥荒格外严重。（这个与尼基弗鲁斯截然不同的特质不应被忽视。）另一个主要的恩赐给予了一个他最喜欢的慈善机构，即博斯普鲁斯海峡对岸的克里索波利斯的麻风病人收容所（Nosocomium）。助祭利奥记载称，他一生之中经常前去拜访、安慰、鼓励病人们，甚至亲手为他们擦洗脓疮。因此几个月之后，一个即使在整个拜占庭帝国历史之中也极度恶劣的谋杀的主谋，就此成了帝国最受欢迎的统治者之一。

斯维亚托斯拉夫入侵（970）

幸运的是他及时成功了，因为基辅大公斯维亚托斯拉夫已经准备发起进攻。保加利亚已经被他掌控，但他不想停在保加利亚。对他而言，真正值得夺取的正是拜占庭帝国。罗斯人此前的两次进攻确实失败了，但第一次，861年的进攻，仅仅是一次掠夺行动；第二次，不到三十年前，在他父亲伊戈尔指挥之下的进攻主要是从海上发动的。斯维亚托斯拉夫相信君士坦丁堡无法从海上攻破，但陆上的情况可能截然不同。他的部队规模甚大，在战胜保加利亚人，又进行了一番掠夺之后，士气也前所未有地高涨。他面前是一马平川的大平原，一路延伸到博斯普鲁斯海峡，若是他想要抢夺皇帝所拥有的巨额财富，夺取皇位，再把那个谋杀犯篡位者（他和自己一样没有登上皇位的正当权利）赶回那遥远的安纳托利亚荒原，又有谁能够阻拦他呢？

约翰尽力进行了谈判，声称只要斯维亚托斯拉夫撤出帝国领土，他就把尼基弗鲁斯请他出兵保加利亚时许诺的款项全部付清。但大公的回复清晰地表明，依靠外交无法达成任何结果。现在，战争似乎是不可避免了。在君士坦丁堡，城中人对城墙进行了紧急整修，紧张情绪也在所难免地开始酝酿。市民们此前自然经历过类似的危机，但最近的一场危机源自保加利亚人，这是他们知根知底的敌人，他们虽然人数众多，总归是有限的。但如今他们面对的这个势力却极为强大，控制范围从巴尔干半岛延伸到波罗的海，而其中的民族他们甚至罕有耳闻，据说每一个民族都极度野蛮。

然而拜占庭帝国的军队已经做好准备。在尼基弗鲁斯·福卡斯的努力之下，这支军队重新成了一流的战争机器，涌现了数名无与伦比的出色将军，甚至可与贝利撒留时代相提并论。皇帝就是这些出色将军之中的一位。此时约翰却必须留在都城——他应当颇为遗憾——因为他目前的地位尚不巩固，无法亲自指挥远征。但他信任自己麾下的将军，他的信任事实上也得到了回报。他选择的先头部队指挥官，其一是他的妻舅巴尔达斯·斯科莱鲁（Bardas Sclerus）。约翰的妻子玛丽亚（Maria），这位助祭利奥所谓"最可爱也最纯洁" 215

的人在几年前去世，没有留下子嗣。巴尔达斯此前与皇帝一同在叙利亚作战，可能也是皇帝最亲密的朋友。另外一位指挥官则是阉人彼得·福卡斯（Peter Phocas），官阶为显贵。职位为主将的他和斯科莱鲁斯一样，在与萨拉森人的战争之中战功卓著，近期还在色雷斯的一场袭扰战中击败了马扎尔人。他在阵前决斗之中，亲手击杀了一个身着厚重锁子甲的高大部落首领，他奋力一刺，枪尖直接穿出了那个马扎尔人的肩胛骨。他是被杀的尼基弗鲁斯二世的侄子，也是他伯父的近亲之中唯一一个免于流放的人。如果他内心怨恨齐米斯西斯的话，他确实隐忍得很好。

两位将军都收到了君主的严令，尽可能避免正面决战。皇帝或许认为，只要看到大批帝国军队抵达战场，斯维亚托斯拉夫便会畏惧而撤退了。此时（仍是早春）他派出部队仅仅是为了向纪律涣散的罗斯人展示自己部队的严密组织与强悍实力，并保护色雷斯的乡村免受他们的侵扰。然而他低估了这位基辅大公，斯维亚托斯拉夫准备进行决战。他特意与马扎尔人和佩切涅格人结盟以加强势力，甚至得到了不少保加利亚波雅尔贵族的支持，他许诺恢复他们所有的旧日特权，甚至允许他们恢复旧日的多神教信仰——他们之中还有不少人期待如此。这些部队的规模很难准确估量。早年的史学家通常夸大敌人的规模，声称己方人数不足，佐那拉斯和约翰·斯基里泽斯分别声称罗斯人有三十万人与三十万零八千人，而内斯托尔的编年史给出的数字仅相当于这两个荒谬数据的约十分之一。此处，我们认定这支部队规模为五万人，应当与实际情况相差不太大。据称面对这支部队的拜占庭部队仅有一万两千人——这一记载很可能属实。虽然人数不多，但确是精锐部队，装备精良，训练有素，而且都是在叙利亚的烈日之下多次战斗的老兵。

身为最高指挥官的巴尔达斯·斯科莱鲁首先进军抵达亚得里亚堡。当敌军前来时，他率部缓慢撤退，故意做出畏战的假象，让他们自以为安全而过于自信。与此同时，在他的战线之中，他进行了部队布置。在他预定的那天，他派显贵约翰·阿拉卡斯（John Alakas）率领一支骑兵分队出击，使用一个熟悉的战术：首先与敌军稍微接触，而后立即离开，刺激罗斯人发起追击。在他们确实追来之后，他们要加快步 **216** 伐，并且不断回头再与敌军接战、逃离，保持着不远不近的距离，直到他们的对手落入他们预设的陷阱。

这一计策效果极佳。斯维亚托斯拉夫的部队兵分三路进军，第一支主要是罗斯人与保加利亚人，第二支主要是匈牙利人和其他马扎尔部落，第三支则是佩切涅格人。阿拉卡斯正是和第三支部队接战，而他们也全速追击，相信他们能够及时追上他和他的部下，将他们杀死，再夺走他们的战马、盔甲、武器和其他值钱的东西。但当他们来到一个河谷之中时，拜占庭骑兵突然散开了，追逐者也随之散开。斯科莱鲁就此发动了进攻。陷入包围而寡不敌众的佩切涅格人被全部歼灭。

而这仅仅是个序幕。几天之后双方在阿卡狄奥波利斯附近进行了一次决定性的战役，那里位于亚得里亚堡通往都城道路的三分之一处。这是一场阵地战，也是拜占庭帝国与罗斯人在开阔地上进行的第一次决战，这一战极度血腥。助祭利奥与斯基里泽斯记载称，年轻的君士坦丁·斯科莱鲁（Constantine Sclerus）看到他的兄长与指挥官被一个高大的罗斯人缠住，于是匆忙前来助战。他这一剑从那人的盔甲上划开，砍到了他的坐骑上，那匹马立即被斩首，那人也被摔在地上。君士坦丁或巴尔达斯得以轻易地完成致命一击，一剑把那个维京巨汉劈成两半，分别落在他坐骑的两边。至于这个故事是否可信，就交由读者自行判断。确定无疑的是，这一战与此前几个世纪之中的战争截然不同，那时的战争是阴沉的悲剧传奇，故事之中满是纪律涣散、畏惧与背叛。而此时，帝国再度进入了英雄时代，乃至可谓荷马史诗式的时代。无畏的领袖们盔明甲亮，身先士卒，往军阵核心杀去，从来不畏惧阵前决斗，决心为皇帝赢得胜利，或为此战死。对他们而言，阿卡狄奥波利斯之战是一场大胜，罗斯人则遭到了屠杀。斯维亚托斯拉夫带着屈辱的残兵败将返回了保加利亚，一年之后才再度前来。

巴尔达斯·福卡斯叛乱（971）

217 　　当他的妻舅在色雷斯安定事态时，约翰·齐米斯西斯正在都城之中忙于巩固自己的地位，与此同时将东部的部队抽调回来，配备新的武器装备，并征召新兵充实军力。他清楚这场战争还没有结束。基辅大公受了不小的教训，但他依然活着，也没有就此放弃野心的理由。而且，他更是要复仇的。

　　971年初春，约翰已经做好与他作战的准备。他的部队状态极佳，此时的他也可以御驾亲征。如果斯维亚托斯拉夫

第十三章　约翰·齐米斯西斯（969～976）

没有行动，他就可以攻入保加利亚，把他赶走。当他准备出兵时，东方却传来了新的消息。尼基弗鲁斯二世的侄子巴尔达斯·福卡斯逃离了他在本都的流放地，返回凯撒利亚（今开塞利），那里是他家族在卡帕多西亚的根据地，聚集起来的大批居民与贵族就此立他为皇帝。情况本已相当恶劣，但不久之后另一个坏消息传来。流放于莱斯沃斯岛的利奥·福卡斯和他的儿子与当地的主教勾结，在色雷斯散播叛乱的消息，宣称他们即将赶到此地，号召当地人起兵对抗篡位者。

皇帝的行动一如既往地迅速。主教被逮捕并审讯，很快透露了他所知道的一切。靠着他提供的证据，利奥和他的儿子随即被送交审判并判处死刑，然而约翰立即改变了主意——编年史家认定这是他的典型特质，而这使他对尼基弗鲁斯的残忍更难理解了——把死刑改为瞽刑与永久流放。之后他进一步展现了自己的仁慈，派人到莱斯沃斯岛送去一个密令，让烧红的铁在最后一刻撤回，保留两人的视力。无论如何，他们带来的危险并不大，那位僭称者才是真正的危险。约翰派使节前去与他会谈，许诺保证他的生命与财产安全，只要他同意放弃宣称。但巴尔达斯的回复与斯维亚托斯拉夫一年前的回复颇为类似，他率军稳步前进，亲率数千部队往都城进军。

此时皇帝应当为把部队调离安纳托利亚而后悔。结果是他没有足够的部队来立即平息这场叛乱——留守的部队之中还有不少人加入了叛军。他只剩下一个选择：派他最优秀的将军率领最精锐的部队离开色雷斯。几天之后，巴尔达

218

275

斯·斯科莱鲁便开拔了。这无疑是冒险，对斯维亚托斯拉夫而言，他可以在斯科莱鲁返回之前便发动入侵，但东部的威胁迅速解除，并没有给他在西部留出什么机会。

直到此时，约翰依然希望避免帝国之中爆发内战。他要求自己的妻舅尽力避免流血牺牲，并向那些愿意抛弃福卡斯的人保证他们不会受到处罚，甚至会得到荣誉和赏赐。斯科莱鲁自然乐于遵命。他是福卡斯的老朋友和战友，他的弟弟、阿卡狄奥波利斯的英雄君士坦丁此前娶了这个僭称者的妹妹，这件事对他而言实在是颇为棘手。当他抵达那所谓的四十殉道者湖①时，他的侦察兵报告称发现了福卡斯部的营地。他没有发起进攻，而是派了一大批细作，扮成乞丐模样混进叛军之中收买人心。也许帝国军队的规模与速度动摇了他们的士气，也许倒戈之后获取的慷慨回报对他们而言难以抗拒，无论如何，这些细作出色地完成了任务。每天晚上，越来越多的福卡斯支持者逃离军营，溜进斯科莱鲁的军营之中，他们之中的每一个人都得到了欢迎。僭称者很快发现，还没接战，他的军队便只剩几百人了。绝望而屈辱的他在少量依然忠诚的骑兵的陪同之下，趁夜逃走，和他的家人来到泰罗波伊昂（Tyropoion）堡垒避难，那里位于今伊尔金（Ilgin）城外。但这意义索然，斯科莱鲁率部紧随而来，立即开始围攻这座小堡垒。他竭力进行了抵抗，在得到自己和家人都可以保住性命的保证之后，他带着妻儿离开堡垒投降。

---

① 今阿克谢希尔湖（Akşehir Gölü），位于今阿克谢希尔以北十英里处。

约翰・齐米斯西斯也遵守了诺言。他下令将巴尔达斯・福卡斯剃度，而后将他和他的家人一起送到希俄斯岛，那里是爱琴海海岛之中风光最美的地方之一。全世界的统治者之中，几乎没有谁能如此宽厚地对待一个僭称者，也很少有僭称者能够有幸得到如此宽厚的惩罚。① 219

皇室婚礼（971）

在巴尔达斯・福卡斯的叛乱结束之后，约翰・齐米斯西斯便不必再面对任何争夺皇位的威胁。然而事实上，如果他不能在某种意义上进入皇室，他就依然没有合法的权利。原本，如果他与自己的美貌情人塞奥法诺成婚，尽管会带来明显的不利因素，但仍能极大地稳固他的地位。但对现在的他而言，这已经不再可能。幸运的是，他还有其他的方法，可以和罗曼努斯二世的姐妹成婚——她们五人都被塞奥法诺送进了修女院。他于971年秋季与其中一人塞奥多拉（Theodora）订婚。十二年的修女生活没有让她气质更佳，助祭利奥——他认定所有公主都应当有近于完美的外貌，帝国的皇后更应如此——写道："她既不美丽也不优雅。"但约翰并不是为她的美貌而迎娶她的，毕竟他若是想娶到帝国最美丽的女子，也并非难事。他与她成婚的原因仅仅是她的曾祖父、祖父、父亲和兄弟全是皇帝，而靠着她，自己也能够成为帝国最光辉的马其顿王朝之中

---

① 西洛尼莫・朱斯蒂尼亚尼（Hieronimo Giustiniani）在1586年的《见闻录》（Storia di Scio）之中，记载称在他的时代依然有福卡斯家族的后裔，在小村沃利索斯（Volissos）之中务农。

的一员。

　　婚姻在 11 月进行。年迈的普利尤克托斯在约翰一世加冕五星期之后便逝世了——约翰如果晚几个月发动政变，他未来的生活可能颇为不同，塞奥法诺的未来更是会截然不同。老牧首的继任者是由皇帝选择的虔诚节制的教士——斯卡曼德人巴西尔（Basil），由他主持婚礼。① 庆典一直持续到圣诞节之后，然而那时另一场皇室婚姻开始计划。这一婚姻如果得以实现，其影响将远大于约翰一世的婚姻，将就此终结萨克森人奥托和帝国五年来的争斗，并在东帝国与西帝国之间创造牢不可破的联系。实现这种联姻的想法，如前文所述，在"紫衣贵胄"君士坦丁七世执政时就曾经提起。奥托在 967 年再度提起此事，克雷莫纳的柳特普兰德也因此在次年进行了那次失败的出使。对狭隘多疑的尼基弗鲁斯二世而言，这样的婚姻不值一哂。约翰一世却全力支持这一婚姻，在他本人的邀请之下，科隆大主教率领的使团在 12 月末来到了君士坦丁堡，迎接新娘，把她带回西帝国的皇宫与新郎成婚。②

　　新郎是十七岁的奥托，西帝国皇帝的儿子与继承人。至于新娘的身份，史学家却不那么确定。她名叫塞奥法诺（Theophano），此前通常认为她是罗曼努斯二世的女儿，即

220

---

① 被称为"斯卡曼德人"（Scamandrian）的他或许出生于这里，也有可能是因为他在斯卡曼德河（Scamander）河边建造了一座修道院。这条流过特洛伊平原的河流今称小门德雷斯河（Küçük Menderes）。
② 据说年老的柳特普兰德也在这个使团之中，第三次出使拜占庭，但支持这一说法的证据颇为有限。

第十三章　约翰·齐米斯西斯 (969～976)

两位小皇帝的姐妹。然而当代的学者通常认定她是约翰一世的亲属，可能是他的侄女，因此并不是马其顿皇室的成员。当这个可怜的女孩来到罗马，奥托大帝发现她不是紫衣贵胄时，必然大为吃惊，他起初想要把她直接送回君士坦丁堡。幸运的是，他接受了更明智的劝告。有人指出约翰在成婚之后就成了皇室的成员，因此他的侄女也就是皇室成员。[①] 奥托的宫廷最终接受了她，小奥托也在 972 年 4 月 14 日于教皇约翰十三世的主持之下成婚。

　　塞奥法诺，无论身份如何，终究离开了自己的家与家人，被一群年长的教士送到一片她未知的土地，与一个自己不曾见过的人成婚。她既不了解他的性格，也完全听不懂他的语言。如果从长期考虑，她还是幸运的，这场婚姻出人意料地美满。她的丈夫善良体贴地对待她，并允许她保持拜占庭的所有习俗与生活方式；她的儿子，即未来的奥托三世（Otto Ⅲ），成长得更类似于希腊人而非萨克森人。她此后也成功改善了两个帝国之间的关系，在婚姻之外，也靠着自己的智慧与努力帮助两国。无论如何，对十六岁的女孩而言，972 年的头四个月近乎梦魇一般。我们应当停止叙述她 ²²¹ 的悲哀、恐惧与孤独，继续讨论约翰·齐米斯西斯，此时的他正春风得意。

---

①　或许约翰是出于同样的考虑，有意安排了这一婚姻？似乎不是没有这种可能性。然而如果出嫁的确实是罗曼努斯的女儿，那么在约翰与她姑母成婚之后，她也算是约翰的侄女辈。历史之中，出现这样的谜团也是在所难免。

约翰出征（972）

在 972 年复活节一周前，约翰离开了君士坦丁堡，来到色雷斯。此时的他已无后顾之忧。他已经花费一整年，在 971 年的大部分时间之中，他忙于处理巴尔达斯·福卡斯的叛乱。当叛乱平息之后，已经近于入冬，很难进行大规模的军事进攻。但接下来的几个月中他依然在进行外交活动（并与威尼斯签订了重要的协议），整备黑海舰队，并不断训练他的部队——他向来乐此不疲。他最担忧的事并没有发生：四处劫掠的罗斯人本可以利用拜占庭军队撤退的机会在帝国乡村奸淫掳掠，但基辅大公没有成功发动主力进攻，依然留在保加利亚。现在彻底解决他的时机已经来到。

约翰在离开皇宫之前的最后举动是在青铜门的小祈祷室中祈祷。罗曼努斯一世在位时将那里变为皇帝的私人礼拜堂，但约翰将其扩大并装饰一新，最终也将那里选为自己的墓地。使用黄金和珐琅装饰的大型墓室此时已经在建造之中。在庄重的长队列最前方，约翰右手拿着嵌有真十字架镶金碎片的大十字架，先赶往圣索菲亚大教堂，请求上帝赐予他胜利；而后前往布拉赫内宫，在圣母教堂再度进行祈祷之后，他检阅了停泊于金角湾的舰队；之后下令舰队起航，前往多瑙河河口，封锁斯维亚托斯拉夫从海上撤退的道路。在舰船起航之后，他也拨马向西，率军出城。

在亚得里亚堡，他与巴尔达斯·斯科莱鲁一年前留在色雷斯的部队会合。这些部队此前由朝政大臣约翰·库尔库阿斯短暂指挥，而这个慵懒怠惰且酗酒贪杯的人与同名的皇帝全然不可相提并论，部队士气极为低落。但当士兵们看到皇帝的镀金铠甲，他的将军们同样骑着盛装的骏马，英气勃发的时候，他们得以重拾信心，向北进入保加利亚腹地。令约翰宽慰的是，巴尔干山地那些蜿蜒曲折的山路上没有任何人守把，而 757 年的君士坦丁五世和 811 年的尼基弗鲁斯一世正是在这里遭遇惨败——此处仅举两例。他计划的第一步完美地达成了，基辅大公以为他会在君士坦丁堡度过复活节，至少要到 4 月中旬才能出兵，因而此时依然没有布置防务。在复活节的周三，约翰从保加利亚古都普雷斯拉夫周边的山地进入该城，发现了罗斯人的营地。突然性是成败的关键，他立即发起了进攻。

这一战在今大卡姆奇亚河（Goljama Kamciya）的河岸边展开，激战良久后依然未能决出胜负。直到约翰把自己的私人部队"不朽军团"（Immortals）——由他自己亲自训练，作为战场总预备队——投入战斗，对罗斯人的左翼发动凶狠的冲击，罗斯人才突然之间崩溃瓦解，向普雷斯拉夫混乱地逃亡。帝国的骑兵则紧追不舍，活着逃进城中的人少之又少。屠杀一直持续到入夜，次日清晨，地上已经满是阵亡者的尸体。皇帝此时已经兵临普雷斯拉夫城下，要求城中驻军投降。他们拒绝投降，围攻战随即开始。拜占庭的投石机和蝎弩将重型石弹和燃烧着的希腊火投入城中，云梯则已经整备完毕，他们准备进行最后的突击。

最先冲上城墙的是一个"仍没有胡须"的年轻人，他名叫塞奥多西奥斯·麦松尼克特斯（Theodosius Mesonyctes）。数以百计的士兵紧随而来，普雷斯拉夫很快被攻破了。然而城中央有一个加固的"内城"（enceinte），兼具宫殿、城市堡垒与仓库的作用，余下的罗斯人退到这里进行最后抵抗。随后双方又进行了激烈战斗，军队没能彻底攻破内城的防卫，约翰随即下令放火，木质结构的房屋随即熊熊燃烧起来。罗斯人或者被活活烧死，或者在试图逃跑时被活捉。俘虏之中就包括被废黜的沙皇——红胡子的鲍里斯，此前他已经被斯维亚托斯拉夫囚禁两年。皇帝极有礼貌地接待了他，并对鲍里斯声称自己不是要征服保加利亚，而是要解放这片土地——然而从此后他的举动来看，他根本不该许下如此承诺。

击败斯维亚托斯拉夫（972）

约翰在普雷斯拉夫的废墟之中度过了复活节，并考虑如何解决斯维亚托斯拉夫本人。他得知这位大公此时正在德里斯特拉（Dristra）——希腊人称之为多里斯托隆（Dorystolon），即今锡利斯特拉（Silistra）——这个保加利亚在多瑙河上的主港设法打通交通线，挣脱拜占庭舰队的封锁。约翰随即派使节前去送信，通知他普雷斯拉夫发生的事情，并以皇帝的名义要求他投降。在短暂停留以修复这座城市——他将这座城以自己的名字命名为约安诺波利斯（Ioannopolis）——的城防之后，约翰再度率部北上。这次进军道路漫长且艰苦，但在圣乔治节①他还是在德里斯特拉城外摆开了阵势。此战的模式与普雷斯拉夫的颇为相似，拜占庭军队在对该城袭击之

① 即 4 月 23 日。——译者注

后，与对方在城墙外展开了激烈的战斗。此时，他遭遇的抵抗更为坚决，德里斯特拉成功抵御了对该城的全部突袭，双方随即停止激战，转为围困战，拜占庭舰队的一支分队也随即封锁了河道。

围困持续了三个月，直到城中的补给彻底耗竭。最终斯维亚托斯拉夫决定进行最后一搏，在 7 月 24 日率领残部杀出正门。他们的冲击如此凶悍，他们的决心如此坚定，几乎取得了成功，但正在此时，按照助祭利奥的记载，"军人"（Stratilates）圣塞奥多尔前来干预。皇帝与许多士兵都看到他骑在雪白的马上参与血战。事实上，约翰使用了最常用的一招——诈败，最终取得了胜利。入夜时，基辅大公终于遣使节前来求和。他许诺，他会率全军撤离这个国家，并将他进入保加利亚之后俘虏的所有人释放，还许诺绝对不会再入侵拜占庭在克里米亚的赫尔松城。他要求的回报仅仅是安全渡过多瑙河离开，并为他幸存的部下索取少量食物。约翰·齐米斯西斯欣然允诺。

在各自返乡之前，在斯维亚托斯拉夫的要求之下，两位统治者得以首次会面。约翰骑着烈马，前往河岸边的会面地点；基辅大公则乘船前来，和他的部下一同划桨，与他们唯一的区别在于他的白袍更为清洁，有带珠宝的耳环，以及在几乎剃光的头顶上留着的两撮淡金色的头发——作为身份的象征。[1]（虽然名字并非源自北欧，但他

---

[1] 斯维亚托斯拉夫身上充分体现了基辅罗斯文化之中的多元：他和维京战士一样共同划着北欧长船，和斯拉夫仆从军一样穿着漂白宽松的亚麻布衣服，和游牧同盟者一样食用肉干并骑乘马匹快速行动，还戴着来自拜占庭的珠宝。——译者注

的发色、蓝眼以及下垂的髭须都与他的维京先祖并无二致。）在短暂而友好的对话之中，他希望重新修订旧日的商业协议，确定罗斯人前往君士坦丁堡时的诸多事项，以及其他问题。尔后在向皇帝深鞠一躬之后，他返回自己的船只，划着桨离开了。

他没能再返回罗斯。在他返程穿越佩切涅格人的土地时，他被拦住审讯：他在出兵之前许诺的大批战利品为何不曾送来？他只得告诉他们，如今那些战利品都落入胜利者的手中，战败的他能够活着离开就可谓幸运了。对佩切涅格人而言，这个结果自然不能让他们满意。次年春季，在斯维亚托斯拉夫通过第聂伯河的大瀑布时，他们设伏将他杀死，还把他的头盖骨做成了酒具，正如一百六十一年前，保加尔可汗克鲁姆对尼基弗鲁斯一世所做的一样。

约翰·齐米斯西斯的返程则喜悦得多。在离开德里斯特拉之前他将该城改名为塞奥多罗波利斯（Theodoropolis），以纪念那位在城下与他们并肩作战的圣人。尔后他向南前往君士坦丁堡，沙皇鲍里斯和他的家人也被一同押往。可以说他达成了两个主要的成就。其一是把一个危险的敌人赶出了巴尔干半岛，其二则是把保加利亚重新并入帝国——尽管他在普雷斯拉夫对鲍里斯说了那些话，他却根本不打算让他复位。如果在那个 8 月目睹他凯旋入城的人之中，有人误以为他是战胜了保加利亚人而不是罗斯人，也不算奇怪。在原本为他准备的四匹白马拉着的镀金马车上，放置着他的战利品，其中有保加利亚最受尊崇的圣像——圣母像。他们认为圣母与圣塞奥多尔共同为他们带来了胜利。他本人则身着闪亮的盔甲在后方跟随。队列的最末尾，沙皇鲍里斯以及他的妻儿步行跟随。街上目睹这一切的人，难免会有如此误认。

在这一切之后，就算还有人怀疑帝国对这个倾颓的邻国的态度为何，他们也很快就会开窍。当队列抵达圣索菲亚大教堂之后，约翰不仅把圣像放在圣坛上，还把保加利亚的冠冕和其他仪服放了上去。不久之后，在宫廷之中的典礼上，他迫使年轻的沙皇进行臣服礼。保加利亚就此成为帝国的一个省份，保加利亚牧首区也被废除，所有独立的主教区再度臣服于君士坦丁堡。约翰还是一如既往地试图缓和态势，赐予鲍里斯朝政大臣的官阶。沙皇的兄弟罗曼努斯（Romanus）就没那么幸运了，他遭到了阉割——应当是避免他在返回家乡之后僭称皇位。克鲁姆的家族，这个曾经令拜占庭帝国战栗的家族，就此悲哀而屈辱地终结了。①

然而一个民族不会这么轻易地屈服。在地图上，十世纪的保加利亚比今天的保加利亚共和国大得多，控制地区距离亚得里亚海仅有几英里之遥，而近期遭受战火的只有东部地区。大约占领土总面积三分之二的西部地区没有理由就此屈服，依然保持着独立。之后这点星星之火，终究得以短暂而璀璨地成为燎原之势，成为保加利亚第一帝国的最后辉煌。但这是康摩托普利家族（Cometopulus）的萨穆埃

① 有关鲍里斯的其他家人记载极少，他的妻子和两个孩子此后再未见记载，也许两个孩子都是女儿，抑或早夭了。

尔（Samuel）的故事，他昙花一现的崛起与悲惨的结局，将留到下一章叙述。

法蒂玛王朝的威胁（973）

在这次成功远征保加利亚之后，约翰一世便很少关心欧洲事务了，至少在世俗事务上如此。他在东部有更重要的任务。巴格达的阿拔斯哈里发已经构不成威胁，柔弱多病的穆提（al - Muti）已经失去全部实权，本质上只是自己宫中的囚徒，但新的危险在南方出现。仅仅三年之前，969 年，对立的法蒂玛哈里发开始了新的扩张行动，他们从位于马赫迪耶——位于今突尼斯东海岸——的都城向东进军，部队横扫尼罗河河谷，穿越西奈半岛进入巴勒斯坦与叙利亚南部。971 年，他们对安条克发起攻击。此时态势已经明朗，必须在他们构成严重威胁之前阻止他们。973 年 7 月，当他们在阿米达城下几乎全歼一支拜占庭军队时，约翰终于决定对他们发起进攻。

974 年春，他已经做好准备，但此时新的危机到来。亚美尼亚当地原本内讧不休的王公贵族们突然之间聚集在"万王之王"阿硕特三世（Ashot Ⅲ）的麾下，他的部队随即增加到约八万人。他们为何这么做，我们不得而知。主要的资料来源，亚美尼亚人埃德萨的马修（Matthew）对这一事件的记载颇为模糊。我们只能推测，他们应当是得知约翰进行远征准备的消息之后，以为他是要对他们发起进攻。皇帝本人是亚美尼亚裔，这足以减轻他们的畏惧，但皇帝依然决定，不照常从塔苏斯山口进入叙利亚，而是向北绕行亚美

尼亚，亲自向阿硕特保证他的和平态度，同时希望劝说这位
"万王之王"把部分亚美尼亚部队交给他指挥。这一决定意
味着行军里程增加三四百英里，但结果证明这并非浪费时
间。阿硕特在接下来的战争中决意与帝国联盟，并提供了他
麾下最精锐的一万作战部队，他们全副武装，随时准备
开拔。

联军随即向南前往阿米达和马特罗波利斯（Martyropolis，
即马雅法里欣），两城在支付了大笔赎金之后才得以免于被
洗劫一空。随后他们通过尼西宾（全城人得知皇帝率军前
来时弃城逃走）进入美索不达米亚平原，一路上没有遇到
任何值得一提的抵抗。皇帝为何没有继续进军巴格达，原因
不得而知，在当时的情况之下，该城根本无法抵御大规模的
进攻。他带着大批战利品前往安条克，当部队在那里越冬
时，他本人匆忙返回了君士坦丁堡。

流亡的教皇（974）

迫使他匆忙向西赶回君士坦丁堡——他清楚这意味着自
己只能在一两个月之后再开始进军——的原因，基本可以肯
定是一场宗教危机，而这场危机并非发生在君士坦丁堡，而
是发生在罗马。奥托大帝在973年逝世，他的儿子奥托远在
德意志。974年初春，出身罗马贵族的枢机执事（Cardinal
Deacon）佛朗哥（Franco）借机发起了政变。他厌恶萨克森
皇帝把教皇当作傀儡摆布，便推翻了奥托的傀儡教皇本笃六
世（Benedict Ⅵ），将他囚禁在圣天使城堡，并于不久之后
将他扼死。佛朗哥随即自封教皇，自称卜尼法斯七世

227

（Boniface Ⅶ）。但支持皇帝的人随即又发动了政变，迫使他仓促逃往君士坦丁堡。与此同时，小皇帝任命苏特里（Sutri）主教继任，而成为教皇本笃七世（Benedict Ⅶ）的他的首要举措便是革除前一任教皇的教籍。

卜尼法斯抵达博斯普鲁斯海峡，对拜占庭帝国而言可谓两难。他对西帝国的敌意使他与君士坦丁堡建立了牢固的联系，而他在奥托一世与尼基弗鲁斯·福卡斯出现分歧时，全程支持尼基弗鲁斯。他有没有告诉他们本笃六世是如何死去的，我们不得而知，但君士坦丁堡的朝廷还是决定要支持他，并再度与罗马断交。他们也许随即给正在美索不达米亚的皇帝送去了加急信，请求他尽快返回并彻底解决这个问题。然而牧首巴西尔的态度截然不同。虽然他确实是由约翰选择的牧首，但他并不打算唯命是从。他向来不会质疑教会的本质同一，也不质疑合法教皇的权威，教皇发布的革除教籍命令也必须遵守。

读者们也许也已经注意到，那些试图挑战罗马教皇权威的君士坦丁堡牧首几乎全是文雅而野心勃勃的人，但那些远离俗世的苦修者从来不这么认为。斯卡曼德人巴西尔就属于后者，在他的支持者看来，他几乎过于神圣了，仅仅食用免于让他饿死的浆果与净水，在长袍彻底损坏之前绝不换洗，从来都睡在地上。助祭利奥记载称："他唯一的错误，就是对他人的举止观察太细，而施加全然不合宜的干涉。"结果是他全然不受欢迎，当有人提出将他罢免，让更顺从的新牧首继任时，大批主教与教士随即提供了大量的证据。他们作证称他徇私舞弊，违背教会法律，甚至在继承人问题上进行密谋。巴西尔没有对这一切指控进行抗辩，却坚称只有进行大公会议才能罢免他，也就是说，教皇的代表必须同意。在 皇帝返回都城之后，特别法庭随即证明他想错了。

巴西尔就此被流放，本笃七世没有得到承认，卜尼法斯也依然留在君士坦丁堡，直到 984 年 4 月，在拜占庭帝国的帮助之下，卜尼法斯推翻了他对手的继承者约翰十四世（John XIV，他也在圣天使城堡结束了生命），重新掌控教皇之位。他这次掌控了十五个月，直到次年暴死——基本可以认定是被毒杀。据说他的尸体被脱光了衣服拖过城中，最后拖到卡比托利欧山，扔到"君士坦丁的马下"[①]，无人在意，直到路过的一群教士将其收敛安葬。

皇帝逝世（976）

975 年初春，在终于解决了宗教危机，并任命斯托迪奥斯的安东尼为新牧首安东尼三世（Antony III）之后，约翰一世终于得以返回东部，进行他最后一次也最为成功的一次远征。他从安条克首先进军埃莫萨（今霍姆斯），该城未经抵抗即献城投降，而后他进军巴勒贝克，该城在稍做抵抗之后也陷落了。此后大马士革也被攻破，他进入巴勒斯坦的道路就此敞开。提比里亚、拿撒勒（Nazareth）、凯撒利亚，仿佛胜利将就此没有尽头。但从这些城市之中撤出来的非洲驻军此时聚集到滨海地区的堡垒之中，约翰没有继续前往耶

---

① 《教皇名录》。这尊马库斯·奥勒留（Marcus Aurelius）的雕像在整个中世纪被误认作君士坦丁的雕像，这座异教徒的纪念碑也因此幸运地得以免遭摧毁。

路撒冷，而是掉头对他们发起攻击，以免他们威胁己方的侧后。西顿（Sidon）被攻破了，贝鲁特和比布鲁斯（Byblos）在一番英勇抵抗之后也陷落了，滨海城市之中仅的黎波里未被攻破。夏末，巴勒斯坦、叙利亚和黎巴嫩的大部分土地均处于拜占庭帝国的掌握之下，而此前，在希拉克略撤军离开之后，还没有任何一位皇帝曾经踏上这片土地。

这是个惊人的成就，但当约翰在同年年末返回君士坦丁堡时，他已经病入膏肓。他生了何种疾病，我们不得而知。三份最可信的资料——斯基里泽斯、佐那拉斯和助祭利奥，都指控内廷总管巴西尔。他们记载称皇帝在经安纳托利亚返回时，他发现自己所到之处最繁荣的地产，主人都是巴西尔。这无疑是远超他意料之外的侵吞，他随即陷入暴怒，公开宣称要在返回之后立即与他的大总管对质，要他给出解释。他事实上应当保持沉默。一个往来皇宫与军营之间的信使把皇帝的这些话报告给巴西尔，意识到危机的巴西尔立即安排了应对手段。一两周之后，当约翰在比提尼亚富丽堂皇的私宅之中进餐时，他的杯中被下了慢性毒药。当他次日起床时，四肢几乎无法移动，双眼满是血丝，肩颈布满了脓疮。此后他只剩下一个想法：在死去之前返回。信使加急赶往君士坦丁堡，下令进行他抵达城中时的安排，以及加速修造他的墓室。

抵达博斯普鲁斯海峡时，他连呼吸都极其困难。然而他还是从担架上起身，参与了他从东部带来的两个主要战利品的交接仪式，将耶稣穿过的一双凉鞋和施洗者约翰的头发交给圣索菲亚大教堂保管。之后他回到了自己的床上，一病不起。他的私人财产全部留给了穷苦人和病弱者，而后向亚得里亚堡主教尼古拉斯进行了漫长而泪流满面的忏悔，恳求圣母宽恕他。此后他便不断向圣母恳求，直到于 976 年 1 月 10 日逝世。他在位仅六年零一个月，享年五十一岁。

这个下毒的故事是否可信？至少有七份编年史记载了这一事件，但并非全部指控巴西尔。但此前的章节之中也早已表明，这类场合之中，被怀疑也是在所难免。而且，如果巴西尔确实下毒了，他又怎么能继续掌权并担任两位小皇帝的事实摄政者呢？而这个毒药究竟有什么神秘成分，既如此缓慢，又确定有效呢？（如果有的话，这份秘方也大概遗失了，因为此后再未出现过类似的情况。）简而言之，约翰更可能是和数以千计在东部作战的普通士兵一样，因罹患了某种疾病而逝世。无论是伤寒、疟疾、痢疾还是其他急症，这些现代也需要及时救治才能有效控制的恶疾，都足以夺走他的生命。

当然，我们无法确知。约翰·齐米斯西斯的死是一个谜，他的一生也充满了谜团。在短暂的统治之中，他成为拜占庭帝国最伟大的皇帝之一。他征服了罗斯人，吞并了保加利亚，击败了巴格达与开罗的哈里发。他收复了叙利亚、黎巴嫩、美索不达米亚和巴勒斯坦的大片土地。无论友军还是敌人都尊敬他的勇气、侠义和仁慈。在和平年代他既明智又公正，帮助穷人与病弱者，他时常密切陪伴病人，但他在最终一病不起之前，却似乎从未生病过。他个人魅力的光芒就如同身上的金甲一样夺目，但我们也不应忘记另一个黑暗场面：当一个丑陋悲惨的人无力地蜷缩在宫中的地上时，身强力壮的他轻蔑地俯视着，向那人身上踢去。

第十四章　小巴西尔（976～989）

　　　清理那些过于自负的官员，别让任何出征的将军掌控过大的权力。用不公的苛责耗竭他们，让他们忙于处理自己的事务。不要让妇女参与帝国朝政。平易近人不可取。你最机密的计划，知道的人越少越好。

　　　　　　　　　　　——巴尔达斯·斯科莱鲁致巴西尔二世，

　　　　　　　　　　　　　　　　　比提尼亚，989 年

当约翰·齐米斯西斯逝世之后，帝国的大权似乎终于要交到罗曼努斯二世的两个年轻儿子的手中了，他们是时年十八岁的巴西尔和小他两岁的君士坦丁。两人的性格实在是截然不同。君士坦丁此时对政治与国务毫无兴趣，此后也依然如此，他只想安然享乐；巴西尔则机警，思维敏锐，而且有无穷无尽的能量。但巴西尔与父祖辈的差别还要更大。尽管他思维敏锐，却绝非智者利奥和紫衣贵胄君士坦丁那样的博学者，他对学术与文学兴趣索然，而他简单得近乎粗糙的希腊语，对一向挑剔的拜占庭人而言是无法接受的。利奥和君士坦丁常年穿着炫目奢华的全副仪服，身上满是无价的珍宝与艺术品，用来强调自己的权力；巴西尔在自己身上却一分钱都不多花，竭力缩小国家典礼的规模，在宫中穿着与皇帝身份全然不相称的土褐色劳动服装，而且记载称这衣服不怎么干净。他在外表上也与父祖不同，他们身材高大肤色较深；巴西尔则颇为粗短，圆脸上胡须甚多，高耸的弯眉之下是一双浅蓝色的眼睛，闪烁着不寻常的光辉。编年史家米哈伊尔·普塞洛斯（此处是他记述之中第一段对皇帝外貌的描写）记载称，当他下马步行时，他的外形着实不算出众，但上了马之后，身为卓越的骑手，他的英气才得以完全展现。①

232

　　皇帝在其他方面也与他的父亲不同。罗曼努斯二世在短暂的一生之中沉迷享乐，巴西尔在年轻时虽然也颇为类似，但掌权之后，他便摒弃了享乐，过上了格外苛刻的生活，饮食都颇为节制，并完全禁绝了男女之事。在拜占庭帝国的皇帝之中，他几乎是唯一一位终身未婚的人——这在同时代的欧洲王公之中也属罕见。而他的不婚带来了重大的继承人问题，

---

① 普塞洛斯在巴西尔逝世时大约七岁，但他保证称他的朋友与老相识中，有不少了解皇帝的人。至少有一位史学家认定，巴西尔与他的父祖差异如此之大，是因为他事实上不是罗曼努斯二世的后代，而是他母亲塞奥法诺与她丈夫的瓦兰吉卫队的诺曼人成员偷情而留下的孩子。但这种极度缺乏证据的说法实在是很难令人信服。（译者认为，由于对巴西尔二世相貌的记载几乎无一例外是记载他晚年的情况，"矮小"很有可能是常年骑马的他在晚年腿部出现弯曲，导致身高缩短，"粗短"的评述也与这一假说相符合。至于作者引述的假说，有两点需要注意。其一，罗曼努斯二世执政时并没有瓦兰吉卫队的编制，此时拜占庭宫廷卫队之中的北欧人很少，且没有特设机构管理；其二，几乎所有同时代的希腊语资料都认定北欧人相比希腊人更高大魁梧，认为"粗短"的巴西尔二世是更高大的北欧人的私生子，实在有些荒谬了。——译者注）

毕竟他兄弟与妻子海伦娜·阿里皮纳（Helena Alypina）仅仅生下了女儿。人们难免怀疑，也许他确实曾经成婚，但相关记载已全部散佚。毕竟，几位皇后，包括约翰一世的妻子，仅仅在编年史中出现过一次，而后便再也未见记载了，而现存的巴西尔二世在位时期的资料则可悲地颇为稀少。但这样的假说虽然吸引人，实际上却站不住脚。在这半个世纪之中，巴西尔和他的兄弟共治，描述国事典礼的一些记载也流传至今，但所有的记载之中，皇后的位置仅仅提到了海伦娜一人，皇后所应担负的典礼任务也全部由海伦娜完成。因此，巴西尔二世一生未婚，应当是难以质疑的。但他为什么这么做，就是一个谜了。

在他成为执政皇帝的那一刻起，他便决定独揽大权，既然他的兄弟乐于摆脱这一重担，这应当也不难实现。然而他面前依然存在两个重大的阻碍。第一个阻碍就是与他同名的舅爷——内廷总管巴西尔。身为罗曼努斯·利卡潘努斯的亲生儿子，他在二十多岁时便被紫衣贵胄君士坦丁七世起用，担任帝国之中仅次于皇帝的要职。尔后他在罗曼努斯二世、尼基弗鲁斯二世和约翰一世时代也继续担任这一职务，至此已经约有三十年。无论他有没有在两位小皇帝少年时鼓励他们享乐，以便亲自掌控大权（至少许多人这么认为），确定无疑的是，他不会轻易放弃手中的大权。

另一个阻碍则严峻得多，这是危及皇权本身的问题。必须提及，最早的罗马"英白拉多"，并不是靠父死子继传承，而是由军方推举。尽管君士坦丁堡早已接受继承制，但这并不是政体必不可少的特性。现在，六十年间已有三位名将掌控大权，皇位的家族继承已经明显动摇，对安纳托利亚军事贵族而言尤为如此。他们宣称，应当恢复旧日的习俗，把皇冠交给战功卓著的成年人，而不是交给青涩且未经战阵的少年，毕竟他们的优势只是出生时便身着紫衣。

巴尔达斯·斯科莱鲁叛乱（977）

因此巴西尔在理论上独自执政的前九年中，很大程度上要受强大的大总管的掌控，在前十三年中他还要不断与两位决心夺取皇位的叛军首领作战。这两位均在前文出现过。一位是巴尔达斯·斯科莱鲁，东部近卫军团元帅，此前在姐夫约翰·齐米斯西斯在位时忠诚地南征北战，并自以为是他的合法继承者；另一位自然是巴尔达斯·福卡斯，尼基弗鲁斯二世皇帝的侄子，此前在约翰一世在位时发动叛乱失败，在得到机会之后必然会再发动对巴西尔的反叛。斯科莱鲁首先发难。976年春，在他姐夫逝世一两个月之后，他便在部队的支持下自立为帝，掌控了部队的资产并向凯撒利亚进军。到977年秋天时，他已经赢得两场重大胜利，第二次胜利之中，保皇派部队的指挥官、他曾经的战友彼得·福卡斯阵亡。他还得到了以阿塔利亚为基地的地方军舰队的支持。几个月之后，占据了尼西亚的他率部抵达博斯普鲁斯海峡的亚洲一侧，对都城发起水陆并进的围攻。

海上的战斗很快分出了胜负。帝国舰队向来忠于执政的皇帝，舰队杀出金角湾击败了叛军舰队。然而陆上的战事颇为严峻，很可能恶化，但宦官巴西尔（此时仍是政府实际掌权者）想到——并敢于——将指挥权交给巴尔达斯·福

234

卡斯。这一任命至少是出人意料的。福卡斯对皇帝的忠心不可能比斯科莱鲁更多，而做出这一决定时他还在希俄斯岛。另一方面，此时全军都在安纳托利亚贵族的掌控之下，没有哪位将军会更加可信，而且就算福卡斯想要夺取皇位，他也必须先除掉斯科莱鲁。唯一的危险在于，两人可能合兵一处，共同进攻君士坦丁堡，但可能性并不大。无论如何，这步险棋也是不得不走了。

于是巴尔达斯·福卡斯被全速从希俄斯岛召回，脱下僧袍，发誓忠于两位紫衣贵胄，并悄然返回自己在凯撒利亚的根据地，轻而易举地集结起一支大军。斯科莱鲁得知后院起火的消息，被迫率部撤走。随后的内战进行了近三年，双方展开了几次激战，尽管巴尔达斯·斯科莱鲁几次在战术上取胜，却无法歼灭他对手的部队，因为对方每次都能够有序地撤退，集结起援军并在一两个月之后再度回来对垒。最终，979 年春，在某个具体日期有争议的日子，两军进行了最后一战，巴尔达斯·福卡斯看到战局再度不利于自己，便向对手提出决斗。对手是个健壮无比的人，但斯科莱鲁勇敢地答应了。[①] 两军士兵随即围拢上来观战，决斗如同《伊利亚特》的场景一般展开。两人催马奋力冲向对方，同时刺出一击。福卡斯挡开了斯科莱鲁的枪头，枪尖仅仅挑断了福卡斯的马缰绳，刺穿他坐骑的右耳；与此同时，福卡斯的枪尖却刺中了对手。斯科莱鲁随即坠马倒地，鲜血从头上流出。

235

---

① "他只需空手一击便能把人当场打死，而他在远处一声暴喝，足以让全军心惊胆战。"［普塞洛斯，《编年史》。本书中的相关引述均转述自 E. R. A. 塞特（E. R. A. Sewter）的译文。］

他的部下抬着已经昏迷的他来到附近的一条溪流边清洗，余下的士兵则逃离了战场，战争就此结束。

隐忍的岁月（985）

虽然仅是暂时结束。皇帝巴西尔在君士坦丁堡收到捷报时，他清楚自己对皇位的掌控依然不算稳固。他的两个对手此时依然活着，而且必然要为自己的未来打算。巴尔达斯·福卡斯的名声在巴尔达斯·斯科莱鲁身上似乎没能体现出来，斯科莱鲁在头上受伤之后依然活了下来，他向萨拉森人寻求庇护，此后被送往巴格达软禁，但他必然决心要从那里返回。巴尔达斯·福卡斯的权势则是前所未有地大，尽管他发下了效忠誓言，却也完全可以再度起兵争夺皇位。无论如何，态势还是得到了急需的缓和，巴西尔也有机会准备面对接下来的艰难任务了。在斯科莱鲁战败之后的六年之中，有关他的记载极少，但我们可以确定他在努力学习陆军、海军、教会、修道院和帝国各政府部门的相关知识。如果他决心成为一个名副其实的皇帝，独自掌握他的政府，负责制定所有外交策略并在必要时御驾亲征，他便绝不能懈怠。

985年，他做好了准备，面前的阻碍只剩下他的舅爷了。然而内廷总管巴西尔可不是能轻易解决的。他虽然是个阉人，但君士坦丁堡之中几乎无人不畏惧他的高大身躯，他的一言一行都似乎在宣称着自己的皇室出身，不怒自威。他一生忠于马其顿皇室——毕竟他本人也是皇室的一分子——起初他似乎也确实是真诚地为小皇帝服务。巴西尔的错误在于低估了他。他依然把自己的这个孙辈当成孩子，高高在上独断专行，反对他的想法，无视他的建议，立即撤销他的命令，而且不会为此致歉。当皇帝巴西尔发现自己举步维艰时，他心中积累多年的不满终于变为怨恨。他清楚，如果自己不能彻底摆脱这个梦魇，他就无法自由地呼吸。幸运的是，想要除掉他，有许多合理的理由。这位大总管的腐败早已恶名昭彰，还不以为耻地炫耀自己的巨额财富，以至于皇帝也要因此蒙羞。更严重的是，近期有人发现——难免有人怀疑这是为了除掉他而进行的调查——他正在与有谋反嫌疑的巴尔达斯·福卡斯秘密联络。巴西尔二世谨慎地制订了计划，而后发起攻击。城中人一觉醒来时，才听说帝国之中权势最高的那个人已经被逮捕并流放，他的财富也被全部充公。

内廷总管此时是帝国领土之中最大的土地拥有者，查抄他的所有家产，处罚力度也许已经足够，但皇帝有极强的报复心理，终其一生他也不曾抑制。让这个年迈的政敌无职无权又一文不名，在他看来依然不够，他还对内廷总管在都城之中建造的献给与他同名的圣巴西尔的修道院动手了。据说他想要彻底拆毁这座建筑，但为了避免渎神之名，他把其中所有可以移动的装饰和镶嵌画清理一空，让不幸的僧侣们陷入赤贫。① 他更是颁布了一条敕令，宣称自己舅爷批准但没有他自己签署确认的所有法令就此无效。他解释称："在我

---

① 普塞洛斯记载称皇帝还留下了一个颇恶毒的双关语。双关语终究难以翻译，但几位英国与法国当代史学家对这一段翻译颇为欣赏，它与原意应当相差无几，引述如下："我把他们的'进食'之处改成了'静思'之处，来让他们'静思'如何获取食物了。"

们的执政之初，直到内廷总管巴西尔被解职之前……许多命令都不是按照我们的意愿下达的，是他按照自己的意愿决定一切，安排一切。"对这个被流放的老人而言，仿佛他的存在也就此被否定了。他迅速衰朽，于不久之后去世。

巴西尔终于掌控了自己的宫廷。但不到一年之后，他的帝国就要面对新的威胁，而这个威胁给他带来了前所未有的羞辱。自立为保加利亚沙皇的萨穆埃尔率军入侵塞萨利，并夺取了那里的主要城市拉里萨 (Larissa)。

萨穆埃尔 (986)

有关萨穆埃尔的先祖，我们所知极少。他的父亲是 237 "康摩斯"尼古拉斯，在斯维亚托斯拉夫入侵时似乎负责保加利亚西部或者西部部分区域的管理。尼古拉斯去世之后，他的影响力乃至职务，被他的四个儿子继承。这些年轻人就此成了约翰·齐米斯西斯逝世之后的暴乱领袖，暴乱也迅速在他们的领导之下变为全面的独立战争。当战争的消息传到君士坦丁堡时，沙皇鲍里斯和他的兄弟罗曼努斯逃出城前去加入暴乱者。然而沙皇在边境被他的臣民误杀，已经被阉割的罗曼努斯又无法继承皇位。于是"康摩斯"的四个儿子——他们因此被称为"康摩托普利"——便掌控了大权，最终掌握大权的是幼子，即能力最强的萨穆埃尔。[1]

---

① "康摩斯"，即"comes"，源自罗马帝国时代的卫队军官，此后广泛使用于拜占庭帝国的皇帝卫队、中央军和地方部队的官职之中，译者对这个词汇的具体翻译视具体情况而定。此处音译，以便说明这个家族名称的来源。"康摩托普利"(Cometopuli) 即"康摩斯的后裔"。——译者注

巴尔达斯·斯科莱鲁的叛乱对萨穆埃尔而言实在是来得太是时候了，他得到了自由扩大自己控制范围的机会。他很快便控制了多瑙河以南保加利亚的全部土地，分界点大约在他的第一个都城塞尔迪卡（今索菲亚）与菲利普波利斯的中央。此后他自封沙皇，并恢复了约翰一世废除的保加利亚牧首区。就此，在保加利亚人看来，这个新政权在政治上与宗教上与其说是之前政权的取代者，不如说是之前保加利亚帝国的延续，这一延续性也因为罗曼努斯皇子的存在而加强，萨穆埃尔也给了他大量的荣誉与头衔。

980 年，萨穆埃尔已经足够稳固，得以将影响力拓展到他的边境之外，自此之后，每年夏天保加利亚人都要对塞萨利进行至少一次侵袭。但直到五年之后，拉里萨城才遭到了具有威胁性的围攻。市民尽可能地进行了防守，但 986 年年初，当城中一名妇女开始吃自己死去丈夫的大腿肉时，他们最终还是选择了投降。除了城中的内奸尼库利泽斯家族（Nicoulitzes）之外，余下的所有人都被卖为奴隶。城中最珍贵的圣物——曾任该城主教的圣阿喀琉斯（St Achilleus）的遗骨，则被带往萨穆埃尔的新都城普雷斯帕（Prespa），在那里的大教堂中存放。[①]

如此的冒犯不可能免于惩罚。得知此事之后，巴西尔下令立即动员部队，亲率大军往塞尔迪卡进军，沿着马里查河河谷前进，而后向西北方向穿过图拉真关，来到该城所在的平原。然而在抵达该城之前，他稍做停留等待自己的后卫部

---

① Runciman, *The First Bulgarian Empire*, pp. 221 ~ 222.

队，而这是个灾难般的错误，因为这意味着萨穆埃尔——他
和兄长亚伦（Aaron）与皇子罗曼努斯正从塞萨利加急返
回——得以控制周边的山地。直到7月末，皇帝才重新开始
进军，对该城发动了围攻，但围攻战也没有取得什么成果。
夏日炎炎，温度极高，士兵士气低落，萨穆埃尔又不断袭扰
帝国搜寻粮秣的部队，导致围城者的粮食和城中人一样匮
乏。仅仅三周之后，巴西尔决定放弃，率部返回，但祸不单
行。8月17日星期二，拜占庭帝国部队再度穿过图拉真关
时，落入了萨穆埃尔精心准备的伏击圈之中，保加利亚骑兵
从周围的山地上直扑下来，完全出乎拜占庭士兵的意料。大
多数士兵都被当场杀死，辎重以及贵重物品也全部丢失。当
沮丧的皇帝在一两天后抵达菲利普波利斯时，他的大军如今
只剩下可怜的一点残部了。①

　　巴西尔所感受的耻辱不难想见。他从未对自己的能力失
去信心，吸取教训的他将自己锻炼成了拜占庭城之中前所未
有的高效统治者。他无法忍受在自己舅爷阴影之下的生活，
因为他坚信自己能够比其他任何人更好地统治帝国；一旦手
脚放开，只有他才能将帝国恢复到自己高祖父巴西尔一世，
乃至更早的希拉克略与查士丁尼大帝时代的强盛与繁荣。他
直到二十九岁时——那时的他已经当了二十多年的傀儡皇
帝——才得到机会，进行第一次重要的对外远征，这次远征
却以灾难告终。他感到非常耻辱，却也十分愤怒。然而，他

---

　　① 助祭利奥也从这一战中侥幸逃生，他记载称自己是靠着迅捷的坐骑才得
以存活。

在内心之中依然坚定相信着自己。当他返回君士坦丁堡时，他发誓自己将会对整个保加利亚民族进行报复，让他们后悔当初与他为敌。

他最终也兑现了自己的誓言。

两人自立（987）

239　　巴西尔的时代终究会到来，但此时还不是时候。图拉真关惨败的消息传到了巴尔达斯·斯科莱鲁那里，尽管此时的他依然是巴格达城中的囚徒，但他相信自己终于得以再度夺取帝国，并轻易说服哈里发塔伊（al－Tai）释放他，许诺在即位之后便归还一系列的边境堡垒。哈里发给他提供了人员、钱财与补给品，因此斯科莱鲁进入小亚细亚时拥有了一支规模可观且装备精良的部队。在987年头几个星期，他在梅利泰内再度自立为皇帝。

起初，他应当欣然发现，安纳托利亚的贵族们也在谋划叛乱。他们坚信帝国的军队应该归他们掌控，而皇帝把军队私自调走进攻保加利亚，却不向他们清楚说明，令他们愤恨不已。既然这支部队不是由他们指挥，他们认定战败也是在所难免。巴西尔是自作自受，也只能怪他自己。这就是他们不应该失去皇位控制权的最好证明，而且他们最好要尽快把它拿回来。

但拿回来之后，皇冠要交给谁呢？斯科莱鲁得知这个问题的答案时应当就不会那么满意了，因为很快他就发现，许多贵族支持巴尔达斯·福卡斯，而不是自己。福卡斯尽管在八年前曾经率领忠于皇帝的部队与斯科莱鲁作战，如今的他

第十四章　小巴西尔 (976～989)

却再度倒戈，于 8 月 15 日自立为帝。两位僭称者之中，福卡斯的势力更强，他一如既往地得到了大部分军官和地主贵族的支持，但他不可能在斯科莱鲁问题尚未解决之前就进军都城。两人应当达成一些共识，于是两人就此同意分割帝国，福卡斯只要拥有帝国的欧洲部分——当然包括君士坦丁堡——便足矣，而从马尔马拉海到东部边境的整个安纳托利亚则交给斯科莱鲁。斯科莱鲁没有听取随从的意见，他欣然接受，放松了警惕，结果落入了圈套。不久之后他便被逮捕，关在泰罗波伊昂堡垒之中——讽刺的是，巴尔达斯·福卡斯十六年前第一次叛乱时，斯科莱鲁就是在这里迫使他投降的。而他的对手，此时则为皇位出征，进行最后的决战。

此时的福卡斯无疑相信自己必定会成功，他在小亚细亚 240 的漫长行军之中没有遭遇任何抵抗，越来越多的人加入他的麾下。他的敌人是一个年轻且缺乏经验的皇帝，他的唯一一次远征以灾难结束，他的军队如今已经支离破碎且士气低落。如今的他又怎么可能失败呢？当他抵达马尔马拉海时，他分兵两路，派一半部队向西前往赫勒斯滂海峡的阿拜多斯进军，另一半则在君士坦丁堡对岸的克里索波利斯屯驻，准备对都城进行两路夹击。

巴西尔的情况此时已近乎绝望，但他并没有失去理智。如果他无法独自守卫，那么就应当寻求外来的援助，而这样规模的援助只有一个人能够提供：基辅大公弗拉基米尔。在巴尔达斯·福卡斯抵达博斯普鲁斯海峡边之前，皇帝的使节便已经出发，但直到几个月之后才带回了大公的回答。他们报告称，弗拉基米尔认定他依然受他父亲斯维亚托斯拉夫与约翰一世签订的和约的约束，因而派出了皇帝需要的部队——他的扈从，六千装备齐全的瓦兰吉[①]战士，他们随时都可以出征。作为回报，他只要一个条件：与皇帝的姐妹、紫衣贵胄安娜（Anna）成婚。[②]

拜占庭宫廷对这样的要求的反应很难想象。在拜占庭帝国的历史之中，没有任何一位身为紫衣贵胄的公主和异族成婚过，而弗拉基米尔不但是异族，还是异教徒——虽然他的祖母奥列加是基督徒。这个人曾经杀死自己的兄长，此时已有四个妻子和八百个侍妾，但他近乎传奇的好色并未因此停止，来到任何一个村庄或城镇之后都要把美丽的少女掳走。在拜占庭帝国看来，他只有一个有利的特质：他正在为自己和他的民族寻找一个可信的宗教。内斯托尔的编年史（无论是否可信）记载称他已经对接触得到的所有信仰进行调查，并亲自研究了伊斯兰教、犹太教和罗马天主教，但这三个宗教都没有给他留下深刻印象。最终，在 987 年，他派出使节前往君士坦丁堡，为了表示尊重，他们被迎进了圣索菲

241

---

① 瓦兰吉（Varangian）这个名字源于古挪威语的"忠诚誓言"，是指那些罗斯化的北欧人，他们的先辈从波罗的海溯俄罗斯北部的河流而上，轻易地迫使内陆居住的斯拉夫人屈服。

② 事实上，基辅罗斯大公弗拉基米尔当时也是骑虎难下。身为斯维亚托斯拉夫的私生子，分封在诺夫哥罗德的他本来很难和自己的长兄亚罗波尔克争夺基辅的统治权，但距离北欧更近的他以帮助战士前往君士坦丁堡、成为收入丰厚的外籍士兵为口号（此前已多有先例），招揽了大批瓦兰吉士兵，并靠着他们杀死了亚罗波尔克，夺取了基辅。然而由于拜占庭帝国陷入内战，正常的贸易谈判存在困难，导致这些瓦兰吉士兵一时间无法前去寻找雇主，而弗拉基米尔又无力继续供养他们，再这样继续下去，他们甚至可能哗变。这也是弗拉基米尔能够如此"慷慨"地把士兵直接送给巴西尔二世，而不是等待公主抵达后才出兵的一个重要的现实原因。——译者注

亚大教堂。大教堂的壮美彻底征服了他们，他们返回对自己的君主说，他们已经不知道自己是在人间还是在天国了："我们只知道，在那个地方，神灵就在凡人中间。"弗拉基米尔因此很可能会放弃多神教信仰，如果可能的话，也许还会放弃一些不良嗜好。因此巴西尔批准了这场婚姻，唯一的条件是基辅大公就此接受东正教信仰。之后他便只能等待了。

克里索波利斯的屠戮（989）

他等了几乎一年，靠着海军在赫勒斯滂海峡、马尔马拉海与博斯普鲁斯海峡的紧密巡逻，他得以阻止巴尔达斯·福卡斯和他的军队渡海进入欧洲。直到冬至时，[①] 黑海边的哨兵才发现大批北欧长船从北方前来；一两周之后，这支舰队在金角湾安然停泊，六千名魁梧的战士列开阵势，等待皇帝的检阅。皇帝立即制订了计划。989 年 2 月末的一个夜间，这些北欧士兵在巴西尔的亲率之下趁夜渡过海峡，在克里索波利斯城外散布的叛军主营地几百码外整队。之后，他们在清晨发起了进攻，一批火焰喷射器则在岸边喷出希腊火。福卡斯的部下从睡梦中惊醒，发现这些恐怖的战士向他们冲了过来，几乎无力做任何抵抗，冲来的人却毫不留情地挥动长

---

① 此处的具体时间存在争议，目前的主要资料记载的日期有所不同，后世史学家也对此颇多争论。如果采信叶海亚（Yahya）的记载中阿拜多斯之战的日期，即 989 年 4 月 13 日，那么克里索波利斯之战不太可能发生在这个日期太久之前，阿拜多斯之战更不可能发生在北欧人抵达之前了。

剑与战斧，直到血流成河。只有极少数人逃走了，而营地中负责指挥的三名军官被俘后交给皇帝处置，皇帝将三人分别缢死、桩刑处决与钉在十字架上。

242　巴尔达斯·福卡斯似乎和他的预备队在一起，从而幸运地逃过一劫。此时的他即使没在尼西亚城中，也应当离克里索波利斯有一定的距离。当他得知自己的部下惨遭屠戮时，他匆忙在阿拜多斯附近集结起他的所有残余部队。如果他能够夺取赫勒斯滂海峡入口处的这座港口，他相信自己能够找到足以渡海的船只，进入加利波利半岛，并就此对都城发起进攻。抵达之后，他立即对该城发起围攻，但城中人进行了坚决抵抗，而当帝国海军依然控制着海峡时，他们也无法有效封锁这座港口城市。与此同时，刚刚返回都城的皇帝立即开始准备出兵，前来为该城解围。989 年 3 月中旬，部队已经整备完成，他再度派出了先头部队。有些意外的是，其指挥官是他的兄弟——共治皇帝君士坦丁。就现存的记载来看，这是那位不争气的皇帝唯一一次率军出征。巴西尔本人则在几天之后抵达，他在东北方向几英里处的兰普萨库斯（Lampsacus）登陆，并立即向那座被包围的城市进军，他的瓦兰吉壮汉们紧随其后。

巴尔达斯·福卡斯之死（989）

次日清晨，两支军队在阿拜多斯城外陆地一侧的平原上列开了阵势，而后进行了几天的前哨战。直到 4 月 13 日星期六黎明，皇帝才下达了总攻的命令。起初，他的初次突击仿佛便能够决定胜负。叛军被冲散了，许多人被杀，余下的

人则掉头逃跑。福卡斯竭尽全力，才得以将残余的士兵集结
起来。尔后，当他扫视平原时，他看到了巴西尔本人，他正
在北欧人的阵列之中骑马穿行，鼓励他们继续前进，手持长
枪的君士坦丁则在他的身边。他想起上次自己与巴尔达斯·
斯科莱鲁交战时的情境，那时他靠着决斗将失败转化为胜
利。他无视了所有劝阻，催马向前，在两军沉默而愕然的注
视之下，冲向了皇帝的阵线，剑尖直指皇帝本人。巴西尔则
停在原地，拔剑握在右手，左手则紧握着圣母的神像，据说
这圣物有神秘的力量。①

如普塞洛斯所说，福卡斯"像飓风催动的云一般席卷　243
而来"。尔后，他突然颤抖了。仿佛突然眩晕一般，他趴在
了马身上，然后从战马上缓缓滑下，一动不动地躺在地上。
当巴西尔、君士坦丁以及麾下的军官赶上前时，他们才发现
他已经死了。他们起初以为他是被流矢射倒，但他的身上没
有伤口。他事实上是因为兴奋与用力过猛，突然中风并当场
死亡的。他的部下看到这一切之后便惊慌逃亡了，但北欧人
没有放过他们，他们立即发动追击，将他们逐一砍杀。

巴尔达斯·斯科莱鲁此时成了唯一一个僭称拜占庭皇位
的人。在泰罗波伊昂囚禁的这两年之中，看守他的正是福卡
斯的妻子。但得知她丈夫的死讯之后，她认定斯科莱鲁不再
是囚徒，而是她复仇的唯一希望，便立即将他释放以集结一

---

① 也许这件圣像就是目前悬挂于威尼斯圣马可大教堂北侧通道的所谓
"Nicopoeia"，即"带来胜利者"。威尼斯人在第四次十字军时将其抢
走。Canon Ag. Molin, *Dell' antica Immagine di Maria santissima che si
conserva nella basilica di San Marco in Venezia*, Venice, 1821.

支新军。然而斯科莱鲁几乎立即意识到大势已去：他已经老去，视力正在迅速衰退。在阴暗的监狱之中他没有发现自己患了白内障，如今他双眼都已经看不清。再度来到安纳托利亚明亮的天空之下时，他清楚自己没有希望了，他很快就要彻底失明了。巴西尔此时却放下了他的复仇之心，提出了一个近乎难以置信的慷慨条件：只要斯科莱鲁放弃他的皇帝称号，他就可以获得宫廷总管的官阶。他麾下的军官在发下新的效忠誓言之后便可以保留原有的官阶和头衔，不会受到任何惩罚，普通士兵则可以安然返回自己的家乡。

巴尔达斯·斯科莱鲁就此臣服了，在比提尼亚的一处皇室地产之中，年轻的皇帝与年迈的将军在十三年之后再度会面。当巴西尔看到自己的宿敌、一个近乎失明的人，要靠两名宫廷侍从搀扶才能进入接见室时，他彻底松了一口气。他对身边的人说道："那个老糊涂就是我畏惧已久的人吗？看看，他都快不能走路了！"尔后他注意到，斯科莱鲁的脚上依然穿着皇帝才能穿的紫色靴子，他随即把眼光挪开。直到
244 这个老人脱掉冒犯的靴子之后，他才得以觐见君主，在皇位之前跪拜。巴西尔继续以惊人的谦恭与体谅对待他，仔细地聆听他对自己当年所作所为的解释，普塞洛斯声称他将一切都归于上帝的旨意。在随后的晚宴上，为了表示和解——同时也许是为了消除下毒的疑虑——他先拿起酒杯饮了一大口酒，而后把这只酒杯交给客人。两人随后便开始谈话。

皇帝起初便询问这位老将军的意见。他问道，自己要如何防备强大的安纳托利亚贵族，防止他们发动类似巴尔达斯·福卡斯和他所发动的叛乱呢？本章开头的引述便是斯科

莱鲁的答复。他并没有提出武力镇压这些贵族，毕竟即使在巴西尔最冷酷无情之时，这也不可能做到。但他的建议是尽可能加紧对他们的控制，对他们开征重税，不断骚扰责罚，在财务上扰乱他们，甚至蓄意施加不公待遇，让他们竭力求生，根本无暇为自己的野心谋划。对巴西尔而言，这些话并未让他吃惊，他的回答是自己所见略同。有趣的是这一记述的来源。现在，当他的人生即将终结，雄心壮志彻底落空之后，巴尔达斯·斯科莱鲁把帝国的利益放到了自己与自己阶层之前。他的话语确实充满犬儒主义，但也堪称明智。巴西尔此后不但铭记着这些话，而且践行了这些手段，将其作为他内部政策的核心。而他也不会为此后悔。

弗拉基米尔皈依（989）

考虑到这两年之中发生了如此多的重大事件，巴西尔没有什么时间过问自己姐妹与基辅大公的婚姻，也是情有可原。但弗拉基米尔很快就明确地表示，自己不是等闲之辈。他回应了皇帝的请求，就此解救了拜占庭城，而他等够了自己应得的奖赏。为了提醒巴西尔他应做的事，他在989年夏季突然占据了克里米亚的赫尔松，那里是拜占庭帝国在黑海北岸的最后前哨。与此同时，他也送来一封信，声称如果皇帝继续如此健忘，君士坦丁堡可能遭受同样的命运。[①]

对巴西尔而言，赫尔松的陷落是个必须认真处理的问题。这个殖民地本身不但在财政与战略上都具有重大的意

① 斯维亚托斯拉夫不进攻这座城市的许诺也随着他的离世而失效了。

义，而且罗斯人可能在巴尔达斯·斯科莱鲁依然拥有大批部队时撤走。更可怕的是，弗拉基米尔可能就此与保加利亚的沙皇萨穆埃尔结盟。六千瓦兰吉士兵依然留在君士坦丁堡，而只要他们君主的一句话，他们就可以从目前的友好转为公开敌对，那时他们造成的破坏将不可估量。简而言之，这绝不能发生，协议必须遵守。当二十五岁的公主从兄长那里得知自己的命运时，她苦涩地流泪，指责他们是把自己卖为奴隶——考虑到弗拉基米尔此前的情况，这与事实似乎相差无几。最终，她还是被说服了，接受了既成事实，不情愿地登上了前往赫尔松的船，去面见自己的未婚夫。两人随后在城中成婚，这座城市也随即归还给巴西尔，作为新郎的"聘礼"（veno）。在典礼之前，基辅大公在当地主教的主持之下正式受洗，这也成了罗斯历史上最重要的一次宗教典礼。①

正是弗拉基米尔的皈依标志着整个罗斯进入基督教世界，其重要性远大于他祖母的皈依。在他们成婚之后，他和他的新娘在赫尔松当地教士的护送之下返回了基辅，教士们也立即为各个城镇村庄进行集体改宗。新的罗斯教会就此被纳入君士坦丁堡牧首区的管辖，成为东正教教会的一部分，与拜占庭城紧密地联系在一起。而可怜的安娜公主也许发现自己的新生活没有想象的那么难以忍受。基辅确实不是君士坦丁堡，但她的丈夫在受洗之后确实改变了。他此前的四个

---

① 事实上，这可能是弗拉基米尔第二次受洗。可能在两年前，当他的使节从君士坦丁堡返回，确认与皇帝达成的协议之后，他便接受了一次洗礼。

第十四章　小巴西尔（976～989）

妻子与八百侍妾全部被遣散了，她也没有抱怨的理由了。此
后他把时间花在监督皈依，在不计其数的洗礼之中担任教
父，并在所到的各地建造教堂与修道院。圣人终归不是最容
易相处的丈夫，基辅的这位圣弗拉基米尔应当也不例外；但
对于一个本以为要与鬼怪同床共枕的女人而言，这终归也算
是一种宽慰了。

第十五章 保加利亚屠夫（989～1025）

在巴西尔二世六十五年的在位时期中，989 年是一个分水岭。时年仅三十一岁的他已经当了二十九年的皇帝，在包括他童年在内的最早十六年中，他生活在两位成功窃据皇位的武官，即尼基弗鲁斯·福卡斯和约翰·齐米斯西斯的阴影之下。接下来的九年之中他又成了自己舅爷的傀儡——即使他完全不情愿。最后四年之中的重大事件则是屈辱地在图拉真关惨败于沙皇萨穆埃尔，一场大规模的反叛靠着外族的支

援与叛军首领的暴死才得以结束，近期他又屈从于基辅大公
无耻的敲诈。这样的记录，实在称不上显赫。

但989年年末，他的人生改变了。这一年之中的灾难格外
多。在同时代人所经历的最严酷的、连海面都封冻的寒冬过去
之后，便是与巴尔达斯·福卡斯的战斗，而后又要与巴尔达
斯·斯科莱鲁作战。在罗斯人夺取赫尔松几天之后，又传来了
保加利亚人夺取贝罗亚［Berrhoea，今韦里亚（Verria）］的消 　248
息，这座堡垒控制着前往塞萨洛尼基的道路。也在这一时期，
安条克出现了严重暴乱。占星者们对4月7日出现的极光，以
及在7~8月间照亮天空的明亮彗星给出了各种各样的解读，但
接下来的那场灾难人们却不会有什么不同意见——10月25日
夜，一场剧烈的地震仅在都城便摧毁或损坏了四十多座教堂，
包括圣索菲亚大教堂，教堂的中央穹顶裂成两半，必须重新修
造，① 东侧室则彻底坍塌。很难想象，还有什么能比这一切更
适合被解读为上帝的愤怒，但这一年结束时，在976年约翰
一世逝世之后，帝国首次得以处于和平之中。帝国的皇帝，
在经历了各种失败与失望之后，终于将要迎来光辉的未来。

现在，当他不再需要畏惧安纳托利亚的贵族时，他得以
在接下来的三十年之中，把注意力集中到一个重大任务之
上：扫平保加利亚人的帝国。然而，向来颇有远见的他首先
处理了统治格鲁吉亚上陶（Upper Tao）地区的王公大卫
（David）的问题。978年，大卫身为帝国的忠实附庸，被奖

---

① 在亚美尼亚建筑师特尔达特（Trdat）主持下重建的穹顶最终于1346年
坍塌（见第一卷）。瓦伦斯引水渠同样在地震中损毁，随后的整修工作
使已经废弃数百年的水渠重新开始向城中提供淡水。

赏暂时控制凡湖以北的一块帝国土地。他此后却支持了叛变的巴尔达斯·福卡斯，989年秋，当一支帝国军队向东进军，明显要发动一次惩戒攻击时，他必然会为这个错误的决断懊悔不已。对他而言幸运的是，皇帝授予了这支部队的负责军官，即查尔迪亚的约翰进行谈判的权利，而和谈的内容是：大卫可以终生掌控帝国托管的土地，并获取宫廷总管的荣誉头衔，但条件是他的所有土地，包括他的出生地与继承的封地，要在他死后全部交给帝国管辖。当帝国军队在一两英里之外秣马厉兵时，这位王公除了接受城下之盟外也几乎别无选择，巴西尔就此兵不血刃地扩展了帝国的东部边境。

巴西尔的帅才（995）

249   不幸的是，这样的外交手腕基本无法用到沙皇萨穆埃尔身上，巴西尔自然清楚这一点。991年初春，他率军出发前往塞萨洛尼基，加固了该城的城防，在城市的守护圣人圣迪米特里乌斯（St Demetrius）①的圣坛前跪拜，而后前往一座偏远的修道院拜访当地的圣人弗提乌斯（Photius），他不但曾经参与巴西尔的洗礼，还正是他在仪式之后抱着巴西尔返回宫中。此时的弗提乌斯许诺为他接下来的远征彻夜祈祷。②这一军事行动持续了四年，其间巴西尔从未停止施

---

① 圣迪米特里乌斯和"军人"圣塞奥多尔、提尔的圣塞奥多尔、圣乔治一样，是庇护拜占庭帝国军队的四位军人圣人之一（也可能是三位，因为两位圣塞奥多尔可能是同一人）。

② 弗提乌斯可能在这一时期离开了修道院，随巴西尔在四年的远征中行动，正如圣阿塔纳修斯在尼基弗鲁斯二世在位时随他出征一样。但和其他许多问题一样，从可怜的存世资料中找不出任何佐证。

压。军事行动只在夏季进行的时代结束了，实力大增又在皇帝亲自指挥之下整训并锤炼一新的帝国军队，此时能够从大雪纷飞的 1 月持续作战到骄阳似火的 8 月。许多城市，包括贝罗亚，都被收复。其中一些据点配置了帝国驻军，余下的则被彻底夷平。

然而这一时期并没有大规模的进军，也没有重大胜利。图拉真关之战给了巴西尔一个终生难忘的教训。对他而言，成功的关键在于精确无误的组织。军队必须整体行动，协调一致。普塞洛斯记载声称他会在遭遇敌人之后立即将部队集结成"坚实的塔楼一般"，在他与骑兵部队、骑兵部队与重装步兵部队、重装步兵部队与轻装步兵部队之间构建坚不可摧的联络体系。战争开始时，他坚决禁止任何打乱阵形或独自冲在前线的行为。各种英雄之举不但得不到鼓励，反而还要遭受立即免职的惩罚，乃至更严苛的惩处。他的部下公开抱怨自己领袖那无休止的检视，以及对他们武器装备的细枝末节的关注。但他们依然信任他，对他颇有信心，因为他们清楚，他没有任何的遗漏，只有确信必胜时才会出征，而且他像珍惜自己的生命一样，珍惜每一个士兵的生命。

在这样的情况之下，进展是可以保证的，但也无疑会缓慢无比，直到皇帝于 995 年年初紧急赶往叙利亚时，在这一方向上所获甚微也是不出预料的。除去收复的少许城镇，情况与十五年前相差无几，保加利亚沙皇的势力依然强劲，态度依然坚决，对拜占庭城的威胁也从来不曾减少。萨穆埃尔同样谨慎行事，使用保加利亚人的传统策略，据守山地并避免决战。他清楚自己相比敌人拥有一个巨大的优势：地利。

250

在一场长期征战之中巴西尔也许能够占上风，但他迟早会离开，同时带走一批规模可观的部队，留下少量部队守备，萨穆埃尔的时机也将就此到来。他枕戈待旦，据守待变。

远征叙利亚（996）

只要事态允许，巴西尔更希望缓慢且谨慎地行动，但在需要时，他也可以展现惊人的速度，他于 995 年的叙利亚远征中旋风一般的行动正是如此。这次突发危机源自埃及的法蒂玛哈里发阿齐兹（Aziz）对阿勒颇的觊觎，而那里自尼基弗鲁斯二世时代起便是拜占庭帝国的保护地。994 年，阿勒颇埃米尔已经向皇帝提出增援的请求，皇帝派出一支援军到安条克指示当地的管理者让 969 年率部光复该城的米哈伊尔·布尔泽斯进行干预。哀哉，布尔泽斯已经不是二十多年前那位精力充沛的年轻将军，他不是法蒂玛哈里发的指挥官曼尤特欣（Manjutekin）的对手。9 月 15 日，他的部队在奥龙特斯河河岸被曼尤特欣彻底歼灭。

陷入绝境的埃米尔只得再度发出请求，强调称安条克城此时陷入极大的危机。这次巴西尔清楚认识到这场危机的规模，他将不会再委派任何人，而是要自己处理。他留下了他认为足够防御的部队，带着余下的部队紧急返回都城并调集了全部预备队，直到集结起约四万人的部队。[①] 然而如何前往叙利亚也是个问题。这样一支全副武装的大军，如果陆路

---

① 此处的资料同样可悲地稀少且意义索然。拜占庭编年史家对此近乎全无记载，只有犹太人和阿拉伯人留下了记载，其中叶海亚的记载是整体上最可信的一份（这一数据也出自他的记载）。

行进六百英里穿越安纳托利亚，必须行进整整三个月。那时阿勒颇和安条克可能已经陷落。此时必须争分夺秒，那么要如何做呢？

巴西尔的解决方案虽然颇为简单，在拜占庭帝国历史之 251 中却很可能是前所未有的。他给全军配备了坐骑。每个士兵都配上两头骡子，一头用于骑乘，一头用于驮运装备，必要时也进行轮换。即使如此，速度快慢也总归难以统一，但在最前方带队的皇帝可不会等待掉队者。995 年 4 月末，他集结起总共一万七千人的先头部队，抵达阿勒颇城下。这次行军仅仅花了十六天，而他们来得正是时候。该城正在抵御猛烈的围攻，最多一个多星期之后，该城以及叙利亚北部的大片土地便将落入法蒂玛哈里发的手中。然而此时该城等来了援军。面对全然出乎自己意料之外的一支大军，曼尤特欣被迫撤军返回大马士革。几天之后皇帝本人率部向南进军，劫掠了埃莫萨，而后一路破坏直到的黎波里。返程中，他在托尔托萨［Tortosa，今塔尔图斯（Tartus）］安排了一支精锐的驻军，并委派一位年轻军官担任新的安条克总督，接替已被他羁押的布尔泽斯，并下令每年以展示武力的方式来显示他在这一地区的权威。之后他开始返回都城。

即使是为进行危险的远征而行军，巴西尔依然在行军期间视察了途经乡村的情况，他得出了自己的初步结论。当他更为安逸地返回时，他的第一印象也得到了证实。按现存记载来看，这是他在儿时随继父尼基弗鲁斯二世前往奇里乞亚之后，首次来到亚洲乡村。安纳托利亚的"权贵"们地产的庞大奢华令他震惊，而那些土地或者本应属于帝国财产，或者应属于当地村庄的农民们。一些"权贵"，包括老尤斯塔西奥斯·马林努斯（Eustathius Maleinus）——986 年的巴尔达斯·福卡斯正是在他的属地之中举起反旗——想要表示忠诚，却选择了错误的方式，打算用皇帝本人根本无法接受的奢华方式进行接待，愚蠢地展示财富，而这自然激起了厌恶浮华虚荣的皇帝的愤怒。皇帝在同年秋季返回君士坦丁堡时，满面阴郁，陷入沉思。

996 年 1 月 1 日，皇帝颁布了新的法令，其内容无疑会让此前竭力讨好皇帝的安纳托利亚贵族们惊恐不已。法令中写道，"皇帝小巴西尔的新法令，谴责那些靠剥削穷人积累财富的富人"，这难免让人想起罗曼努斯一世在 935 年颁布的类似法令——尽管那份法令远没有这么严厉。罗曼努斯在法令之中规定了四十年的宽限期，其间任何遭受侵害的人都可以索取被不正当侵占的财产。但巴西尔清楚，问题在于富裕的大地产主可以靠贿赂或敲诈或者这两者，轻易地压下这些上诉，而巴西尔明确地指出了罪犯。

> 显贵君士坦丁·马林努斯（Constantine Maleinus）和他的儿子朝政大臣尤斯塔西奥斯违法侵占财产，同时在无人争辩的情况下享受了一百年，乃至一百二十年。福卡斯家族也是同样的情况，他们靠着一个多世纪的父死子继，得以保留了大批地产，即使他们完全没有合法所有权……

巴西尔废止了那四十年的宽限期，要求一切地产的所有权都要回归他的外曾祖父罗曼努斯执政时的情况，也就是六十一年前的情况。自那时以后获取的所有地产都必须归还此前的所有者或其家人，而不得获取任何补偿、支付款或其他利益。即使皇帝颁布的金玺诏书，包括巴西尔本人签署的诏书，也都不能用于辩护；从976年至985年以宦官巴西尔名义进行的所有赏赐，若是没有皇帝本人的特别批准，则全部无效。

这一法令的结果是戏剧性的，对安纳托利亚贵族们而言更是如同灾难一般。马林努斯家族不仅被剥夺了财产，家族成员也被终身监禁。福卡斯家族的大规模地产被查抄殆尽，仅仅剩下一小部分。一些贵族家族沦落得与乞丐无异，其他人则成了普通农民。但对拜占庭帝国军队数百年以来的基石，即自耕农和本地的小地产主而言，法令让他们得以返回他们先祖的土地。与此同时，此前归属帝国的大批土地再度被收归国有，皇帝本人也因此实力大增。此前他花了十三年的时间与那些"权贵"争夺皇位，现在他们的权势已经不复存在，想必他也尝到了复仇的欣喜。

奥托三世（996）

即使在颁布这一命运攸关的法令之后，皇帝也没有立即返回保加利亚。安纳托利亚难免要爆发不满情绪，而他必须留在都城，以准备应对任何麻烦。此外，他已经有近五年的时间没有处理帝国的行政事务，积累了大量的工作。仅举一例：牧首之位自991年便已经空缺，巴西尔却直到996年4月12日才委派一位博学的医生西西尼奥斯（Sisinnius）继

253

任。从某个方面来说，这个选择绝非明智，不完全因为西西尼奥斯是俗世中人，主要是因为他和他的领主一样，对西帝国既厌恶又不信任，而在他继任不久之后，君士坦丁堡就迎来了年少的奥托三世派来的使团。奥托打算和自己父亲一样迎娶一位拜占庭帝国的公主，他正式请求与巴西尔的三个侄女，即君士坦丁的女儿欧多西亚（Eudocia）、佐伊（Zoe）和塞奥多拉（Theodora）之中的一人——他并未指定具体人选——成婚。

表面上，奥托的使团可谓出乎意料。他的父亲奥托二世确实迎娶了希腊公主塞奥法诺，她也作为一位贤妻在西帝国传播了拜占庭的文化。但他借此宣称拜占庭帝国对意大利的全部领土的主权。作为她的嫁妆"归还"西帝国，战争因此不可避免地爆发了。战事断断续续地持续到981年，奥托二世率部进入阿普利亚，主要准备进攻在当地盘踞的萨拉森人。巴西尔，或者说那位摄政的内廷总管就此抓住了机会，在不久之后于卡拉布里亚的斯蒂洛（Stilo）将奥托的部队击溃。西帝国皇帝靠着出众的游泳技术游上了一艘经过的船，他隐匿了自己的身份，直到船只途经罗萨诺（Rossano）时才跳下船游上岸求救。然而他再也没能从这场羞辱中走出，次年于罗马逝世，年仅二十八岁。[1]

他和塞奥法诺生下的儿子，即奥托三世，是个非凡的孩童。在三岁时继承皇位之后，他继承了自己父祖的野心，又无疑从他的母亲那里浸染了浪漫的神秘主义，梦想着建立拜

---

① 他是唯一一位埋葬在圣彼得大教堂的神圣罗马帝国皇帝。

第十五章　保加利亚屠夫（989~1025）

占庭式的神权政体，掌控所有的日耳曼人、希腊人、意大利人和斯拉夫人。上帝是国家的真正领袖，他和教皇——他要居于教皇之前——则共同作为上帝的辅助统治者。那么实现这个梦想，又有谁比他，一个生母是希腊人的日耳曼皇帝更合适呢？而又有什么比两帝国之间的皇室联姻更能巩固这一梦想呢？奥托谨慎地选择了他的使节，他们是维尔茨堡（Würzburg）主教贝恩瓦德（Bernward）^① 和皮亚琴察大主教约翰·菲拉加索斯（John Philagathus）。约翰是来自卡拉布里亚的希腊奴隶，此后却成了塞奥法诺的好友、随从与私人牧师，在她离世之后依然受她儿子的信任。

惜哉，这次出使就没有克雷莫纳主教留下记载了，但基本可以确定的是，他们在君士坦丁堡得到的接待比柳特普兰德那次好得多。巴西尔全然乐于结下这场姻亲，借以维持南意大利的和平，让他得以继续安然与保加利亚人作战。记载提及在菲拉加索斯返回罗马时，^② 他带回了拜占庭方的使节，以便与奥托商讨细节。如果使节能够与正在城中的皇帝见面，婚约必然能够迅速缔结，此后的事态走向，乃至未来的发展，可能会有相当的不同。不幸的是，奥托已经在几星期之前离开罗马，接下来的事态发展对他而言不算顺利，对拜占庭使节们而言颇为不快，对约翰·菲拉加索斯而言，则与灾难无异。

---

① 施伦贝格尔（Schlumberger）颇出人意料地指出，此处的贝恩瓦德并不是之后希尔德斯海姆（Hildesheim）的圣贝恩瓦德。

② 不幸的是，维尔茨堡主教此时已经离世。由于这一时期记载的匮乏，我们甚至无法确知他是在抵达君士坦丁堡之前，还是在返程之中去世，唯一确定的是他葬在了埃维亚岛（Euboea）的普利提卡（Politika）修道院。

教皇与皇帝前往罗马（997）

同年，即996年年初，十五岁的皇帝穿越积雪的布伯纳山口进入意大利，全副皇帝仪仗的前方是刺穿基督身体一侧的圣枪①，后面则是规模可观的部队。在帕维亚，他得知了教皇约翰十五世（John ⅩⅤ）的死讯；在拉文纳，在前来觐见他的罗马城贵族的请求之下，他指定自己时年二十四岁的堂表亲卡林西亚的布鲁诺（Bruno of Carinthia）继任，后者就此改称格里高利五世（Gregory Ⅴ）。5月21日，在耶稣升天节上，奥托在圣彼得大教堂中接受了格里高利的加冕。当他在几周之后赶往德意志时，皇帝的权威似乎再度牢固地掌控了这座永恒之城，西帝国的基督徒们的未来也将更加安稳。

然而教皇格里高利此时犯下了灾难性的错误。他撤销了流放显贵克雷森提奥斯（Crescentius）的判决，而此人作为罗马最显赫家族的领袖，正是教皇约翰十五世的推举者。格里高利在皇帝抵达之前自行控制了这座城市，克雷森提奥斯则无视了他的效忠宣誓，和往常一样行事。他掌权后的首要举措之一便是逮捕并羁押巴西尔的使节们（他们应当还在罗马，在漫长的航行之后休整），其理由似乎正是要让奥托

---

① 君士坦丁堡同样保留了一把号称为真品的圣枪，自七世纪开始，在君士坦丁堡存留到1492年，直到苏丹巴耶塞特二世（Beyazit Ⅱ）将它送给教皇英诺森八世（Innocent Ⅷ）。第一次十字军时又在安条克附近发现了另一把圣枪，目前亚美尼亚教会在埃奇米阿津（Etchmiadzin）的大教堂保存的应当就是这一把。孰真孰伪则留待读者评断。

进行皇室联姻的计划落空。惶恐的格里高利立即向他的堂表亲送去加急信，乞求他返回并恢复帝国与教皇的主权，但奥托回绝了，理由则颇为出人意料——他无法适应当地的气候。可怜的教皇别无选择，只得在 997 年年初逃往帕维亚，而克雷森提奥斯任命的继任者正是皮亚琴察大主教约翰·菲拉加索斯。

为何皇帝最信任的仆人会做出如此恶劣的背叛，我们很难理解。菲拉加索斯此前成功安排了皇室婚姻的前期谈判，他的升迁前景自然也是一派光明；背叛自己的领主、把宝押在一个狂妄的冒险者身上，简直可谓疯癫。然而他被野心与教皇之位彻底蒙蔽了，即使一个僭称教皇的位置，在他看来也是无法抗拒的。997 年 5 月，他在拉特兰宫自封约翰十六世（John XIV）。

他很快就要为自己的决定后悔了。被敌对教皇革除教籍之后，他整个夏天都要承受意大利各地每一位主教的斥责，甚至几乎不敢在城中公开露面，只好采取囚禁格里高利和奥托大使的权宜之计以示抗议。惩罚最终在年末到来。西帝国皇帝——大概是觉得罗马城的冬季比夏季更为宜人——率部第二次进入半岛，来到帕维亚与教皇会合（并在那里一同庆祝圣诞节），而后率领德意志与意大利的联军进军罗马。两年前的他是作为朋友进行和平访问的，此时的他怒火中烧且冷酷无情。在城中一片混乱之时，克雷森提奥斯带着少数亲随在圣天使城堡闭门不出，约翰·菲拉加索斯则逃离了该城，来到一座据说无法攻破的塔楼之中躲避，然而几天之后一批德意志士兵就迅速地证明了“无法攻破”纯属无稽之

256

谈。奉教皇格里高利的命令——记载中坚称皇帝并不知情——他被逮捕并遭受了骇人的肉刑。他的双耳、鼻子与双手全被切掉，还被刺瞎了双眼，割掉了舌头。之后他被押回罗马，扔进教会的监狱之中等待审判。

在 998 年的四旬斋期间，已成废人的约翰·菲拉加索斯被押到并列而坐的教皇与皇帝面前。约翰的同乡、卡拉布里亚的罗萨诺修道院院长圣尼卢斯（St Nilus）为他苦苦哀求，说他已经得到足够的惩罚，但教皇格里高利可不这么想。这个不幸的人倒骑着骡子在罗马的街上示众，受他人的奚落嘲讽，直到那时他才得以离开，可能到德意志的（美因河河畔）法兰克福的富尔达（Fulda）修道院中聊度余生，直到 1013 年。

克雷森提奥斯则在圣天使城堡坚守到 4 月 29 日，最终被迫投降。他遭受的惩罚却相对仁慈：在那座城堡的最高处，这个罗马全城都看得到的地方，被当众斩首。他的躯体被扔进城壕，此后和同样被处决的他的十二个追随者一起被抛到马里奥山（Monte Mario）上的绞刑架上倒吊曝尸。

达尔马提亚总督（1000）

巴西尔二世这一时期似乎都留在君士坦丁堡——尽管我们无法确定，但他对约翰·菲拉加索斯的结局以及这一系列事件必然可谓失望至极。在他面前描述大主教的悲惨遭遇并不会触动他，那不是他的性格。然而对他而言，一个希腊人成为罗马教皇就和自己的侄女成为西帝国皇后一样重要①，但前一件事的可能性已经不复存在，后一件事也陷入了困境。他那近两年前就离开了君士坦丁堡的使节，如今刚刚从监狱之中被释放出来，但仍未能和奥托会面——而在菲拉加索斯事件之后，奥托对希腊文化的赞同难免要打折扣了。

但巴西尔有更紧迫的事务要处理，其中最重要的问题便 257 是沙皇萨穆埃尔，他的实力和对帝国的威胁在这三年间明显增加了。996 年，利用皇帝前往东部的时机，萨穆埃尔伏击并杀死了塞萨洛尼基的主官，并俘虏了后者的儿子与继承者——查尔迪亚的约翰。他随即侵入门户大开的希腊军区，一路向南劫掠直到科林斯。次年，保加利亚人的部队在温泉关附近的斯派尔希乌斯河（Spercheus）遭到惨败，帝国在这一战的指挥官正是新一代军官中最出色的尼基弗鲁斯·奥兰努斯（Nicephorus Uranus），萨穆埃尔仅以身免。然而不久之后，沙皇夺取了亚得里亚海海岸的重要港口底拉西乌姆（即都拉佐，今都拉斯），并一路胜利穿越达尔马提亚内陆地区，进入波斯尼亚。如果不能尽快阻止他的进军，或许便再无机会了。

拜占庭帝国在亚得里亚海沿岸的领土长期以来存在某种管理问题。那里距离君士坦丁堡并不比叙利亚远，但道路陡峭崎岖，而当地居民即使在和平年代也远没有小亚细亚的居民那样友好。在当前的情况下，巴西尔只能步步为营杀出一

---

① 圣彼得·达弥盎（St Peter Damian，这一时期记述最严苛的编年史家）甚至记载称在约翰成为教皇一事上，克雷森提奥斯的权势甚至不如约翰从君士坦丁堡带来的大笔金钱作用大。许多编年史家因袭了他的记载。

条血路。在他看来，解决方案仅有一个——威尼斯共和国，他也已经与之签订慷慨的协议。早在 992 年，他便和彼得罗·奥尔塞奥罗二世（Pietro Orseolo II）签署了协议。这位威尼斯历史上最杰出的总督之一可以靠这份协议在君士坦丁堡获得慷慨的贸易特权，作为回报则要在战争中提供舰船运输帝国军队。若是共和国能够就此将影响力波及整个达尔马提亚海岸，成为拜占庭帝国的附庸国、承认其宗主权，又何尝不可呢？

彼得罗·奥尔塞奥罗自然乐于接受。这意味着威尼斯迅速增长的人口可以获取一个近乎无穷无尽的谷物来源，以及造船的木材来源。此外，此时的威尼斯商人在克罗地亚海盗的侵袭之下严重受损，这样的协议意味着他们能够有效地抵御海盗。他的儿子乔瓦尼（Giovanni）立即全速赶往君士坦丁堡，很快便签署了协议。在 1000 年的耶稣升天节，刚刚获封达尔马提亚总督的奥尔塞奥罗来到城堡区圣彼得大教堂（S. Pietro di Castello）参加弥撒，从那里的奥利沃罗（Olivolo）主教处接受了神圣旗帜。① 他随后登上旗舰，率领一支庞大的舰队前去向自己的新君主致敬。萨穆埃尔可以控制内陆以及波斯尼亚的堡垒，但海岸周边的希腊语城市自此便安全了。

与此同时，皇帝把注意力重新转移到保加利亚，使用与此前完全相同的策略。首先他建立起一个坚不可摧的后方基

---

① 威尼斯共和国的纹章，即一只爪子放在展开的书上的圣马可翼狮形象很可能就是在此处首次出现。

地——此时这个基地位于菲利普波利斯，而后缓慢且系统性地向北、西、南三个方向推进，步步为营，在每个夺取的城镇安排好驻军之后再继续进军。999年，法蒂玛哈里发在叙利亚的另一次胜利在那里造成了与五年前情况完全相同的危机，他被迫返回东部。但幸运的是，当他在塔苏斯时，上陶的王公大卫于1000年复活节的周日遭刺杀，他就此得以率军前往继承自己的新遗产。他把凡湖以北的这片广阔地域的统治权交给了大卫的堂表亲巴格拉特（Bagrat），即阿布哈兹的国王，同时将大卫曾担任的荣誉头衔宫廷总管授予了他。但当他返回博斯普鲁斯海峡时，已经是秋末。几个月后，他得以与法蒂玛哈里发签订为期十年的停战协议。此时，当他的东部边境与西部边境都得到了合宜的保护之后，他终于得以将军事力量聚集到保加利亚。1001年夏，他成功夺回贝罗亚，并将保加利亚人在塞萨利的驻军肃清，而后返回都城，处理一件重要事务。

无果而终的婚约（1004）

皇帝奥托远没有放弃与拜占庭帝国联姻的打算，他再度派出使团前往君士坦丁堡，不但下令立即安排婚姻，还命令使团直接带新娘返回。因此负责这一任务的使团规模更大，成员也更为显赫。使团由米兰大主教阿努尔夫（Arnulf）率领，此人掌控着西帝国教会之中最富裕也最繁荣的区域，阿努尔夫骑着一匹用银钉钉着金马掌、盛装打扮的战马来到皇宫。尽管巴西尔并不想和自己的客人——教养、智慧与魅力均颇有名望的阿努尔夫——在仪服与风度方面攀比，

259 他依然盛情接待了阿努尔夫，让他坐在自己的身边，在口译员的协助下与他进行了长时间的恳切谈话，而东帝国与西帝国的其他高官都只能侍立。他完全没有发难，毕竟越早安排好这次婚姻，他就能越早返回保加利亚战场。在他的三个侄女之中，最年长的欧多西亚因为天花而毁容，决心一生在修道院中度过；最年幼的塞奥多拉，据说相貌过于不出众，她也终生未嫁，下文将具体叙述。只有年龄居中的公主佐伊相貌出众，时年二十三岁的她在各方面完全合适。大主教见到她颇为欣喜，相信他的君主会同样热情，佐伊则完全没有表现出十几年前姑母安娜那样的抵触情绪。1002 年 1 月，在阿努尔夫及使团其他成员的陪同下，带着与紫衣贵胄和与皇后身份相称的随从，她起航前往自己的新家。

哀哉，天不遂人愿。当她的舰船抵达巴里时，报丧的使节前来，告知她未婚夫的死讯。奥托三世因突然的发热病，在 1 月 24 日于罗马附近的帕特诺（Paterno）城堡之中逝世，享年二十二岁。可怜的佐伊在他死后失去的不只是丈夫，更失去了西帝国皇后之位。如果她和奥托生下了儿子，他不但可以继承西帝国的皇位，而且可能继承没有男性继承人的东帝国，就此首次统一东西帝国，掌控从法兰西边境到波斯边境的广阔地域，而随后的历史发展将被彻底改写。然而这一切如今都成了泡影。她悲哀地辞别了大主教，乘上来时的舰船原路返回。

我们确实应当为佐伊感到惋惜，然而也不必多惋惜。她确实与西帝国失之交臂，但她仍然有东帝国的继承权。下一章中，在他父亲死后的二十多年中，她终于得以完全掌握权力，也得以成婚了。

在1004年春发生的情景或许会让这位公主的心情更难平复，那时的君士坦丁堡举行了她苦苦期待着的隆重婚礼，新娘却是两位皇帝的远亲——阿尔吉罗斯家族的玛丽亚（Maria Argyra），新郎则是威尼斯总督彼得罗·奥尔塞奥罗 260 的儿子乔瓦尼，他近期刚刚被提升为共治的总督。典礼在皇宫中的小礼拜堂进行，牧首亲自主持典礼，两位皇帝巴西尔与君士坦丁共同列席，以东帝国的礼仪为新人加冕。在典礼结束之后，小夫妻在一座宫殿之中居住几个月，直到深秋时节，已有身孕的玛丽亚和她的丈夫才起程返回威尼斯。

若是佐伊嫉妒这对新人的幸福，她也不会嫉妒太久。1006年，在一系列的歉收之后，北意大利和达尔马提亚陷入饥荒，中世纪的饥荒之后往往暴发瘟疫，这次也不例外，乔瓦尼·奥尔塞奥罗、他的妻子和他们仍是婴儿的儿子，与许多地位低微的人一同染病去世。幸灾乐祸之情溢于言表的圣彼得·达弥盎，以一如既往的恶毒记载了这位年轻的总督夫人的死，但记载的死因有所不同。

　　她的生活是如此奢华，以至于不肯用普通的水洗浴，而是逼迫她的侍从去接来自天上的露水洗澡。她也不肯用手触摸食物，而是命令随从阉人切成小片，而后用带两个尖端的金器送进嘴中。她的房间之中满是熏香和各种香料，我不愿提起，想必读者也不会相信。但这个女人的虚荣被全能的天主厌恶，他降下了惩罚。他举起正义之剑惩罚她，让她的肢体化脓溃烂，让她的房中满是臭气，以至于她的侍女乃至奴役都无法忍受这些臭气，只有一个侍女靠着香袋帮助，继续尽职。即使如此，她也只能在女主人身边短暂停留。就这样，在缓慢的衰朽与痛苦的折磨之中，她咽下了最后一口气，她身边的人也松了口气。

齐姆巴隆格斯之战（1014）

在威尼斯的婚姻结束之后，巴西尔几乎立即返回保加利亚，将全部精力用在根除沙皇萨穆埃尔和他的帝国上。靠着1000年至1004年近乎从不间断的打击，他基本控制了巴尔干半岛东部的全部土地，从塞萨洛尼基一路延伸到多瑙河的铁门关。萨穆埃尔常年使用如今所谓的游击战，但现在他面对的敌人穿越崎岖山地的速度比他还快，不给他留下任何伏击或突袭的机会，面对寒暑风雨也似乎毫不动摇。在接下来的十年间，皇帝继续前进，尽管我们可参考的资料中，留下的细节之少难免令人怨叹。仅就我们所知，1005年，萨穆埃尔的岳父约翰·西瑟里奥斯（John Chryselius）、他的女儿米罗斯拉娃（Miroslava）和她的丈夫塔隆的阿硕特（Ashot the Taronite）背叛了萨穆埃尔，将底拉西乌姆交给巴西尔以换取钱财与封号；1009年，沙皇在塞萨洛尼基附近的小村克雷塔（Creta）遭受惨败。但也几乎仅此而已。直到1014年，迷雾才得以散去，让我们一瞥一场大战，这一战即使没能终结这场战争，却也足以决定战争的结果。

第十五章　保加利亚屠夫（989～1025）

　　这一战在从塞雷（Serrae，今"Seres"）通向上斯特鲁马（Upper Struma）的齐姆巴隆格斯（Cimbalongus）的狭窄山路上展开，那里又名克雷迪翁（Clidion）。十五年前，萨穆埃尔也许早就能在那里布置好伏击圈，但此时这样的计划只能落空，他心知肚明。他率部占据了这段山路，封锁了巴西尔的进军道路，迫使他花更多的时间、冒更大的风险绕路。当皇帝率部抵达时，他发现进军的道路已经被数道木栅封死。在他思索进军的办法时，他麾下的菲利普波利斯军区将军尼基弗鲁斯·西菲亚斯（Nicephorus Xiphias）向他提议，率领一支分遣队进入密林，秘密翻越周边山地，再从后方袭击保加利亚人。巴西尔最初尚有疑虑，这个大胆的计划难免要冒险，而巴西尔向来不肯如此，但当他意识到没有解决难题的其他手段时，他勉为其难地同意了。①

　　西菲亚斯就此悄然离开皇帝的大营，率领少数精兵穿越林地，最终在山路的另一侧，萨穆埃尔部队的后方出现，并在7月29日发起进攻，与此同时巴西尔也对木栅发动最后的冲击。完全没料到这一切的保加利亚人无法同时防守这段山路的两端，在惊恐之中逃走。许多人在逃跑时被杀，还有许多人被俘虏——资料记载称俘虏有一万四千至一万

---

①　另一个促使巴西尔加紧围攻的原因是，萨穆埃尔在牵制了拜占庭军队主力之后，派部将大卫·内斯托里泽率一部南下袭击塞萨洛尼基，塞萨洛尼基总督塞奥菲拉科特·博坦内亚特斯却主动出城决战，将大卫的部队彻底击溃。之后塞奥菲拉科特率领所部精锐北上与巴西尔二世会合。双方力量的此消彼长促使巴西尔主动进攻。——译者注

五千人。① 沙皇靠着自己英勇的儿子才得以上马逃离，抵达
262 普里拉蓬［Prilapon，今普里莱普（Prilep）］堡垒躲避。这
两父子运气不错，因为巴西尔决心报复。他下达了本章开头
吉本所描述的酷刑命令，这件事也成了他一生中最著名的事
迹，胜过他的一切征服与法令。②

　　10 月初，这骇人的队列蹒跚地抵达了沙皇在普雷斯
帕（Prespa）的城堡。萨穆埃尔因国家的不幸与自己希望
的渺茫而一病不起，当他见到他曾经精锐的大军成了如此
惨状，他当场中风昏迷。旁人用冷水让他苏醒了一阵，但
他还是很快陷入昏迷，于两天后逝世。为他的死哀恸的
人，大多清楚自己也是在为他的帝国哀悼。但决心做困兽
之斗的保加利亚人依然奋战，他们首先追随他的儿子加布
里埃尔·拉多米尔（Gabriel Radomir）；在他于 1016 年被
谋杀之后，又追随了谋杀他的人（也是他的堂兄弟），即
约翰·弗拉迪斯拉夫（John Vladislav）。直到约翰也于
1018 年 2 月在围攻底拉西乌姆时阵亡，他们才最终投降。

----

① 约六十年后记载此事的凯考门努斯（Cecaumenus）称人数为一万四千
人，凯德莱努斯则称有一万五千人。
② 若是报复，巴西尔二世报复的也不只是图拉真关的惨败。原本巴西尔
二世准备借保加利亚人溃败之机，一举扫平所有仍在抵抗的主要据点。
然而萨穆埃尔之子加布里埃尔·拉多米尔故技重施，在山地伏击了冒进
的拜占庭军队，塞萨洛尼基之战的英雄塞奥菲拉科特·博坦内亚特斯阵
亡，拜占庭帝国的侧翼部队严重受损，而巴西尔二世得知这个消息之
后，立即下令刺瞎俘虏。一些记载认为巴西尔二世原本打算将这些俘虏
释放——或许是在肃清保加利亚之后——将这些俘虏分散编组成帝国部
队。或许正是因为此时抵抗力量依然足够坚实，他才决定缓慢西进，并
下达了那个骇人的命令。在返回都城之前，巴西尔转往索菲亚，迫使该
城守军投降，进而彻底肃清了这个方向的抵抗力量。——译者注

第十五章　保加利亚屠夫（989～1025）

巴西尔很快正式进入他们的都城奥赫里德（Ochrid）。约翰的寡妻玛丽亚（Maria）带着她能集结起来的家人在城门迎接他，包括他们的三个儿子①和六个女儿，以及加布里埃尔的两个女儿和五个儿子——其中一人已被刺瞎，还有萨穆埃尔的一个私生子。巴西尔友善且殷勤地接待了他们，把这十八人全部纳入自己的庇护之下。

此时距离他首次和保加利亚第一帝国作战，已经过去二十八年，此时他已经六十岁。夷平这个国度耗费了他人生之中的大部分时间，但此时这个任务终于胜利完成了。自斯拉夫人到来之后，巴尔干半岛首次完全处于拜占庭帝国的掌控之下。现在他需要做的只是来到尽可能多的城市，接受效忠、聆听宣誓、成为当地人的君主。从奥赫里德出发，他率领随从们抵达普雷斯帕，在那里，保加利亚人之中最勇敢的将军之一——伊瓦提西亚（Ivatsia）因拒绝效忠而被当场刺瞎；而后他转往卡斯托里亚（Castoria），沙皇萨穆埃尔的两个女儿被带到了他的面前，突然见到保加利亚王后玛丽亚的他，勉强抑制住了将她碎尸万段的冲动；接着他转往温泉关，来到二十年前尼基弗鲁斯·奥兰努斯取得大胜，"数以千计的保加利亚士兵被杀"的战场，参观累累白骨，然后兴致盎然地参观麾下另一位军官亚美尼亚人鲁本（Roupen）主持修建的巨大工事，以防卫这条交通要道；最后他抵达雅典，走上卫城并来到神之母，即圣母玛丽亚的教堂之中感恩

263

---

① 他们的长子普罗西安（Prusian）和另外两个兄弟此时已逃入山中继续作战，但不久之后也投降了。

圣母——而这座教堂的原址是献给另一位神祇的帕特农神庙。

管理保加利亚（1018）

在战争中，"保加利亚屠夫"（Bulgaroctonus）① 巴西尔二世无情且残暴，而当和平到来时他展现了温和与理解。保加利亚人不再是他的敌人，而是他的臣民，因此他们应当得到体谅。他有意将税率降低，而且不让他们和帝国其他地区一样上交货币，而是交实物税。奥赫里德的牧首被降为大主教，但并不附属于君士坦丁堡牧首。保加利亚教会就此得以在各方面继续保持独立，唯一的例外是大主教的任命要由皇帝决定。大部分征服的土地被分为两个军区，即保加利亚军区和帕里斯特里乌姆军区（Paristrium），后者基本上位于之前的多瑙河行省以北。然而西方的一些土地，比如克罗地亚、杜克里亚（Dioclea）、拉西亚（Rascia）和波斯尼亚，依然由当地的王公统治，帝国仅拥有宗主权。至于保加利亚人，大多数平民还是希望和平，没有滋扰生事（尽管此后他们两度在腐败的帝国官员压榨之下揭竿而起）；贵族们则融入了拜占庭帝国的社会与官僚体系，一些人还得以身居高阶。约翰·弗拉迪斯拉夫的长子普罗西安得到了朝政大臣的高阶，之后成了重要的布凯拉里安军

---

① 记述巴西尔二世在位时期的两部重要史料——《普塞洛斯编年史》和《斯基里泽斯编年史》都完全没有提到"保加利亚屠夫"的绰号。保罗·史蒂文森教授研究认为，这一绰号实际上是后世的希腊王国民族主义者所创，并非当世人所为。——译者注

区（Brucellarian）的将军，管辖的区域大致在尼西亚到安凯拉之间。他的兄弟亚伦（Aaron）则成了瓦斯普拉坎的督军，之后还成了伊萨克·科穆宁（Issac Comnenus），即此后的伊萨克一世的妻舅。

保加利亚问题就此解决，但皇帝的任务还没有结束。东方的宫廷总管，即阿布哈兹的国王巴格拉特在1014年逝世，他的儿子乔治（George）立即背弃了十四年前订立的协议，入侵并占据了陶（Tao）和法锡安（Phasiane）地区。巴西尔已经派出舰队抵达黑海远端，以减少损失，现在的他终于有机会决定性地击溃这位叛乱的王公了。[①] 1021年，他开始了第三次，也是最后一次亚洲远征。次年乔治战败投降，把自己三岁的儿子交给皇帝做人质，保证忠诚。[②] 此时的巴西尔本可以直接返回，然而他借此机会进一步巩固了麻烦不断的东部边境。靠着外交手腕，不动一兵一卒，甚至不提出任何战争威胁，他便吞并了瓦斯普拉坎地区，同时和平说服阿尼的亚美尼亚国王约翰·森姆巴特（John Smbat）在死后让

264

---

① 1021年，巴尔达斯·福卡斯的儿子"粗脖子"尼基弗鲁斯·福卡斯和齐姆巴隆格斯之战出奇兵的尼基弗鲁斯·西菲亚斯，暗通乔治，在高加索与安纳托利亚东部掀起叛乱，切断巴西尔二世的后路。然而巴西尔二世一面命令安纳托利亚军区出兵夹击，一面分别给两位叛军首领送信，诱使两人互相猜忌，最终西菲亚斯杀死了尼基弗鲁斯·福卡斯，福卡斯家族的支持者随即散去，叛军迅速瓦解。西菲亚斯被捕后被迫剃度进入修道院中，巴西尔二世得以全力对付乔治。——译者注

② 这个小王子在三年后得以返回，返回得也正是时候。在返回父母身边一两天之后，刚刚开始独自执政的君士坦丁八世便决心让他返回君士坦丁堡。幸运的是君士坦丁没能成功，而不到两年后，在年仅三十岁的乔治逝世后，这个孩子继承了王位，称巴格拉特四世（Bagrat Ⅳ），而后统治几乎整个格鲁吉亚近半个世纪。

王国并入帝国。当他在 1023 年返回都城时，他已经建立起至少八个新军区，从最南端的安条克开始，向东北方向分别为泰鲁什（Teluch）、"幼发拉底河城市"（此后称埃德萨军区）、梅利泰内、塔隆、瓦斯普拉坎、伊比利亚和塞奥多西奥波里斯（Theodosiopolis），形成一个巨大的拱形。他本人成了从亚得里亚海到阿塞拜疆的绝对权威。

巴西尔的成就（1025）

此时他刚刚六十五岁，对中世纪人而言也可谓长寿了。他生命之中的近一半时间都在出征。绝大多数在这个年龄又获得了如此成就的人，早就放下刀剑，在平静祥和之中度过余生。但巴西尔并不是寻常人，他的精力不减当年，他在君士坦丁堡收到的消息也指出了新的远征目标。报告来自帝国在南意大利的督军巴西尔·博约安内斯（Basil Boioannes）。这一地区的政局因 1017 年到来的一批年轻的诺曼冒险者与雇佣军而愈发复杂。这些诺曼人为寻求名望与财富前来，并自愿和当地的伦巴第分离主义者结盟，协助他们让阿普利亚和卡拉布里亚脱离拜占庭帝国。他们在一年之间取得了可观的成功，但 1019 年 10 月，在奥凡托河（Ofanto）河畔的坎尼（Cannae），也就是公元前 216 年汉尼拔率领迦太基人歼灭罗马共和国军队的古战场，博约安内斯赢得了类似的胜利（尽管规模小一些），歼灭了伦巴第人与诺曼人的联军。三年后他阻挡了西帝国皇帝亨利二世（Henry II）亲率的大规模远征，迫使他们撤回阿尔卑斯山以北。此时正是趁热打铁的良机，他巩固此前的收获，掌控旧有领土，将帝国境内所

265

有异族叛乱者彻底清除。

在博约安内斯的指挥之下，南意大利的这一任务已经大半完成，然而西西里的问题依然存在。自该岛于 535 年被贝利撒留光复之后，阿拉伯人在三个世纪之后入侵，此后便成了伊斯兰世界的一部分。现在这种令人不满的境况终于有改观的可能了。帝国开始整备一支大军，博约安内斯则开始负责拟定于 1026 年进攻该岛的作战计划。然而这次远征直到十二年后才得以成行，而那时，无论是皇帝，还是这位出色的督军，都不可能再来指挥了。1025 年圣诞节的十天前，当天的第九个小时，巴西尔二世在君士坦丁堡圣宫逝世，享年六十七岁。

他已经成了一种现象，而且也许是整个拜占庭历史之中最为惊人的一种。如上一章所述，他可谓大器晚成，然而当他明白如何掌权之后，他便不曾放手。他蔑视表面上的浮华炫耀——也可谓前无古人后无来者——却依然仅凭自己的人格力量，轻而易举地掌控了政府与教会管理的方方面面。他任免牧首，订立完全改变安纳托利亚政治架构的法律，一次次召唤异国王公前来斡旋，并凭借着战略上主帅式的远见卓识与军务上小队长般的事无巨细的独特结合，成为帝国历史上最出色的军事指挥官之一。

最后也最惊人的品质是，除了皇帝身份带来的荣耀之外，他身上全无魅力可言。纵观历史，几乎每一位杰出的领袖身上都有某种领袖魅力，某种只可意会的光芒，照耀部下，激励他们出生入死，不仅心甘情愿，而且充满激情。在这个方面，从现存的史料来看，巴西尔身上似乎完全没有这

种迹象。他的远征从来不是电光火石、雷霆万钧的类型。在
他指挥下，军队反而像流淌的火山熔岩般缓慢且无情地摧毁
一切，对侧后包抄与背后奇袭往往泰然处之。在他年轻时惨
败于图拉真关——他从未忘记这一切，他对保加利亚发动的
战争在某种意义上也是一种报复——之后，他便极少冒险，
麾下士兵伤亡也极少。尽管他的士兵们信任他，却也从来都
称不上爱戴他。

除了他的母亲之外，也许再无人爱过他了。爱这种情感
仿佛与他彻底隔绝一般，无论是获得还是给予。我们确实看
不出有谁有多喜欢他。① 编年史家的记载中没有提到他的任
何近臣。拜占庭城的皇位上，没有人比他更孤独，也没有人
愿意忍受这样的孤独。但这也不算奇怪。巴西尔相貌丑陋、
不修边幅、粗野无礼、全无教养而且吝啬得近乎可悲。简而
言之，他太不像个拜占庭皇帝了。而他也愿意承认这一切。
他并不在意市民支持与否，甚至不在意自己是否幸福快乐，
也不在意朋友的关爱。他所在意的仅有帝国的伟大与繁荣。
自然，帝国就此在他的手中达到了巅峰。

他仅在一个问题上留下了失误，但这个灾难性的失误抵
消了他的许多功绩，也让他的许多成就化为乌有。他没有留
下后代，他身后便再无人能继承他的伟业了。他清楚，比所

---

① 巴西尔对大贵族征收重税，得罪了大贵族；给教会的捐赠远称不上慷
慨，而且对修造装饰教堂完全不在意，得罪了教会；极少赏赐市民，完
全不安排公共娱乐，又得罪了市民。会衷心怀念他的，或许只有被他宽
限乃至豁免税款的贫苦农民们，可惜的是，他们的声音很难出现在中古
时代的历史资料记载之中。——译者注

有人都清楚，他的兄弟君士坦丁全无治国之才，在花甲之年依然如半个世纪前一般轻佻庸俗、热衷享乐。他本人对女性的态度，究竟是厌恶，是蔑视，还是畏惧（很可能如此），是一个无解的谜。然而若是他凭着钢铁一般的自律，迎娶妻子并为帝国留下一两个孩子，又会如何呢？那时的帝国也许能够继续繁荣，也许能够扩展到欧亚大陆更远的地方，也许能够发展到一个新的高峰。当后继无人的他逝去时，盛极而衰便在所难免了。

　　他逝世于 12 月 15 日。16 日，帝国的衰落便已经开始。

第十六章 衰败之兆 (1025~1041)

我所生活的时代经历了许多皇帝——他们大多数执政不过一年,但就我所知,他们之中没有任何一人在最终卸下管理帝国的重担时,仍能免于指责。

——米哈伊尔·普塞洛斯,《编年史》,第四章,11

六十五岁的鳏夫君士坦丁八世(Constantine Ⅷ)如今成了拜占庭城唯一的皇帝,但他和自己的兄长截然不同。他外形魁伟出众,高大匀称——巴西尔却矮小粗短——且举止颇有风度。身为出色的骑手,他热衷打猎与赛车,并把驯马作为一种习惯。在他年轻时,他还是个出色的运动员,参与跑步、摔跤、投标枪之类的活动——这些比赛此前早已不再风行,但在他的时代再度流行起来。在他执政之后,竞技的岁月已经结束。纵欲多年的他身体早已不复当年,如今严重浮肿,以至于晚年时都无法站立。但直到死去,他依然风度不减。和他的兄长一样,他接受的正式教育相当有限,然而对学术的好奇使他得以粗通文化——普塞洛斯轻蔑地评论道:"对儿童而言足矣。"这点文化也让他足以接见外国使节。他首次接见的使节大多称赞他口才出众，他的优美噪音也起到不小的作用。他的语速实在太快，以至于身边的书记官们都必须采用他们内部通用的简写，才能够保证跟上他的语速。

有这些优势的他，本当也应当完全能够胜任皇帝。那么，他不到三年的统治时期又怎么成了一场灾难呢？最大的 **268** 原因在于，他完全不在意任何道德约束。他因自己的权力而恐惧不已，他也清楚自己无法掌控帝国，便以鲁莽的残暴来回应任何对他权威的挑战。他相信任何流言蜚语，不敢审判与对质，于是下令处决或致残了一大批的无辜者。他最喜欢的刑罚是瞽刑。佐那拉斯记载称："他衷心偏好这种肉刑，因为这能让受刑者无法自理，却又能留下性命……"在君士坦丁堡，人们带着悲哀，讽刺这种刑罚为"皇帝的神圣慈悲"。他此后却往往陷入自责，流着眼泪在双目失明的受害者面前挥手，请求宽恕，但这对恢复民心几乎毫无帮助。①

普塞洛斯记载称："当他手中握住骰子时，世间的所有其他事务，无论轻重缓急，都必须推迟。"如此热衷享乐的人，至少应当谨慎地考虑重臣和幕僚的人选，并把国家大事安心地交给他们。如果君士坦丁在选择时还经过了一番考虑，那么只能说他的判断力实在是太差了。最重要的职务内廷总管和东部近卫军团元帅（总指挥官），由他

---

① 必须提及的是，巴西尔二世时代投降或被俘的几位显赫的保加利亚大贵族，由于巴西尔二世的怀柔政策而得以保留显赫官阶。此时君士坦丁八世以谋反为由，把他们全部解职，施以瞽刑并查抄财产。或许，君士坦丁八世不只是乖戾，还很阴险。——译者注

的贴身侍从、宦官尼古拉斯（Nicholas）担任；宦官西蒙（Symeon）此前只是宫廷之中的一个小内官，现在却担任君士坦丁堡警卫部队的总指挥官；同样是宦官的尤斯塔西奥斯（Eustathius）的职位原本同样低微，现在他却成了大随从卫队的指挥官，负责指挥皇帝卫队之中的所有外族或蛮族佣兵；斯邦戴鲁斯（Spondylus）这个公认的无赖则成了安条克总督，管理帝国最大也最为重要的堡垒，负责帝国新征服的南部边境，对抗萨拉森人的大军。

拜占庭帝国之中，只有一个阶层欢迎这个虚弱的新君主：安纳托利亚贵族。他们首先打算发动政变，把君士坦丁赶走，让他们阶层之中的人当皇帝。但他们愚蠢地各自为战，没有结成同盟，而巴西尔的大军大多还忠于他的兄弟，他们的尝试一无所获。事实上做这种事情没有意义，皇帝很难拒绝他们的要求，几个月之后那不受欢迎的土地法律便被废止了。这些"权贵"再度开始扩大他们从前的地产，把每一亩能夺走的土地全部夺走，让可怜的贫穷农民只能竭力求生；而且这十年间旱灾频发，蝗灾也时有出现，致使许多人饿死，加重了他们的苦难。小亚细亚再度和六世纪时一样，满是"大庄园"（latifundia），这些大片农田往往为在外的大地主所有，由农奴耕种。①

---

① 安纳托利亚的"权贵"们事实上遭到了不小的打击，福卡斯家族的领袖被流放之后，另一位佼佼者——原本的安条克总督君士坦丁·达拉森努斯也被解除了职务。他得以保留官阶和财产，却失去了军权。顺便一提，接替他的斯邦戴鲁斯让安条克总督区的实力严重受损，当地的穆斯林贵族也愈发不服管束。——译者注

第十六章 衰败之兆（1025～1041）

佐伊（1028）

与此同时，君士坦丁八世一如既往地打猎、饮宴、游戏，和宠臣酗酒，和侍妾滥交，在私人剧院之中观看淫秽表演，调制越来越浓厚的酱料——他是个热衷暴食的人，消化能力如同鸵鸟一般——而完全不在意国家大事。但这样的生活不可能永远持续下去，他在1028年11月9日病倒。直到那时他才开始考虑一个让君士坦丁堡每一个市民都担忧着的问题：谁来继承他？如上一章结尾处所说，他没有留下儿子。在他的三个女儿之中，长女早已发誓成为修女。二女儿佐伊曾经被安排与奥托三世成婚，但直到抵达意大利时才发现他不幸病故了。但那是二十六年前的事了，此后的她便悲哀地居住在后宫之中。她的妹妹塞奥多拉比她更明智，但相貌没有佐伊那么出众。她在后宫陪伴着佐伊，但佐伊颇为厌恶她。

此时四十多岁的塞奥多拉颇似老处女了；佐伊尽管年近五旬，早已无法生育，却依然幻想着以自己从未有过却期待已久的一场婚姻，离开这监牢一般的皇宫。[①] 她自我安慰，认定自己的婚姻迟早都会到来，因为她是自己父亲的继承人，皇冠也将经由自己落入自己丈夫的手中。唯一的问题是：要让谁当她的丈夫？弥留之际的皇帝身边，人们进行着

---

① 同年年初的一个消息也许能让她打起精神来，西帝国的使节再度前来帝国提出进行联姻，但当他们得知新郎，即康拉德二世（Conrad II）的儿子亨利此时年仅十岁时，联姻谈判几乎立即失败了。最终，这个提议自然无果而终。

激烈的争论。最初的候选人是显贵君士坦丁·达拉森努斯（Constantine Dalassenus），此人是那些"权贵"家族之中少数几个忠于马其顿皇室的家族的成员，皇帝立即派信使前去将他紧急召回君士坦丁堡。但这个消息传到都城文官耳中时，他们立即进行强烈抗议，而皇帝在病入膏肓时也依然胆怯，他立即屈服了。另一个信使随即前去截住前一个信使，通知达拉森努斯不必前来。这些文官贵族则推荐了自己的候选人：罗曼努斯·阿尔吉罗斯（Romanus Argyrus），花甲之年的元老院成员。

罗曼努斯来自君士坦丁堡的一个古老的贵族家族。他是皇帝的远亲①（也正是他的妹妹玛丽亚在二十四年前被错误地嫁给了年轻的乔瓦尼·奥尔塞奥罗），官阶为显贵，曾任帝国主要法庭之一的最高法官、圣索菲亚大教堂的财务官（economos），最终升任都城执政官，官职基本与如今的市长相当。从这些因素来看，他配得上一顶皇冠。然而此时的他已有美满的婚姻，但君士坦丁已经下定决心，此时也没有时间拖延了。这位元老院成员和他的妻子都被逮捕，带到皇帝面前，皇帝给了他们一个简单的选择：或者两人立即离婚，罗曼努斯迎娶佐伊，并就此封为恺撒，而后成为皇帝；或者他拒绝从命，立即受瞽刑。

普塞洛斯认定这仅仅是恐吓，如果罗曼努斯敢于拒绝，他和他的妻子便可以安然生活下去。情况却未必如

---

① 他们事实上是没出三代的同辈亲属，两人的曾祖母均是罗曼努斯·利卡潘努斯的女儿。

此。在此前的三年中，君士坦丁早已做出比这还残忍的事；与此同时，佐伊的婚姻以及帝国皇位的继承问题已经极为迫切，根本不能再推迟。无论如何，这对老夫老妻没有冒险，也是情有可原。他着实爱着自己的妻子，为此痛苦不已，但他的妻子没有犹豫。她流着眼泪剪下头发，决定为他进入修女院，而她也的确立即如此做了。次日，11月10日，罗曼努斯带着些许的不情愿与佐伊在宫中的礼拜室中成婚，[①] 于11日侍立在他岳父的病榻前直到他撒手人寰。12日，他就成了罗曼努斯三世（Romanus Ⅲ），与自己欣喜的新婚妻子共同坐在皇位上。

271

米哈伊尔·普塞洛斯（1028）

在继续叙述之前，也许有必要暂停一下，对这一时期最伟大的学者进行一段介绍。他留下了自五百年前的普罗柯比之后，拜占庭历史之中最珍贵——也远比其他资料更有趣——的回忆录。米哈伊尔·普塞洛斯的名字在本书已经出现不止一次，但此前的他仅仅是在转述他人的见闻，而非自己的亲身经历。自此之后，他的《编年史》所记述的接下来半个世纪的历史事件，他都是见证人之一。正如他在罗曼努斯三世一章开篇的叙述所说：

---

① 佐那拉斯声称君士坦丁原本打算让罗曼努斯·阿尔吉罗斯与他的幼女塞奥多拉成婚，因为她更为聪慧，更年轻的她也更可能生下儿子。但他也记载称塞奥多拉坚定拒绝与自己的亲属结婚，而佐伊对此的热情则近乎尴尬。

拜占庭的巅峰：从光复时代到曼齐刻尔特

　　自此，本书的编年史记载将比此前的记述更为准确，毕竟皇帝巴西尔逝世时我还是个婴儿，君士坦丁的统治结束时我才刚开始上学。所以我既没有觐见的许可，也未曾听到他们说话。我已经不确定我见没见过他们，毕竟那时我还没到记事的年纪。然而，我既见过罗曼努斯，并确实有幸和他谈过一次话。

　　普塞洛斯于 1018 年出生在君士坦丁堡一个体面的中产阶级家庭中。他步入社会在很大程度上是靠约翰·马罗普斯（John Mauropous）的帮助，这位此后的尤亥塔大主教当时是都城的一位私人教师，普塞洛斯在他的门下结识了几位富裕且颇有影响力的年轻同学，包括他的密友约翰·西菲林努斯（John Xiphilinus，此后他成了牧首）以及君士坦丁·杜卡斯（Constantine Ducas），即所谓的君士坦丁十世（Constantine X）。他很快开始为帝国服务，凭借机敏和博学这两个拜占庭城中人颇为赏识的特质，很快得到了提升。因而他在自己记述的大事件之中，不但是亲历者，也时常是参与者乃至掌控者。尽管他最后几章中——这一段记述是在他的朋友、当时已经掌控帝国的君士坦丁·杜卡斯的要求下写的——存在近乎无耻的偏颇，但在细节记述上能够和他媲美的中世纪记述者寥寥无几，能够在几句话中便把人物描绘得栩栩如生的则更是屈指可数。在他所生活的世界中，更是再无人能留下这般精彩绝伦且引人入胜的记载了。描述罗曼努斯·阿尔吉罗斯时，他如此写道：

第十六章 衰败之兆（1025～1041）

这位饱受希腊文学熏陶的绅士，也对意大利文学作品有一定了解。他的声音优雅，谈吐大方。作为一个拥有英雄气度的人，他看上去完全是一位合格的君主。但他过高估计了自己学识的广博程度，为了模仿曾经的大帝……他把精力主要花在了两件事上：文学和军事学。他对军事学一无所知，至于文学，他的见解也难称深刻……高估自己的才学，竭力做超出自己能力水平的事，最终让他铸成大错。

简而言之，困扰着罗曼努斯的正是过分自信——这和他的岳父截然不同。他绝非愚蠢，担任司法官员时也颇有名望，但皇权让他失去了理智，让他相信身为皇帝的他可以媲美过往任何一位伟大的皇帝。马库斯·奥勒留是哲学家，那他也要成为哲学家，为此整天讨论抽象的神学与玄学问题，然而他对三段论法和辩证法了解有限，讨论都是无果而终，意义索然。奥古斯都和君士坦丁创建了一个王朝，那么他也要创建王朝——即使他的皇后年事已高。病急乱投医的他听信君士坦丁堡各种江湖郎中的奇谈怪论，吃下各种所谓灵丹妙药和催情剂，身上涂满药膏，进行各种不寻常的锻炼。郎中们向他许诺，要让他恢复年轻人的活力。与此同时，佐伊也在做类似的事，身上挂满护身符，完成各种繁杂冗长的仪式，只为了怀孕。而当这一切都归于徒劳时，恐怕除了她和她的丈夫，再没有人会感到意外了。

皇帝想要成为哲学家或建立新王朝，倒也不会造成什么损害，然而他若是想证明自己的军事才能，情况就截然不同

了。1030 年，他决定惩戒不服管束的阿勒颇埃米尔。他的
将军们警告他不要如此，当他抵达安条克时，埃米尔的使节
前来觐见，提醒他双方目前仍在和约期间，并许诺为造成的
一切损害支付赔偿。然而罗曼努斯此时已经下令打造凯旋式
上使用的皇冠了，他拒绝了这一提议，亲率大军向阿勒颇进
发。他和他的部下进入叙利亚，在穿过一道狭窄的关口时，
听见了萨拉森人的战吼。埃米尔的大军随即突然出现，从两
273 侧的山坡猛冲下来，马刀闪烁着刺眼的阳光。若是尼基弗鲁
斯·福卡斯或约翰·齐米斯西斯遭受这种伏击，他们会原地
反击；罗曼努斯却掉头逃跑，他的部下也随即溃散。若不是
他的一名随从及时帮他上马，他被俘虏便是在所难免了。这
一战，绝不仅仅是灾难，更是耻辱。① 普塞洛斯提及，敌人
们看到他们逃走时都惊讶不已，而他们也理当如此。当巴西
尔二世逝世时，帝国军队是文明世界之中最为精良的军事机
器；而现在，在仅仅五年的管理失误与忽视之后，这支部队
便近乎整个东方的笑柄了。

---

① 阿扎兹（Azaz）之战发生于 1030 年 8 月，罗曼努斯三世部队中的异族
部队，如罗斯人、佩切涅格人和阿布哈兹雇佣军，占了相当大的比例。
对在夏季的缺水地区作战一无所知的罗曼努斯三世在没有水源的地方扎
营，而他派出去搜集粮秣的部队也在贝都因骑兵的袭扰下损失颇多，部
队士气低落。8 月 8 日，出发侦察阿扎兹堡垒附近地区的巡夜军团指挥
官利奥被阿拉伯人伏击并被俘虏，出发援救他的君士坦丁·达拉森努斯
也被击败（阿拉伯史学家埃德萨的马修认为君士坦丁是因为怨恨罗曼
努斯而故意战败）。8 月 10 日，缺少粮秣且严重缺水的拜占庭部队开始
总撤退，途中遭到伏击后溃散（即作者所叙述的景象）。按照安条克的
叶海亚的记载，由于追击者忙于抢夺罗曼努斯三世抛下的大批仪服与其
他贵重物品，实际上拜占庭方的伤亡相当小，而且相当一部分是死伤于
自乱阵脚时的践踏。——译者注

第十六章　衰败之兆（1025～1041）

乔治·曼尼亚克斯（1030）

然而这并非彻底失败。在安条克以北有一个较小的次要军区，以军区首府的名字命名为泰鲁什军区，管理这里的年轻将军高大健壮且能力出众，名叫乔治·曼尼亚克斯（George Maniakes）。几天之后，大约八百名萨拉森骑兵满载着从皇帝营帐中劫掠的战利品，傲慢地前往泰鲁什，也为那里带来了皇帝大军崩溃的消息——而且夸大其词地声称皇帝已经被斩杀，拜占庭大军也全军覆没了。傍晚时分，他们要求守军在次日清晨之前投降，并宣称了不投降的一系列可怕后果。曼尼亚克斯则立即"诚惶诚恐"地同意了，并向异教徒的营地送去大量饮食，许诺称他和他的部下会在黎明时分全部投降，并献上城中所有的金银财宝。

他的计划效果极佳。萨拉森人完全不曾起疑，欣然开始饮酒，而不胜酒力的他们很快醉倒。曼尼亚克斯则当他们睡熟之后发起攻击，将这八百人全部斩杀，而后下令割下他们的耳鼻。次日清晨，他出发去寻找战败的君主。得知皇帝已经抵达卡帕多西亚之后，他便带着染满血污的袋子前去，自豪地将这些骇人的战利品倾倒在罗曼努斯的脚下。欣喜的皇帝则立即任命他担任下米底亚（Lower Media）督军（catapan），即上幼发拉底河河谷所有城市的实际管理者，驻扎萨莫萨塔。他从那里出发，发动了一系列胜利的远征，直到两年之后胜利光复埃德萨——自希拉克略时代丢失那里之后，已经过去四个世纪。

返回君士坦丁堡之后，皇帝明智地放弃了军事生涯，开始管理帝国行政事务。在他即位之初，他的慷慨——也许确实真心如此——为他赢得了不少支持者，他将每年给圣索菲亚大教堂的政府补助提升了八十磅金，赢得了教会的支持；他废止了巴西尔的联保税制，即各地不能纳税的人要由当地其他人补交税款的制度，赢得了修道院和大地产主的支持；他将欠政府的款项一笔勾销，赢得了债务人的支持——数百人得以离开监狱。君士坦丁八世农业政策的受害者们也得到了他慷慨的补偿。这是个不错的开始，但事态的发展绝非一帆风顺。在立法方面，罗曼努斯的表现和他在其他问题上的表现可谓半斤八两。君士坦丁八世立法造成的恶劣影响已经尽人皆知，但新皇帝沿用了他前任皇帝的政策，甚至恢复了包税权——这是一系列恶政之中最恶劣的一个——那些投机商们得以向财政部购买税收权利以自行征收税款，而后他们便可以向不幸的纳税人征收两倍乃至三倍的税款。"权贵"们此时的权势格外大，当然有办法免遭这种勒索，而纳税负担再度落到了无人保护也无力反抗的小地产主的身上。

全知圣母教堂（1030）

罗曼努斯也许迟早都要把注意力转到建造教堂之上。他已经花了一小笔钱给都城的圣索菲亚大教堂和布拉赫内宫的圣母教堂镀金。但这还不够，和他伟大的前辈查士丁尼一样，他也要在身后留下一座永久的纪念碑。于是他动工修建了献给全知圣母（Peribleptos）① 的教堂，位于第七丘靠马尔马拉海一侧的山坡上。这座教堂无疑华丽壮观，但它没能增加皇帝的名望，正如普塞洛斯所说：

> 这个始于虔诚之心的举措最终成了恶行，引发了一系列不公事件。修筑教堂的开销不断增加，他每天都收集明显多于工程需要的捐赠款。试图限制建筑开销的人难免遭难，然而那些提出新的奢侈设想和风格变化的人 276 则会立即获得皇帝的赏识……
>
> 这世上的一切似乎都配不上这座教堂，皇室大开府库，将每一分每一毫的黄金投入其中。即使资金很快耗竭，建筑工程仍在继续，因为有一个接一个的新设计出现，旧设计则同时被拆毁。

然而单纯有教堂还不够，必须有附属的修道院。很快修道院便和教堂一样堂皇了，甚至因为面积过大而找不到足够的僧侣入住。据说这两座展现皇帝狂妄自大的纪念碑近乎让君士坦丁堡的居民暴乱，对皇帝无休止索取钱财的怨恨如此之强烈。然而，后人难免怀疑同时代的人会不会喜爱这两座建筑。可能性不大。按普塞洛斯的说法，全知圣母教堂就是七拼八凑的产物，整体的建筑构想应当已经所剩无几，而这正是圣索菲亚大教堂的简约与力度所在。然而我们也无从确

---

① 施伦贝格尔的解释——"让所有人从每个方向都看得到"，可以确定是有误的。

知，毕竟如今矗立在那里的是属于亚美尼亚教会的、大而无当的圣克沃克（Surp Kevork，即圣乔治）教堂，当地人称"苏卢－莫纳斯提尔"（Sulu Monastir）。罗曼努斯·阿尔吉罗斯为永远展现上帝和神之母——当然还有他自己——的荣光而建造的大型建筑，如今已经荡然无存。[①]

若是没有皇后佐伊，她的丈夫便无法获取最高权力，也没有大笔钱财可挥霍，那么她境况如何呢？她和她人生之中绝大多数的时光一样，陷入沮丧与不满，并和君士坦丁堡的市民们一样怨恨自己的丈夫——虽然原因截然不同。她的愤怒主要是因为，罗曼努斯在放弃了留下后代的打算之后，便拒绝与她同床，还找了情人，事实上他对她厌恶至极，甚至不肯与她共处一室。更令她恼怒的是，他拒绝她支用内帑的资金，仅仅每年给她一笔微薄的零用钱，不能超额支出。对他而言不幸的是，佐伊是个格外高傲的人，在她父亲五十年如一日的百依百顺之下，自然骄纵难改。起初她向妹妹塞奥多拉诉苦，而塞奥多拉此时已成了虔诚得近乎病态的老处女，知天命之年的她几乎从未离开过后宫，还在 1031 年进入修女院，"以终结她对自己的阴谋与中伤"。然而很快，佐伊决定开始行动。一个陌生而阴险的人随即走到了舞台

---

① 全知圣母教堂是君士坦丁堡被奥斯曼帝国占领之后，少数几座依然交给基督徒管辖的教堂之一。按《蓝色指南之伊斯坦布尔》（*Blue Guide to Istanbul*）的说法，"通常认为这座教堂直到 1643 年仍归属希腊人，而后苏丹易卜拉欣（Ibrahim）在宠信的一名亚美尼亚侍妾（她名叫'şeker Parça'，即'糖块'，体重据说超过三百磅）的影响之下将它交给了亚美尼亚人"。然而书中也提及，近年发现的证据显示，1608 年时那座教堂已经由亚美尼亚牧首控制。

上，他正是孤儿院院长约翰。

这位本书接下来十年间的故事中的重要角色是个来自帕夫拉戈尼亚的宦官，出身低微卑贱的他靠着机敏与勤奋一步步成为官僚系统的显赫成员。他已经是皇帝多年的好友与心腹，在近期被任命为城市的主要孤儿院的管理者，他的名字由此得来。他还有四个兄弟，其中较年长的两个兄弟和他一样是宦官，两个幼弟名义上是货币兑换者，实际上很可能参与制造假币。最年轻的米哈伊尔（Michael），一个格外英俊的少年在 1033 年被他的兄长带到宫中，正式觐见罗曼努斯和佐伊。罗曼努斯几乎没有留意他，佐伊却立即陷入热恋——这也正是约翰的目的。

她此后满脑子都想着这个年轻的帕夫拉戈尼亚人，并几次请他到她的私人住处。他在放下最初的羞赧以及理所应当的不情愿之后，便和她定下了私情。米哈伊尔对与她苟合自然没什么热情，尽管成为皇后的情人让他颇为自满。他的兄长给他下达了谨慎的指令，而当佐伊开始公开夸耀自己的情人，并公开宣称要让他成为皇帝时，他逐渐膨胀的野心便掌控了一切。对罗曼努斯而言，他似乎很长一段时间也没察觉到发生了什么，远没有怀疑米哈伊尔，还让他担任自己的私人侍从，时常找他按摩自己的腿脚（此时他的健康每况愈下，行走也出现困难），还故意对自己妻子愈发无耻的不贞行为视而不见——至少在他身边人看来如此。最终，他的妹妹普尔科莉亚（Pulcheria）无法再忍受那些流言蜚语，便对他讲述了发生的一切，还警告他有被谋害的危险。直到那时，他才派人找来米哈伊尔，命令他向一些圣物发誓称这一

277

切都不属实。在这个小伙子毫不犹豫地发下誓言之后，他似乎完全相信了。

罗曼努斯三世的结局（1034）

宫中有人相信他仅仅是在装聋作哑，因为他清楚自己妻子的性欲难以满足，自然乐于让她喜欢上米哈伊尔，以免惹出更多的麻烦。也有人声称这个年轻人是个众所周知的癫痫病人，但罗曼努斯认定这些传言不足为信。然而几个月之后，这个问题就越来越无关紧要了，因为皇帝已经明显陷入重病。尽管他依然出席各种典礼，但他如同死尸一般（用普塞洛斯的话来说）。他的脸浮肿不堪；他呼吸急促，稍走几步就要休息；他几乎毫无食欲，也无法入睡。他的性格也改变了，他曾经友善、亲和且爱笑，现在却暴躁易怒，厌恶任何烦扰，为鸡毛蒜皮的小事大发雷霆。

在这段历史中，我们已经多次目睹，每当拜占庭城的宫廷之中出现类似的事情时，难免传出皇帝中毒的流言。罗曼努斯二世逝世时便有过这种流言，约翰一世也是如此，但这两次流言都近乎无稽之谈。罗曼努斯三世的死因，我们却无法确定。我们确定他的妻子怨恨他，完全有理由除掉他，以便让米哈伊尔取而代之。我们也清楚她有许多机会，她此后的表现也显示出她完全有犯罪的可能。当世之人普塞洛斯则声称宫中所有人都相信她有罪。佐伊、孤儿院院长约翰以及米哈伊尔已经恶名在外，而她丈夫在1034年的耶稣受难日前一天可疑地暴毙，更让她无法洗脱嫌疑。此处我们需要再度引用普塞洛斯的记述，毕竟他的记述最为完整，他谨慎地组织过的证词也是重要的证据。

> 他在准备翌日的公共活动。黎明前他赶去皇家城区 ⟨278⟩
> 附近的一个庞大且华美的浴池，没有人服侍他，他也明
> 显不是垂危之人……他首先开始洗头，然后润湿身体，
> 并大口呼吸着进入中央较深的泳池。一开始，他在水浅
> 处享受戏水的乐趣，欢愉地起伏呼吸。此后，他的一些
> 侍从在他的命令下进来服侍他休息与更衣。
>
> 我无法确定是不是这些人谋害了他，但就我所知，
> 目睹这一切的人都声称，罗曼努斯一如既往把头扎进水
> 中时，他们按住他的头部好一段时间，趁机让他窒息。
> 随后他们离开了。此后，不幸的皇帝便如同一块木头一
> 般漂在水面上。此时的他气息奄奄，伸出手乞求他人的
> 帮助。某个可怜他的人终于出手相助，把他从浴池中扛
> 了出来，扶到躺椅上。
>
> 此时，最早发现他的人引发的喧闹把许多人引来，
> 皇后本人也在其中。没带任何护卫的她似乎被这悲哀的
> 一幕深深触动，久久地注视着自己的丈夫，心里因他已
> 无可救药而满足，然后离开了。罗曼努斯哀叹着，目光
> 扫向四周。他说不出一句话，只能用表情和手势表达自
> 己所需，而意识到无人理解之后，他闭上了眼并再次急
> 促地呼吸，突然他的嘴咧开，缓慢地流出些深色的、半
> 凝固的东西。再喘了几口气之后，他便离开了人世。

这是个可疑的故事，但也不算决定性的证据。这场谋

杀，无论是否如此，都没有确凿证据，没有人证。普塞洛斯的证词源自道听途说，而受害人也无法证实或证伪。就我们所知，皇帝也可能是在洗浴时突发中风或心脏病。此外，也有必要提及，斯基里泽斯声称罗曼努斯是在圣宫中浴室的主浴池（kolymbithra）被米哈伊尔的爪牙扼死的——虽然他也没有证据；埃德萨的马修则坚称他是被他妻子毒杀的。也就是说，在这一事件中，有一个受害者，两个犯罪嫌疑人与四种可能。第一种可能是，根本没有任何犯罪行为，皇帝只是身体虚弱，在洗浴时因心脑血管疾病而瘫倒。第二种可能279 是，他确实有疾病，但皇后和她的党羽们是最终直接或间接杀死他的人。第三种可能则是罗曼努斯是被慢性毒药杀害，普塞洛斯声称毒药是藜芦，这毒药让他身体虚弱，在游泳时力竭而最终暴死。

第四种可能是，佐伊、约翰和米哈伊尔起初打算毒杀罗曼努斯，然而发现他的死亡比他们所预计的晚得多时，便失去了耐心，决定强行谋杀他。这一理论看上去可能性最大，但最终的真假我们依然无法确知，而且似乎意义不大。关键在于，除第一种假说之外，其他任何说法都能得出佐伊谋害了自己丈夫的结论，而第一种假说又实在太难以置信了。

米哈伊尔四世的婚礼与加冕（1034）

罗曼努斯死后，她甚至没有假装悲哀。在耶稣受难日，即 1034 年 4 月 12 日的清晨，君士坦丁堡牧首、斯托迪奥斯修道院的亚历克修斯（Alexis）被紧急从圣索菲亚大教堂召入宫中。他首先看到的便是死去的皇帝近乎一丝不挂的遗体。他的震惊尚未平复时，两扇大门打开，在黄金大厅中，皇后坐在皇位之上，头上戴着冠冕，手中握着权杖，肩上还披着皇帝的金缎长袍，上面镶满了珠宝。在她身边坐着的正是年轻的米哈伊尔，同样穿着长袍，戴着冠冕。牧首的惊恐已经溢于言表。她坚定地下达了命令，亚历克修斯不可能听不懂她的话，也不可能拒绝他们。一位是刚刚守寡几小时的五十六岁的皇后，另一位则是她的同谋者与年轻她近四十岁的情人、身患癫痫病的帕夫拉戈尼亚造假币者。他就在那里把两人的手握在一起，[①] 加冕他为皇帝、同使徒，祈求上帝庇佑他们二人。

当天晚上，在教会的高阶教士与政府的要员，也就是主教、修道院院长、元老院成员、将军、大臣和官僚们，向新君主顶礼膜拜，亲吻米哈伊尔的手（但并非佐伊的手）以示尊敬之后，罗曼努斯·阿尔吉罗斯的遗体才得以在敞开的棺材之中穿过君士坦丁堡的街道运往他修建的全知圣母教堂，新皇帝和他的兄长则在前方开路。时年十八岁的普塞洛斯此时来到都城不久，他目睹了这一景象。他记载称，若不是看到皇帝的徽号，他根本认不出这个老人了。他的面庞并非瘦削，而是诡异地浮肿，颜色"就像中毒的人一样"，稀少的须发则如同"收割过的麦田"。没有人为他流泪，城中人都厌恶罗曼努斯，看到他撒手人寰，也没有什么可遗憾的。

280

---

① 斯基里泽斯声称牧首惊讶得无法开口，直到佐伊给他手里塞了五十磅黄金，还给随他前来的教士们也拿了五十磅金时，他才开口说话。

内疚与仁慈统治（1034）

如果皇后希望新丈夫能够与戴着皇冠的奴隶无异，纵容她的所有幻想，听从她的所有指令，那么她很快就要失望了。几个月间她确实得以享受这满意的状态，但在多事的1034 年结束之前，米哈伊尔的耐心就不复往昔了。他从没有真心爱过佐伊，连尊敬都谈不上多少，很快他也清楚地意识到，他管理帝国的能力远比她强。另一方面，决心要掌控帝国的他会不会落得前一位皇帝的下场呢？他的兄弟、孤儿院院长确实担忧如此。很可能是在他的坚持之下，佐伊再度被软禁在后宫之中，遭受严密监视，若是没有批准，她的朋友都无法前去拜访，她的自由与开支受到了比罗曼努斯在位时还苛刻的限制。

在畏惧与私人厌恶之外，米哈伊尔和自己的妻子保持距离还另有原因。其一是健康原因。他的健康每况愈下，癫痫发作愈发频繁，以至于他的皇位前设置了红色的帘幕，在他的目光开始呆滞或者头开始摇动时便拉下来。但他终归瞒不过自己的家人和亲随，而他最担心的便是佐伊出现在这种场合，因而决心完全不和她见面。年纪尚轻的他还出现了浮肿，这种疾病使他无法过正常的性生活。最后就是良心不安。他的地位、财富与权力都是皇后赐予的，他清楚自己欠了太大的情，因而无颜见她。

281　　但他也知道，他背弃妻子的事远不及他对罗曼努斯的不忠恶劣。这段回忆折磨着他，而他短暂的余生之中都在竭力拯救自己的灵魂。他每天在教堂之中停留几个小时，建造数十座修道院和修女院，他为贫困的虔诚者建造了巨大的救济院，还为从良的娼妓建造了更大的救济院。他拜访帝国各地的圣人与苦修士，为他们洗脚，擦拭他们的疮口，甚至让他们在自己的床上休息，自己则在粗糙的草垫上入睡。他还把查士丁尼时代建造的圣葛斯默与圣达弥盎（他对这两位医生圣人自然格外尊崇）教堂改建成了普塞洛斯所说的城中最华美的建筑之一。

> 在建造神圣教堂这方面，米哈伊尔的成果，无论是精美还是宏大都胜过了他的所有先辈。这座宏伟建筑的深度与高度创造了新的对称，新建造的礼拜堂与教堂融为一体，产生无尽的美感。最华贵的石料用于装饰地板和墙壁，整座教堂在金镶嵌画和绘画的映衬下熠熠生辉，栩栩如生的画像遍布教堂每个角落。除此之外，在教堂附近，特别是附属区域中，还有奢华的浴室、不计其数的喷泉、雅致的草坪以及其他各种赏心悦目的点缀。①

在寻求精神解脱之余（而且摆脱了他的妻子之后），皇帝把精力都用在管理帝国上，而他的表现确实可谓出人预料。他仿佛一夜之间成熟了，对他而言，帝国不再是儿戏，而是责任。普塞洛斯肯定地记述称，他没有和许多皇帝一样

---

① 在米哈伊尔在位时，这座教堂被称为"慷慨圣人"（Anargyroi，直译即"不收费者"）教堂，因为传说中这两位圣人从来不收取任何诊费。哀哉，教堂如今已荡然无存。

在登基时大刀阔斧地改变现行的政策，没有废除定例，没有撤销政令，没有罢免年长或经验丰富的幕僚。这样的变化是循序渐进地完成的，而那些对他有恩的人、希望在新君主即位后身居高位的人，都要先担任次要职务以积累经验，而后282再由他决定提升的时机。他把财政与税务问题交给他的兄长孤儿院院长约翰，其他事务则牢牢地掌握在自己手中。他对内政管理、外交事务和军务格外关心，部队严重受挫的士气得到了很大的恢复。

尽管米哈伊尔没有受过什么正式教育，他学得却很快。在实际掌权几个月之后他便建立了牢固且稳定的统治。他的幕僚们为他的勤奋、思维敏锐、决断准确与心态平稳——尽管他身患癫痫——而惊异。他从来不发怒或者高声斥责——据称他音色格外洪亮——而是平静地快速发言，风趣、敏锐又自然而然地表述。与他会面时，他出身低微与得位不正的事都会被遗忘，人们所记住的只有他的机敏、温和，以及对帝国的真挚奉献。而那些了解他的人，都会仰慕他与自己两大缺陷抗争的勇气，这两大缺陷，一是他的疾病，另一则是他的家人。

孤儿院院长约翰（1038）

他的四位兄长之中，有三人几乎与寄生虫无异，完全靠宫廷拨款生活，还贪得无厌。长兄孤儿院院长约翰则是个更可畏的人物。他不像此时的米哈伊尔那样无私奉献与道德高尚，然而他的机智和勤奋与皇帝相似。皇帝因疾病而日益虚弱，时常不堪工作，约翰的精力却仿佛无穷无尽。他同样保持着无休止的警惕。他会坚持工作直到深夜，而后再穿上自

第十六章　衰败之兆（1025～1041）

己常穿的僧袍，在君士坦丁堡的街道上巡查探访数个小时。仿佛没有什么他不知道的事。他和自己的幼弟一样不会怀恨报复，不会无缘无故地冒犯他人，但仍有意地保持着凶悍，时常使用威吓手段。此举即使没有招来怨恨，至少也让所有人畏惧。他酒瘾很大，时而烂醉如泥，然而他的狡黠与机警依然如故。他的酒友们很快就会明白，约翰记下了他们酒后失言时所说的每个字，在第二天一早就会召他们前去解释。对他颇为了解的普塞洛斯和许多人一样，认定这位孤儿院院长在醉酒时比清醒时还危险。

他与自己的幼弟还有一个方面不同。皇帝力求公平公正，约翰却只为自己的家族着想。必须提及，这对皇帝而言也不全是坏事，因为米哈伊尔就是靠着兄长的努力才得以即位，掌权之后，孤儿院院长也一直全力支持他。约翰和其他人一样因那三个兄弟的胡作非为而蒙羞，但他只是认定要保护他们。他只希望皇帝能默许他们的贪婪，若是做不到，至少也要减轻惩罚或为他们推卸责任。这也是米哈伊尔没有严惩他们的唯一原因，即使皇帝做得到，约翰也做不到。他本应该严格地要求自己的家人们，但不肯如此的他严重地损害了他幼弟以及他自己的名声。

更严重的是，他还把这种家人私情延续到他妹妹玛丽亚的丈夫斯蒂芬（Stephen）的身上。斯蒂芬此前是个身份低微的人，在君士坦丁堡的港口当船只敛缝工，而后一夜之间成了皇帝的姐夫。这个既不聪明，又没文化，还没有任何天分的人，也许本应该留在港口。普塞洛斯留下了一段难忘的描述：

拜占庭的巅峰：从光复时代到曼齐刻尔特

> 我看过这次巨变之后的他……他的马、他的服装，所有能让人焕然一新的装饰，都毫无和谐可言。就好似一个侏儒扮演赫拉克勒斯……这个人越努力，他看上去就越荒诞——披着狮子皮的人，却拿不动一根木棍。

若是孤儿院院长给自己妹夫的仅仅是荣誉和头衔的话，至少不会造成什么问题，只可惜并非如此。1038 年，他安排斯蒂芬指挥一支大规模的运输舰队，运输大军进行米哈伊尔执政时最野心勃勃——他希望也是最功勋卓著——的远征：推迟已久的西西里岛远攻。

巴西尔二世本打算在 1026 年进行远征，但他在前一年已经逝世，远征随即无限期推迟了。在米哈伊尔和他的幕僚们看来，这场远征很有必要。西西里的萨拉森人对意大利南部的拜占庭领土发动持续不断的掠夺，此时已经从纷扰升级为对帝国安全的威胁。不仅滨海城镇遭到蹂躏，城市中的商人们也因地中海海盗猖獗而烦扰不已，进口货物的价格随即上涨，对外贸易的规模不断缩小。对所有拜占庭人而言，西西里依然是帝国的法理领土，那里依然有规模可观的希腊人居住。异教徒占据那里两个多世纪，对帝国而言不仅是安全问题，也是对国家尊严的冒犯。

远征的必要性在巴西尔逝世十二年后确实增加了，但成功的概率同样大增。岛上的阿拉伯埃米尔们爆发了内斗。巴勒莫的统治者阿卡尔（al-Akhal）遭到了自己兄弟阿布·哈夫斯（Abu Hafs）率领的暴乱军的进攻，暴乱军还得到了兹里德王朝的凯鲁万埃米尔之子阿卜杜拉（Abdullah）率领的六千北非战士的支援。1035 年，愈发艰难的他甚至向君士坦丁堡求援，米哈伊尔也随即同意了，他清楚这样的机会不容错过。然而埃米尔不久后遇刺身亡，帝国不幸失去了出兵与顺利登岛的借口。但叛乱已经在西西里全岛爆发，岛上的萨拉森人的分裂愈发严重，也很难再抵御拜占庭帝国的大军出击。

曼尼亚克斯受辱（1040）

远征军在 1038 年夏初出征，全权指挥官正是乔治·曼尼亚克斯。此时的他依然保留着在叙利亚胜利时的锐气，是当时帝国首屈一指的将军。普塞洛斯留下了一段有些骇人的描述：

> 我本人见过此人，而且颇为惊奇。这个人身上自然汇聚了军官所必需的所有特质。他身高十英尺，人们见到他必须仰望，如同眺望高山；他的面容没有温和愉快的颜色，如同风暴将至；他说话声如雷震，双手仿佛能推垮墙壁、击碎铜门。他跃起时如同雄狮，皱眉时人人胆寒。他此外的一切也都与之相称。初次见到他的人都会明白，什么叫百闻不如一见。

这头猛兽率领的部队一如既往地混杂。其中最精锐的部队是一支规模可观的瓦兰吉部队，近乎传奇的挪威英雄、刚从耶路撒冷朝圣返回的哈拉尔德·哈德拉达（Harald Hardrada）也加入其中；而最成问题的部队是一群牢骚满腹的伦巴第人，来自阿普利亚的他们毫不掩饰对为拜占庭帝国服役的厌恶。在夏末登陆之后，起初战况颇为有利。陷入分

285

裂的萨拉森人依然英勇奋战，但无力扭转态势。墨西拿几乎立即被攻破，罗梅塔（Rometta）在一番血战之后也被攻破，而这座堡垒控制着从墨西拿前往巴勒莫的北部滨海道路。接下来的情况我们所知甚少，① 但曼尼亚克斯似乎向锡拉库萨缓慢而稳步地推进，并在 1040 年攻破该城。②

拜占庭军队士气突然涣散，并在攻破锡拉库萨之后军队迅速瓦解，这一切来得太快又太彻底，以至于萨拉森人必然要认定这是安拉的力量。仿佛一切在一瞬之间出了差错。就现存资料来看，曼尼亚克斯和皇帝的姐夫斯蒂芬都有责任。那位将军从来都不掩饰自己对斯蒂芬的蔑视，在斯蒂芬因为无能而误事、没能及时发动猛烈进攻时，曼尼亚克斯直接指责他全无男子气概，只会在自己内弟面前讨巧。被这样一个壮汉训斥难免让人惊恐，于是斯蒂芬决心报复，向君士坦丁堡送信称曼尼亚克斯谋反。这位将军随即被召回都城，连辩白一句的时间都没有便被投入监狱。斯蒂芬接替他担任指挥官——结果也不难预料。斯蒂芬于不久之后兵败身死，之后，一个名叫巴西尔（Basil）的宦官接替了他，而他的能力也没好到哪里去。这支部队此时锐气尽失，军心涣散，开始撤退。

---

① 遗留的线索之一是马莱托（Maletto）附近的一座曼尼亚克斯的圣玛丽亚修道院，这是当地的希腊人在曼尼亚克斯取得一场大胜的地点修造的，在十一世纪末得到了伯爵罗杰一世（Roger I）的重修与扩建。大约在 1173 年，纳瓦拉王后玛格丽特（Margaret）正是在这里建造了宏大华丽的曼尼亚克斯修道院，这座本笃会的修道院是诺曼人在西西里建造的最后的大型建筑之一。此后那里成了勃朗特家族（Brontë）的地产，并在 1799 年由斐迪南四世（Ferdinand IV）授予纳尔逊勋爵。

② 今锡拉库萨的曼尼亚克斯城堡事实上是拜占庭帝国破城二百年后，腓特烈二世（Frederick II）建造的。

第十六章　衰败之兆（1025～1041）

但除此之外还有更多的问题。阿普利亚的不满情绪已经
滋长多年，伦巴第分裂主义者煽动当地的居民推翻拜占庭帝
国的官僚们。当帝国在这里强征部队之后，煽动暴乱就更容
易了。早在1038年，几位高级官员已被谋杀，1039年事态
一触即发，叛乱最终在1040年爆发。意大利督军被刺杀，
整个滨海地区的本地民兵共同哗变，消耗殆尽的当地驻军根
本无力抵御。西西里的部队被紧急召回平息事态，几个月之
后，全岛除墨西拿城之外，再度落入萨拉森人的手中，仿佛
这次远征从未发生一样。

当这场灾难的消息传到君士坦丁堡时，皇帝已病入膏
肓。他无法处理国事，而是全心全意想要寻求神灵的宽恕，
免除这一切病痛。还没到而立之年的他，曾经靠自己的英俊
赢得皇后芳心的他，如今却是浮肿不堪。信使们前往帝国各
地，给每个教区的牧师一人两个金币，给每个僧侣一个金
币，要他们为皇帝康复而祈祷。与此同时，他在塞萨洛尼基
停留的时间越来越多，在他最尊崇的圣迪米特里乌斯的墓前
乞求他的怜悯。

帝国政府此时交给了足以胜任这一切的孤儿院院长约
翰。一些编年史家，比如斯基里泽斯和佐那拉斯，记述了他
的一系列不公行为；更容易接触到真实情况的普塞洛斯则认
定，约翰在和自己家人不相关的事上都保持着公正廉明。然
而他太想要创立一个帕夫拉戈尼亚人的王朝了，他愿意为此
无所不用其极。他的兄弟米哈伊尔一年左右之后便要撒手人
寰，而且没有后代，他要如何保证自己的家人继承皇位呢？
1037年时他便试图获取牧首之位，声称此时的牧首——斯

托迪奥斯修道院的亚历克修斯成为牧首不合教规。但老亚历克修斯聪明得很，他指出，如果他成为牧首不合教规，那么他在担任牧首的这十一年里所做的教会任命也是无效的。也就是说，他加冕的那三位皇帝也是无效的。约翰自然而然地放弃了宣称，再也不曾提及此事。

"敛缝工"米哈伊尔（1040）

但问题依然存在：谁来继承米哈伊尔的皇位？他和约翰的三个兄弟之中，尼基塔斯（Nicetas）已死，另外两人和约翰一样是阉人，不能当皇帝。他的妹夫斯蒂芬已经战死，省却了一个烦恼。候选人只剩下一个：斯蒂芬的儿子米哈伊尔。他因父亲此前的职业而得绰号"敛缝工"（Calaphates）。这位候选人并不算很好，虽然此时还是个男孩——他的具体出生年份不得而知，但此时应当仍是少年——的他待人可谓礼貌谦恭，但了解他的人已经能发现此人是笑里藏刀。他时常说谎，热衷阴谋，用表面上的友好掩盖真实想法。然而孤儿院院长已经决意如此。他很容易就说服了皇帝，而此时的佐伊也无权拒绝。很快，在布拉赫内宫的圣母教堂的一场弥撒中，他的外甥继位的事就此定下。年老的皇后在她可悲的年轻丈夫身边落座，正式宣称收"敛缝工"米哈伊尔为养子，象征性地让他坐在自己的腿上——虽然也有些荒谬。虚弱的皇帝随后立他为恺撒。这个年轻人——一个在场的围观者几乎从未听说、今天才第一次见到的人——继续进行古老的仪式。

此时的新恺撒也许只是个无名之辈，但所有人都知道皇

第十六章　衰败之兆（1025～1041）

位旁的孤儿院院长，也看得出他脸上的欣慰。他们也不会想到，约翰很快就要为他无心引入的灾难而后悔不已。这灾难害了帝国，害了家族，也害了他自己。

我们不必详细研究细节，也大概能够知道 1040 年夏保加利亚爆发叛乱应当在很大程度上源自拜占庭帝国的重税。巴西尔二世明智地允许保加利亚人一如既往地支付实物税，孤儿院院长约翰却坚持要求支付货币，这给他们带来了更大的负担。保加利亚人另一个不满的原因则是在 1037 年，奥赫里德的斯拉夫人主教去世之后，接替他的是圣索菲亚大教堂的书记僧侣（chartophylax）① 希腊人利奥（Leo）。三年后他们起兵反叛，他们的领导者名叫彼得·迪尔彦（Peter Deljan），似乎是沙皇萨穆埃尔非婚生的孙子。尔后他的族兄弟、被软禁的阿罗西安（Alusian）也从君士坦丁堡逃出，前来与他会合。两人很快把拜占庭帝国的势力赶出了保加利亚西部，接着和当年的西米恩与萨穆埃尔一样，入侵希腊北部。在当年年末，他们突袭夺取了底拉西乌姆，就此获取了亚得里亚海的出海口，并一路向南抵达勒班陀（Lepanto）湾，之后继续向东围攻底比斯。

此时，一个令人惊讶的事情发生了。在塞萨洛尼基的离宫中的皇帝米哈伊尔，突然宣称要亲率大军与敌人决战。此时的他半瘫，严重浮肿的双腿已经生了坏疽，稍微一动都痛苦不堪。他身边的人，包括他的兄长们，都恳求他放弃这个

288

---

① "chartophylax" 一词并非仅限于教会职务，也广泛用于指代文武官职。此处略有意译。——译者注

想法，但他不肯如此。他指出，自己在位时没有为帝国扩展领土已经可谓耻辱，至少绝不能再失去领土。普塞洛斯如此记载：

> 他的第一场战役最终得胜，对手却是自己的至亲与密友们。在和蛮族作战之前，他这场战争的第一个成果便是说服自己的亲友——以及他自己。身体上的虚弱被他强烈的意志力抵消，而他相信这力量是上帝的旨意。

但普塞洛斯也清晰指出，这绝非故作姿态。他并不是在逞英雄，也不是要让重病的自己去战场上光荣战死。这一战的计划一丝不苟，目标规划明晰，然后濒死的君主才率军穿越边境，开始作战。

> 大军在进入敌方领土之后在合适的位置扎下营盘，进行了作战会议，而后皇帝决定和保加利亚人决战——这个计划实在是不寻常，在场的军官们都持相反的观点。这倒也算不上出人意料，毕竟当天晚上，医生就被紧急召入皇帝的营帐抢救他。然而次日破晓之后，仿佛获得了某种力量一般，他猛地站了起来，跨上坐骑，稳稳地坐在马鞍上，并娴熟地催马前进。尔后，令所有目睹者惊奇不已的是，他骑马来到了部队之中，将各支部队集结成一支整齐的军事力量。

若是皇帝仅仅靠勇气便击败了保加利亚暴乱者的话，这个故事倒是不错。然而事实上，阿罗西安的部下是因为纪律

涣散而失败。在围攻塞萨洛尼基时，一片混乱的他们仿佛是
在邀请城中驻军出城驱散他们。此时，叛乱的两位领导者之 289
间也爆发了争执。迪尔彦首先指责阿罗西安无能，乃至背叛
了他们。阿罗西安随后设下圈套，逮捕了这位族兄弟并用刀
切除了他的双眼与鼻子。不久之后，意识到这次暴动已经没
有成功的希望，他派出信使秘密觐见皇帝，以自己能安全返
回君士坦丁堡为条件投降。

米哈伊尔四世之死（1041）

于是，1041 年年初，米哈伊尔胜利返回他的都城，身
后跟着他的大军、大批俘虏，以及残废的迪尔彦。在场的普
塞洛斯记载了当时的情境：

> 全城人都走出家门迎接皇帝。我本人在那时也看到
> 了他，他如同葬礼中的主角一般在马上摇晃。恶疾使他
> 抓住缰绳的手指像巨人的一样，肿胀得如同常人手臂一
> 般粗。他的脸也看不出他此前半点的英俊。

这也是他最后一次出现在公众场合。此后他的病情不断
恶化。12 月 10 日，自知大限将至的他下令把自己抬到他修
建的圣葛斯默与圣达弥盎修道院中。他在那里脱下了皇帝的
紫袍，摘下冠冕，换上僧袍。他的兄长们，特别是长兄约
翰，都泪如泉涌。只有他保持着欢愉与安详，相信自己在人
生最后一刻得到了他期待已久的救赎。令所有人惊讶的是，
老皇后佐伊也出现在了修道院的门前，她听说自己丈夫病危

之后匆匆赶来见他最后一面，但米哈伊尔不肯见他。（在我们谴责他冷淡自己的大恩人之前，必须提及，弥留之际的他已经疲惫不堪，而且他对佐伊的了解远胜我们这些后世人。）在晚祷时，他命人取来自己的凉鞋，得知鞋还没备好时，他坚定拒绝穿回皇帝的紫靴，在两位僧侣的搀扶下赤脚步入了礼拜室。但他已经无法再承受这样的劳累。喘息着的他被再度抬回房间，一两个小时之后便逝世了。

290　　在拜占庭城登上皇位的人中，很少有人出身如此低微，很少有人得位如此不正，也很少有人以如此痛苦的方式死去。然而，若是他能够活下去，米哈伊尔也许能够成为一位伟大的君主。他甚至可能扭转在巴西尔二世于1025年逝世后帝国缓慢的瓦解态势。睿智且颇有远见的他，还在那次出人意料的保加利亚远征中展现了近乎超人的勇气。他确实是个悲剧人物，而在接下来的几位皇帝执政时，必然会有更多人惋惜他的早逝。①

———————

①　孤儿院院长约翰是巴西尔二世时代深受宠信的宦官，因此他掌控下的帝国政府也保持了巴西尔二世的高税与大政府。要维持巴西尔二世留下的大帝国，稳定的税收和高效的行政管理都是必不可少的。作为巴西尔二世时代崛起的都城文官体系的代表，约翰出色地完成了征税任务，并尽可能高效地使用了税金，米哈伊尔四世时代也因此成为马其顿王朝末期唯一一个政府运转良好的时代。对帝国而言不幸的是，下一个都城文官的代表——米哈伊尔·普塞洛斯，和约翰一样热衷权谋猜忌武官，然而他远没有约翰的管理能力，还在帝国危机四伏之时热衷清谈，而不思整顿帝国的财务与防务。——译者注

第十七章　帕夫拉戈尼亚王朝的
终结（1041～1042）

　上帝必然要主持公道。我犯下了大罪，如今必须接　291
受惩罚。

——皇帝米哈伊尔五世受瞽刑前

　　皇帝的逝世令孤儿院院长约翰悲痛难当。虽然他热衷阴
谋而且诡计多端，他对米哈伊尔的情谊却是深厚挚诚的，他
在遗体下葬之前守灵整整三天三夜。他的另外两个兄弟的举
动则截然不同。他们决意尽快把自己的外甥立为皇帝，以免
任何对手窃取皇位，于是他们几乎在皇帝尚未离开皇宫时就
把他带进宫中，只要得到机会就会立即加冕。幸运的是，他
们必须等孤儿院院长返回。当他返回时，普塞洛斯正在宫
中，身为亲历者的他记录了这一景象：

　　当兄弟们得知约翰迈过了宫殿外侧的门槛时，他们
如同迎接上帝一般欢迎他。仪式早已事先安排好，他们
聚在他的身边，同时亲吻他身体的不同部位。连他的外

371

甥也向他伸出右手，仿佛接触他就是无上的光荣。

在接下来的家庭会议之中，约翰坚持一点意见：没有皇后佐伊的许可——无论是真心同意还是假意默许——一切都是空谈。身为巴西尔二世侄女的她是唯一的合法继承者，"敛缝工"米哈伊尔若是想要成为新君主，她的支持至关重要。他们就此前去拜见佐伊，米哈伊尔跪倒在自己的继母脚下，四人一同宣称只有靠他，她才能重新获取自己与生俱来的执政权力。他们许诺，米哈伊尔将是纯粹名义上的皇帝，而帝国的缰绳将由她来掌控——除非她打算将帝国委托给他，即使如此他也将继续担任她的傀儡与传声筒。无论如何，米哈伊尔都将是她的奴隶，随时听从她的命令。年迈、虚弱、轻信他人又不算聪慧的佐伊，此时身边也没有任何其他的幕僚，于是便如他们所预料的一样被轻易说服了。米哈伊尔五世就此在她的祝福之下接受了加冕。

东罗马帝国此时已经存在七百多年，其间总共有五十五位君主登上皇位，一些人是靠继承当上皇帝，也有人是靠婚姻登基，比如米哈伊尔四世。然而其他皇帝，比如尼基弗鲁斯二世或约翰一世，都是或多或少靠着武力胁迫而窃据的皇位。他们当时都是战功卓著的武将，靠士兵们的推举加冕，这种传统比君士坦丁堡城还要古老，可以追溯至奥古斯都的时代。所以，基本可以说，拜占庭城的历史之中，没有任何一个人比"敛缝工"米哈伊尔更没有当皇帝的资格。他的舅父至少是女皇的丈夫，而他与女皇并没有什么关系。他出身低微，完全没有战功。他在性格与智慧上与最低微的臣民相比也没有任何突出之处。这个不受欢迎的年轻人就此成了上帝在凡间的辅助统治者，地位与使徒相当，而走到这一步仅仅是靠着一名堕落自私的高官的密谋，与一个愚蠢的老妇女的软弱。

孤儿院院长失势（1042）

他在位的头几周里，保持着合宜乃至可谓令人作呕的谦卑，称佐伊为"我的主人、我的君主"，称孤儿院院长为"我的领主"，甚至让他坐在自己的皇位旁边。但这种过渡阶段并没有持续多久，几个星期之后，清楚米哈伊尔口是心非的约翰发现了他外甥人前人后对自己的态度截然不同。很快他还发现了另一个更令他忧虑的事：他的兄弟——担任大元帅的君士坦丁，此时正在竭尽所能挑唆米哈伊尔与自己敌对。

君士坦丁似乎一直以来都在嫉妒他兄长的成功，决心在能够安然除掉约翰时下手。为此，在米哈伊尔被立为恺撒之时起，他就接连不断地讨好这个年轻人。他在这方面大获成功，米哈伊尔在即位之后立即授予他"至贵者"的高阶，并让他时刻陪伴在自己身边。君士坦丁在保住地位之后，便连基本的礼仪也抛弃了，只要有机会就公开指责孤儿院院长。在一次皇帝出席的晚宴上，两人再度爆发了激烈的争论，约翰愤然离席走出宫中，没有前往他在城中的住所，而是直接前往他在乡村的别墅——他认为这样表示不满能够让米哈伊尔就此清醒起来。不久之后，他便收到了一封盖着皇帝印玺的信件。信中责备了他的高傲，但依然请求他返回。

293

约翰以为这是打算商议政府的机密事宜，他就此立即同意返回，希望幡然悔悟的外甥能够前来迎接。但当他抵达皇宫时，皇帝早就前去剧场看戏了，连句话都没留下。怒不可遏的他掉头返回自己的别墅。

这个故事源自普塞洛斯的记载，按这段记载看，孤儿院院长无疑严重低估了皇帝对他的敌意。但此后的他就清楚情况了。他最终明白，把自己外甥立为皇帝是个灾难性的错误，也意识到自己若不立即竭尽全力谋划推翻他，就会被他除掉。对他而言不幸的是，米哈伊尔和君士坦丁也早已认清这一点。他们的智慧或许不及他，但此时的他们拥有整个政府的支持。几天之后，带有皇帝旌旗的船只抵达了约翰别墅的附属船坞——这个别墅应当位于博斯普鲁斯海峡边或者马尔马拉海海滨——并下令召约翰立即进宫，为自己近期的行为进行解释。孤儿院院长心中难免存有疑虑，但他还是决定听从。直到此时，约翰似乎依然相信能够说服自己的外甥，让他认清利害关系。

但他根本没有如此做的机会。当船只接近圣宫时，皇帝在最高处的露台上下达了预定信号。船随即掉头，与另外一艘更大的舰船相接，约翰随即被押上大船送去流放。他的流放地可能是偏远的莫诺巴特（Monobatae）的修道院，尽管普塞洛斯声称那里仅仅适合土匪生活。他从此再也没能返回君士坦丁堡。米哈伊尔在怒火平息之后，据说心生愧疚，便给了自己的这位恩人一些最基础的生活必需品。然而米哈伊尔绝非约翰唯一的敌人，流放与软禁也不是他遭受的唯一惩罚。

驱逐佐伊（1042）

在除掉孤儿院院长约翰之后，"敛缝工"米哈伊尔也除掉了限制自己行为的最后一道障碍，得以实施自登基之时就已萌生的一系列想法。他首先拿朝廷官员开刀。不难想象，他们在他加冕之初便怀有几乎不加掩饰的轻蔑。旧有的礼节依然保留着，但他们从来不曾避讳他低微的出身与登基的途径。决心报复的他此时以牙还牙，叱骂他们、威胁他们、羞辱他们，剥夺他们的各种特权，直到他们战战兢兢为止。他把皇帝卫队解散（此时主要是半常备的瓦兰吉卫士，包括盎格鲁－撒克逊人[①]），用一支可能是由斯拉夫人组成的"斯基泰人"部队代替，其中每一名卫士都是阉人。他靠着支付不成比例的高额薪水保证他们的忠诚，让他们支持自己的每一个荒诞举动。与此同时，普塞洛斯记载称，他给了公众前所未有的自由与权利，因为他认为自己若是要维持权威，就要靠平民的爱戴而非那些放纵的上层人士的支持。公众也自然而然地给出了回应。当皇帝骑马穿越街道时，市民们在窗外挂出紫色的缎带，还在他行走的道路上铺上奢华的地毯。在这些谄媚之下，扬扬自得的他很快便自以为广受欢迎、爱民如子、江山永固了。他就此开始进行他计划的下一步——解决他的养母，即女皇佐伊。

[①]　有趣的是，曾经的诺曼底公爵征服者威廉成为英格兰国王之后，一些战败的盎格鲁－撒克逊贵族就带着扈从们投奔了君士坦丁堡。这些格外不幸的人在1081年的底拉西乌姆之战又被另一批诺曼人杀戮殆尽。——译者注

必须提及，她对他绝无半点亏欠。她在他登基的功劳上，几乎可以与他的大舅父相比。但也正是出于这个原因，他才要像除掉约翰一样除掉她，因为以他的性格，他绝不能容下那些对他有恩的人。更重要的是，佐伊代表着他厌恶的一切：旧贵族、马其顿皇室、拜占庭帝国宫廷迂腐僵化的繁文缛节。看到她在宗教仪式与宫廷典礼上地位居于自己之**295** 前，听到在官方宣告中她的名字在自己之前被读出，米哈伊尔便怨恨不已。她让他无法释怀自己低微的出身，以及为让她同意自己加冕而卑躬屈膝时的耻辱。格莱卡斯（Glycas）和斯基里泽斯还声称他相信是她谋害了米哈伊尔四世，此时也正在筹备谋害自己。确实如此吗？也许他确实相信这套说法，这个疑神疑鬼的人无疑能够听信任何流言。这个问题虽然不能下定论，但其实也没有什么区别，因为他已经下定决心。佐伊年迈之后过着接近隐居的生活，这对他而言依然不够，必须把她流放。

老女皇已经在之前两个丈夫身边受了不少的苦，但这些和这个养子带来的磨难全然不可相提并论。她第三次被软禁在她厌恶的后宫之中，连理所应当支配的内帑也无法领到，只能拿到一笔微薄的生活费。此前在表面上，她依然得到了与自己地位相当的尊重，这一次对她的囚禁却丝毫不加掩饰。此前尚能露面的场合——通常是在教会的庆典上——如今也禁止她出席。她的侍女被全部撤换，如今服侍她的都是米哈伊尔亲自选定的寡学且粗野的看守们。

但这还不能让他满足。在复活节之后的周日，1042 年 4 月 18 日，士兵们冲进后宫逮捕了不幸的佐伊，指控她意图弑君。随后的审判上，一批作伪证者出庭，按照他们被收买时所要求的那样背出证词，而女皇甚至不得开言为自己辩护。无耻至此，何其荒谬。士兵们随即奉命剪下她的头发，把她带到皇帝面前，她最后又被扔到一艘船上，并在当晚送到马尔马拉海上的普林基波岛（Prinkipo）上。普塞洛斯动情地描写了她的悲苦，记载她流着泪向伯父巴西尔二世的魂灵呼唤，祈求他的庇佑。然而，当她来到流放地之后，她安静下来，仿佛接受了自己的命运。她似乎担忧会发生更可怕的事。

君士坦丁堡的暴乱（1042）

次日清晨皇帝召集元老院成员开会。与会者们是否相信他所说的佐伊几次试图谋害他的说法，我们不得而知，但他们完全清楚出言反对的后果，便顺从地签署同意。随后在君士坦丁集会所，都城执政官亲自向人群宣读了判决书。佐伊再度被指控屡次图谋杀死自己的共治皇帝，是自作自受。判决书上还着重强调米哈伊尔是别无选择才如此的，而牧首亚历克修斯作为她一系列阴谋的共犯也要被流放。

我们自然想要知道牧首究竟是如何牵连其中的。同时代的希腊语资料对此的记载少得可怜，只能靠十三世纪的阿拉伯编年史家伊本·阿西尔（Ibn al-Athir），他转述了某份目前已经散佚的资料。记载称皇帝是出于个人原因想要赶走牧首，便把他骗到博斯普鲁斯海峡旁的一座修道院中，那里一群奉命杀死他的"斯基泰人"卫士正在等待。然而亚历克修斯勉强逃走并返回君士坦丁堡，下令敲响所有城堡的钟，

296

聚集起城中人发动叛乱。这个故事，相信也好不信也罢，但城中的暴乱确有其事。都城执政官还没读完判决书，人群之中便有人高喊着推翻诽谤合法女皇佐伊的篡权者米哈伊尔。随声附和的人群很快行动起来，扑上去要抓住都城执政官，而他侥幸逃得一命。

君士坦丁堡的市民们衷心爱戴着佐伊——这很奇怪，毕竟她没做过什么值得爱戴的事。不只因为她是皇帝的女儿、孙女和曾孙女，也因为她是拜占庭最伟大的皇帝的侄女，还因为她的年龄。她在绝大多数市民出生之前便是女皇了，已经成了他们生活中的一部分，即使人们几乎没有意识到。所有人都知道她是自愿收米哈伊尔为养子的，米哈伊尔也正是靠她才得以在四个月前加冕。此时的佐伊要谋害他的想法实在是荒谬，米哈伊尔对佐伊的处置同样可鄙。亲历者普塞洛斯生动地描述了随后发生的景象：

> 叛乱已经席卷全城，没有人能够制止他们了，于是他们开始行动。他们一开始人数不多，仿佛拆分成小队一般，此后揭竿而起的平民汇聚为一支庞大的队伍准备进攻。每一个人都武装起来，有人握着斧子，有人挥舞着很重的大刀，有人挽弓，有人提长枪，但大部分的平民则是把大石头或包裹在衣物中，或拿在手中，挽着手四处乱冲。一些人还把各地的监狱打开以充实力量。

> 当时我本人站在宫殿的外廊，处理一些机要任务，突然之间如同马蹄声般的嘈杂灌满了我们的耳朵，震撼了绝大多数人的心脏。随后一名信使传来消息，称所有

297

人正聚在一起，在同一面旗帜下为同一个目标而行动——推翻皇帝。我立刻骑上马，在穿过城中时，我看到了即使亲眼所见，却也至今难以相信的场面。

仿佛所有人都受到了超越人力的鼓舞，和他们平时的表现完全不同。他们跑得愈发疯狂，双手也愈发有力，双眼中的光芒激烈地闪耀着，身体的每一块肌肉都充满能量……

他们决定最先攻打皇帝的家人，摧毁他们浮华奢侈的宅邸。明确了目标的他们发起总攻，把一切夷为平地。一些建筑完全被（瓦砾）覆盖住，其他的则被开了"天窗"；掉落在地面的屋顶落满了碎石，地基暴露，仿佛大地要甩掉负担、扔掉地表。破坏并非全由正当年的强壮男性完成，年轻的女人和男女孩童也在破坏中出了相当的力。每座建筑都在首次袭击中倒塌，袭击者毫不留情地把剩下的东西席卷一空，拿去当街叫卖，丝毫不顾及其原本所属宅邸的豪奢。

最先被摧毁的房屋之一便是皇帝舅父君士坦丁的私宅，但君士坦丁带着一群随从避开了人群来到圣宫，找到了被卫士们遗弃、独自蜷缩在角落的米哈伊尔。他们意识到目前唯一的生存希望在于把佐伊从流放地接回，于是他们匆忙派出了一艘船。与此同时，君士坦丁则集结起所剩无几的忠于皇帝的部队，准备在她抵达之前守卫宫殿，而他可悲的外甥已经吓破胆。他们抵抗了一整天，从塔楼与高处的窗户射出一支又一支箭矢。许多暴动者被杀，但每一个倒下的人身后又有更多的人补上来。当老女皇返回时，守军已经精疲力竭。

298 　　女皇的情况也不乐观。即使此时，她依然畏惧"敛缝工"米哈伊尔五世。此时的她并不想为他的自作自受而幸灾乐祸——只要她可能被牵连其中。她因此同意了来人的要求，也就是向城中人显示自己合法统治者的身份，并再度与自己的养子共治。她仓促脱下粗糙的羊毛僧衣，换上紫袍，冠冕则尽可能用来掩盖住被迫剃发之后剩余的发丝。穿着妥当之后，她和米哈伊尔共同战栗着前往与皇宫直接相连的大竞技场的皇帝包厢（kathisma）。

　　然而暴乱者不肯接受。他们自然乐于见到佐伊，但见到皇帝仍在她的身边，他们愈发认定她事实上仍是在他的拘禁之中。只要米哈伊尔仍在皇位之上，问题就不可能得到解决。尔后，他们突然之间想到了一个新的解决方案：塞奥多拉。佐伊早在十五年前便出于嫉妒，全然不合情理地将自己未婚的妹妹禁闭在佩特里昂（Petrion）的修女院中。此后塞奥多拉便再未抛头露面，近乎被遗忘了，普塞洛斯甚至声称"敛缝工"米哈伊尔五世即位时都不知道她在世。但她不但在世，而且是合法的女皇，同样有权登上皇位，又没有佐伊的劣势。因此，既然佐伊不被信任能独自掌权，那么她和她的妹妹就应当共治。当天下午，显贵君士坦丁·卡瓦西拉斯（Constantine Cabasilas）率领着所有此前侍奉她的父亲、如今已被米哈伊尔解职的宦官们，带着一批市民前去佩特里昂，接塞奥多拉立即返回君士坦丁堡。

围攻皇宫（1042）

　　他们发现自己的任务绝非轻松。塞奥多拉远比佐伊虔诚，她拒绝了自己父亲老朋友们的恳求，躲进修女院中的礼拜室中。但卡瓦西拉斯和他的同行者同样坚决，他们拥入她的避难所，靠生拉硬拽把她拖到街上。她也被迫换下僧衣穿上紫袍，而后在凯旋的队列之中前往圣索菲亚大教堂，与等待在那里的牧首会面。于是，在 4 月 19 日星期一的深夜，那位不满的老妇极不情愿地接受了帝国的皇冠，来自帝国各阶层的大批围观者异口同声地欢呼起来。"敛缝工"米哈伊尔五世则被谴责为僭称者，被宣告废黜。在典礼结束后，人群离开了大教堂，在外面重新集结，向皇宫进军。

　　米哈伊尔如今已经朝不保夕。他和他的舅父在皇帝包厢上竭力向下方喧闹的人群喊话，把不幸的佐伊推到自己面前，一遍遍地向她行礼，徒劳地试图让人们相信是她掌控了大权，而不是他们。但下面的喊声一浪高过一浪，当暴动者开始投石块，乃至向他们射箭时，他们只得再度逃回宫中。塞奥多拉到来与加冕的消息也在不久之后传来。此时米哈伊尔只想逃走，从布克里昂皇家码头坐船逃到靠马尔马拉海一侧陆墙的普萨马提亚区（Psamatia），到斯托迪奥斯修道院避难。他的舅父却不允许他这么做。他坚称皇帝是不能逃走的，或者征服敌人，或者光荣战死。他决心守卫皇宫，战至最后一人，并希望自己的外甥一同坚持。

　　此时，极为巧合的是，皇帝麾下最出众的一位将军卡塔卡隆·凯考门努斯（Catacalon Cecaumenus）恰巧来到布克里昂，靠着他的勇猛与坚决，当西西里岛其他地区都再度被萨拉森人攻占时，墨西拿却得以保全。他这次回家省亲出乎所有人的预料，米哈伊尔似乎也因他的突然到来而受到鼓舞，决心坚守下去。战斗持续了一整夜，但破晓之时，皇宫已经完全被暴乱者切断陆上出路。更重要的是，他们此时从三个方向同时发起夹击，一路从大竞技场攻打皇帝包厢，一路从奥古斯都殿堂攻打青铜门，还有一路攻打"马球场"（Tsykanisterion）——这个赛场在两个世纪前由巴西尔一世建造，用来驯马。

1042 年 4 月 20 日，星期二，君士坦丁堡经历了前所未有的血腥。暴乱者以血肉之躯对抗全副武装的皇帝军队，付出了惊人的伤亡代价。当天以及当夜，超过三千人被杀。然而最终，他们依然凭借着数量优势占了上风。星期三早晨，皇宫终于被攻破了，大批疯狂暴怒的民众在其中肆意掠夺，但他们的最终目标完全一致：抓住皇帝并将他杀死。

现在抵抗已无可能。日出之前不久，米哈伊尔和君士坦丁仓促换上肮脏的破衣，共同登上等待着他们的船只，沿海岸线驶向斯托迪奥斯修道院。来到修道院之后他们立即剃发，成为僧侣。与此同时，被独自留在宫中的佐伊很快便被暴乱者发现，他们把佐伊扛在肩上，送到皇位之上。在米哈伊尔和君士坦丁离开之后，她的勇气也稍有恢复。因为自己人生际遇突然转变而欣喜的她，依然因塞奥多拉的到来与加冕而愤怒——她以为，也衷心希望，再也不会见到塞奥多拉。她的首个举措便是要求塞奥多拉返回她本就不该离开的修女院，但当她听到圣索菲亚大教堂外面给自己妹妹的欢呼声时，她才意识到目前的实际情况。这位可怜且缺乏魅力的老处女，在几个小时之前还被所有人遗忘，却在突然之间莫名其妙地受大众的尊崇了。佐伊不情愿，而且很可能颇为不满地同意与她共治。共同掌权总归胜过不掌权。

米哈伊尔和君士坦丁被俘（1042）

在斯托迪奥斯修道院，皇帝和他的舅父正藏匿在阴暗处。然而他们低估了公众的不满情绪。发现他们的避难所之后，暴民们便离开了大竞技场，沿主街蜂拥向西，要取他们的性命。普塞洛斯带着一批宫廷卫队一同前往，并留下了一段骇人的记述。

> 我们发现修道院已经被海量的人群包围。不少人甚至想直接拆掉建筑冲进去。我们费了极大的力气才从陷入疯狂、高声且粗鄙地辱骂着那两个可怜的避难者的人群之中挤了进去。

301

> 直到那时我对皇帝也没有什么特别的感情，尽管我不满他对女皇的恶劣对待，但当我到达他藏身的礼拜室并看到两个流亡者时——皇帝跪在地上紧紧抱着圣坛，至贵者则站在他左边，两人都换上了粗衣，几乎认不出来，脸上满是凡人的畏惧——我呆立在那里，泪如泉涌。

两人从普塞洛斯的表情看出他对自己怀有同情，便谨慎地接近他。君士坦丁急切地宣称在密谋流放佐伊的事件上，他没有帮助自己的外甥，也没有鼓动自己的外甥。他没有阻止米哈伊尔只是因为担心米哈伊尔执掌大权之后自己的家人会因此受害。米哈伊尔则没有为自己辩白。他有罪，现在要付出代价。

那个下午，两人蜷缩在圣坛旁边。暴动者出于对避难所的尊重，没有冲进去。他们愿意停留多久，我们不得而知。但在日落时分，新任都城执政官坎帕纳罗斯（Campanarus）亲自带来了女皇塞奥多拉的指令，要求带走两名避难者并许诺让他们安全返回宫中。米哈伊尔和君士坦丁拒绝了，他们不相信他的许诺——事实上他们猜对了——并更加紧紧地抱住圣坛。但执政官不想浪费时间，他命令自己的部下抓走他们，两人便号叫挣扎着被拖出了修道院。许多在场者，包括普塞洛斯，希望坎帕纳罗斯遵守诺言不要伤害两人，但绝大多数公众的态度截然相反。城中许多人担心，佐伊出于对自己妹妹那尽人皆知的妒忌，更希望让米哈伊尔与自己共治，可能出手干预并让米哈伊尔重新掌权。这样的风险绝对不能轻易忽视。

塞奥多拉心中也有与之相当的畏惧。按斯基里泽斯的说法，她秘密命令都城执政官立即给皇帝和他的舅父用瞽刑，坎帕纳罗斯也决心执行这一命令。在停止咒骂、开始嘲讽的暴动者的围观之下，两人骑上了驴，沿着主街前往宫中。普塞洛斯如此写道：

> 他们还没走出多远就遇到了那个负责施瞽刑的行刑者。他的随从向暴动者们出示了命令，而后便开始磨尖

烙铁。与此同时，两人得知即将到来的劫难，因恐惧而呆若木鸡。事实上，如果不是一位在场的元老院成员出言宽慰，他们早就活活吓死了。

即使如此，深处厄运之中的皇帝依然在大声哀号，乞求怜悯，向上帝、教廷以及想得到的一切祈愿。他的舅父则鼓起勇气准备接受刑罚。看到行刑者已经准备好，他平静地上前要求先受刑。当人群涌向他的身边时，他对在场的那位高级官员坚定地说道："让人们退后吧，您将见证我面对灾厄时的勇敢。"当行刑者打算绑住他时，他拒绝了，对他们说："我要是动了，你就把我捆到木桩上！"说罢，他平躺在地，一言不发，面不改色。他的眼睛被一只只刺瞎。此时的皇帝深知自己也将遭受同样的命运，他挥舞着双手，撕扯着脸颊，哀号不止。

受刑后的至贵者自己站了起来，靠着他的一位密友，用手指着流血的眼窝，以惊人的平静、超人的勇气回答身边人，仿佛发生的这一切都无所谓。之后便是给皇帝行刑，他们被迫全力按住缩成一团还剧烈挣扎的他，迅速行刑。在他的双眼也被刺瞎之后，暴民们此前的无礼以及愤怒就此消散了。

米哈伊尔五世的统治就此结束，帕夫拉戈尼亚人的王朝也随之终结。不久之后他被送到了希俄斯岛上的伊雷蒙（Eleimon）修道院，他的舅父则被送到萨摩斯岛上的修道院中。两人是在受刑之后于黑暗之中存活下来，还是和孤儿院院长约翰一样遭受了更悲惨的结局，我们不得而知。

对米哈伊尔五世的评价（1042）

我们要如何评价米哈伊尔五世呢？英国拜占庭学的大家伯里教授认为他遭受了过多的毁谤，实际上他是个雄心勃勃而且有远见卓识的统治者，准备对帝国的管理体系进行激进改革。鉴于这一改革不可能在佐伊与约翰掌权时完成，教授认为还是有理由赶走他们的，而且约翰在被解职时已经是人人厌恶。此外，米哈伊尔还释放了自己舅父的死敌君士坦丁·达拉森努斯以及乔治·曼尼亚克斯——他随即前往意大利出任督军之职，此外还委派君士坦丁·利休德斯（Constantine Likhoudes），这位同时代最伟大的政治家之一[1]主持政务。

这一切确实属实，米哈伊尔的想法也许是好的——即使我们无法证明这一点。无论如何评价他对自己继母的处理，除掉孤儿院院长很可能是别无选择。然而事实是，他在即位四个月零十一天后便被市民的暴动推翻了。任何改革者若是想要成功，便必须谨慎行事，顾及公众的情绪，竭力获取人民的支持。米哈伊尔完全没有这么做。他的长期规划也许值得赞扬，他的执政手段却堪称拙劣，仅从这一方面看，他便无法成为一个好皇帝。他执政的最后几天乏善可陈，他的臣民们也所得极少，但他们除掉他可谓理所应当，我们也可以欣然看他退出历史的舞台。

———————————

[1] 这是伯里教授的说法，我持保留意见。

第十八章　莫诺马修斯与大分裂
（1042～1055）

米哈伊尔，幼稚且虚假的牧首，只因为俗人的畏惧
而成为僧侣，如今因其罪业而恶名昭彰；利奥，所谓的
奥赫里德主教；君士坦丁，那个米哈伊尔的总管，公开
践踏拉丁教会的仪式；以及所有追随这些人的谬论与恣
肆而不知悔改的人：愿诅咒降于你们，降于买卖神职
者、自宫者、阿里乌斯派、多纳图斯派、尼哥拉派、塞
维鲁斯派、反对圣灵派、摩尼派、拿撒勒派和一切异
端，以及恶魔和堕天使们。阿门，阿门，阿门。

　　——枢机主教安贝尔的革除教籍敕令最后一段

当米哈伊尔五世在1042年4月20日，那个星期二的晚
上落得如此下场之后，女皇塞奥多拉依然在圣索菲亚大教堂
中。此时她已经在那里待了至少一天一夜，坚定宣称在收到
自己姐姐的口信之前，拒绝前往皇宫。次日清晨，佐伊才收
起了自负，发出了人们期待已久的邀请。当塞奥多拉抵达之
后，两位老妇在大批贵族与元老院成员的见证之下，以颇有
些冷淡的拥抱宣告了和解，也就此开始以近乎不可能的方式

共同统治罗马帝国。前一位皇帝的所有家人，以及他的少数主要支持者都被流放，但大部分的高级文武官员得以保留职务。自执政之初，年长的佐伊便掌控了主要地位。在正式场合，佐伊的皇位比塞奥多拉的皇位稍微靠前，而塞奥多拉也乐于退居次席。普塞洛斯生动地描写了这两位女皇：

305

　　佐伊理解问题更快，但回复问题慢些；塞奥多拉则截然相反，她时常保留自己的想法，但每次发言都滔滔不绝且颇有见地。佐伊是个对自己的兴趣充满激情的女人，在生与死的问题上同样热心，她让我想起大海的波浪，时而将船托起，时而令船坠下；这样的极端在塞奥多拉身上却不曾出现，她性情平和，甚至可谓死板。佐伊挥霍无度，是那种能够一夜之间花光金山的女人；另一位女皇则锱铢必较，这无疑在一定程度上是因为她此前支配的钱财都颇为有限，没有机会挥霍，但也因为她本身的自控能力更好……

　　两人的外表差异更大。年长者尽管并不算高大，却颇为丰满。她的两只大眼分开，眉毛浓密；鼻子略勾，却又不过于如此；她的头发依然是金色，全身都因皮肤白皙而光亮；她身上几乎没有衰老的迹象……完全没有皱纹，皮肤光滑紧致。塞奥多拉则更高挑瘦削，她的头不成比例地小。如我所说，她比佐伊更擅长言辞，行动也更为迅速。没有什么能让她不满的事，她总是欣然微笑着，寻找每一个聊天的机会。

难以久持的共治（1042）

这个难以久持的共治时期中，帝国的情况如何呢？记载大致持两种观点。普塞洛斯认为两位女皇的统治近乎灾难，声称她们对财务与政务一无所知，看不出帝国重大事务和"后宫中最琐碎的杂务"之间究竟有什么区别，而佐伊以近乎癫狂的施舍耗竭了国库。约翰·斯基里泽斯的说法则截然不同。他指出这一时期颁布了禁止卖官鬻爵的法令，帝国的行政与军事管理有所改善，还任命了几位出色的高官，包括被任命为欧洲部队最高指挥官的君士坦丁·卡瓦西拉斯，以及更为重要的，出任意大利督军的乔治·曼尼亚克斯，他的官阶朝政大臣已经是非皇室成员所能获取的最高官阶。[①] 与此同时，帝国组织了特别法庭以审理前一位皇帝执政时期的贪污腐败案件，至贵者君士坦丁被从他的修道院中拖出、接受审判，最终得知——至于如何得知则不得而知——他在自己宫中的秘密储藏室里藏有贪污自国库的五千三百磅金。

306

无论事实如何，有一点是可以确定的：这一共治缺少根本性的稳定。而仅此一项就无法令臣民安心。随着时间的推移，两姐妹之间的不和愈发明显，官员与元老会成员们被迫选择一方支持，政府开始出现两极分化的危险迹象。不久之后，国家便明显走到了没有男性牢固掌控皇位便无法继续生

---

① 斯基里泽斯在此处记载基本可以肯定有误。曼尼亚克斯在 1042 年 4 月末时，以督军的职务在意大利作战，也就是说，在"敛缝工"米哈伊尔五世被推翻仅仅几天之后，他就已经就职。授予他这一职务的应当是米哈伊尔五世，而非佐伊。

存的地步。然而，要让男性掌控皇位，只有一种可能：婚姻。塞奥多拉在守贞半个多世纪之后，坚定拒绝与他人成婚，佐伊则完全乐意如此。尽管她此前的婚姻生活都是相当的不成功，而在希腊教会看来，正如前文所述，三婚是难以接受的。但已经六十四岁的佐伊依然想要拥有配偶，并再度开始寻找合适的人选。

她首先把注意力放在显赫且英俊的君士坦丁·达拉森努斯身上，此时刚刚被释放的他正是佐伊的父亲在 1028 年的弥留之际最初选择的皇位继承人，而后在官僚们的劝说下改变了主意。然而当他抵达皇宫时，出乎所有人意料的是，他居然身着便装，并以冷淡且自大的态度回答老女皇，她立即将他赶走了。下一个候选人是朝廷官员君士坦丁·阿尔托克里内斯（Constantine Artoclines）——他也格外英俊，她对此人倾心已久，以至于十三年前，罗曼努斯三世在位时，便有他们偷情的传言。哀哉，在举行婚礼几天之前，他神秘而突然地死去，据称是他妻子下的毒，因为她清楚罗曼努斯那场婚姻时发生了什么，决心不让这一切重演。近乎绝望的佐伊找到了第三个君士坦丁，古老且高贵的莫诺马修斯家族（Monomachus）的成员。他也魅力出众——佐伊对这方面一向很在意——此时的他早已颇有风流之名。此外他举止优雅，久经世故，还颇有财富。在第一位妻子早丧后，他迎娶了罗曼努斯·阿尔吉罗斯的侄女，而那时罗曼努斯还没有登上皇位。然而除了罗曼努斯三世的短暂在位时期之外，他几乎完全不被朝廷接纳。在巴西尔二世和君士坦丁八世执政时期，他因为父亲曾经参与了一个次要的密谋而不受信任；在米哈伊尔四世和孤儿院院长约翰执政时，因为他和佐伊关系日益密切，不安的他们将他流放到莱斯沃斯岛。当他此时得到召见时，他已经在那里被流放七年。

君士坦丁九世的婚礼与加冕（1042）

君士坦丁·莫诺马修斯在 6 月的第二周抵达都城。前一天，他在马尔马拉海海滨的达莫克兰尼亚（Damocrania）上岸，而后在大天使米迦勒教堂接受了仪仗，一艘皇帝战舰也在那里准备载他完成最后一段航程。他就此得以盛装进入君士坦丁堡，接受市民的欢呼，而后与佐伊在 6 月 11 日于新教堂的礼拜室中成婚。其间牧首坚定拒绝主持这一婚礼（所幸一位专职教士愿意代劳）——毕竟两人都是第三次成婚，这多少为庆典蒙上了一些阴云。然而次日他还是放下了顾虑，并未抗拒地主持了加冕典礼。

新皇帝君士坦丁九世（Constantine Ⅸ）比君士坦丁八世更自信，比罗曼努斯三世更现实，比米哈伊尔四世更健康，还不像米哈伊尔五世那样固执。然而他在国事上极度懒散与不负责任，最终给帝国带来了比以上四位皇帝加在一起还多的损害。在他于 1055 年逝世时，南意大利的诺曼人在罗伯特·吉斯卡尔（Robert Guiscard）——他或许是恺撒之后、拿破仑之前最显赫的军事冒险者——的率领之下，即将彻底清除拜占庭帝国在阿普利亚、卡拉布里亚和西西里的影响；塞尔柱人此时盘踞在巴格达，正在准备侵入安纳托利亚腹地；在来自草原的佩切涅格人、库曼人和乌泽人的侵袭之下，多瑙河防线已经崩溃；东方与西方的教会也陷入事实上的分裂；帝国内部的贵族进行了两次功亏一篑的叛乱，军队也已经衰颓不堪，沦落到上个世纪从未出现过的悲惨境况。与此同时，君士坦丁仿佛完全不曾注意到这一切。和之前与佐伊同床的两人不同，他并没有限制她的挥霍，而是比她挥霍得还多。自君士坦丁七世时代之后，都城之中还从未有过如此的奢华与炫耀。但君士坦丁七世的宫廷典礼是有意显示帝国的威望，君士坦丁九世则毫不遮掩地为自己的享乐而挥霍，起到的效果自然截然相反。

情人斯科莱鲁（1044）

佐伊对她的新丈夫同样容忍。她对配偶的生理需求似乎终于衰退了，对君士坦丁的私情也没有表示反对。君士坦丁第二位妻子的外甥女，即曾经反叛巴西尔二世的巴尔达斯·斯科莱鲁的孙女格外美貌，他与她定情已久，她也陪伴着他度过了七年的流放生涯。当君士坦丁接到召回的命令时，她依然留在莱斯沃斯岛，以免影响他的名声，成为他登上皇位的阻碍。清楚第三次婚姻之困难的她，也许认为佐伊和他的结合不太可能，因此得知佐伊和他最终成婚的消息时震惊不已。然而更令她震惊的是，老皇后派信使来到岛上，向她保证自己并无恶意，并欢迎她返回都城。她此前居住的狭小住所在君士坦丁的馈赠之下逐渐扩展成华丽的宅邸；他们曾经谨慎掩盖的私情，如今也愈发张扬，直到皇帝最终公开承认。在元老院成员们参与的最怪异的一次典礼之中，君士坦丁九世和玛丽亚·斯科莱鲁［她通常被简称为"斯科莱娜"（Sclerina）］最终正式确立了关系，而这一结合被谄媚的元老院成员们称为"爱之杯"。之后她便与君士坦丁和佐伊一起确立了表面上都满意的"三角关系"。普塞洛斯如此写道：

（玛丽亚·斯科莱鲁）外表实际上并不特别出众，而她的优雅风度与迷人魅力让人难以揶揄。在性格与气质方面，她足以打动石头一般的心。她说话的方式很讨人喜欢，但不像别人那样抑扬顿挫、微妙和谐。她音色优雅、措辞精准、语调甜美，带着难以言表的魅力。她时常用自己轻柔的声音向我提出关于希腊神话的问题，并不时补充一些自己从这方面的专家学到的观点。没有哪个女人比她更懂得倾听。

她靠着投其所好赢取两位老女皇的欢心。她给佐伊的礼物是金币，但并不是让她保留，而是让她转送给他人，这是最让这位老妇满足的事。她还会送给佐伊来自印度的甜味草药和香料，送上香木、药膏、小橄榄和白月桂的嫩枝——简而言之，所有调配香水的原料，这是佐伊最大的爱好。她给塞奥多拉的礼物则是古时的货币和勋章——塞奥多拉在特制的青铜储藏柜中存有大量收藏。

可惜，两位老妇对这位年轻的馈赠者的感情却完全没有影响到君士坦丁堡的市民们。他们因这件无耻的风流韵事而震惊蒙羞，很快便表达了自己的不满。斯基里泽斯记载——但普塞洛斯并未提及——称 1044 年 3 月 9 日，庆祝四十殉道者的盛宴之前，皇家队列被一群喝倒彩的市民拦住了，他们高喊着："斯科莱鲁家族的女人离开吧！愿我们的国母[1]佐伊和塞奥多拉长寿，她们却因她而性命堪忧！"一时，皇帝似乎也性命堪忧了，直到他的妻子佐伊和塞奥多拉一同出现在宫中的一扇窗口旁，这些暴民才散去。巡游也就此终止。此后君士坦丁很少独自出现在公众场合，而是每次都让自己的妻子坐到自己右边，情人则坐到左边。

这一指责当然是毫无根据的。拜占庭宫廷之中的潜在弑君者一向不少，本书的读者现在应该也能明白这一点。但玛丽亚·斯科莱鲁并不是其中之一，从现存的史料来看，君士坦丁·莫诺马修斯也不是。君士坦丁虽然柔弱、不负责、耽于享乐，但并不算是恶人。如果他确实如传言所说，想要把自己的情人立为"奥古斯塔"——事实上她也早已坐到他的身边——他完全可以收她为养女并授予这一封号，根本不需要除掉佐伊，更别说塞奥多拉了。但这个问题的答案意义索然，因为玛丽亚先于女皇们去世了。她具体去世的时间未见记载，记载仅仅提及她罹患某种肺病，无法呼吸，医生们也无能为力。皇帝如同孩童般泪流不止，把她埋葬在曼加纳奢华的圣乔治修女院（修女院建在她住宅旁边，据说君士坦丁是为了以视察工程的名义时常与她会面），并在她的棺椁旁安排了自己的位置。

人们难免会同情玛丽亚·斯科莱鲁，她的品质确实少见，她对君士坦丁·莫诺马修斯的爱也是深沉真挚的。然而

---

[1] 国母即希腊语"Mamai"，直译即"母亲"。

第十八章　莫诺马修斯与大分裂（1042～1055）

她与皇帝的关系带来了一个灾难性的后果，对拜占庭帝国控制的意大利领土的未来产生了深远的影响——即使这并不是她本人的错。

如前文所述，乔治·曼尼亚克斯在 1042 年 4 月返回半岛。在他于两年前被召回君士坦丁堡之后，情况便每况愈下。西西里岛上，墨西拿成了拜占庭控制的唯一一座城市。在亚平宁半岛，此前一年之中，帝国军队接连三次惨败于伦巴第人与诺曼人的联军，此时他们已经占据两座易守难攻的堡垒——阿韦尔萨（Aversa）和梅尔菲（Melfi），正在迅速肃清整个南意大利。当督军率军抵达时，除了特拉尼（Trani）之外，塔兰托至布林迪西（Brindisi）以北的整个阿普利亚都在公开叛乱。他立即行动。在那个夏天，幸存下来的居民将永远铭记那恐怖的景象。在传奇的北欧勇士国王哈拉尔德·哈德拉达以及一支瓦兰吉部队的协助之下，曼尼亚克斯冷酷无情地摧毁了一个个暴动的城镇，一路上只留下被焚烧的屋舍与被残杀的尸体。无论男女老幼还是教士修女，无人得以幸免，或者被吊死，或者被斩首，还有许多人（特别是儿童）被活埋。叛军发起了反击，双方一度势均力敌，但那场灾难随即到来。在两年的时间里，乔治·曼尼亚克斯再度成为宫廷阴谋的牺牲品。

这次他的敌人是玛丽亚的兄弟。罗曼努斯·斯科莱鲁（Romanus Sclerus）在安纳托利亚的地产与曼尼亚克斯的地产相邻，两人自十一年前便因为土地所有权的争执而关系恶劣。冒犯曼尼亚克斯自然是个危险的事，在几年前的一次动了武的争执中，他直接痛打了他的邻居，几乎把他杀死。罗

曼努斯决心报复，此时的他靠着自己的妹妹成为皇帝的宠
311 臣，便抓住机会进行报复，轻而易举地说服了君士坦丁将曼
尼亚克斯从意大利召回。与此同时，趁他不在，罗曼努斯掠
夺了他的家，毁掉了他的地产，最后还玷污了他的妻子。

曼尼亚克斯收到召回令时，也得知了其他的不幸消息，
他的愤怒已无法遏制。9 月，他的继任者抵达奥特朗托时，
他将其逮捕，在他七窍中塞满马粪，折磨致死。从君士坦丁
堡陪伴这个不幸的人到来的显贵图瓦基斯（Tubakis）在一
两周之后也被如此杀害。余怒未消的曼尼亚克斯在崇拜他的
部下的支持下自立为帝，率领他们穿过亚得里亚海——据一
个阿普利亚的编年史家记载，在遭遇风暴时他甚至用活人祭
祀——准备通过伊格纳提亚大路前往君士坦丁堡，并在途中
继续集结部队。在向塞萨洛尼基进军时，他在保加利亚的奥
斯特罗沃（Ostrovo）遭遇了一支帝国军队并将其击败。然
而在战胜之时，他却因受致命伤而暴死。他的首级被送回都
城献给皇帝，皇帝则下令把它挑在枪头上，在大竞技场最高
的看台上展览。此后君士坦丁进行了完整的凯旋式，那些因
群龙无首而解散的叛军则被剃光头发，涂满污秽，在竞技场
中倒骑着驴示众。然而这耻辱的示众并不能掩盖一个事实：
若不是那支精准的标枪，君士坦丁堡也许就会落入曼尼亚克
斯的手中，市民们也将迎来历史上最恐怖的统治者——无论
他是否伟大。

利奥·托尔尼克斯叛乱（1047）

乔治·曼尼亚克斯并不是唯一一个威胁君士坦丁九世皇

位的人，甚至不是最大的威胁。1043 年夏，一支侵入博斯
普鲁斯海峡的罗斯人舰队被击退——依然是靠着希腊火——
没有引发太多问题。但四年后，1047 年 9 月，出现了一个
严峻得多的紧急事件。这是一场新的武装叛乱，从色雷斯和
马其顿部队的指挥部亚得里亚堡爆发。其领袖是皇帝的表兄
弟，是一个名叫利奥·托尔尼克斯（Leo Tornices）的亚美
尼亚贵族，他久居于此，普塞洛斯称他"散发着马其顿人
的高傲"。君士坦丁向来怀疑他有所图谋，而利奥和君士坦
丁的妹妹尤皮雷皮娅（Euprepia）关系密切，她在皇帝面前　312
无休止地赞颂这个亚美尼亚人，声称他比皇帝还优秀，让皇
帝更加愤怒。皇帝就此竭尽所能指责、羞辱这个年轻人，甚
至一度迫使他剃度成为僧侣。

　　忍无可忍的托尔尼克斯趁夜逃出都城，在一群马其顿人
支持者的陪同下径直前往亚得里亚堡，并杀死路上所有帝国
驿站的马匹，以免追兵使用。抵达之后，他故意散播皇帝已
死的消息，声称塞奥多拉目前是帝国的女皇，而且她选择利
奥成为共治者。消息如同野火一般在军中传播开来。利奥被
盾牌托举起来，身穿紫袍，自立为帝。尔后在数千名欢呼着
的部队的支持下，他向君士坦丁堡进军，一路上追随者不断
增加。9 月 25 日星期五，他在城下扎营并准备发动围攻。

　　他来得实在太是时候了。多年以来帝国的军队规模不断
减小。文官们出于对军事贵族的憎恶，系统性地削减了武装
部队的规模，鼓励那些还没有被大地产主吞并的军役地产上
的农民们支付钱财以免除兵役。与此同时，他们把各军区的
行政任务从军区将军转交到民事官员手中，这严重损害了军

方的权力与威望。除了主要用于庆典的少量佣兵之外，君士坦丁堡及其附近地区几乎没有士兵。东部的军队又恰巧在伊比利亚地区作战，反击当地蛮族的入侵。

此时的君士坦丁也不复当年了。即位时，他时常在五项全能比赛中折桂，而现在他的双脚已经肿胀不堪、无法行走。他的双手在年轻时能捏碎最坚硬的坚果，普塞洛斯称"手臂被他握住，都要疼上好几天"，但它们现在已经扭曲变形。事实上他罹患了严重的关节疾病，此后这种疾病不断发展恶化，直到他于八年后逝世。如果他拥有米哈伊尔四世的勇气，他也许能够更积极地防卫他的都城，然而英勇从来都不是他的性格。他所能做的只有显示自己依然健在，依然掌权，以戳破敌人的谣言。9 月 26 日，他被抬到陆墙最北端的布拉赫内宫，身披全副皇帝仪服的他从高处的窗口向城垛之外观望，两位女皇在他的身边陪同。他不可避免地遭到了围城者的讥讽与辱骂，不久之后一名马弓手射出的箭还掠过他身边，击中了一名属官。在场者匆忙地把他从窗户旁护送走，但第二天上午他又返回那里，仿佛一切都没有发生。

托尔尼克斯错失良机（1047）

当天，9 月 27 日星期日，利奥·托尔尼克斯距离攻破君士坦丁堡只有一步之遥了。具体发生的情况很难确知，似乎是一批工兵趁夜出城，在布拉赫内宫对面的城墙外挖掘了战地工事，企图在这里对利奥的部队造成严重损失。然而他们严重低估了他们的对手。叛军毫不犹豫地"如同马蜂一般"冲向他们挖掘的低劣工事，瞬间将其摧毁。工事中那

313

些不幸的守卫者大多被杀，得以逃回的人寥寥无几。但这场灾难仅仅是个开始。看到城外的屠杀，负责防守城墙的人——他们大多是萨拉森佣兵，得到了一批临时征召的强壮市民和被释放的囚犯作为补充——陷入恐慌，他们逃离城墙，躲进城中，把敞开的城门留给了敌人（至少记载如此）。

胜利在望的托尔尼克斯为何停止进军了呢？一些编年史家把这一切视作奇迹，是因为君士坦丁堡有上帝的庇护，除此之外也没有其他的解释了。然而其他人，包括普塞洛斯，认定这只是利奥误判了形势。"他自信地等待着我们请他进城登上皇位，相信他能够在点燃的火炬引导之下，以君主的礼仪进入城中。"也许，他是想让这座马上落入自己手中的城市免于掠夺。无论情况如何，他下令让他的部下留在原地，停止杀戮，在城外的营帐中过夜。

这个错误最终导致了他的失败。他所期待的谈判代表根本没有前来。君士坦丁堡城中的市民或许对皇帝的感情没有多深，但他们也不希望他被武力推翻，更别说他们对这个在马其顿长大的亚美尼亚人完全不了解，心中充满了怀疑。他们受够了暴乱和杀戮。几个小时之后，恐慌情绪就平息了，城门重新被关闭，守城者返回了他们的岗位。城市被拯救了。失望而无计可施的利奥·托尔尼克斯把俘虏驱赶到布拉赫内宫外的城下，在他的授意之下， 314

> 他们乞求城中人不要无视同一民族的亲人们，不要任处境悲惨的他们在眼前像献祭的牲畜一样被屠戮。他

们警告我们不要违背天意，低估一位在他看来不世出的君主……尔后，他们却开始细数我们皇帝统治中的暴政，仔细地描述他如何在统治之初向都城平民许下承诺，却又把我们的希望从九重天扔进无底深渊。

他们得到的回应是城上落下的矢石，其中一发石弹险些击中托尔尼克斯。直到那时，他才明白自己失败了，城中人根本不欢迎他。在君士坦丁九世的秘密贿赂之下，他的部下开始叛逃。10 月初，他拔营起程向西撤退。城中部队规模太小，没有立即发起追击。直到东部的军队从遥远的伊比利亚被紧急召回并抵达都城之后，君士坦丁才下令发起追击。当他逃亡时，身边只剩下他的老战友约翰·瓦塔特泽斯（John Vatatzes）一个人陪同。两人此后被押往君士坦丁堡，按惯例受了瞽刑。

教会分裂（1047）

君士坦丁·莫诺马修斯乐于向他人夸耀称自己吉星高照。在四年间的第二次叛乱再度以近乎难以置信的幸运而结束之后，想必他的臣民中有不少人也相信这一点。

在君士坦丁九世执政的十二年半中，帝国的军事力量不断削弱，君士坦丁无疑要负最主要的责任。若是巴西尔二世在位，他不可能会让佩切涅格人穿过多瑙河，但 1047 年的他们得以南下进入帝国领土永久定居。一个世纪之前，紫衣贵胄君士坦丁七世便指出要对这个最为危险的蛮族部落保持警惕，他的想法是用厚礼收买他们，让他们进攻自己的敌

315

第十八章　莫诺马修斯与大分裂（1042～1055）

人——保加利亚人和马扎尔人——的后方，同时避免罗斯人向南进军。然而在巴西尔征服保加利亚之后，形势已经变了，帝国的边境推进到了多瑙河。拜占庭帝国与这个游牧部落之间已经不存在任何缓冲区，他们的掠夺如今不再针对不幸的保加利亚人，而是直指帝国。君士坦丁九世无力击退他们，便决定利用他们，把佩切涅格人收买为雇佣军，尤其是使其到边境的要塞之中驻扎。然而事实证明，他们实在是无法信任。他们没有维持和平，而是很快让整个周边地区陷入了混乱。不久之后，他便别无选择，再度与他们开战，但战争再度失败。在几次屈辱的惨败之后，他再度以贡金求和。然而此时的佩切涅格人已经不能轻易打发，直到他赏赐了大量肥沃的土地，授予了一批人高官厚禄之后，他才得以签署和约。

　　然而，君士坦丁九世执政时期最大的悲剧，也可以说是基督教世界中前所未有的灾难，君士坦丁却并不需要负主要责任。东西方教会的分裂有许多原因，但皇帝的冷漠并非其中之一。拜占庭城中的皇帝们一向认定罗马教廷的地位要高于他们自己的君士坦丁堡教会，其原因应当仅仅是为了保证帝国的普世性，以及保持对南意大利领土主权的宣称。无论如何，这本历史书的读者应当注意，罗马教会和君士坦丁堡教会在这几个世纪中渐行渐远。它们缓慢而持续的疏远，本质上是拉丁与希腊、罗马与君士坦丁堡由来已久的对立情绪的反应。罗马教廷的实际统辖范围正在欧洲不断拓展，教廷的野心与傲慢也与日俱增，君士坦丁堡对此不但心怀怨恨，也颇为紧张。另外，两教会对基督的态度也存在本质的理解

差异。拜占庭教会认定皇帝与使徒地位相当，教义问题必须
圣灵通过大公会议解决。在东方看来，教皇不过是排行第一
的牧首，却断言称应该由宗教上与世俗上都有绝对权威的教
廷制定教条。罗马的法理与纪律、古希腊的辩论与神学探索
向来难以相容，时而还会产生令人惊异的后果。两个世纪之
前，弗提乌斯与"和子"事件①险些激化矛盾。幸运的是，
在教皇尼古拉斯逝世、他的继任者与弗提乌斯表示善意之
后，表面上的友好关系得以再度确立。然而根本问题依然没
有解决，"和子"依然在西方使用，皇帝也依然声称自己在
协助上帝管理凡间。争议再度爆发只是时间问题。

这次争议爆发在很大程度上源自君士坦丁堡牧首，即
1043 年接替亚历克修斯的米哈伊尔·凯鲁拉里奥斯
（Michael Cerularius）。就我们所知，他外形并不吸引人。在
政府担任公职多年之后，他牵涉进针对米哈伊尔四世的阴
谋，因此被流放到修道院，但野心勃勃的他决心在教会中扬
名立万。他和自己的前辈弗提乌斯完全没有相似之处。弗提
乌斯是当时最伟大的学者，凯鲁拉里奥斯则是个平凡的神学
者，对教会的历史了解不多；弗提乌斯的智慧与魅力都颇为
出众，凯鲁拉里奥斯却死板且狭隘，不过是个守旧官僚而
已。② 然而他确实是个出色且高效的管理者，内心坚定如

---

① 见第六章。
② 他似乎也颇为热衷报复，从他对自己的宿敌孤儿院长约翰的处理中可
  见一斑。君士坦丁九世继任之后体谅了这个失势的可怜人，把他从荒凉
  的莫诺巴特转移到自己此前在莱斯沃斯岛的流放地。然而这位牧首上任
  之后，首要举措之一便是下令将他刺瞎。

铁，而且在君士坦丁堡颇受欢迎——原因却并非三言两语可以解释清楚。

争议升级（1053）

如果说牧首是挑起新争议的手段，诺曼人势力在南意大利的骤然增长则成为事件的起因。1053 年 7 月 17 日，教皇利奥九世（Leo IX）决心彻底消灭这些四处掠夺的匪徒，于是派出一支混杂的大军前去清剿。然而在小镇奇维塔特（Civitate），他的大军惨败，他本人也成了贝内文托城中的囚徒，被囚禁八个月之后在次年 4 月返回罗马，不久便逝世了。拜占庭军队没有出现在奇维塔特，这令教廷颇为不满，认定这是背弃盟友。然而帝国在意大利的军官们也和教皇一样担心诺曼人的威胁，在帝国在亚平宁半岛上的最高指挥官、伦巴第裔军官阿尔吉罗斯（Argylus）看来，挽救这个行省的唯一希望在于帝国与教廷结盟。对阿尔吉罗斯颇为信任尊重的皇帝完全同意这一点。

凯鲁拉里奥斯却完全从教会的角度出发，立即表示了强烈抗议。他对拉丁人既厌恶又不信任，更不满教皇的最高权威。他清楚，这样的同盟即使能够成功驱逐诺曼人，也会让此前诺曼人控制的土地脱离君士坦丁堡教会的管辖。甚至在奇维塔特的战败之前他就已经下手。得知诺曼人在教皇批准之后，在南意大利的希腊教堂之中行拉丁礼仪——特别是圣餐时使用无酵饼——他立即下令君士坦丁堡的拉丁教堂采用希腊礼仪，当他们拒绝之后他便关闭了他们的教堂。尔后他做出了更为灾难性的举动，说服保加利亚教会的大主教奥赫里德的利奥，向阿普利亚的希腊教会主教特拉尼的约翰送去一封信，要求他转交给"所有法兰克人的主教、僧侣与平民，以及最尊贵的教皇本人"。在信中，他强烈谴责了罗马教会的一系列仪式，称其为罪恶，"如同犹大"。

这封信的拉丁语粗译文送到了被囚禁在贝内文托的教皇手中。愤怒的他准备了一份详细的回信，尖刻地声称"致君士坦丁堡的米哈伊尔和奥赫里德的利奥两位主教"，为牧首所反对的拉丁教会的仪式辩护，为教皇的最高权威辩护。尔后，也许恰巧在信件发出之前，又送来了两封信，其中一封的落款上留有皇帝用紫色墨水写下的潦草签名。信件已经散佚，但其中不太可能有什么值得一提的话语。存留至今的利奥的回信中，他对奇维塔特的战败表示遗憾，空洞地提出加强双方的同盟。更令他惊讶的是第二封信，在一些不合宜的措辞之外，似乎释放了善意，表达了调和的意愿。信中没有提及对仪式的争论，而是祈求教会之间更加团结。信件最后的落款上，签着君士坦丁堡牧首米哈伊尔·凯鲁拉里奥斯的名字。

318　　　也许是皇帝说服了牧首伸出橄榄枝，尽管更可能如此的是特拉尼的主教，毕竟距离更近的他更清楚事态的严重性。无论情况如何，凯鲁拉里奥斯应当展现了真诚的善意，利奥也应当无视一些细微的冒犯——比如他被称为"兄弟"而非"父"——来平息事态。但利奥余怒未消，而且很可能已经身患重病，他的机要秘书、枢机主教穆尔穆捷的安贝尔（Humbert of Mourmoutiers）——他在此后的一系列事件中展现了与牧首相当的顽固与尖刻——轻易地说服了他把自己的名字签署到另外两封回信上，并批准一个官方使团前往君士坦丁堡送信。

第一封信送到了牧首手中，信中称他为"大主教"——多少比上一封信礼貌一些，然而依然斥责了他质疑拉丁礼仪这一不可原谅的肆意妄为，指责他自命不凡，宣称普世权威（这很可能是源自翻译错误），最终指控他的继任不合教规——这是毫无合法根据的蓄意诋毁。第二封信送给皇帝，主要是讨论政治事务。然而信中依然带着刺，在最后一段强烈抗议凯鲁拉里奥斯"许多无法容忍的放肆行为……若是他继续如此——这是上帝不允许的——便无法维持现有的和平"。教皇最终称赞了送这两封信到君士坦丁堡的使节们，他相信他们会协助大牧首幡然悔悟。

利奥是个能力出众且睿智的人，但这一次他严重误判了形势。他急需支援以抵御诺曼人，本应该抓住与希腊教会和解的机会。如果他对君士坦丁堡的情况稍有了解，他也应该知道皇帝——此时已经朝不保夕，和他自己一样——不可能再更改牧首的决定。更何况牧首的性格本就非常强势，而且得到了全体市民的支持。更不明智的是他在这个格外微妙的外交任务上选择了这样的谈判代表。安贝尔思维狭隘，固执己见，而且向来敌视希腊世界；另外两人——枢机主教洛林的弗雷德里克［Frederick of Lorraine，此后成为教皇斯蒂芬九世（Stephen Ⅸ）］和阿马尔菲大主教彼得（Peter），都参与了奇维塔特之战，并因此怨恨背弃了他们的拜占庭帝国。

319

405

教皇特使来到君士坦丁堡（1054）

三位教皇特使在 1054 年 4 月初抵达君士坦丁堡。谈判的开始极不顺利。他们与牧首会面之后，立即认定他接待的礼仪是冒犯，便恼怒地扔下教皇的信件离开了。凯鲁拉里奥斯在读完来信之后也陷入了狂怒。他最不希望发生的事还是发生了：自己违心做出的和解提议被无礼回绝。更麻烦的事还在后头。皇帝在以惯常的礼仪接待使节之后，请他们以希腊语公布教皇此前那封还没拆开的、给牧首和奥赫里德的大主教的信件，还派人进行详细记录以免留下争议。

对米哈伊尔·凯鲁拉里奥斯而言，这是最后的冒犯。当他知道这封给他的信存在时，信的译文早已传遍全城。当第二封信最终交到他手上时，他发现上面的印封早已被拆开。很明显，这些信使早就拆开了信。若是这样，他岂不是可以随意给他人观看了？而且他清楚，他们完全可以篡改其中的内容。他相信，这些所谓的使节不但无礼，也完全不守信用。他就此宣布，拒绝承认他们的使节身份，也拒绝与他们继续交流。

作为教皇的官方代表团，已经得到皇帝的热情接见，却不被牧首承认，还遭到无视，这样的状况终究不会持久。对凯鲁拉里奥斯而言幸运的是，使团到达几个星期之后，教皇于罗马逝世的消息便传来了。安贝尔和两位同僚是利奥的私人代表，利奥死后他们便没有任何官方代表地位了。牧首对事态的发展自然颇为满意，代表们却全然没有难堪的神情，这一定让牧首的喜悦之情有所减弱。理论上他们应当立即起程返回罗马，然而他们依然留在君士坦丁堡，对罗马事态的发展似乎毫不在意，而是愈发高傲与高调。斯托迪奥斯修道院的僧侣尼基塔斯·斯特萨托斯（Nicetas Stethatus）对教皇被公开的来信做出了尖锐的反驳，指责拉丁仪式中使用无酵饼、在安息日斋戒、要求教士守贞的行为。尽管这些反驳称不上雄辩，文字却至少是礼貌且尊敬的。但安贝尔并没有给出理性的回应，反而还以近乎癫狂的责骂，称斯特萨托斯是"行瘟的皮条客"，是"恶人穆罕默德的信徒"，声称他是从戏园或者妓院中走出来的，最终宣布将他和与他有同样"荒谬信条"——他对具体内容却完全未加辩驳——的人革除教籍。这位枢机主教如今可谓与大多数拜占庭人的观点一致：罗马教廷几乎与一群粗野的蛮族无异，根本无法与他们辩论，更不可能与之达成协议。

米哈伊尔·凯鲁拉里奥斯欣然得知他的仇敌不但失去了权威，还公开出丑，便继续保持平静。即使当皇帝因为担心无法与教皇达成自己决心达成的同盟，迫使斯特萨托斯收回指责并道歉时；即使当安贝尔向君士坦丁提出"和子"问题，挑战拜占庭神学此时的基石之一时，牧首也没有发表任何意见，希腊教会的权威们对如今城中不体面的吵架仿佛毫不关心。最终，如凯鲁拉里奥斯所预料的那样，安贝尔失去了耐心。1054 年 7 月 16 日，星期六的下午三点，三位罗马教皇的前使节，包括两位枢机主教和一位大主教，穿上全套仪服，走进圣索菲亚大教堂，面对参加圣餐礼的所有神职人员，站在圣坛之上正式宣读了革除教籍的敕令。读完之后，他们象征性地掸了掸脚上的尘土，转身径直离开了教堂。两天后，向皇帝正式辞行之后，他们带着一如既往好客的皇帝赏赐的大批礼物返回了罗马。

革除教籍（1054）

即使我们忽视这个事实——使节团并不能代表罗马教廷——那份敕令按教会法令来看也应属无效，这段宣称也是令人惊讶的。斯蒂芬·朗西曼爵士如此评论：

321 　　在这份重要的历史文件中，明显的错误之多堪称罕见。安贝尔这种学识的人能够写下如此可悲的声明已属不寻常。文章起初便否认凯鲁拉里奥斯个人，以及他君士坦丁堡主教的牧首身份，声称承认凯鲁拉里奥斯的人都是卖官鬻爵者（即使他所属的罗马教廷也有这一主要恶习，安贝尔自己也清楚这一点），声称他们鼓励阉割（即使在罗马也这样做），声称他们坚持给拉丁人重做洗礼（至少当时这没有发生），允许教士结婚（说法有误，事实上是允许已婚者成为教士，已成为教士的未婚者不得结婚），给临盆乃至濒死的妇女施洗（基督教古来有之的习俗），抛弃摩西十诫（全无此事），拒绝让剃须者领圣餐（全无此事，但希腊教会确实不提倡教士剃须），还无视了信经的一句话（与事实截然相反）。做出这样的指控之后，对关闭君士坦丁堡的拉丁教堂以及不遵守教皇指令的抗议，便毫无意义了。[1]

---

[1] 《东方的分裂者》（*The Eastern Schism*）。

第十八章　莫诺马修斯与大分裂（1042～1055）

革除教籍的消息如同野火一般传播开来，支持牧首的示威者在城内各地聚集起来。他们起初是针对城中的拉丁人，但很快这些暴民便找到了新的发泄目标：皇帝。他们认定皇帝对教皇使团显而易见的同情纵容了他们的肆意妄为。对君士坦丁而言幸运的是，他还有一个替罪羊。阿尔吉罗斯此时仍在意大利，安排与教皇的同盟，对这一系列发展一无所知，但他在都城的家人被立即逮捕。这在一定程度上平息了不满情绪，但直到这一敕令被公开焚毁，三名使节均被正式开除教籍之后，骚动才得以真正平息。

这就是 1054 年初夏的君士坦丁堡发生的事，这一切最终导致了东西方教会的长期分裂。这个故事之中充满了不光彩，虽然裂痕是不可避免的，但这一系列事件本不该也不需要发生。若是濒死的教皇或者耽于享乐的皇帝稍微多展示一点决断力，或者狭隘的牧首与愚昧的枢机主教稍微少一点顽固，事态本来是可以挽救的。南意大利爆发的危机是一切的起源，而罗马与君士坦丁堡之间的政治理解对这一重要地区的安定而言至关重要。致命一击由已死的教皇派来的三名事实上无效的使节发出，他们代表群龙无首的教廷——此时新教皇还未选出——发表了既不合教规也不准确的指控。拉丁方与希腊方的革除教籍令都是指向出言冒犯的个人，而不是指向他们所属的教会，而且命令同样可以废除，此时双方也都没认定这是永久的分裂。理论上他们也没有分裂，毕竟此后东部教会两次——十三世纪时在里昂、十五世纪时在佛罗伦萨——出于政治考量，被迫承认罗马教廷的最高权威。止血带虽能止血却无法医好伤口，1965 年的大公会议也没能将其彻底弥合。九个世纪前枢机主教安贝尔和牧首凯鲁拉里奥斯共同为基督教教会留下的伤口，至今依在流血。

君士坦丁堡大学（1054）

尽管君士坦丁九世的执政时期满是各种各样的灾难，政治动荡、教会分裂与军事失利接连不断，但都城的有闲阶级的日子还是比多年之前好多了。皇帝虽然有种种过错，他的优雅风尚却是节俭成癖的巴西尔二世执政时与没教养的帕夫拉戈尼亚人执政时不曾有的。自紫衣贵胄君士坦丁七世执政的时代结束之后，宫廷典礼便不再如此奢华，在娱乐上的挥霍也从未有如此之多。皇帝本人虽然不算博学，但至少是有文化的，他鼓励艺术与科学的发展，把有真才实学的人留在自己的身边。其中的佼佼者便是普塞洛斯——历史学家、政治家、人文学家、哲学家，也是那个时代最显赫的古典学术研究者。更重要的是他还是个出色的演说家——那时这一技巧的重要性要比如今大得多。可惜的是他也自私自利、伪善且自负，而且会以最令人不齿的方式背叛。下文将具体提及。

皇帝身边的博学者除了普塞洛斯，还有普塞洛斯最亲密的老朋友——法学家特拉布松的约翰·西菲林努斯，据说他博闻强识，记住了帝国所有的法令；普塞洛斯的老师——诗人与学者约翰·马罗普斯；以及他的主要大臣君士坦丁·利休德斯。十一世纪中期的文化复兴主要是在他们的推动下实现的，最重要的事件便是在 1045 年恢复君士坦丁堡大学。

323

第十八章　莫诺马修斯与大分裂（1042～1055）

他们最先考虑的是法学院，那里在巴西尔的时代衰颓不堪，在莫诺马修斯在位时，都城之中连一个法学教授都不剩了。此时，在马罗普斯将其恢复后，约翰·西菲林努斯出任院长，还被授予"卫法者"（nomophylax）的称号。新设的哲学院课程则交给普塞洛斯，担任"哲学执事"（hypatus）。另外还开设了古时的"三学科"，即语法学、修辞学与论证学；还有"四学科"，即代数学、几何学、天文学和音乐学；最重要的则是哲学，一切知识的汇总。

仅仅几年之后，这座大学便再度声名远播，甚至传到了基督教世界之外。在此前的两个世纪之中，是阿拉伯人而不是希腊人控制着学术界，他们说君士坦丁堡所谓的智者连骡子都不如，是彻底的蠢驴。如今，靠着普塞洛斯和他的朋友们，以及君士坦丁·莫诺马修斯的大力资助，君士坦丁堡恢复了旧日的名望，再度成为欧亚学者云集的地方。普塞洛斯谦逊地对米哈伊尔·凯鲁拉里奥斯写道：

> 凯尔特人（Celts）和阿拉伯人如今是我们的囚徒了。我的名望让东方与西方的他们拥入我们的都城。尼罗河的河水灌溉埃及人的土地，但我的金句在灌溉他们的精神。询问波斯人和埃塞俄比亚人，他们都会说他们知道我、仰慕我并愿意拜访我。近期还有一个巴比伦人抵达，只为从我的滔滔雄辩中汲取些许滋润。

这一切无疑提升了帝国自巴西尔二世逝世之后二十年间不断下滑的国际地位，然而最大的益处还是体现在国内。多年以来，足以胜任的法官和训练有素的行政官员无法满足需求，而在君士坦丁执政的末期，新大学提供了大量受过高等教育的年轻人，以纳入帝国政府的高层管理体系。他们的学识在此后将愈发宝贵。

324　　在安贝尔和他的朋友们离开之后，君士坦丁九世的威望再也未能恢复。人们依然怀疑他（也有理由如此）同情拉丁人，而他对牧首所说的蹩脚且近乎乞怜的借口——试图把责任完全推给众人——无法说服任何人。无论如何，此时的他只是个可怜人。在这次羞辱之后不久，他退隐到他修建的曼加内修道院，他的棺椁就在那里，玛丽亚·斯科莱鲁坟墓的旁边。那里也许有君士坦丁堡前所未有的奢华建筑。普塞洛斯如此记载：

> 建筑物用黄金装饰，如同天上的繁星。天上的繁星尚有间隔，这座建筑物却完全覆盖着黄金，如同从中央流出的无尽溪流一般。周围的小建筑物或全然或部分被修道院包围。附近所有的土地都被铺平，范围超出目力所及。此外又有一圈更大的建筑群，草地上种满了鲜花……其中配有喷泉，或者悬挂或者成斜坡的花园延展到平地，浴池之美绝非言语所能描述。[①]

在这座浴池中，皇帝每天都要在其中停留几个小时，试

---

① 普塞洛斯还提到，君士坦丁九世在园中修造了一个与地面完全平齐的水池，以至于行人时而不甚落入池中。皇帝时常观看行人落水，还颇以此为乐。——译者注

图从痛苦之中寻求些许解脱。但在 1054 年秋，气温降低之后，他停留的时间就太长了。他因此罹患胸膜炎。起初他的疾病似乎有好转的迹象，而后他的病情却迅速恶化。他挺过了新年，在 1055 年 1 月 11 日逝世。

第十九章　灾难序曲（1055～1059）

　　你会觉得他进入都城的场景如同真神降临一般……
我曾经参与了许多次皇帝巡游，在典礼上更多是担负宗
教任务，但我人生之中从没有见过如此盛大的景象。不
只是城中的平民、元老院成员、成群结队的农民和商人
欢聚在一起，还有神学院的学生、山顶的居民、离家到
墓穴般的石洞之中冥思的隐士，甚至住在半空中的柱顶
苦修者都加入了人群。所有人，无论从石穴、半空中还
是高山上来到平地，都让皇帝进入都城的队列成为人们
心中难以忘怀的盛景。

　　　　——米哈伊尔·普塞洛斯，描述伊萨克一世进入
　　　　　　君士坦丁堡时的景象

　　君士坦丁九世逝世时早已是鳏夫。托尔尼克斯叛乱之后
三年，大分裂之前四年，在 1050 年的某一天，他的妻子佐
伊先他而去了。有些令人惊讶的是，他为此悲痛欲绝。他确
实欠她很大的情，他的皇位，以及和他情人的夫妻之实，都
是拜这位老女皇所赐。另一方面她也比他年长许多，两人的

夫妻生活——无论是否有过——不可能长，而且从现存记载来看，双方都对此毫无热情。因而在许多人看来，他的悲痛似乎有些过度，还把她坟墓立柱上长出的蕈当成神迹，声称这是她与天使同列的证据。①

　　无论如何，没有留下继承人的君士坦丁逝世之后，帝国的皇位再度交给了塞奥多拉。自从十三年前离开她的修道院之后，她的皇权至少是颇为模糊的。但现在，在一如既往地拒绝成婚——即使是理论上的婚姻——之后，她开始亲自管理帝国。从各个角度来看，她管理帝国都可谓颇为高效，她主持正义、制定法律、接见使节，并固执地拒绝了牧首一次次管理帝国政府的请求。然而一个问题依然存在：谁来继承她？她的身体上与精神上几乎没有显现出衰老的迹象，似乎和此前一样状态良好，然而此时她已经七十七岁，不可能活太久。显然塞奥多拉必须安排好继承问题，然而迷信的她畏惧死亡，不肯面对这个紧迫性与重要性都与日俱增的问题。

　　当这个问题依然悬而未决时，1056 年 8 月的最后几天，她突然严重腹痛。这次没有人怀疑下毒——病因有可能是急性阑尾炎，病情很快便恶化到无药可救了。她的幕僚们匆忙地召开了会议，选出一个最合适的继承人，

326

――――――――――――

　　① 圣索菲亚大教堂南画廊的东墙上留下了一幅同时代的镶嵌画，描绘佐伊与君士坦丁侍立于基督身边，然而这幅画三个形象的头部都有明显的修改痕迹。佐伊的画像描绘的是一个年轻得多的形象，很可能是源自她和罗曼努斯·阿尔吉罗斯成婚时；画像的头部很可能在米哈伊尔五世流放她后被抹夫，在他于 1042 年逝世之后被修复。君士坦丁的画像则更为可疑，很可能掩盖了罗曼努斯三世、米哈伊尔四世的形象，上面的叙述文字已经模糊得难以辨认。

并让这位弥留之际的老女皇批准。与会的普塞洛斯惊异地发现"他们把帝国如同骰子般玩弄在股掌之中"。他们最终选择了一个年老的显贵米哈伊尔·布林加斯（Michael Bringas），他曾经担任军务部部长①，这个部门的职务主要是管理军政。② 普塞洛斯轻蔑地写道："此人更适合被他人管理，管理他人时则是一塌糊涂。"然而在皇位旁的那群老于世故的官僚看来，这是极为有利的，他们想要的正是米哈伊尔那样的庸才，让他听从他们的指导，从而操控着他管理帝国。

"年迈者"米哈伊尔（1057）

327　　当他们大约在8月31日正午达成决定时，老女皇已经病入膏肓。她无法言语，但她身边人坚称他们看到她点头同意了。在牧首这边也耽搁了一段时间——他一如既往地拒绝被无视——牧首要求证明米哈伊尔是塞奥多拉本人所指定，而非她的幕僚们自行决定。然而他最终还是宣称满意，并在当天下午进行了加冕典礼。几个小时之后，马其顿王朝皇室的最后一个成员逝世。米哈伊尔六世（Michael Ⅵ）——记载时而称他为"军务部部长"，但更多称他为

---

① 军务部部长的主要职能是为官兵支付薪酬，准备武器装备。在这个货币贬值明显、薪饷拖欠严重、装备与训练的费用屡遭克扣的时期，担任这个职务的人本身就不受军界欢迎。——译者注

② 施伦贝格尔认为米哈伊尔此前一直在担任武官，这一说法应当有误。新皇帝事实上是从文官之中选出的，他也厌恶武官。详见下文。（伯里教授的官职研究中也认定军务部部长为文官，属于"财务官"分类。——译者注）

第十九章　灾难序曲（1055~1059）

"年迈者"——成了罗马帝国的最高权威。

他的执政以一段闹剧开始。加冕礼次日清晨，君士坦丁九世的堂表亲或者侄辈塞奥多西奥斯（Theodosius）自以为皇位应当由他继承，便发动了一次政变。他攻破了主要的监狱，释放了监狱中所有的囚犯，他们也自然团结在他的旌旗之下。在他抵达皇宫之前一切都发展顺利，但当他遭遇了瓦兰吉卫队以及一批帝国舰队的水手时，他的勇气顿时化为乌有。他掉头逃进圣索菲亚大教堂，出于某种我们难以理解的理由，请求牧首支持。然而他完全误判了形势。在他进入教堂之前，大门就当着他的面关上了。他的追随者此时正在迅速解散，不久之后叛乱者便只剩下塞奥多西奥斯和他的儿子了。两人躲在外侧的门厅中，吓得连逃跑的力气都没有了。幸运的是，他们没有受鞭刑，不过似乎也没有人觉得他们值得刺瞎。他们被流放到帕加马，这一切仅仅增加了公众对皇帝的支持，巩固了他的皇位。

米哈伊尔六世是罗曼努斯二世与塞奥法诺摄政时期的重要官员、约瑟夫·布林加斯[①]的远亲，然而他完全没有这位先辈的政治敏锐性。十一世纪中期的拜占庭城中，政府管理的第一要务就是保持行政官僚与军事贵族的平衡，米哈伊尔却完全倒向了一方。1057年春——在每年的复活节典礼期间，皇帝通常要赏赐那些前一年表现出色的人——整个元老院的成员，以及所有政府高官，都惊讶地收到了大笔赏赐，得到升职，有些人甚至连升了两三

328

---

① 见第十一章。

级。尔后武官们前来觐见。再度见证了这一切的普塞洛斯描述了发生的一切。

> 觐见他的人都是高贵的勇士，颇有名望。在向他行礼并按惯例致敬后，他们奉命肃立一旁。此时他应当与他们单独交谈，说几句客气话。然而他先把他们全部斥责了一番，然后，再让两位主要军官伊萨克·科穆宁和卡塔卡隆·凯考门努斯上前。他开始公开对伊萨克大加诋毁。他声称伊萨克除了没有丢失安条克之外全无作为，让军队腐化堕落；全无领导才能，还侵吞国民的钱财以满足自己的贪欲，而不是赢得胜利。本期望着得到提升和奖赏的伊萨克在听到如此恶毒的羞辱之后目瞪口呆。当他的下属军官打算为他辩护时，皇帝甚至禁止他们发言。

不管怎么说，这次典礼都可谓悲哀。在两位将军看来，皇帝根本没理由指责他们，这一切仿佛是孩童赌气一般。之前的四十年间他要低声下气地忍受军事贵族的冒犯，现在的他终于有机会说句心里话了，而他说得相当直白。此后，他也没有表现出任何的后悔之意。应将军们的要求，于几天后再度会面时，他本可以道歉，或至少做出些善意姿态。但他完全没有这么做，他的倒台也就此注定。

愤怒的将军们决定行动起来。他们受够了胆怯的官僚们掌控的政府，受够了那些当军队日益衰颓、帝国的敌人全线进军时，依然只顾一己私利的人。他们决心借此机会，结束由那些软弱无能的皇帝与操纵朝政的阴阳怪气的宦官统治帝国的日子，恢复罗马传统，推举英白拉多，让身为国家最高统帅的皇帝亲率大军走向胜利。[①] 但推举谁呢？伊萨克·科穆宁是最合适的人选，但他坚定拒绝接受，并返回自己在帕夫拉戈尼亚的家中退隐。然而他的同僚们（冒着一定的风险）依然在都城寻求支持，并欣然发现了一个出乎他们意料之外的盟友，也是他们在军界之外所能找到的地位最高的支持者：米哈伊尔·凯鲁拉里奥斯，君士坦丁堡牧首。一年前他没有为那个荒谬的塞奥多西奥斯打开圣索菲亚大教堂的门，现在却悄然迎进了一群密谋者。

329

伊萨克·科穆宁进军（1057）

当晚，在夜幕掩护之下的大教堂中，拜占庭帝国的武官们进行了秘密会议，商讨如何推翻米哈伊尔六世，并推举他的继任者。由于伊萨克·科穆宁不肯接受，他们首先推举了老皇帝所斥责的另外一人——卡塔卡隆·凯考门努斯，至少他要年轻得多。然而卡塔卡隆也不肯接受，他坚持认定伊萨

---

① 罗马帝国的最高统治者"皇帝"实际上对应拉丁语中的两个称号——奥古斯都（希腊语称瓦西琉斯）和英白拉多（希腊语称独帝，"Autokrator"）。"奥古斯都"源自罗马帝国的第一位皇帝屋大维，其意义为帝国之中地位最高的公民，由元老院授予，再由公民们以欢呼承认；"英白拉多"这一称号出现得更早，是国家的最高统帅，由军方推举，典礼则是士兵们用盾牌将新英白拉多托举起来。在拜占庭时代，虽然多次出现几位皇帝共治的情况，但这一习俗依然遗存下来，只有掌控军权的皇帝才能够称为"独帝"或者英白拉多，其他皇帝只能称为瓦西琉斯。——译者注

克是唯一的选择，处于领导地位又意志坚定的他很快说服了众人。若是他的同僚们一致前去正式要求他称帝，他又怎么可能拒绝呢？于是，1057年6月8日，在帕夫拉戈尼亚的私宅中，伊萨克·科穆宁自立为罗马皇帝。一个月之后，卡塔卡隆从家乡科隆尼亚（Colonea）前来与他会合，并且带来了至少八支部队，包括五支帝国部队，以及另外三支异族仆从军——瓦兰吉部队、法兰克部队和诺曼部队。

伊萨克·科穆宁所率领的推翻米哈伊尔六世的运动绝不只是暴动，与乔治·曼尼亚克斯和利奥·托尔尼克斯之类煊赫一时的军事冒险不同。这是全面的内战，亚洲的全部部队被调集起来反叛皇帝，还得到了帝国各界人士的支持。伊萨克是以传统的方式，被士兵们用盾牌托举起来即位，获取皇位的合法性甚至还要超过米哈伊尔；在他的支持者和自己的眼中，伊萨克并非僭位者，而是合法的皇帝。此外，他们也开始以他的名义征税了。当他和卡塔卡隆向君士坦丁堡进军时，自然几乎没有遇到任何抵抗。每一次扎营时，都有越来越多的当地平民和士兵涌入他的麾下，以至于近乎陷入混乱。幸运的是，伊萨克的组织能力与指挥能力都颇为出众。据说，只要看他一眼，就不敢反对他了，壮汉见到他皱眉也会战栗。他就此在那里开始严格的训练计划，征募的每一个330 士兵都经过了仔细检查，那些体能或意志不足的人都被分配到后方，那些勇敢且服从指挥的人则被编入新组建的部队中。每支部队在军营之中与行军之时都有安排好的区域，每个人也有属于自己的位置。靠着征收的税金，这些士兵的薪俸都及时全额给付了。

第十九章　灾难序曲（1055～1059）

就我们所知，米哈伊尔六世在得知自己的对手自立为帝之前对一切还懵然无知。尔后别无选择的他将欧洲的部队调来，与依然忠诚的少量亚洲军队合兵一处。这支部队实在没有什么令人称道之处。和伊萨克的部队一样，其中包含大批异族佣兵，而且他们很快就要和自己的同族作战了。这支部队交给了近卫军团元帅塞奥多尔（Theodore）指挥，此人原本是侍奉塞奥多拉的宦官，如今已经被提升为元老重臣；他的副手是朝政大臣亚伦（Aaron），是保加利亚的王公后裔。然而不幸的是，他恰巧是伊萨克·科穆宁的妻舅，伊萨克多年之前已经和他的姐妹凯瑟琳（Catherine）成婚。

在8月初抵达君士坦丁堡后，塞奥多尔和亚伦立即渡海进入亚洲，在尼科米底亚建立起指挥部。这是个灾难性的错误。若是他们继续前往尼西亚，那里不但城防坚固，还扼守着马尔马拉海沿岸的咽喉要道，没有船只的伊萨克很难继续进军。然而这座城市未经抵抗便落入了他的手中，让他就此获得一个理想的行动基地，以继续进攻都城。

两支大军各自在尼科米底亚与尼西亚之间扎下营盘，相距仅仅五英里，接连几周都没有行动。当双方士兵在搜寻粮秣时相遇，都试图劝说敌人加入己方，而谁也都没有成功。最终，在8月20日，双方进行了决战。皇帝的部队远没有一触即溃，塞奥多尔和亚伦英勇作战，双方都付出了相当的损失，连伊萨克·科穆宁都一时与大部队分离，被四名罗斯壮汉追逐，侥幸逃离。但这一战的最终结果是不可避免的，支持米哈伊尔六世的部队最终战败，仓皇逃回君士坦丁堡，两位指挥官也向皇帝正式递交了辞呈。

331

普塞洛斯出使（1057）

现在老皇帝的希望只剩下外交谈判了。靠着精明的谈判，也许还能有机会。一两天后，米哈伊尔·普塞洛斯和他的两位同僚——曾担任主要大臣的君士坦丁·利休德斯和元老院重臣塞奥多尔·阿罗普斯（Theodore Alopus）被选为谈判代表，出发前往伊萨克·科穆宁的军营。他们的提议颇为简单：只要伊萨克与老皇帝讲和，就能立即被立为恺撒，也就是在米哈伊尔逝世之后能够继承他的皇位。三位使节在8月25日抵达，没有得到正式接待。普塞洛斯觉得这甚至有些太随意了。将军起初只给了他们茶点，礼貌地询问他们旅途是否顺利。然而次日，他们的接待却全然不同。

> 我们面前的景象令人震惊。首先是士兵们震耳欲聋的欢呼，但并非一齐喊出，前排首先欢呼，第二排再欢呼，一排一排继续下去。当最后一排的士兵也欢呼完毕之后，士兵们再集体欢呼，仿佛惊雷一般震撼着我们。

> 皇帝（即伊萨克）本人坐在配有两个头枕的躺椅上，脚下有一个便凳，躺椅放置在外面包金的高台上。他身上华贵的长袍令他格外显眼。他颇为高傲地昂头挺胸——他的脸似乎因为用力而发红——双眼则注视着远方，仿佛陷入沉思……他的身边环绕着一排排的勇士，离他最近的是最显要的贵族们，雄壮庄严堪比古时的英雄……第二排是他们的下属军官与阵前作战的勇士，外侧还有不穿甲的轻装部队，再之后是从各蛮族国家赶来

助战的部队，有意大利人、来自托罗斯的斯基泰人，他
们都有骇人的外貌，穿着古怪的服饰，眼露凶光。一些
人拔去了眉毛并涂满油彩，其他人则保持着原来的肤
色……最外面是手持长枪，把单刃战斧扛在肩上的勇
士们。

普塞洛斯随后用演讲复述了自己君主的提议，按他自己
的说法，这段演讲足以为演说名家狄摩西尼（Demosthenes）
增光。他记载称，起初在场的士兵难免出言反对，但随着他
的滔滔宏论，他们逐渐安静下来。当他的演讲行将结束时，
他的雄辩已经明显占了上风。伊萨克随即把他叫到身边，告
诉他自己同意接受恺撒的封号，前提条件是皇帝不得任命其
他的继承人，同时承认伊萨克以皇帝身份给他追随者的封
赏，并且允许他拥有一定文官与武官的任免权。他最后说
道："今天我们同桌共餐，明天请把我的回信转交给你们的
主君。"

得知这个消息时，米哈伊尔六世的宽慰可想而知。他立
即把普塞洛斯又派回了伊萨克的军营，声称他愿意接受所有
的条件，将会在君士坦丁堡以父子之礼迎接他，并赐予他想
要的所有荣誉与特权。同样欣喜的伊萨克立即准备出发。然
而当晚，一名信使从都城带来了一个消息：一批元老院成员
在牧首的协助和教唆下发起政变，迫使米哈伊尔六世逊位，
命其在圣索菲亚大教堂避难。起初伊萨克和普塞洛斯都认定
这一说法不过是流言，但当其他信使一个个带来同样的消
息，而且消息越来越详细时，他们最终还是相信了。普塞洛

332

斯坦承自己当晚无法入睡。身为废帝的发言人、竭力阻止伊萨克登上皇位的人，他自以为不会被轻饶。然而这位将军在次日清晨以一如既往的热情迎接了他，甚至还询问他政府管理方面的意见。1057 年 9 月 1 日，在数以千计渡过马尔马拉海迎接他的君士坦丁堡市民的陪同之下，伊萨克·科穆宁，如今的伊萨克一世，胜利进入他的都城。

"年迈者"米哈伊尔六世仅仅执政一年。他的继承者宽宏大量，没有施加瞽刑，没有将他流放，逊位就足够了。身为平民的他于不久之后逝世。

伊萨克的改革（1057）

伊萨克·科穆宁在货币上的形象是右手持出鞘的剑，这也不算出人意料。他登上拜占庭城的皇位时，心中只有一个目标：尽快恢复帝国半个世纪之前的荣耀。普塞洛斯记载称他进入皇宫的当晚，不待洗浴，甚至连衣服都不换便开始工作。他的目标是进行彻底的军事改革，并以军人的高效与坚决来执行。他并没有推行军事立法，也没有任命麾下军官担任重要职务。恰恰相反，他比所有人都清楚让大批战胜的士兵在人口众多的富裕城市之中逗留的危险。他的首要举动之一便是付清他麾下士兵的薪酬，让他们返回家乡等待征召。他也没有立即解除政府官僚们与元老院成员的职务。他只是保证军队将再度获取佐伊和她的家族曾经提供的丰厚财政支持，并迅速恢复了严格的军务管理。巴西尔二世早已证明，这是帝国安全的最后保证。

但这一切都是要钱的。为了弥合帝国近年遭受的巨大创伤，伊萨克毫不犹豫地采取了激进手段。当他惊讶地发现巴西尔庞大的积蓄都被他的继承者们挥霍一空（很大程度上花在给身边人的赏赐以及自己的享乐上）时，他立即开始推行大规模的财产查抄行动。他没有干涉旧有的合法地产——他自然不会损害自己所属的贵族阶层的利益——而是查抄了那些近期白白赏赐给宠臣与佞幸的地产，也没有补偿他们。被查抄的人，若是一个普通的俗世人，就算抗议也没有用，毕竟他们没有合法的抗议理由，对此他们心知肚明。

但当伊萨克处理教会地产时，他自己也清楚这等于自找麻烦。米哈伊尔·凯鲁拉里奥斯在继任之后便不断巩固自己的地位，如今地位近乎与君主相当，而且远比君主受欢迎。牧首自以为是他推翻了米哈伊尔六世，认定伊萨克的皇位是靠自己才获得的，并为此期待着回报。皇帝的想法则是，在他看来不会威胁到帝国利益的方面，他是乐于相助的。他欣然地把原本由皇帝管辖的圣索菲亚大教堂的管理权交给教会，同时许诺不会干涉牧首的教会事务，凯鲁拉里奥斯也许诺不干涉帝国的世俗事务。两人认定的分界线在哪里却很难确定。在这个问题上牧首的观点十分坚决，他甚至引用了所谓《君士坦丁捐赠书》①的说法，威胁废黜伊萨克，斯基里泽斯还记载他穿上了皇帝的紫靴。

这在伊萨克看来太过分了。当凯鲁拉里奥斯在君士坦丁堡时，伊萨克无法对太受欢迎的他下手，但在 1058 年 11 月

334

---

① 这一说法认定君士坦丁大帝曾经有意把皇冠留在教会之中，允许教会选定罗马人的临时皇帝。见第一卷。

8日，当他离开都城前往城外一座修道院时，一批皇帝的卫士将他逮捕并流放。然而那时的他依然拒绝放弃牧首之位，皇帝别无选择，只得正式宣告将他解职。为此，宗教会议谨慎地在一座地方城市召开，而随后的发展多少有欲加之罪何患无辞的味道。检举书——依然是普塞洛斯的作品——指控牧首为罪恶的渎神异端。顽固的牧首在精神上当然可以坚持抗辩，但年事已高的他无法承受如此负担。在愤怒与灰心之中，他在下达判决之前便逝世了。

伊萨克起初似乎取得了胜利，但随后事态的发展证明，他的斗争远没有结束。本地的市民得知自己爱戴的牧首被逮捕时，几乎无法抑制愤怒，认定牧首与殉道者相当。暴乱随即开始，尽管此后秩序恢复了，皇帝的声望却无法恢复了。当他即位刚过一年时，教会、官僚和君士坦丁堡的市民都坚定地反对他。只有士兵们无一例外地支持他，也正是靠他们，帝国的东部边境才得以保全，马扎尔人的大规模入侵也得以被击退，连凶悍的佩切涅格人也一度无路可走。普塞洛斯对这个可畏的部族留下了一段难以忘怀的记述：

> 他们比其他任何部族都难以战胜与驯服……他们不穿胸甲，不配手套，不戴头盔，也不用盾牌和刀剑。长枪是他们手中唯一的武器，也是唯一的护具……他们不建造保护自己的栅栏，也不知道要在营地周围挖掘壕沟。这一伙亡命之徒密集成群，高声号叫着混乱地冲向敌人。如果他们成功地击败了敌人，就继续组成塔楼一

335

般的坚实阵列，追逐并毫无怜悯地屠杀。如果对方挡住了他们的突击，他们就会立刻拨马逃到安全的地方。但他们的撤退毫无秩序……他们同时分散，而后再靠着某种奇怪的方式聚集到一起。有的从山上冲下来，有的从深谷中爬出来，有些人跨过河流，离开各自不同的藏匿处。当他们口渴时，如果能找到水源，不论是泉眼还是溪流，他们就一拥而上将水一饮而尽；如果找不到水源，他们就跳下马用刀取马血喝……在他们杀死了最肥的马匹之后，他们会立刻用任何找得到的木柴生起火来，稍微加热一下剁下来的马腿，就立刻连血带肉全部吞掉。就餐结束后，他们迅速回到自己原始的小屋中躲避，如同蛇一般把深谷或峭壁当成自己的屋墙。

他记载称，当佩切涅格人看到伊萨克部队无法攻破的盾墙时，他们畏惧不已，放弃了一拥而上靠人多势众取胜的传统手段，而是分散成小队攻击。见攻击不见效，他们又分散开来，宣称三天之后再战。三天后，伊萨克整军出战，却发现他们已经逃走。他就此掠夺并摧毁了他们的营帐，带着大批战利品返回都城。

严重热病（1059）

伊萨克·科穆宁超人的精力震惊了所有接触过他的人。无论是在宫中还是出征，他很少睡觉，甚至几乎不休息。他唯一的娱乐便是打猎，打猎时也和在其他工作中一样不知疲倦。但在1059年年末，他在一次打猎之中罹患的发热病缩短了他的寿命。起初他认为这病不必忧虑，但随着病情恶化，他被迫在几天之后乘船返回布拉赫内宫。很快他的病情便恶化到朝不保夕了，然而他依然坚定地要在离世之前返回圣宫。普塞洛斯如此写道：

336

> 他证明了自己完全不曾失去原本的勇气。他不靠任何人搀扶就离开了卧室，对他这个自立的人而言很正常。如同疾风中的柏树一样，他走路时步履蹒跚，手不住地颤抖，但依然不靠他人帮助。在这样的情况下他骑上了马，但他一路上情况如何我并不清楚，因为我要从另一条路加急赶去。我成功在他之前抵达，但当他到达时，我看出他已经极度不安、生命垂危。他身边的家人们悲伤地哭泣着。如果可能的话，他们真愿意与他一同离世。

此时，濒死的皇帝决心成为僧侣。他的妻子凯瑟琳——保加利亚的约翰·弗拉迪斯拉夫的女儿——对此强烈反对，但他依然不肯改变心意，坚持要推举自己的继承人。他唯一的儿子已经夭折，他还剩下女儿玛丽亚（Maria）、兄弟约翰（John）和五个侄子。然而他的选择不是他们，而是君士坦丁·杜卡斯——几年前恢复君士坦丁堡大学的博学者中地位最显赫的人，并将帝国交给他一人统辖。尔后他返回了斯托迪奥斯修道院，成为僧侣，并在几天之后逝世。

继任者问题（1059）

至少普塞洛斯的记述如此。其他编年史家的记载有所不同，一种说法是伊萨克并非在病榻上逊位，而是自愿逊位——当然可能颇为沮丧——因为他无法解决一系列的政治问题。最准确的事实自然无法确知，然而自愿逊位的说法似乎确实与伊萨克的性格不符。普塞洛斯的记载颇为详细，也更为似然。无论如何，还有一个重要问题需要解答：伊萨克为什么没有选择一位已经功勋卓著的武官，一位能够继承他行之有效的政策（至少在军界如此）的人，却选择了一个昏庸无能的糊涂蛋官僚，让他撤销自己所推行的一切政策——他必然清楚这一点——并回到君士坦丁九世在位时的噩梦时光呢？

不难看出，这一切的背后还是有普塞洛斯的影响。让官僚派重新掌权在两年前还是不可想象的，但此时市民对伊萨克·科穆宁不满，米哈伊尔·凯鲁拉里奥斯刚刚逝世，机会又来了。君士坦丁·杜卡斯是他的老朋友与密友之一，他甚至在自己的史书中把杜卡斯奉为模范，还虚伪地记载称杜卡斯有一个额外的优势。

其他人也许会提及他取得的许多卓越成就，但 337 对我而言最重要的是，这个表里如一的可敬之人更信任我的判断，而不是我对手的谋划。他究竟是比他人更能察觉到我观点之中的智慧，还是他仰慕我的性格，我不得而知，但他格外依赖我、宠信我，胜过其他人。他会专心地倾听我说的每一句话，在宗教问题上只听从我的意见，还把他最贵重的地产交给我管理。

普塞洛斯对伊萨克·科穆宁的掌控绝对达不到对君士坦丁·杜卡斯的掌控程度，但他口才出众，完全可以说服濒死（或者是心死）的皇帝，认定君士坦丁是唯一的继承人选。如果这一说法成立，那么他身上的罪责必然极大，毕竟罗马帝国晚期的历史之中，没有哪位皇帝即位之后引发的灾难可以与君士坦丁十世相比。若是伊萨克·科穆宁能够保持健康与活力，能够统治二十年而非仅仅两年，他也许可以将军力恢复到巴西尔二世在位时的情况。而那时，这支军队将完全足以与正在帝国东部边境集结的敌人对抗。伊萨克也将得以把未受损的不败帝国作为遗产交到自己的侄子亚历克修斯手中，本书第三卷的故事将会截然不同，也会轻松许多。但历史没有如果。伊萨克的悲剧早逝，以及不可理喻的继承人选择，使接下来的大灾难无法避免；而那场灾难与再之后的另一场灾难，最终导致了拜占庭帝国的灭亡。

第二十章　曼齐刻尔特（1059~1081）

此时已是一片不堪。曾经威名赫赫、征服东西的罗
马大军，如今已经所剩无几，而且剩下的人不但贫病交
加、羸弱佝偻，装备也残破不堪。他们手中没有《圣
经》所说的剑或者其他武器，只有长枪和镰刀。而且
这还不是发生在和平年代。因为皇帝太久不曾在此亲
征，他们也没有战马以及其他的各种装备。又因为他们
被认定为羸弱胆怯、不堪征用的部队，他们得不到任何
补助款，也拿不到理所应当的口粮津贴。他们的旌旗破
败不堪，仿佛烟熏过一般肮脏，却也没有人在意。目睹
这一切的人，想到曾经的罗马军队，又看到如今衰败的
他们，难免悲伤不已。

——约翰·斯基里泽斯

伊萨克逝世几周之后，明眼人都能发现，伊萨克短暂的
统治仅仅暂时阻止了帝国的衰退。衰退在巴西尔二世于
1025年逝世、他沉迷享乐的无能兄弟继任时就已经开始，
而后在佐伊、佐伊之夫、她的妹妹和养子漫长且乏善可陈的

在位时期持续。如今，当君士坦丁十世，这位很可能是最灾难性的统治者即位时，帝国已经步入最低谷。君士坦丁称不上恶人。前文已经提及，他是普塞洛斯的密友，曾经是他的学生，在某种意义上受他的摆布，也正是他建议伊萨克让君士坦丁继承皇位。他是个博学者，在拜占庭人看来也是一位出色的演说家——尽管我们未必这么认为。此外，君士坦丁还是帝国军事贵族世家之中最古老也最富裕的家族之一的成员。如果君士坦丁能够继续伊萨克的未竟之业，在执政的八年之中建立起一支强大的军队，以面对目前已经显而易见的敌人，此时的形势也许还有挽救的可能。然而君士坦丁十世绝非天生的军人。他热衷君士坦丁堡的轻松与舒适，每天和学者们讨论，发表演讲纠缠法律的细枝末节。帝国为此付出了相当高昂的代价。

此时的官僚们再度掌握大权，其权力之大在几个世纪之中都是举世无双（也许只有古中国例外）。必须提及的是，拜占庭帝国尽管是绝对的君主制国家，其经济却颇有社会主义的风范。资本主义式的分权经营是允许的，但生产、劳动、消费、外贸、公共福利乃至人口迁移，方方面面都在国家政府的牢固掌控之下。结果便是大批官员理论上听从皇帝的命令——尽管实际上往往是接受普塞洛斯和他朋友们的指挥——并遵守一个首要信条：控制乃至彻底摧毁军方的力量。在此前的十七年中，他们之间爆发了争议，帝国也爆发了三次武装叛乱。前两次在很大程度上靠着幸运而迅速结束，第三次则成功了。现在必须让军方处于卑下的地位，以便使他们顺从于官僚们。必须克扣他们的资金，限制武官的权力，此前的农兵——许多人已经接受政府的建议，支付款项以免除兵役——则要尽快用异族佣兵来取代。

君士坦丁十世和那群学者组成的政府明显没能理解的是：第一，这样的举措很可能激起新的政变；第二，佣兵向来是不可靠的，只有在得到薪金时才会保持忠诚，若是别人愿意支付更多，情况还会变化；第三，最重要的是，他们的敌人已经兵临城下，即将成为拜占庭帝国在四百年前遭遇萨拉森人崛起之后遭遇的最强大的敌人。

大敌当前（1059）

由于他们此时来到这一地区不久，因此本书此前只简要提及了这个部族。十世纪后半叶，在中亚的河中地区（Transoxania），即咸海东南方向，阿姆河和锡尔河（Jaxartes）之间的地区，塞尔柱人兴起，他们很快便接受了当地的主导信仰伊斯兰教。此时他们依然几乎完全过游牧生活，靠劫掠为生，与周边各部开战，不放过任何一个掠夺的机会。他们在当地王公接连不断的战争之中寻找大量雇佣机会，骑上他们耐劳的小马，挥舞长剑。最重要的武器则是强弓，他们在马上就能上弦，回头射箭也如同向前射箭一般轻松，往往箭无虚发。1045年，在他们的领袖图格里勒·贝格（Tughrul Bey）的率领之下，他们分散到了波斯各地。十年之后他们更是掌控了巴格达城，将垂死的阿拔斯哈里发纳入自己的庇护之下，图格里勒·贝塔则自封"东方与西方的苏丹与国王"。

然而掌控哈里发从来都不是他们的最终目标。伊斯兰教的统治者们早已接受的拜占庭帝国，更不是他们的目标。史书上自然留下了双方许多次掠夺袭扰的记述，但灭亡拜占庭帝国的想法，在塞尔柱苏丹看来实在是不现实，乃至有些荒谬的。他们设定的最终目标是法蒂玛王朝控制的埃及，他们的国土已经囊括巴勒斯坦与叙利亚，推进到阿勒颇。作为正统的逊尼派穆斯林，近期皈依而格外狂热的他们厌恶那些什叶派的暴发户，在他们看来，这些人不但是不值一提的异端，更是伊斯兰世界统一的破坏者，因为他们在开罗扶持了对立的哈里发。他们清楚法蒂玛王朝终究打算夺取巴格达，而他们决意先下手为强，摧毁对手。然而在此之前，距离家乡更近的地方依然有一些事情要处理，而最重要的问题发生在亚美尼亚。

亚美尼亚问题（1059）

自 1045 年起，按照阿尼国王约翰·森姆巴特与巴西尔二世近二十年前达成的协议，亚美尼亚的大片土地成了拜占庭帝国的一部分，在约翰去世之后的吞并可谓君士坦丁九世执政时期唯一的外交成功。那时的他借此自夸，但他自己以及此后君士坦丁十世的政策都堪称鼠目寸光，反倒不如让那里保持独立。帝国控制东北边境上的偏远山地屏障，自然是因为看重其战略意义。然而君士坦丁九世在控制那里之后，便立即对当地坚定持基督一性论的亚美尼亚教会大加迫害，这必然激起他们的反叛。之后的君士坦丁十世不但继续这种迫害，还推行了更愚蠢的政策。亚美尼亚当地有约五万征召民兵，帝国为此豁免了他们的一些税收；然而为了获取更多

341

收入的皇帝病急乱投医，下令解散部队并强征税款。①

　　拜占庭就此失去了一个无价的缓冲地带，换来的却不是在亚美尼亚的屏障，而是麻烦。一个世纪之前的人或许会称之为"亚美尼亚问题"：帝国多了一批心怀不满、信仰不同的少数族裔，带来的问题比解决的麻烦还多。亚美尼亚的王公们若是独立自主，就会一如既往地坚决抵抗穆斯林入侵者。但如今他们士气低落且怨恨难平，难免怀疑是否会被塞尔柱人征服，或许不会比如今臣服于希腊人的境况更差。

　　图格里勒很快便开始利用这一有利态势了。他在1046年对瓦斯普拉坎的进攻以失败告终，拜占庭守军指挥官用无人防卫的营垒做诱饵，伏击了前来劫掠的塞尔柱人。然而两年后，他不服管束的异母兄弟易卜拉欣·伊纳尔（Ibrahim Inal）乘拜占庭军队因利奥·托尔尼克斯叛乱而暂时调走的时机，攻破了阿尔赞（Ardzen）。亚美尼亚史学家埃德萨的马修记载称有十五万人被杀，"男童被掳为奴隶，婴儿则被扔向岩石摔死，可敬的老人在广场上受辱，守贞的少女们则被玷污劫走"。马修的记载无疑存在夸大，但被塞尔柱人劫

---

　　① 从高加索各个独立政权所能武装的部队规模来看，这一地区的经济产出能力还是相当可观的，如果将这些地区的财税与防务统一起来，规模效应带来的红利或许能够弥补管理上的不足。悲哀的是几十年来根本没有人去做这种任务（孤儿院院长约翰的财税统一计划也没能成功，在高加索，以及保加利亚和叙利亚北部都引起了骚动乃至叛乱）。斯基里泽斯记载提到卡塔卡隆·凯考门努斯（斯基里泽斯对他青眼有加）作为高加索地区的指挥官，曾经出色地组织拜占庭－亚美尼亚的守备部队以及格鲁吉亚仆从军联合作战，击退了塞尔柱人的进攻。如果这种防卫体系可以维持，至少也能够抵挡阿尔卜·阿尔斯兰，然而君士坦丁十世的愚蠢举动再度消除了这种可能。——译者注

掠一座富裕城市的情景绝非光彩。[①] 此后这种掠夺几乎每年都要发生。君士坦丁九世为了把东部的军队调走以遏制巴尔干的佩切涅格人，和图格里勒签订了和约，但和约没能持续多久。这位塞尔柱苏丹在 1054 年亲自发动远征，在亚美尼亚的北部与中部以及埃尔祖鲁姆的平原大肆劫掠，一路劫掠到距离特拉布松仅五十英里的地方。尽管他在 1055 年进入巴格达给了帝国短暂的喘息之机，掠夺却很快又开始了。现在，当地人遭受的苦难还因为土库曼人的活跃而加剧，这些表面上伊斯兰化的突厥部族依然保留着游牧部族的传统，拒绝接受苏丹的权威，欣然继续着他们传承自祖先的劫掠生活。

图格里勒于 1063 年逝世，在一番内讧之后，他的侄子阿尔卜·阿尔斯兰（Alp Arslan）继承了苏丹之位，他是图格里勒的兄弟与共治者查格里（Chagri）的儿子。据说阿尔卜·阿尔斯兰的髭须太长，在打猎的时候都要系在颈后，除此之外，编年史家便再未留下他相貌的任何记载了。对他性格的记载则各不相同。埃德萨的马修自然声称他嗜血如命，阿里斯塔克斯（Aristakes）则认定他是反基督者，叙利亚的米哈伊尔却认为他的统治公正且出色。阿拉伯史学家伊本·阿迪姆（Ibn al-Adim）记载的故事提及他不完全遵守先知禁酒的教条，但这在同时代的穆斯林王公之中也不算多不寻常。我们可以确定的是，他是卓越的战场指挥官。即位时他

---

① 据称该城的幸存者逃到了邻近的塞奥多西奥波利斯，并称那里为"罗马人的阿尔赞"（Ardzen er-Rum），这也是该城的土耳其语名称"埃尔祖鲁姆"（Erzurum）的来源。

第二十章　曼齐刻尔特（1059～1081）

大约三十三岁，次年，即 1064 年年初，他率一支大规模的远征军出发入侵亚美尼亚，并包围了其首府阿尼。

如今来到阿尼遗址参观的游客，难免因其壮观而屏住呼吸。高耸的城墙依然部分存留，城外起伏的平原则存留着一些当时最壮丽的教堂的遗址（埃德萨的马修记载称总共有一千零一座）。直到城下才能看到阿尔帕河及其支流在此交汇，形成一道峡谷，该城才得以成为这一地区防御最坚固的据点之一。然而这一切在面对塞尔柱人时意义索然。和周边许多望风而降的地区不同，阿尼进行了抵抗，坚持二十五天后最终投降。据说在最后一刻，城中人献出了最美貌的女子和最英俊的男子以免劫掠，但阿尔卜·阿尔斯兰一如既往地冷酷无情。据称亲历了这一事件的阿拉伯史学家希比特·伊本·贾乌兹（Sibt ibn al-Gawzi）留下了这样一段记载：

> 大军入城，屠杀居民，掠夺纵火，而后在废墟中掳 343
> 掠依然存活的人……尸体多得堵塞了街道，想要走动根
> 本不可能不踩到尸体。俘虏不少于五万人。我决心进入
> 城中，亲眼见证破坏的情况。我试图找到一条我能够不
> 必踩踏尸体便能走完的街道，却根本做不到。

连亚美尼亚史学家也承认，阿尼的陷落在很大程度上源自当地居民士气低落，当地人和拜占庭的官僚们对此似乎毫不关心。即使如此，该城也是塞尔柱大军行动中唯一值得一提的阻碍。之后他们得以冲进安纳托利亚腹地；1067 年，塞尔柱人一路突入卡帕多西亚的凯撒利亚，在无情劫掠之后

继续前进到距离安凯拉一百英里处，而后才从容撤退。更可耻的是，帝国几乎没有组织任何抵抗。拜占庭帝国此时在这一地区的防务之差可见一斑。

选择新皇帝（1067）

君士坦丁十世也于同年逝世。弥留之际的他还打算让自己灾难性的政策持续下去，迫使自己的年轻妻子欧多西亚（Eudocia）发誓终生不再嫁，还要求身边人写下承诺书，以保证只有来自杜卡斯家族的人才能继承皇位。濒死的皇帝所指的基本可以肯定是恺撒约翰·杜卡斯（John Ducas），普塞洛斯也清楚如果武官贵族们再度夺取皇位，自己必然会遭到冷遇——他已经被流放到修道院中一次了，对这段经历怨恨不已的他绝不肯重蹈覆辙。但此时，凯撒利亚发生的事已经传遍君士坦丁堡，引发了广泛的警醒。即使文官之中也有很多人意识到帝国只有进行激进改革才有可能存续。问题在于，如果不发动政变，选择这样一个新皇帝的唯一办法就是让欧多西亚与他成婚——而她刚刚发誓不再嫁。

如果能够摆脱这一誓言的话，皇太后自然乐于再嫁，但她所需要的是教会与元老院的共同豁免。不幸的是，牧首正是普塞洛斯的老朋友约翰·西菲林努斯，文官派系的创立者之一；文官派的成员几乎全部是被君士坦丁指定的，因此她获得豁免的可能微乎其微。然而欧多西亚确实颇有谋略。在一名宫廷宦官的协助之下，她宣称自己是想要和牧首的兄弟，一个颇有名望的勇士成婚，而西菲林努斯自知他的兄弟向来受女士欢迎，便相信了这一说法。于是他依次把元老院

344

第二十章 曼齐刻尔特（1059～1081）

的成员召来，向他们解释君士坦丁逼迫自己妻子立下的誓言的不公。他声称这既不合法也不公正，只满足自己的虚荣心而不考虑帝国的利益。他还声称只有皇太后和显赫的贵族成婚，并让他继承皇位，帝国的利益才能得以保证。一些元老们同意他的意见，其他人则需要某种方式来说服，但最终所有人都表示同意了。如今，欧多西亚终于可以表达自己的真实想法。她会再婚，但不是和牧首的兄弟，而是罗曼努斯·戴奥真尼斯（Romanus Diogenes）——众人眼中安纳托利亚军事贵族的典范。

新皇帝罗曼努斯四世（Romanus Ⅳ）在 1068 年 1 月 1 日加冕，很可能于同日成婚。他来自一个古老显赫的武官世家，在卡帕多西亚有大量的地产。刚刚步入中年的他曾经担任塞尔迪卡的管理者，其间数次战胜入侵的佩切涅格人。然而在保加利亚时，他曾被指控图谋篡位。被判处死刑的他在返回都城之后被减刑为流放，但君士坦丁十世死后流放也被免除了。罗曼努斯被释放并带到皇太后面前，据称她对他一见倾心。她的情意究竟如何我们不得而知，很难说这是单纯的一见钟情——尽管曾在罗曼努斯麾下任职的米哈伊尔·阿塔利阿特斯（Michael Attaleiates）记载称，罗曼努斯相貌格外英俊，肩膀宽阔，双眼有神。[①] 无论是真心还是假意，这场婚姻的最主要目的是显而易见的：让一个军人登上皇位，就此拯救这个国家。欧多西亚此前倾心于同时代另一位显赫

---

① 阿塔利阿特斯还声称欧多西亚厌恶性生活，但既然她此前都是和自己的第一任丈夫生活，就我们对此人的了解来看，这也不算奇怪。不过她还是给君士坦丁生下了三个儿子。

的武将尼基弗鲁斯·博坦内亚特斯（Nicephorus
345 Botaneiates）——此人在下文还会出现。然而她的心意因为
这次见面全然改变了。动身返回卡帕多西亚的罗曼努斯还没
到家就接到了返回的命令，并在几天之后成婚与加冕。

东部战事（1070）

　　我们难免要为罗曼努斯·戴奥真尼斯感到惋惜。尽管高
傲自大，他也确实是能力出众、工作勤勉的管理者，也是勇
敢的战士，而且他清楚地体会到了塞尔柱人的威胁。他曾经
冒着生命危险试图推翻一个在他看来会毁灭帝国的皇帝，当
他继承了这位皇帝的皇位之后，他便坚决地开始恢复帝国的
国力——他最终的失败也不是他的错。无论采用何种手段，
对他而言都为时已晚。在君士坦丁堡，他必须对付厌恶他的
普塞洛斯，以及因他掌权而怨恨不已、决心铲除他的杜卡斯
家族。在战场上，他必须指挥一支士气近乎绝望、军饷拖欠
已久、装备低劣不堪，还随时可能哗变的军队，作为其重要
组成部分的大批佣兵的态度更是摇摆不定。1068 年与 1069
年，他两度率军远征东部，靠着自己的领导能力取得了一定
的成功，在叙利亚更是夺取了赫拉波利斯，有效巩固了拜占
庭帝国的防御阵线。但身为罗曼努斯麾下军法官的阿塔利阿
特斯对这些远征的描述都堪称沮丧。皇帝的勇气，以及在令
绝大多数将军绝望的情境之下的坚持，如同黑暗之中的灯塔
一般光明；然而余下的一切，便是接连不断的沮丧、无序、
怯懦与混乱。

　　东部的战斗持续到 1070 年上半年，双方最终签订了和

约。然而这一战并不是由罗曼努斯四世亲自指挥的。每次他离开都城时，他的敌人——普塞洛斯、杜卡斯家族和他们的党羽——都会谋划政变。当年内部的紧张情绪的升级，已经让他无法长时间离开君士坦丁堡。事实上他被迫停留也有一个重要的好处：他可以整顿军队，给付欠款，整备装备，安排训练，尽可能修复君士坦丁九世、君士坦丁十世以及他们先辈造成的各种破坏。他也得以借这段时间征召新军。前两年的经验显示，东部现存的部队，即使在最佳状态之下，也无法决定性地击败塞尔柱人，保证亚美尼亚以及安纳托利亚的安全。土库曼人完全不遵守他近期与阿尔卜·阿尔斯兰签订的和约，不断发动袭扰，因而在他看来和约已被撕毁。他决定在 1071 年发动远征，投入六万至七万作战部队。①

346

大军在 1071 年 3 月第二周渡过博斯普鲁斯海峡，迅速向东进军。米哈伊尔·阿塔利阿特斯依然在场，他对那个夏天发生的事件的描述，尽管留下了不少没有解释与回答的问题，却依然是现存资料之中最详细也最可信的记述。他一如既往地直白表示了自己对皇帝的崇敬。在行进了大约二百英里之后，罗曼努斯的举止却似乎有所变化，他如此记载：

> 他仿佛变了一个人，为自己独立设置营帐并安排了越来越多的浮华享受。比如在大军渡过哈里斯河时，他

---

① 部队规模一如既往是基于推测得出的。拜占庭资料完全没有提及部队规模，穆斯林的资料记载称部队规模为二十万至六十万，埃德萨的马修更是给出了一百万这个荒谬的数字。当代史学家认定六七万人的可能性最高，也有多达十万人的可能。

没有一同渡河，而是在一座他近期下令建造的堡垒之中停留了一段时间。不久之后他还下令把自己的财产和军队的辎重分开。

斯基里泽斯对这一时期的叙述明显是因袭了阿塔利阿特斯的记述，他认为罗曼努斯是受了各种凶兆的烦扰，比如营帐的主支撑杆突然断裂，以及异常的大火焚毁了他的许多私人物品，还烧死了他的几匹良马和骡子。情况也许确实如此，在那个迷信的年代，对笃信征兆的拜占庭人而言这完全可能发生。无论如何，基本可以肯定的是，皇帝在原有的高傲之外还多了其他不利的特质：孤僻、暴躁、独断以及前所未有的残忍。①

347

阿尔斯兰备战（1071）

奇怪的是，当这支拜占庭大军穿越安纳托利亚时，阿尔卜·阿尔斯兰却正在向截然不同的方向行军。他无法控制土库曼掠夺者，宣称对他们的举动不负任何责任，因而认为前一年签订的和约此时依然有效。他因此决定借机完成他筹划已久的目标：灭亡法蒂玛王朝。1070 年秋冬，他离开自己在呼罗珊（Khurasan）的指挥部，夺取了亚美尼亚的曼齐刻尔特和阿克什（Archesh）两座堡垒，而后向西南进军抵达

---

① 在远征期间，一名拜占庭士兵偷了当地人的一头驴，被发现后皇帝判处他劓刑——这一酷刑自八世纪后便很少使用了。当这个可怜人向布拉赫内宫圣母的祝捷圣像（皇帝亲征时向来携带着）祈求仲裁之后，罗曼努斯依然维持原判。阿塔利阿特斯记载称这是他首次预感到神的报复即将到来。

阿米达，并在 3 月末抵达埃德萨城下。他还没有开始围攻，便收到了皇帝提出延长和约的消息，条件是以曼齐刻尔特和阿克什交换皇帝在三年前占据的叙利亚的赫拉波利斯。他接受了这一条件，放弃围攻埃德萨并继续进军。六周之后他在围攻阿勒颇时，又遇到了正在亚美尼亚的罗曼努斯派来的另一批使节。使节的任务依然是延长和约，但此时开出的条件颇具威胁性。

如果罗曼努斯收到了阿尔卜·阿尔斯兰同意提议的回复，那么他就是在戏弄这位苏丹。就算并非如此，他现在也处于有利态势，因而发出了这样一份近乎最后通牒的提议。阿尔卜·阿尔斯兰知道自己别无选择，只能放弃对法蒂玛王朝的远征，调转方向直接返回自己的出发地。由于行军匆忙，在渡过幼发拉底河时甚至没有做好准备，不少马匹与骡子被急流冲走溺死。但对他而言这无关紧要。他清楚自己必须集结起一支规模大得多的部队以迫使皇帝接受自己的条件。他派自己的维齐尼扎姆·穆尔克（Nizam al-Mulk）赶往阿塞拜疆集结部队；他本人则前往凡湖与乌尔米湖（Urmia）之间的霍伊（Khoi，今作"Khvoi"），一路征募了约一万库尔德骑兵。他在那里与自己的新部队会合，然后前去迎击自己的对手。

与此同时，罗曼努斯则在埃尔祖鲁姆扎营，他把部队分 348 为两支。他的将军约瑟夫·塔尔哈尼奥特斯（Joseph Tarchaniotes）率领大部分部队前往凡湖北侧，进攻被塞尔柱人占据的坚固堡垒克拉特；他本人则和麾下另一位主要将领尼基弗鲁斯·布兰恩努斯（Nicephorus Bryennius）率其余部队向堡垒城镇曼齐刻尔特进军，他认定在那里不会遭到太激烈的抵抗。事态发展也正如他的预料，驻军没有抵抗便投降了。塔尔哈尼奥特斯则远没有这么幸运。具体发生的事件我们无法确知。此后的穆斯林史学家认定那里发生了一场决战，阿尔卜·阿尔斯兰取得了决定性的胜利。拜占庭史料之中却没有提到决战，最可信的阿塔利阿特斯的记载仅仅提及，听闻苏丹率大军到来的消息之后，"孬种"塔尔哈尼奥特斯便率部逃走了。他们一路逃到幼发拉底河河畔的梅利泰内，整个战役期间都未再露面。

但情况应当没有这么单纯。约瑟夫·塔尔哈尼奥特斯是一位颇受尊敬的将军，他麾下有三四万人的部队，规模很可能比塞尔柱人全部军队都大。如果认定穆斯林称他在战场上遭惨败的说法有误，那么可能发生的情况就有很多了，尽管是否如此都无从考证。或者是此前认定不该分兵的他与罗曼努斯不和，负气离开，不管付出什么代价都要证明罗曼努斯是错的；或者是阿尔卜·阿尔斯兰发动了突袭，无法集结起溃败的军队的他只得撤退；或者以阴谋论的方式解释，认定塔尔哈尼奥特斯是叛徒，是杜卡斯家族的党羽，离开君士坦丁堡就是故意为了寻找机会背叛皇帝。叛徒的说法此时看上去颇为牵强，但在这一章结束时回头再看，也不算多离谱。而且，这起码能够解释另一个谜团：为什么他完全没有给在仅仅三十英里之外的曼齐刻尔特的罗曼努斯送去任何消息。然而，无论我们对溃败的原因做出何种推测，其结果是清晰可见的：当皇帝最终在战场上面对塞尔柱人时，他的半数部队已经逃走。

提议和谈（1071）

罗曼努斯·戴奥真尼斯夺取了曼齐刻尔特堡垒，但他没有多少时间来庆祝这场胜利。次日，他的一些部下在搜寻粮秣时遭到了塞尔柱马弓手的攻击，伤亡惨重。皇帝以为他面对的不过是少数掠夺者，便派出布兰恩努斯率领一支小规模分遣队出击。一两个小时之后，当他收到请求支援的消息时，他陷入了暴怒。在稍做犹豫之后，他派出一名冲动的亚美尼亚人瓦西拉吉奥斯（Basilacius）率领一支更大规模的部队前去追击。他们在追击弓箭手之中中了埋伏，瓦西拉吉奥斯被活捉，而他麾下的部队大多被杀。布兰恩努斯则再度率领整个右翼的军队出击解救本是前来救援自己的人，但他遭遇的敌人很明显是塞尔柱人主力军的一部分。他和他的部下保持着有序的队列返回大营，但那时的他已经受了三处伤，背后中了两箭，胸前还被刺了一枪。幸运的是三处伤都仅仅伤及皮肉，他也得以继续参与接下来的战斗。

那是个没有月亮的夜晚，拜占庭军营中的士兵也辗转无眠。塞尔柱人保持着压力，不断射箭，并在黑暗之中制造无休止的喧嚣和混乱，仿佛随时可能冲破防御、夺占营帐一般。当众人在次日清晨发现木栅依然完好时，确实是既惊又喜。但更令他们惊讶的是，一大批乌泽人雇佣军连夜倒戈，加入了塞尔柱人。军中还有不少说突厥语的部队，其中每一支都有可能这样做。在如此情境之下，再加上半数军队及其最优秀的一位将军也不知去向，也许皇帝在一两天之后见到谈判代表团时应当颇为欣喜。这个使团代表巴格达哈里发前来（尽管事实上可以确定是阿尔卜·阿尔斯兰派来的，哈里发仅仅是借个名号）与皇帝商谈延长和约。

苏丹又为什么想要签署和约呢？基本可以肯定的是，他还远不能保证胜利。记载提及他在出战之前还声称自己可能光荣殉道，并身穿白袍，作为自己战死时的裹尸布。之后他要求在场的人发誓，在他战死之后尊他的儿子马利克沙（Malik-Shah）为苏丹。此前塞尔柱人一向依仗袭扰战的技巧，进行突袭、伏击与奇袭。他们厌恶决战，并尽可能避免决战。尽管拜占庭军队近期屡遭挫败，帝国军队依然规模可观。[①] 而且对苏丹而言，这一战真的有必要吗？两人唯一的争议在于亚美尼亚的控制权，那里对他和罗曼努斯而言都是至关重要的。如果两人能够协议瓜分这一地区，两军便可以安然撤离，阿尔卜·阿尔斯兰也将可以把注意力转向自己真正想要对付的敌人——法蒂玛王朝。

但皇帝依然态度坚决。他清楚，这是自己让帝国彻底摆脱突厥人袭扰的唯一机会。阿尔卜·阿尔斯兰距离他的大军仅有几英里，他麾下的部队，即使经历了克拉特的灾难，依然规模可观，至少他很难再征募这样的一支大军了。最后，如果他返回君士坦丁堡时没有和塞尔柱人决战，他又要如何在杜卡斯家族的阴谋之下保住皇位，乃至保住性命呢？他毫不客气地打发了使团，准备作战。

颇为奇怪也颇令人沮丧的是，这场在世界历史上至关重

---

① 然而，这引出了另一个问题：若是塞尔柱人在克拉特以决战击溃拜占庭人，苏丹为何没有持乐观态度？从这一点来看，或许克拉特的决战根本不曾发生。

要的决战的准确时间与准确地点都没有统一的记载。穆斯林史学家一致认定当天是星期五，发生在 8 月，但究竟是 5 日、12 日、19 日还是 26 日则不得而知。欧洲的史学家往往认定这一战发生在 19 日，然而这一说法又与米哈伊尔·阿塔利阿特斯留下的一个重要侧面证据相悖——这一战两三天之前的夜晚没有月亮（aselenos）。在 1071 年 8 月，满月发生在儒略历的 8 月 13 日，即 16 日或 17 日既不可能是新月，也不可能出现月食；而在 23 日或 24 日，月亮则只剩下了月牙，而且在破晓之前一两个小时才会升起。除非阿塔利阿特斯的意思是天空布满阴云——但这一地区的 8 月很少出现这样的天气——我们基本可以肯定，拜占庭帝国的命运在 8 月 26 日星期五改变了。①

可以确定，这一战发生的具体位置是在一片平坦的原野上，距离曼齐刻尔特堡垒［今土耳其马拉兹吉尔特（Malazgirt）］一两英里远。编年史家尼基弗鲁斯·布兰恩努斯，即罗曼努斯那位将军的同名孙子，留下了另一份颇有价值的记载。他提到在这一战结束时拜占庭军队遭到了伏击，鉴于平原很难隐藏部队，这一战的战场应当相对崎岖。亚美尼亚确实是个多山的地区，但也确实有一片三四英里宽、东北 - 西南向延伸约十英里长的原野，位于该城东南方向。原野之外是山麓与峡谷，是发动伏击的理想地形，再之外便是

351

---

① 有关这一问题以及这一章的许多内容，我因袭了已故的阿尔弗雷德·弗兰德利（Alfred Friendly）的意见，他的著作《可怕的一天：曼齐刻尔特之战，1071》（*The Dreadful Day: The Battle of Manzikert, 1071*）令我受益匪浅。

群山了。两军便在这个约四十平方英里的原野之上摆开阵势，在那个周五的正午过后展开决战。

战斗开始（1071）

确实如此吗？事实上曼齐刻尔特之战虽然意义重大，但在这一战的最后阶段之前都很难被称为决战。罗曼努斯按照传统的操典集结起部队，排成有纵深的一字长蛇阵，并将骑兵布置在两翼。他本人指挥中军，布兰恩努斯指挥左军，卡帕多西亚将军阿里亚特斯（Alyattes）指挥右军。后方还有一支预备队，由"贵族的征召部队"，即大地产主的私人武装组成，指挥官的人选颇出人意料，是恺撒约翰·杜卡斯的儿子——君士坦丁十世的侄子安德罗尼卡·杜卡斯（Andronicus Ducas）。这个年轻人似乎毫不掩盖自己对罗曼努斯的厌恶，罗曼努斯能让他同行就已是奇闻。也许他认为把此人留在身边当人质也比让他在君士坦丁堡惹是生非好。如果罗曼努斯是这么想的，那么这就是他一生之中最大的错误。

整个下午，帝国军队在原野上开进，但塞尔柱人没有上前交战，而是以新月形的阵线向后撤退，让己方的马弓手在拜占庭军队的侧翼接连不断地袭扰放箭。愤怒的骑兵破坏了阵线，追击他们至山脚下，结果自然是落入了他们精心设置的伏击圈。皇帝尽管愈发沮丧，但对他而言两军之间依然还有距离，敌军自然也清楚这一点。他继续催马向前，自认为如果能够推进到山脚下，就能让他的敌人掉头战斗。那时，突然之间，他意识到太阳很快就要落下，而他的营地此时毫无防御。继续追击已经毫无意义——能否追上也是个问题。他下令调转皇帝旌旗的方向——掉头撤退的信号——并拨马返回。

这正是阿尔卜·阿尔斯兰期待已久的时刻。在高山上的观察哨中，他监视着罗曼努斯的一举一动，此时他终于下达了进攻的命令。当他的部下从山上倾泻而下、直扑草原时，拜占庭帝国军队的阵线陷入了混乱。一些佣兵并不理解调转旌旗的意义，误以为皇帝被杀，便掉头逃跑了。与此同时塞尔柱人则从阵线的缺口拥入，将中军与预备队分割开来。此时预备队本该迅速向前，夹击穿插进来的敌军，保证中军撤退，安德罗尼卡·杜卡斯却蓄意散播皇帝已经战败的消息，率领他们逃离战场，恐慌情绪蔓延开来之后又有越来越多的部队加入溃逃。只有左翼部队前来支援陷入困境的皇帝，但塞尔柱人迅速穿插到他们的后方，迫使他们逃离战场。

在私人卫队簇拥之下的罗曼努斯依然坚守阵地，徒劳地呼喊他的部下集结起来。然而混乱与恐慌早已无法遏制。阿塔利阿特斯如此记载：

> 营帐之外所有人都在逃跑、喧嚷、四散，没有人说得清到底发生了什么。一些人相信皇帝依然在率领残部坚持作战，击退了蛮族。其他人则宣称他已经阵亡，或者被生擒了。每个人的说法都不一样……
>
> 仿佛地震一般，喧扰、汗水、恐慌、烟尘，更不用说那些包围我们的突厥人。每个人都在靠自己的速度、

353

意志与力量逃跑。敌人接踵而至，一些人被砍杀，一些人被俘虏，余下的人则被马蹄踏死。惨状绝非任何的哀号恸哭所能表述。整个帝国的大军都在逃跑，被残忍且毫无人性的蛮族击败并追逐；皇帝孤立无援，被更多的蛮族包围；皇帝营帐——军事力量与皇权的象征——也被这些蛮族占据。罗马人的国运急转直下，帝国也濒于崩溃——世上还有比这更悲哀的景象吗？

皇帝被俘（1071）

谁存活了下来？实际上是那些及时逃跑的人。亚美尼亚人逃跑无可厚非，毕竟他们向来对希腊人都没什么感情，这些他们眼中的征服者如今还因为他们的旧有信仰而对他们大加迫害。佣兵们也没那么值得同情，这些人对帝国没有任何忠诚可言，他们自然而然地怨恨那位蔑视他们的皇帝，也怨恨那些受他毫不掩饰地偏袒的帝国军队。但他们毕竟有契约在身，得到了薪金，也理应展现出更多的英勇——虽然世间的雇佣军大多不过如此。真正的恶人是预备队，那些"贵族的征召部队"，以及他们的指挥官安德罗尼卡·杜卡斯。他们无耻的逃跑与其说是胆怯，不如说是不忠，任何借口都无法为其开脱。

此外还有一位幸存者：罗曼努斯·戴奥真尼斯。近乎独身一人的他拒绝逃离，如同雄狮一般抵抗到了最后一刻，直到坐骑被杀，手上负伤，无法继续挥剑作战时，他才最终被擒。逮捕他的人清楚他是谁，却也没有给他任何特别的待

遇。他在伤者与濒死者之中躺了一夜，直到次日清晨才换上
普通士兵的衣服，披枷戴锁地被押到苏丹面前。

　　这一时期的希腊与穆斯林编年史家，几乎都记述了胜利
的苏丹与战败的皇帝在次日清晨的会面。令人惊讶的不在于
记载之多，而在于记载的一致性。起初苏丹不肯相信那个被
押到自己面前的、疲惫不堪的俘虏就是罗马人的皇帝，直到
此前出使的塞尔柱人和同样沦为俘虏的瓦西拉吉奥斯认出他
之后，苏丹才从宝座之上站起，下令罗曼努斯亲吻他面前的
土地，并把脚踩在那位俘虏的脖子上。

　　这不过是象征而已。之后他立刻亲手搀起罗曼努斯，让
他坐在自己身旁，保证他将会得到与他地位完全相称的对
待。接下来的一周之中，皇帝成了塞尔柱人营地的贵宾，与
苏丹同桌共餐。阿尔卜·阿尔斯兰的态度也只有友善与礼
貌——虽然他时常谴责那些在关键时刻弃他而去的人，据说
偶尔还对拜占庭军队的一些战术稍做指摘。当然，这一切都
是伊斯兰世界至高的勇士风度，正如萨拉丁（Saladin）在
一个世纪之后记载下来的类似故事一样。但对苏丹而言这也
是高明的策略。罗曼努斯安全返回君士坦丁堡并重登皇位，
总归比让缺乏经验、一无所知的冲动青年继位并竭力报复要
好得多。

　　就当时的情境来看，签署的和约堪称仁慈与克制。苏丹
要求的领土并不广大，甚至没有索取亚美尼亚——在他看来
自己和帝国同样有权获得这一地区。他所要的仅仅是曼齐刻
尔特、安条克、埃德萨和赫拉波利斯，并要求皇帝把一个女
儿嫁给他的儿子。赎金依然是个问题，阿尔卜·阿尔斯兰起

354

初要求支付一千万金币，但罗曼努斯提出反对，因为这场远征之后帝国国库已经无法拿出这么多钱财。苏丹随即同意将赎金减少到一百五十万金币，另外每年支付三十六万金币的岁贡。他也认定皇帝应当尽快返回君士坦丁堡，皇帝在离开期间确实有被推翻的危险，而他的继承者很可能不再承认这一刚刚制定的协议了。于是在这一战结束仅仅一周之后，罗曼努斯便起程返回家乡。阿尔卜·阿尔斯兰起初率部陪同，余下的道路则派两名埃米尔率领一百名马穆鲁克护送他前行。离开都城时他是皇帝，他也将以皇帝的身份返回。

皇帝流亡（1071）

至少他希望如此。但君士坦丁堡城中人并不这么想，在这灾难最为深重的年月之中，这次战败的消息是第二个重大打击。前一年的 4 月，罗曼努斯出兵前往东部一个月之后，罗伯特·吉斯卡尔率领的诺曼人已经夺取巴里。自查士丁尼的时代起，巴里便是拜占庭控制的阿普利亚地区的首府，以及帝国驻军的总指挥部，也是半岛的希腊语地区之中最庞大、最富庶也最坚固的城市。围城战开始以后，巴里就成了半岛上唯一一个仍由帝国掌控的城市。巴里居民进行了至少三十二个月的坚定抵抗，但在陆路与海路的严密封锁之下，别无选择的他们被迫投降。拜占庭帝国在意大利的统治就此在五个多世纪之后彻底结束。

然而来自巴里的消息起码是清楚的，来自曼齐刻尔特的消息却是一片混乱，君士坦丁堡的宫廷也因此举棋不定。众人——或许除皇后欧多西亚之外——仅在一个问题上达成了

355

一致：即使罗曼努斯存活并获得了自由，已是败军之将的他失去了颜面，不能再继续占据皇位。那么，要由谁来执掌大权呢？一些人认为应当由欧多西亚继续这场婚姻之前的执政；另一些人认为应该由她与君士坦丁十世所生的儿子米哈伊尔（Michael）执政，并与他的两个弟弟安德罗尼卡（Andronicus）和君士坦丁（Constantine）共治；还有人希望恺撒约翰·杜卡斯掌权（罗曼努斯四世在出发之前将约翰流放到比提尼亚，他此时已经匆忙返回），希望他力挽狂澜。结果是约翰执掌了大权——即使表面上并非如此。他无疑觊觎着皇位，然而他自己的派系还不够强大，不足以直接夺取皇位。幸运的是他的侄子米哈伊尔柔弱轻信，只要赶走他的母亲，约翰就可以为所欲为了。更幸运的是瓦兰吉卫队也支持他。当其他人依然在争论时，他将瓦兰吉卫队兵分两路，一路由他刚刚返回的儿子安德罗尼卡率领，冲进皇宫拥立米哈伊尔为帝，另一路则由他亲自率领逮捕皇太后。

　　一切很快就结束了。惊恐的欧多西亚被流放到她在赫勒斯滂海峡口修建的一座教堂之中，很快就剃度成为修女。先皇伊萨克·科穆宁的弟妹安娜·达拉森努斯（Anna Dalassena）也遭受了类似的对待，以警告都城的另一个贵族家族。① 米哈伊尔·杜卡斯就此在圣索菲亚大教堂接受牧首加冕，称米哈伊尔七世（Michael Ⅶ）。现在只需要解决

① 尼基弗鲁斯·布兰恩努斯记载称在一场受操纵的审判之中，她被指控密谋协助罗曼努斯复位，证据是几份伪造的信件。她则突然之间举起了裙子上的基督圣像，让在场的人目睹真正的审判者。这一戏剧性的举动得到了掌声，却没有改变审判结果。

356

罗曼努斯·戴奥真尼斯了。

罗曼努斯在离开塞尔柱军营之后的行动路线实际上很难确知，我们可信的记载很少，还多有龃龉。唯一可以确定的是他集结起了他曾经的大军的残部，向都城进军。然而约翰·杜卡斯已经做好准备。双方可能进行了两次交战：第一次在杜凯亚［Dokeia，今托卡特（Tokat）］与恺撒的幼子君士坦丁的部队作战；第二次在奇里乞亚的阿达纳附近，罗曼努斯与在曼齐刻尔特背叛他的安德罗尼卡交锋。罗曼努斯两次均战败了。第二次战败之后他向安德罗尼卡投降，许诺放弃所有皇位称号并进入修道院，新皇帝则在卡尔西顿大主教、赫拉克利亚大主教和科隆尼亚大主教的见证下发誓不会伤害他。

安德罗尼卡用骡子驮着这位废帝，让他从阿达纳屈辱地走过五百英里的道路示众，抵达科蒂艾乌姆［Cotiaeum，今屈塔希亚（Kütahya）］。这究竟算不算伤害，是个值得商榷的问题。但考虑到接下来发生的事，这个问题就意义索然了。斯基里泽斯沿用了大主教们的记述：

> 尽管（大主教们）想要救助他，但他们的力量终究太弱，残暴粗野的人毫不留情地把他抓走，刺瞎了他的双眼。尔后如同驮尸体一般把他放到低贱的驮畜背上，他的面部和头部都生出了蛆虫。他在痛苦与散发出的腐臭之中煎熬了几天后与世长辞，安葬在此前他在普罗蒂岛建造的一座修道院中。

> 他在妻子欧多西亚的资助之下得到了厚葬，与难以

言表的审判与厄运一同入土。但他遭受所有厄运之时，　357
他没有咒骂或亵渎神灵，而是继续感谢上帝，并勇敢地
承受了一切。

向来厌恶罗曼努斯并抓住一切机会对他大加诽谤的米哈
伊尔·普塞洛斯，自然试图为瞽刑正名。

　　我不愿描述这件本不该发生的事情。然而如果稍微
换一下说法，这也是一件必然要发生的事情。一方面，
从教义的角度，以及考虑到人们自然而然对痛苦的畏
惧，是应当禁止这么做的；但另一方面，在当时双方处
境都随时可能突变的情况之下，这件事成为必然……皇
帝幕僚中的激进派①担心罗曼努斯的阴谋成功，并再次
让新君主蒙羞。

这也不是对他最后的冒犯。在他于 1072 年夏季逝世几
天前，罗曼努斯收到了自己宿敌送来的一封信。信以最为友
善的语气写下，恭喜他幸运地失去了双眼——因为上帝认定
他能够获得超越俗世的光明。在弥留之际的痛苦之中，这样
的想法肯定可以给他相当的宽慰。

灾难（1072）

曼齐刻尔特之战是拜占庭帝国自君士坦丁堡建成七个半

---

①　即恺撒约翰·杜卡斯。普塞洛斯声称是他未请示皇帝米哈伊尔七世即下
令施瞽刑。

世纪以来所经历的最大灾难。耻辱已经足够巨大，帝国军队在战场之上的表现，混杂了叛变、恐慌与可耻的临阵脱逃。皇帝遭受如此命运，也是自皇帝瓦莱里安在 260 年被波斯国王沙普尔一世俘虏之后的第一次，更是君士坦丁堡建成后的第一次。然而真正的悲剧并不是战争本身，而是其震惊的收尾。若是罗曼努斯·戴奥真尼斯得以重获帝位，一切都可以重归平稳。他将得以遵守他和俘虏他的人签署的和约，阿尔卜·阿尔斯兰——他不想与帝国继续作战（此处再重复一遍），更没打算征服帝国——也会继续发动对埃及的法蒂玛王朝的远征。如果罗曼努斯的继任者配得上皇帝的名号，无论是如尼基弗鲁斯二世，如约翰一世，还是如巴西尔二世，这一切损害总归可以遏制，帝国能够在几个月之后恢复。塞尔柱人直到 1073 年夏季才最终向安纳托利亚大规模迁徙，而这是那场战役结束两年之后了。那时的他们发动入侵心安理得，因为米哈伊尔七世拒绝接受罗曼努斯签署的和约，他们得到了正当的入侵借口。帝国内部的混乱统治，以及旧有的军役地产防御体系的崩溃，让他们在入侵之时如入无人之境。

数以万计的土库曼部落居民就此从东北方向拥入安纳托利亚。1080 年左右，塞尔柱苏丹马利克沙①控制了约三万平方英里的广阔土地，深入内陆。作为罗马帝国曾经的一部分，他将自己的国家命名为罗姆苏丹国。帝国依然控制着小

---

① 阿尔卜·阿尔斯兰之子。其父被麾下的一名低级军官攻击，于 1072 年 11 月 24 日伤重不治逝世，享年四十一岁。

亚细亚西部以及地中海与黑海的海滨。然而在一瞬之间，帝国规模可观的谷物产区以及过半的劳动力来源就此丧失，但这一切并非源自塞尔柱人压倒性的军事力量，而是源自帝国自身的无能与鼠目寸光。造成这一损失的战争中的对手本不想应战，战争本不应当爆发，也本可以轻易取胜。即使战败之后，长期的不利影响也很可能靠明智的外交谈判而避免。但君士坦丁堡的掌权者，以恺撒约翰·杜卡斯与可憎的米哈伊尔·普塞洛斯为首，完全拒绝进行这一系列显而易见的必要举措。被自以为是的学究思维和过分的个人野心蒙蔽之后，他们犯下了各种各样的错误，错失了每一个改正的机会。他们也就此让一位勇敢正直的人成为牺牲品。他尽管并非天才，对帝国而言却比他们所有人加起来都重要，如果他们忠诚地支持他，事态也许尚能补救。但他们放任帝国留下伤口，并再也未能弥合。

帝国濒于瓦解（1077）

米哈伊尔七世的执政以灾难开始。曼齐刻尔特之战一年后，保加利亚爆发了大规模叛乱，泽塔（Zeta）[①] 大公米哈伊尔的儿子君士坦丁·伯丁（Constantine Bodin）在普里兹伦（Prizren）自立为沙皇。在尼基弗鲁斯·布兰恩努斯的奋战之下，帝国得以恢复对这一地区的控制，但付出了相当的代价。很明显，新的暴乱将接踵而至。与此同时，罗

[①] 这一地区原名为杜克里亚，是帝国统治之下的半自治公国。泽塔在 1035 年脱离帝国并拒绝承认其宗主权，这也是巴西尔二世逝世之后，帝国境内第一个独立的斯拉夫政权。

马教廷的影响力也越过了亚得里亚海，进入巴西尔二世宣称了宗主权的地区。1075 年，教皇格里高利七世（Gregory Ⅶ）的代表团将迪米特里乌斯·佐尼米尔（Demetrius Zvonimir）加冕为克罗地亚国王；1077 年，泽塔的米哈伊尔也得到了教皇的加冕，再度打击了拜占庭帝国。随着帝国日渐虚弱，佩切涅格人和匈牙利人也开始愈发不安分。就此，在巴西尔逝世半个世纪之后，他在巴尔干的赫赫战功开始瓦解。

国内的情况同样恶劣。通货膨胀还在继续，一个诺米斯玛塔金币如今连一单位的小麦都买不到，只能买四分之三了。皇帝也因此得了"贬值四分之一者"（Parapinaces）的绰号，并再未能摆脱。[①] 向来柔弱且胸无大志他落入政坛新恶人、宦官尼基弗里泽斯（Nicephoritzes）的操控之下，此人实际掌控了帝国，架空了普塞洛斯和恺撒约翰，并如同孤儿院院长约翰在四十年前那样掌控了都城大权。他决心进一步加强国家的官僚集权体系，史无前例地宣布谷物贸易为国家专营，并在马尔马拉海的港口雷德斯图姆建造了巨型国家谷仓，运往都城的谷物必须在这里储存，而后再转卖。这一举措自然而然地引发了新灾难。仍由帝国控制的安纳托利亚领土之中，大小地产主都遭受了重大打击；城市之中的消费者则发现尼基弗里泽斯的首要目标根本不是保证充足供应，

---

① 马其顿王朝末期，诺米斯玛塔金币的含金量不断下降，君士坦丁七世时代，含金量尚有 94%，在君士坦丁十世时代只剩 75%，米哈伊尔七世时代更是削减到 58% 了。他那个拗口的绰号可谓实至名归。——译者注

而是哄抬面包价格。这推动了物价进一步上涨，也进一步恶化了通货膨胀。

　　随即爆发了武装叛乱。首次叛乱在诺曼佣兵首领巴约勒的鲁塞尔（Roussel of Bailleul）煽动下开始。他的作战纪录并非毫无瑕疵，他此前跟随约瑟夫·塔尔哈尼奥特斯在克拉特莫名其妙地撤走，然而他靠着某种方式重获皇帝的信任——仿佛任何背叛罗曼努斯四世的人都是新皇帝的朋友——并指挥一支诺曼人与法兰克人组成的联军前去安纳托利亚反击入侵的塞尔柱人。进入塞尔柱人控制的领土之后，他再度背叛，带着三百名忠诚的随从建立起一个南意大利式的诺曼自治政权。若是米哈伊尔七世和他的幕僚们稍微思考一下，也能够明白，相比席卷而来的塞尔柱大军，鲁塞尔带来的纷扰要小得多。但他们坚定地打算将他彻底清除，乃至寻求塞尔柱人的帮助，并许诺割让塞尔柱人已经占据的所有土地，就此极大巩固了他们在小亚细亚的地位。即使如此，鲁塞尔也得以逃走，直到君士坦丁堡派出同时代最出色的年轻指挥官亚历克修斯·科穆宁率军征讨时，他才最终被擒并被押回都城。

亚历克修斯·科穆宁登基（1081）

　　但亚历克修斯·科穆宁不可能无处不在，而且军队在经历了半个世纪的忽视之后，经验丰富的军官已经所剩无几。一两年之后，当帝国面临分别发生在东部与西部的两场严重得多的新暴乱时，鲁塞尔被突然释放，在亚历克修斯麾下作战以抵御这两个新的皇位僭称者。第一位是尼基弗鲁斯·布兰恩努斯，在曼齐刻尔特表现出色的他被提升为底拉西乌姆总督，并在平息 1072 年的斯拉夫人叛乱时起了重要作用。他无法接受米哈伊尔七世和他的政府的无能，又得知尼基弗里泽斯已经准备刺杀自己，最终在 1077 年 11 月举起反旗，进军自己的家乡亚得里亚堡，并自立为帝。一个星期之后他和他的部下便来到君士坦丁堡城下。

他的叛乱本可能成功，然而几乎与此同时，东部也出现了叛乱，其领袖是安纳托利亚军区将军尼基弗鲁斯·博坦内亚特斯。此前皇太后欧多西亚打算与他成亲，但罗曼努斯·戴奥真尼斯的到来让她改变了心意。应当是出于这种担忧，罗曼努斯四世故意没有让博坦内亚特斯一同参与曼齐刻尔特之战，这位将军就此返回他在安纳托利亚的奢华别墅，并在米哈伊尔七世执政后接受了这一职务。但现在的他，或许出于和布兰恩努斯同样的动机，起兵推翻皇帝。

相比之下，布兰恩努斯的军事才能更加出色；但博坦内亚特斯的出身更高贵，他是杜卡斯家族的一员，因此也是旧军事贵族的一员，他的实力也更强，米哈伊尔雇佣的塞尔柱部队已经在他的贿赂之下加入他的麾下。两人都没有直接攻击君士坦丁堡，因为他们清楚，靠着秘密联络，对物价飞涨极度不满的都城市民随时可以为他们打开城门。1078 年 3 月，城门打开了。城市之中的每一个角落都陷入暴乱，许多官署都被焚毁，尼基弗里泽斯的大谷仓也被摧毁。这个宦官被暴民活捉之后折磨致死。可悲的米哈伊尔侥幸保住了性命，迅速逊位并躲避到斯托迪奥斯修道院。3 月 24 日，尼基弗鲁斯·博坦内亚特斯胜利进入君士坦丁堡，他的对手布

第二十章　曼齐刻尔特（1059～1081）

兰恩努斯被逮捕并受了瞽刑。[①]

这并不是一个吉利的开始。博坦内亚特斯是一位出色的将军，但他对政治与民事一无所知。而且他年事已高，年逾古稀的他虽然成功夺取了皇位，心力却也已经耗竭。他无法处理目前的一系列危机，在帝国日益瓦解之时几乎只能静观其变。暴乱接连爆发，帝国政府也愈发混乱。在尼基弗里泽斯被杀之后，旧有的官僚党派瓦解了，元老院的权威也崩溃了。拜占庭帝国只能期望那些争夺皇位的军官之中能有一个人脱颖而出，终结这一系列的混乱。

三年之后，他们的祈祷及时地应验了，而且其结果远胜众人的期望。老迈的博坦内亚特斯逊位，让一位年轻的贵族将军在 1081 年的复活节登上皇位。他统治了三十七年，让帝国获得目前急需的稳定，坚定稳固地掌控政府。这位将军正是亚历克修斯·科穆宁，伊萨克一世的侄子，著名的安娜·科穆宁（Anna Comnena）的父亲——中世纪最值得一读的亚历克修斯的传记之一正是出自安娜的手笔。即使亚历克修斯也无法恢复曼齐刻尔特之战造成的损害，伤口如今已经无法弥合。然而他能够恢复拜占庭帝国当年的威望与名声，也最终做到了。在这个纷争不断的世纪结束之前，他便要在一个新的历史时代——十字军时代——的开始写下浓墨重彩的一笔。

362

---

① 米哈伊尔·普塞洛斯编年史的最后一段，他依旧自信地引述了自己给尼基弗鲁斯·博坦内亚特斯写的一封洋洋洒洒而毫无实际价值的和谈信件。编年史在此处戛然而止。普塞洛斯的结局尚无定论，但可以肯定的是，在米哈伊尔七世被废黜之后，他也失去了一切权力。——译者注

皇帝列表

东帝国皇帝		西帝国皇帝	
797～802	伊琳妮	800～814	查理曼
802～811	尼基弗鲁斯一世		
811	斯塔乌拉基奥斯		
811～813	米哈伊尔一世		
813～820	利奥五世	814～840	虔诚者路易
820～829	米哈伊尔二世	817～831	洛泰尔一世
829～842	塞奥菲洛斯	840～855	
842～867	米哈伊尔三世	850～875	路易二世
867～886	巴西尔一世	875～877	秃头查理
886～912	利奥六世	881～888	胖子查理
		891～894	居伊
		894～898	兰贝特
		896～899	阿努尔夫
		901～905	路易三世
912～913	亚历山大		
913～959	"紫衣贵胄"君士坦丁七世	915～922	贝伦加尔
920～944	罗曼努斯一世		
959～963	罗曼努斯二世	962～973	奥托一世
963～969	尼基弗鲁斯二世		
969～976	约翰一世	967～983	奥托二世

976~1025	"保加利亚屠夫"巴西尔二世		996~1002	奥托三世
			1014~1024	亨利二世
			1027~1039	康拉德二世
1025~1028	君士坦丁八世			
1028~1034	罗曼努斯三世			
1034~1041	帕夫拉戈尼亚人米哈伊尔四世			
1041~1042	"敛缝工"米哈伊尔五世		1046~1056	亨利三世
1042	佐伊与塞奥多拉共治			
1042~1055	君士坦丁九世			
1055~1056	塞奥多拉			
1056~1057	米哈伊尔六世			
1057~1059	伊萨克一世			
1059~1067	君士坦丁十世			
1068~1071	罗曼努斯四世		1084~1105	亨利四世
1071~1078	米哈伊尔七世			
1078~1081	尼基弗鲁斯三世			
1081~1118	亚历克修斯一世			

穆斯林君主列表

阿拔斯哈里发

罗姆苏丹

1063 ~ 1072　阿尔卜·阿尔斯兰

1072 ~ 1092　马利克沙

1092 ~ 1107　基利杰·阿尔斯兰一世

普世牧首列表

出缺

466

普世牧首列表

1001 ~ 1019　塞尔吉奥斯二世

1019 ~ 1025　尤斯塔提奥斯

1025 ~ 1043　斯托迪奥斯的亚历克修斯

1043 ~ 1058　米哈伊尔一世（米哈伊尔·凯鲁拉里奥斯）

1059 ~ 1063　君士坦丁三世（君士坦丁·利休德斯）

1064 ~ 1075　约翰八世（约翰·西菲林努斯）

1075 ~ 1081　葛斯默一世

1081 ~ 1084　尤斯特拉提奥斯·加里达斯

1084 ~ 1111　语法学家尼古拉斯三世

教皇列表

教皇列表

（903～904 克里斯多弗）

904～911 塞尔吉乌斯三世

911～913 阿纳斯塔修斯三世

913～914 兰多

914～928 约翰十世

928 利奥六世

928～931 斯蒂芬七世（八世）

931～935 约翰十一世

936～939 利奥七世

939～942 斯蒂芬八世（九世）

942～946 马林努斯二世

946～955 阿加佩图斯二世

955～964 约翰十二世

963～965 利奥八世

964～966 本笃五世

965～972 约翰十三世

973～974 本笃六世

（974, \
984～985 ｝卜尼法斯七世）

974～983 本笃七世

983～984 约翰十四世

985～996 约翰十五世

996～999 格里高利五世

（997～998 约翰十六世）

999～1003 西尔维斯特二世

1003 约翰十七世

1004～1009 约翰十八世

1009～1012 塞尔吉乌斯四世

1012～1024 本笃八世

（1012 格里高利）

1024～1032 约翰十九世

1032～1044 本笃九世

1045～1046 格里高利六世

1046～1047 克莱芒二世

1047～1048 本笃九世

1048 达马苏斯二世

1049～1054 利奥九世

469

拜占庭的巅峰：从光复时代到曼齐刻尔特

1055～1057　维克多二世

1057～1058　斯蒂芬九世（十世）

（1058～1059　本笃十世）

1059～1061　尼古拉斯二世

1061～1073　亚历山大二世

（1061～1072　霍诺里乌斯二世）

1073～1085　格里高利七世

（1080，
1084～1100）克莱芒三世）

1086～1087　维克多三世

1088～1099　乌尔班二世

1099～1118　帕斯夏二世

| 原始资料

资料合集

Byzantion. Revue Internationale des Etudes Byzantines. Paris and Liège 1924–9; Paris and Brussels 1930; Brussels etc. 1931– . (B.)

Corpus Scriptorum Ecclesiasticorum Latinorum. 57 vols. Vienna 1866– (incomplete). (C.S.E.L.)

Corpus Scriptorum Historiae Byzantinae. Bonn 1828– (incomplete). (C.S.H.B.)

COUSIN, L. *Histoire de Constantinople.* Fr. trans. 8 vols. Paris 1685. (C.H.C.)

DE BOOR, C. (Ed.) *Opuscula Historica.* Leipzig 1880. (B.O.H.)

HOARE, F. R. *The Western Fathers.* Eng. trans. London 1954. (H.W.F.)

MAI, Cardinal A. (Ed.) *Novae Patrum Bibliothecae.* 10 vols. Rome 1844–1905. (M.N.P.B.)

MIGNE, J. P. *Patrologia Graeca.* 161 vols. Paris 1857–66. (M.P.G.)

— *Patrologia Latina.* 221 vols. Paris 1844–55. (M.P.L.)

Monumenta Germaniae Historica. Eds. G. H. Pertz, T. Mommsen *et al.* Hanover 1826– (in progress). (M.G.H.)

MULLER, C. I. T. *Fragmenta Historicorum Graecorum.* 5 vols. Paris 1841–83. (M.F.H.G.)

MURATORI, L. A. *Rerum Italicarum Scriptores.* 25 vols. Milan 1723–51. (M.R.I.S.)

Nicene and Post-Nicene Fathers, Library of the. 2nd ser. 14 vols. with trans. Oxford 1890–1900. (N.P.N.F.)

Revue des Etudes Grecques. Paris 1888– . (R.E.G.)

Revue Historique. (R.H.)

个人资料

ARISTAKES, of Lastivert. *History of Armenia*. Fr. trans. by M. Canard and Haig Berberian. *Editions de Byzantion*, Brussels 1973.

ATTALEIATES, Michael. *Historia*. C.S.H.B., Vol. 50. Partial Fr. trans. by H. Grégoire, *Byzantinische Zeitschrift*, Vol. 28 (1958), and E. Janssens, *Annuaire de l'Institut de Philologie et d'Histoire Orientales et Slaves*, Vol. 20, 1968–72.

BRYENNIUS, Nicephorus. *Histories*. C.S.H.B., Vol. 26. Fr. trans. by H. Grégoire. B., Vol. 23, 1953.

CECAUMENUS, *Strategicon*. Ed. W. Wassiliewsky and V. Jernstedt. St Petersburg 1896.

CEDRENUS, Georgius. *Compendium Historiarum*. C.S.H.B.; M.P.G., Vols. 121–2.

— *Synopsis Historiarum* (containing John Scylitzes and Scylitzes Continuatus). C.S.H.B.; M.P.G., Vols. 121–2.

CONSTANTINE VII PORPHYROGENITUS. *De Administrando Imperio*. Gk text with Eng. trans. by R. J. H. Jenkins. Washington, DC 1969.

— Commentary, by R. J. H. Jenkins, London 1962.

— *De Ceremoniis Aulae Byzantinae*. Ed. and Ger. trans. by J. J. Reiske. C.S.H.B.

—*Narratio de Imagine Edessena*. M.P.G., Vol. 113.

GENESIUS, Joseph. *Regna*. Ed. C. Lachmann. C.S.H.B.

GLYCAS, M. *Chronicon*. Ed. I. Bekker. C.S.H.B.

IGNATIUS, Diaconus. *Vita Nicephori Patriarchae*. B.O.H.

LEO, Diaconus. *Historia*. C.S.H.B.; M.P.G., Vol. 117.

LEO, Grammaticus. *Chronographia*. Ed. I. Bekker. C.S.H.B.; M.P.G., Vol. 108.

Liber Pontificalis. De Gestis Romanorum Pontificum. Text, intro. and comm. by L. Duchesne. 2 vols. Paris 1886–92 (reprint, Paris 1955).

LIUDPRAND, Bishop of Cremona. *Opera*. Ed. I. Bekker. Hanover 1915. Eng. trans. by F. A. Wright, London 1930.

MANASSES, Constantine. *Compendium Chronicum*. C.S.H.B.; M.P.G., Vol. 127.

MATTHEW, of Edessa. *Chronicle*. Fr. trans. by E. Dulaurier. Paris 1858.

MICHAEL, Monk of the Studium. *Vita etc. S. Theodori abb. mon. Studii*. M.N.P.B., Vol. 6.

参考文献

MICHAEL, the Syrian. *Chronicle.* Ed. with Fr. trans. by J. B. Chabot. Paris 1905–6.

NESTOR. *Chronique dite de Nestor.* Ed. and Fr. trans. by L. Léger. Paris 1884.

NICHOLAS I, Pope. *Epistolae.* M.P.L., Vol. 119.

NICHOLAS MYSTICUS, Patriarch. *Epistolae.* M.P.G., Vol. 111.

PAUL, Diaconus. *Historia Langobardorum.* M.G.H. Scriptores, Vols. 2, 12. Eng. trans. by W. C. Foulke, Philadelphia 1905.

PETER DAMIAN, St. *Opuscula.* M.P.L., Vol. 145.

PHOTIUS, Patriarch of Constantinople. *Epistolae.* M.P.G., Vol. 102.

— *Homilies. The Homilies of Photius.* Eng. trans., intro. and comm. by C. Mango. Harvard 1958.

PSELLUS, Michael. *Chronographia.* Eng. trans. by E. R. A. Sewter, 1953. Fr. trans. by E. Renauld. 2 vols. Paris 1926.

SCRIPTOR INCERTUS. *De Leone Armenio.* C.S.H.B.

SCYLITZES, John. See CEDRENUS.

SIMEON, Magister, or Metaphrastes. *Chronicon.* M.P.G., Vols. 109, 113–16.

— *Vita Theodori Grapti.* M.P.G., Vol. 116.

SIMEON LOGOTHETES. Survives in various forms, incl. Leo, Grammaticus, *q.v.*

THEODORE, of the Studium, St. *Epistolae.* M.P.G., Vol. 99.

THEODOSIUS, Melitenus. *Chronicon.* Ed. G. L. F. Tafel. Munich 1859.

THEOPHANES, St (called Isaacius). *Chronographia.* Ed. C. de Boor. 2 vols. Leipzig 1883 (reprinted Hildesheim 1963). Also in M.P.G., Vols. 108–9.

THEOPHANES Continuatus. *Chronographia.* Ed. I. Bekker. C.S.H.B.; M.P.G., Vol. 109.

Vita Ignatii Patriarchae. M.P.G., Vol. 105.

Vita Nicholai Papae. M.P.L., Vol. 119.

Vita Sancti Euthymii. Ed. with Eng. trans. by P. Karlin-Hayter. B., Vols. 25–7, 1955–7.

YAHYA, of Antioch. *History.* Partial Fr. trans. by M. Canard, in Vasiliev, A. A., *Byzance et les Arabes (q.v.),* II, ii.

ZONARAS, Joannes. *Annales.* Ed. L. Dindorf, 6 vols. Leipzig 1868–75. Also in M.P.G., Vols. 134–5.

II 现代著作

ADONTZ, N. *L'Age et l'Origine de l'Empereur Basile I*. B., Vols. 8–9, 1933–4.

ALEXANDER, P. J. *The Patriarch Nicephorus of Constantinople*. Oxford 1958.

ALMEDINGEN, E. M. *Charlemagne*. London 1968.

BAYNES, N. H. *Byzantine Studies and Other Essays*. London 1955.

The Blue Guide to Istanbul. Ed. J. Freely. 2nd ed. London and New York 1987.

The Blue Guide to Turkey (The Aegean and Mediterranean Coasts). Ed. B. McDonagh. London and New York 1989.

BRÉHIER, L. *La Querelle des Images*. Paris 1904.

BURY, J. B. *The Imperial Administrative System in the Ninth Century*. British Academy, Supplemental Papers, 1911.

— *A History of the Later Roman Empire, 802–867*. London 1912.

Cambridge Medieval History. Esp. Vol. IV, *The Byzantine Empire, 717–1453*. New edition, ed. J. M. Hussey. 2 vols. Cambridge 1966–7.

CAHEN, C. *La Campagne de Manzikert d'après les Sources Musselmanes*. B., Vol. 9, 1934.

— *La Première Pénétration Turque en Asie-Mineur*. B., Vol. 18, 1948.

— *Pre-Ottoman Turkey*. Trans. J. Jones-Williams, New York 1968.

CANARD, M. 'La Campagne Arménienne du Sultan Salguqide [*sic*], Alp Arslan et la Prise d'Ani en 1064'. *Revue des Etudes Arméniennes*, II, Paris 1965.

COBHAM, C. D. *The Patriarchs of Constantinople*. Cambridge 1911.

DELEHAYE, H. *Les Saints Stylites*. Brussels and Paris 1923.

Dictionnaire d'Histoire et de Géographie Ecclésiastiques. Eds. A. Baudrillart, R. Aubert and others. Paris 1912– (in progress).

Dictionnaire de Théologie Catholique. 15 vols. in 30. Paris 1909–50 (with supplements).

DIEHL, C. *Figures Byzantines*. 1st ser., Paris 1906; 2nd ser., Paris 1913.

— *Histoire de l'Empire Byzantin*. Paris 1918.

— *Choses et Gens de Byzance*. Paris 1926.

DVORNIK, F. *The Photian Schism: History and Legend*. Cambridge 1948.

EBERSOLT, J. *Le Grand Palais de Constantinople et le Livre des Cérémonies*. Paris 1910.

Enciclopedia Italiana. 36 vols. 1929–39 (with later appendices).

Encyclopaedia Britannica. 11th ed. 29 vols. Cambridge 1910–11.

— 15th ed. 30 vols. University of Chicago 1974.

Encyclopaedia of Islam. 4 vols. Leiden, London 1913–34. (New edition in progress, 1960– .)

FINLAY, G. *History of Greece, 146 BC to AD 1864.* New ed. Ed. H. F. Tozer. 8 vols. 1877.

FLICHE, A. and MARTIN, V. *Histoire de l'Eglise, depuis les Origines jusqu'à nos Jours.* Paris 1934.

FRENCH, R. M. *The Eastern Orthodox Church.* London and New York 1951.

FRIENDLY, A. *The Dreadful Day: The Battle of Manzikert, 1071.* London 1981.

FULLER, J. F. C. *The Decisive Battles of the Western World.* Vol. 1. London 1954.

GARDNER, A. *Theodore of Studium, his Life and Times.* London 1905.

GFRORER, A. F. *Byzantinische Geschichten.* Ed. J. B. Weiss. 3 vols. Graz 1872–7.

GIBBON, E. *The History of the Decline and Fall of the Roman Empire.* 7 vols. Ed. J. B. Bury. London 1896.

GIUSTINIANI, H. *The History of Chios.* Cambridge 1943.

GRÉGOIRE, H. *Etudes sur le 9ᵉ. Siècle.* B., Vol. 8. 1933.

— *Etudes sur l'Epopée Byzantine.* R.E.G., Vol. 46. 1933.

GROSVENOR, E. A. *Constantinople.* 2 vols. Boston 1895.

GRUMEL, V. *La Chronologie.* (Vol. I of *Traité des Etudes Byzantines,* ed. P. Lemerle. Paris 1958.)

HARNACK, T. G. A. *History of Dogma.* Eng. trans. London 1899.

HAUSSIG, H. W. *History of Byzantine Civilisation.* Trans. J. M. Hussey. London 1971.

HEFELE, C. J. von. *Histoire des Conciles d'après les Documents Originaux.* Fr. trans. from Ger. by H. Leclercq. 5 vols. in 10. Paris 1907–13.

HILL, Sir George. *A History of Cyprus.* 3 vols. Cambridge 1913.

HITTI, P. K. *History of the Arabs.* 3rd ed. New York 1951.

JANIN, R. *Constantinople Byzantine.* Paris 1950.

JENKINS, R. *Byzantium: The Imperial Centuries, AD 610–1071.* London 1966.

— *The Byzantine Empire on the Eve of the Crusades.* London 1953.

KARLIN-HAYTER, P. 'The Emperor Alexander's Bad Name'. *Speculum,* Vol. 44. 1969.

LETHABY, W. R. and SWAINSON, H. *The Church of Sancta Sophia, Constantinople: a Study of Byzantine Building.* London 1894.

MAINSTONE, R. J. *Hagia Sophia: Architecture, Structure and Liturgy of Justinian's Great Church.* London 1988.

MANGO, C. *The Homilies of Photius, Patriarch of Constantinople.* Eng. trans., intro. and comm. Harvard 1958.

— *The Mosaics of St Sophia at Istanbul.* Washington (Dumbarton Oaks) 1962.

MANN, H. K. *The Lives of the Popes in the Middle Ages.* 18 vols. London 1902–32.

MARIN, E. *Les Moines de Constantinople.* Paris 1897.

MARTIN, E. J. *A History of the Iconoclastic Controversy.* London 1930.

MINNS, E. H. 'St Cyril Really Knew Hebrew'. In *Mélanges Publiés en l'Honneur de M. Paul Boyer,* Paris 1925. (London Library Pamphlets, Vol. 2859.)

NEANDER, A. *General History of the Christian Religion and Church.* 9 vols. Eng. trans. London 1876.

New Catholic Encyclopedia. Washington, DC 1967.

NORWICH, J. J. *The Normans in the South.* London 1967.

— *A History of Venice: Vol. I, The Rise to Empire.* London 1977.

— *Byzantium: The Early Centuries.* London 1988.

OBOLENSKY, D. *The Byzantine Commonwealth.* London 1971.

OCKLEY, S. *History of the Saracens.* 4th ed. London 1847.

OIKONOMIDES, N. 'Leo VI and the Narthex Mosaic at St Sophia'. *Dumbarton Oaks Papers,* Vol. 30. 1976.

OMAN, C. W. C. *The Byzantine Empire.* London 1897.

OSTROGORSKY, G. *History of the Byzantine State.* Trans. J. Hussey. 2nd ed. Oxford 1968.

RAMBAUD, A. *L'Empire Grec au Dixième Siècle: Constantin Porphyrogénète.* Paris 1870.

RAMSAY, Sir William. *The Historical Geography of Asia Minor.* R.G.S. Supplementary Papers, Vol. IV. 1890.

RUNCIMAN, Sir Steven. *A History of the First Bulgarian Empire.* London 1930.

— *The Eastern Schism: A Study of the Papacy and the Eastern Churches during the 11th and 12th Centuries.* Oxford 1955.

— *The Emperor Romanus Lecapenus and his Reign.* 2nd ed. Cambridge 1963.

SCHLUMBERGER, G. *Un Empereur Byzantin au Dixième Siècle: Nicéphore Phocas.* Paris 1890.

— *L'Epopée Byzantine à la fin du Dixième Siècle.* Vol. I. Paris 1896.

参考文献

SEGAL, J. B. *Edessa, 'The Blessed City'*. Oxford 1970.

SMITH, W. and WACE, H. *Dictionary of Christian Biography*. 4 vols. London 1877–87.

SUMNER-BOYD, H. and FREELY, J. *Strolling through Istanbul*. Istanbul 1972.

SWIFT, E. A. *Hagia Sophia*. New York 1940.

TOYNBEE, A. *Constantine Porphyrogenitus and his World*. London 1973.

VAN DER MEER, F. *Atlas of Western Civilisation*. Trans. T. A. Birrell. Amsterdam 1954.

— and MOHRMANN, C. *Atlas of the Early Christian World*. Trans. M. F. Hedlund and H. H. Rowley. London 1958.

VASILIEV, A. A. *Byzance et les Arabes*. Fr. ed. prepared by H. Grégoire and M. Canard. Vol. I: *La Dynastie d'Amorium, 820–867*. Brussels 1935. Vol. II: *La Dynastie Macédonienne, 867–959*. Brussels 1950.

— *History of the Byzantine Empire, 324–1453*. Madison, Wisconsin 1952.

VOGT, A. *Basile Ier et la Civilisation Byzantine à la Fin du Onzième Siècle*. Paris 1908.

— 'La Jeunesse de Léon VI le Sage.' *Revue Historique*, Vol. clxxiv. 1934.

VRYONIS, S. *Byzantium and Europe*. London 1967.

— *The Decline of Medieval Hellenism in Asia Minor and the Process of Islamization from the Seventh through the Fifteenth Century*. Los Angeles, 1971

WHELER BUSH, R. *St Athanasias: His Life and Times*. London 1888.

索引

图书在版编目（CIP）数据

拜占庭的巅峰：从光复时代到曼齐刻尔特／（英）
约翰·朱利叶斯·诺里奇（John Julius Norwich）著；
李达译. -- 北京：社会科学文献出版社，2020.4（2021.6重印）
　书名原文：BYZANTIUM：THE APOGEE
　ISBN 978 - 7 - 5201 - 6196 - 1

　Ⅰ.①拜… Ⅱ.①约… ②李… Ⅲ.①拜占庭帝国 -
历史 Ⅳ.①K134

中国版本图书馆 CIP 数据核字（2020）第 026234 号

拜占庭的巅峰：从光复时代到曼齐刻尔特

著　　　者／〔英〕约翰·朱利叶斯·诺里奇（John Julius Norwich）
译　　　者／李　达

出　版　人／王利民
组稿编辑／董风云
责任编辑／张　骋　成　琳

出　　　版／社会科学文献出版社·甲骨文工作室（分社）（010）59366527
　　　　　　地址：北京市北三环中路甲29号院华龙大厦　邮编：100029
　　　　　　网址：www.ssap.com.cn
发　　　行／市场营销中心（010）59367081　59367083
印　　　装／三河市东方印刷有限公司

规　　　格／开本：889mm×1194mm　1/32
　　　　　　印张：16.75　插页：0.5　字数：355千字
版　　　次／2020年4月第1版　2021年6月第2次印刷
书　　　号／ISBN 978 - 7 - 5201 - 6196 - 1
著作权合同
登记号　　／图字01 - 2016 - 0702 号
定　　　价／79.00元